세상을 바꾼
위대한 탐험 50

세상을 바꾼 위대한 탐험 50

마크 스튜어드·앨런 그린우드

박준형 옮김

예문아카이브

서문

기술의 발전으로 이 세상은 전보다 더 작게 느껴진다. 버튼만 누르면 문장을 곧바로 다른 나라 언어로 바꿔주는 애플리케이션도 개발됐다. 전보다 더 적은 돈으로 여행할 수 있게 됐고, 스마트폰 화면을 옆으로 몇 번 밀기만 하면 잘 몰랐던 장소에 대해서도 알게 된다.

처음 인간은 조악한 지도에 의지해 탐험을 떠났다. 그러나 도전을 사랑하는 마음과 일이 쉽게 풀리지 않을 때 발휘되는 정신, 신체적인 강인함은 그때나 지금이나 매한가지다. 탐험은 그저 지도에 깃발을 꽂는 일이 아니다. 나 자신과 탐험 과정에서 만난 사람들을 변화시키는 귀중한 경험이라 할 수 있다.

수년 동안의 경험을 통해 알게 된 가장 좋은 탐험 방법은 '두 다리로 걷는 것'이다. 길을 따라 걸으면서, 내가 여행하는 나라, 풍경, 문화가 주는 진정한 느낌을 헤아리는 것보다 더 좋은 탐험 방법은 아마 없을 것이다. 나보다 더 앞선 시대의 탐험가들에게는 여행의 편의성을 높여주는 헬리콥터나 기계 따위가 없었다. 나는 나일강(Nile River)의 둑을 탐험하고, 히말라야(Himalayas)의 높은 산맥을 오르고, 아시아의 정글에서 새로운 길을 찾고, 알려지지 않은 사막을 횡단했던 개척자들로부터 깊은 영감을 받았다.

내가 9개월 동안 세계에서 가장 긴 나일강을 따라 탐험을 시작하게 된 이유는 나일강의 수원을 찾으려고 노력했던 데이비드 리빙스턴(David Livingstone)의 여정 때문이었다. 혈기왕성한 청년이었던 나는 리빙스턴의 모험에 관한 책을 읽고 군에 입대했고, 결국에는 세계 최초로 나일강을 따라 걷는 모험까지 감행했다. 그리고 리빙스턴처럼 일기를 썼고, 그가 꿈꿔왔던 카메라와 같은 첨단 기술을 사용해 여행을 기록했다. 우리 두 사람은 150년의 간격을 두고 경험을 공유했고, 각자의 기록을 완성했다.

지금까지의 경험에 따르면, 현대의 탐험이라도 위험하기는 마찬가지다. 헬리콥터가 정해진 장소와 시간에 나를 기다린다고 해서 탐험이 안전하다고 말할 수는 없다. 외딴곳에서 높은 지형에 오르고 탐험하는 일에는 언제나 상당한 위험이 도사리고 있기 때문이다. 자연은 100년 전과 마찬가지로 강한 바람과 살을 에는 듯한 추위, 찌는 듯한 더위로 인간을 위험에 빠뜨리며, 가끔

그 결과는 비극으로 이어지기도 한다.

내가 집필한 《나일강을 따라서(Walking the Nile)》를 읽어본 사람이라면 누구나 알 것이다. 로알 아문센(Roald Amundsen), 어니스트 섀클턴(Ernest Shackleton), 프리드쇼프 난센(Fridtjof Nansen) 등 초기 탐험가들에게 남극은 가장 궁극적인 도전과제였다. 그런데 계획은 늘 틀어지기 마련이다. 이때 탐험가가 가진 고유의 본질이 드러난다. 나는 세상에, 그리고 자신에게 중요한 가치를 증명하기 위해서 작은 확률과 조건에 도전하는 용감한 사람들에게 찬사를 보내고 싶다.

이 책은 지금까지 세상에 가장 큰 영향을 미쳤던 인간의 위대한 업적에 관한 방대한 목록이다. 아폴로 11호(Apollo 11)의 달 착륙은 지금까지의 어떤 우주탐사 프로젝트보다 인간의 상상력을 자극시켰다. 과학의 역사에서 찰스 다윈(Charles Darwin)의 여정보다 더 심오한 영향을 남긴 사건은 찾기 어려울 것이다. 지구의 숨은 부분을 찾아낸 챌린저(Challenger) 호의 탐험처럼 마치 SF 영화의 한 장면인 듯한 모험도 있다. 개인적으로 내가 가장 좋아하는 모험은 장거리 대륙 탐험이다. 1924년 한겨울에 히말라야를 횡단하고 자연 속에 숨어 있던 티베트(Tibet)를 찾아낸 프랑스 여성 탐험가 알렉산드라 데이비드 닐(Alexandra David-Neel)이 대표적인 예다. 잘 알려지지는 않았으나, 지금이라도 더 높은 평가를 받아야 할 가치가 있다고 생각한다.

탐험해야 할 미지의 영역은 여전히 남아 있다. 우리 세대가 이 책에 담긴 것과 같은 위대한 탐험을 목격하게 될 것이라고 굳게 믿고 있다. 이제부터 나는 앞선 탐험가들의 발자취를 충실하게 따르려고 한다.

레비슨 우드(Levison Wood)
영국의 탐험가이자 작가 겸 사진작가

차례

01 위대한 걸음

: 아폴로 11호와 달 착륙

"일부러 '한 사람'이라고 강조해서 말했다. 그런데 지구에 수신된 전파를 나중에 들어보니 '한'이란 단어가 들리지 않았다. 부디 '사람'이 아니라 '한 사람'이라고 말했다는 사실을 알아주길 바란다."

닐 암스트롱, "한 사람의 걸음일 뿐이지만 인류에겐 위대한 도약이다"라고 달에 첫발을 디디면서 했던 말에 관해 직접 설명한 부분

기간 1969년 7월.

시도 인류 최초로 달에 착륙했다.

난관 우주비행사가 불의의 사고, 화재, 태양 방사선으로 사망할 수 있다. 무사히 귀환에 성공하더라도 바다에 착륙하게 될 경우 생명을 잃을 수 있다.

업적 아폴로의 우주비행사들은 어쩌면 인류 역사상 가장 위대하다고 할 수 있는 첫 도전에 성공했다. 아폴로 프로그램은 우주 항공, 우주왕복선, 컴퓨터 기술을 완전히 변화시켰고, 덕분에 우주는 인류가 꿈꾸는 상상력의 상징이 됐다.

닐 암스트롱(Neil Armstrong)이 인류 최초로 달 위에서 첫발을 떼는 역사적인 순간은 지금까지 중 최대 규모의 탐험 프로젝트를 8년 동안 진행해 얻어낸 눈물겨운 결실이었다.

1969년 7월 20일, 닐 암스트롱은 38만 4,000킬로미터(지구를 9바퀴 도는 것과 맞먹는 거리)에 달하는 위험천만한 진공 공간을 나흘 동안 이동해 달에 도착했다. 아폴로 11호가 달에 착륙하기까지 약 10년에 가까운 시간 동안 40만 명의 인력과 기술이 동원됐으며, 2만 개 기업과 대학이 장비와 인력을 제공했다.

총 240억 달러가 사용된 달 탐험 프로젝트는 비전시 상황에서 명실공히 가장 대규모이며, 가장 최고의 기술이 적용된 가장 창의적인 프로젝트였다. 물론 세계에서 가장 오랜 기간 진행됐고, 가장 위험하면서도 대담한 것이기도 했다. 이 모두의 촉매가 됐던 것은 한 사람의 의지였다.

우주를 둘러싼 전쟁

1961년 4월 12일, 러시아의 우주비행사인 유리 가가린(Yuri Gagarin)이 최초로 우주비행에 성

공했다. 고작 8일이 지났을 때, 당시 취임 3개월밖에 되지 않았던 미국의 존 F. 케네디(John F. Kennedy) 대통령은 미국 국가우주위원회(National Space Council)에 다음과 같은 메모를 전달했다.

> *미국이 우주에 실험실을 건설하거나, 달을 여행하거나, 유인 우주왕복선을 달에 보냈다가 귀환시키는 데 성공하면 소련을 이길 수 있을 것입니다. 소련의 코를 납작하게 할 우주개발 프로그램이 진행되고 있나요? 여러분은 하루 24시간 쉬지 않고 일하고 있습니까? 아니라면, 왜 아닌가요?*

대통령이 사용한 "소련을 이겨야 한다"거나 "코를 납작하게 만들어야 한다"는 등의 자극적인 표현에는 우주를 둘러싼 소련과의 전쟁에서 반드시 이기고 말겠다는 의지가 담겨 있었다.

아폴로, 우주를 날다

당시 미국은 우주 항공 분야에서 소련에 뒤처지고 있었다. 미국의 우주비행사인 앨런 셰퍼드(Alan Shepard)는 우주를 비행하는 데는 성공했지만 궤도에 진입하지는 못했다. 반면 러시아의 스푸트니크(Sputnik)는 1957년에 처음으로 궤도비행에 성공했다.

케네디 대통령은 "10년 이내에 사람을 달에 착륙시킨 다음 무사 귀환시켜야 한다"는 목표가 있었고, 이를 달성하기 위한 전담 프로그램으로 '아폴로'를 개발하기 위해 나사(NASA)에 기금을 할당했다. 한편 텍사스 휴스턴(Houston)에는 우주비행훈련, 연구, 우주비행선 조종 등을 위한 유인우주센터(Manned Space Center)가 처음 문을 열었다. 케이프커내버럴(Cape Canaveral) 근처에는 거대한 규모의 우주왕복선 발사대(지금의 케네디 우주 센터)가 건설됐다.

이후 몇 년 동안 지구상 가장 똑똑한 과학자 수백 명이 로켓과 우주왕복선을 만들고, 우주비행사를 궤도에 올려 달에 착륙시킨 다음, 다시 우주로 귀환시키기 위해서 갖은 노력을 기울였다. 그때만 해도 불가능할 것만 같은 요원한 꿈이었다.

아폴로 프로그램은 처음부터 난관에 봉착했다. 1967년 1월 27일에 발사 시험 중이던 아폴로 1호의 사령선에 불이 붙는 바람에 그 안에 타고 있던 우주비행사 버질 그리솜(Virgil Grissom), 에드워드 화이트(Edward White), 로저 채피(Roger Chaffee)가 사망했다. 하지만 나사는 포기하지 않았다. 끔찍한 사고에서 얻은 교훈을 바탕으로 우주왕복선을 더 안전하게 만들기 위해 설계부터 다시 작업했다. 1968년 12월, 두 번째 유인 우주왕복선인 아폴로 8호가 발사에 성공했다. 아폴로 8호는 지구의 궤도를 떠나 달 궤도에 진입했다가 다시 안전하게 지구에 착륙하는 데 성공했다. 이후 두 번의 성공 후, 드디어 1969년 7월 16일에 아폴로 11호가 발사 준비를 완료했다.

사령선에 탑승한 3명의 우주비행사

1969년 7월 16일, 닐 암스트롱과 '버즈'라는 별명으로 불리던 에드윈 올드린(Edwin Aldrin), 마이클 콜린스(Michael Collins)가 아폴로 11호의 사령선인 콜롬비아(Columbia)에 탑승했다. 이 3명의 우주비행사를 태운 고깔 모양의 작은 사령선은 달의 궤도까지 날아갔다가, 8일 후 다시 지구로 돌아올 예정이었다. 사령선 아래는 임무를 완료할 때까지 추진력, 전력, 저장 공간을 제공할 원통형의 기계선이 연결돼 있었다. 그 아래 '이글(Eagle)'이 실질적으로 달에 착륙하게 될 달 착륙선이었다.

우주비행사 3명이 임무를 마치고 돌아올 때까지 몸을 의지하게 될 작은 안식처가 드디어 거대한 새턴 V 로켓(Saturn V Rocket)의 상단에 설치됐다. 높이 111미터의 새턴 V 로켓은 새턴 오브 리버티(Saturn of Liberty)보다 높이가 18미터나 더 높았다. 지금까지도 새턴 V 로켓은 그 어느 로켓보다 크고, 무겁고, 출력이 높다.

> *누군가는 '왜 하필 달이냐'고 묻는다. '왜 달을 미국의 목표지로 선택했느냐'는 것이다. 그 질문은 왜 가장 높은 산을 오르려는지 묻거나, 35년 전에 왜 대서양을 횡단하려는지 묻는 것과 같다. 우리는 달에 가기로 결정했다. 우리가 10년 이내에 달에 가겠다는 목표를 세운 것은 쉽기 때문이 아니라 그만큼 어려운 목표이기 때문이다. 미국이 가진 에너지와 기술로 바랄 수 있는 최고의 목표이자, 기꺼이 수용할 수 있는 도전과제이며, 더는 지체할 필요 없이 반드시 이루길 바라기 때문이다.*
>
> *_존 F. 케네디*

다른 세상으로의 여행

11분 동안 거대한 엔진이 포효했다. 엔진은 1초마다 200만 킬로그램의 액화 산소와 13톤의 등유를 연소시키면서 3명의 우주비행사를 하늘로 쏘아 올렸다.

우주왕복선은 시속 4만 킬로미터의 속도로 비행했다. 2시간 30분 후, 우주왕복선이 지구 궤도에 진입했고, 또 다른 로켓 통이 연소하기 시작했다. 달에 도착할 때까지 이 새로운 연소 통이 연료를 공급할 예정이었다.

아폴로 11호는 사흘 동안 공기가 전혀 없는 우주를 날았다. 나흘째 되는 날에는 달 뒤로 사라졌고, 달 상공 100킬로미터 위의 궤도에 진입하기 위해서 다시 로켓에 불을 붙였다.

암스트롱과 올드린은 콜린스와 작별인사를 나눈 후 이글로 기어 올라갔다. 동료들이 달을 탐사하는 동안 콜린스는 달 궤도를 공전하는 콜롬비아에 혼자 남아 있어야 했다. 달 착륙선이 분리된 지 12분 후에 암스트롱과 올드린은 컴퓨터에 의지해 하강했다. 하강을 시작하고 5분 남짓

(반대쪽)

1969년 7월 16일, 아폴로 11호 임무를 위해 새턴 V 로켓이 발사되는 모습. 사진의 중앙에 있는 고깔 모양의 사령선 속에는 닐 암스트롱, 마이클 콜린스, 에드윈 올드린이 탑승해 있다.

달 착륙선(루나 모듈)이 지구가 보이는 달 지평선 바로 위를 날고 있다.

흘렀을 때, 올드린이 컴퓨터에 고도를 계산하라는 명령어를 넣자 오류 메시지가 뜨는 바람에 모두가 공포에 휩싸였다. 코앞에서 임무를 중단해야 할지도 모르는 상황이었다. 엔지니어들이 냉철하게 분석을 시작했고, 컴퓨터의 메시지를 무시하고 임무를 진행해도 문제 없다는 결론을 내렸다.

하지만 몇 분 후, 그보다 더 심각한 문제로 경보가 울렸다. 암스트롱은 원래 이글이 착륙하기로 했던 분화구가 거대한 바위로 덮여 있는 것을 발견했다. 그는 수동으로 이글을 조종해 더 낮은 곳에 착륙을 유도했는데, 이 때문에 더 많은 연료를 사용할 수밖에 없었다. 이글이 '고요의 바다(Sea of Tranquility)'에 착륙했을 때는 고작 30초가량의 연료밖에 남지 않았다.

달에 선 인간

달 착륙선은 두 사람이 이전에 경험해보지 못했을 정도로 부드럽게 착륙했다. 중력이 지구의 6분의 1밖에 되지 않는 달 위에서는 착륙 때 느껴지는 덜컹거림도 없어, 그들은 착륙을 알리는 등이 빛나지 않았다면 전혀 몰랐을 것이라고 했다.

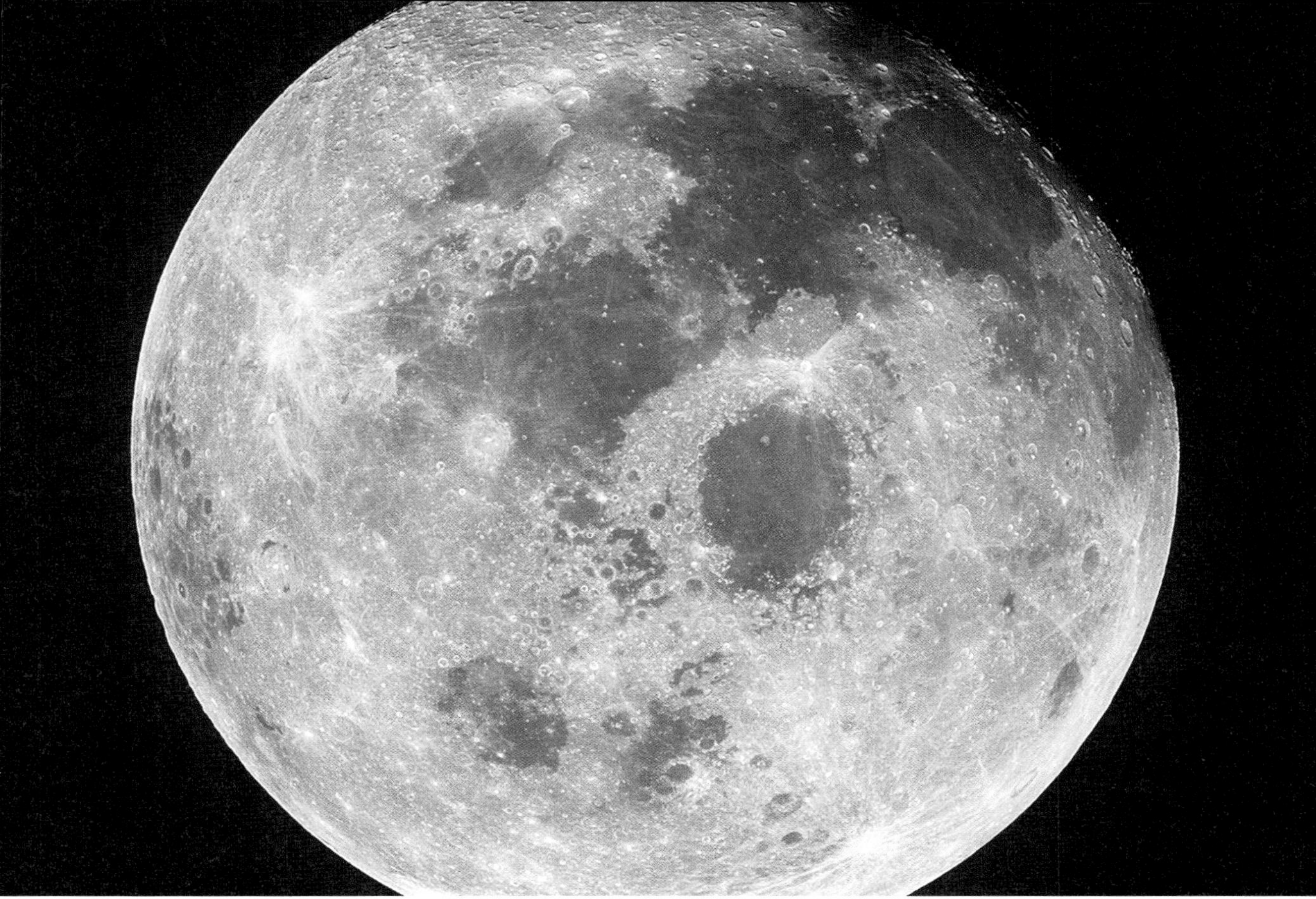

이글이 착륙한 '고요의 바다'는 사진 속 달의 오른쪽 상단에 있다.

"휴스턴, 여기는 고요의 바다다. 이글이 착륙했다!"

암스트롱이 외쳤다. 어떤 일이 있어도 동요하지 않기로 유명한 암스트롱이었지만, 그때만큼은 목소리에서 기쁨을 감출 수 없었다. 하지만 암스트롱과 올드린은 달에 착륙한 뒤 4시간 동안이나 착륙선 밖으로 나가지 못했다. 당장 밖으로 나가고 싶은 마음은 굴뚝같았지만 도처에 위험이 도사리고 있었기 때문이다. 일단 우주복이 두 사람을 보호해줄지도 알 수 없었고, 탐험을 마치고 다시 이륙할 수 있을지조차 확신할 수 없었다.

하지만 더는 기다릴 수 없었다. 암스트롱은 이글 밖으로 나가 사다리를 타고 내려갔고, 드디어 달에 첫발을 내디뎠다. 지구를 떠난 지 109시간 42분만의 쾌거였다. 전세계 5억 3천만 명이 텔레비전으로 달 위를 걷는 암스트롱의 모습을 지켜보면서, "한 사람의 걸음일 뿐이지만 인류에겐 위대한 도약이다"라는 그의 음성을 들었다. 20분 뒤 올드린이 암스트롱을 이어 두 번째로 달 위에 섰다.

암스트롱과 올드린은 자신들의 모습을 지구로 전송하기 위해서 착륙 지점에서 약 9미터 떨어진 곳에 삼각대를 세우고 TV 카메라를 올렸다. 두 사람은 30분 동안 달 위를 유영한 뒤 리처드

(왼쪽에서 오른쪽으로) 아폴로 11호에 탑승했던 우주비행사 중대장인 닐 암스트롱, 사령선 조종사인 마이클 콜린스, 달 기계선 조종사인 에드윈 올드린의 공식 사진.

닉슨(Richard Nixon) 대통령과 전화통화를 했다. 다음 2시간 반 동안은 암석 표본을 채취하고, 사진을 찍고, 실험 장비를 설치했다. 또 미국 국기를 꽂고, 약 1년 전에 비행기 사고로 사망한 유리 가가린을 기리기 위해 소련의 메달을 남겼다.

암스트롱과 올드린은 달 표면에서 총 21시간 36분을 보냈다. 그중에는 7시간의 수면시간도 포함됐다. 이륙 엔진은 성공적으로 작동했고, 착륙 장비를 남긴 채 이륙했다. 4시간이 채 지나지 않아서 이글은 달의 궤도에서 콜롬비아와 도킹에 성공했고, 세 사람은 재회했다. 콜롬비아는 다시 지구로 향했다. 그로부터 사흘 후, 인류의 영웅이 된 암스트롱, 올드린, 콜린스가 지구로 무사 귀환했다.

미국, 우주개발 경쟁에서 승리하다

아폴로 11호의 놀라운 업적은 당대의 사람 중 우주와 관련된 놀라운 기술과 창의력을 가진 이들에게 영감을 줬다. 아폴로 11호는 382킬로그램의 바위와 토양을 가지고 지구로 돌아왔다. 이 자료는 달의 지질학과 역사에 대한 이해를 완전히 바꾸는 열쇠가 됐다. 아폴로 프로그램 덕분에 존슨 우주 센터(Johnson Space Center)와 케네디 우주 센터(Kennedy Space Center) 건설을 위한 기금을 마련할 수 있었고, 항공 전자 공학과 통신 부분에서 엄청난 발전이 이뤄졌으며, 아폴로 프로그램을 진행하는 내내 컴퓨터가 활용됐다.

존 F. 케네디 대통령은 그의 꿈이 실현되기 6년 전에 암살당했다. 하지만 그의 바람처럼 정치적인 시각에서 볼 때 소련은 미국과의 우주개발 경쟁에서 패배했다.

아폴로 11호는 최초로 달 착륙에 성공한 우주왕복선이었다. 4개월 후인 1969년 11월에는 아폴로 12호가 달에서 성공적으로 임무를 완수했다. 아폴로 13호는 잘 알려진 것처럼 탐사 중에 작동에 문제가 생겨서 달에 착륙하지 못하고 돌아왔다. 아폴로 14호부터 16호까지는 달 표면에 안전하게 착륙했다. 1972년 12월, 아폴로 17호는 달에 착륙한 여섯 번째이자 마지막 유인 우주왕복선으로 남게 됐다. 그때까지 총 12명이 달 표면을 유영했다. 이후 수십 년 동안 그 누구도 지구 궤도를 벗어나지 못했다.

우주탐사로 얻게 된 예상치 못한 성과 중 하나는 인류의 고향인 지구의 이미지였다. 달에서 본 푸른빛의 지구는 매우 정교한 아름다움을 간직하고 있었다. 상상할 수 없을 만큼 눈부신 지구의 모습은 이를 목격한 우주비행사들의 마음속에 영원히 남아 있을 것이다.

THE TIMES

지구로 돌아가기 위해 우주선을 연결하다

이글호 이륙 :
동료가 있다는 것은 행복한 일이다.
_콜린스

닐 암스트롱과 올드린은 달 착륙선인 이글을 이륙시키기 전에 사령선인 콜롬비아에 있던 콜린스와 재회했다. 도킹 절차 중에 불가사의한 문제가 있었음에도 불구하고, 두 개의 우주선은 미국 시간으로 오후 10시 35분에 성공적으로 연결됐다.

암스트롱은 "올드린이 모듈의 상부 또는 콜롬비아와 연결된 관으로부터 충격적인 균열과 다른 소음을 들었다고 보고한 뒤, 이글을 일찍 이륙시키기로 결정했다"고 말했다.

이글을 이륙시키기 전에 올드린과 암스트롱은 달의 여러 샘플들과 증거들을 콜롬비아로 옮겼고, 오염을 막기 위해 그들 자신과 그들의 장비들을 철저히 청소했다. 그리고 터널을 통해 콜린스와 다시 만났다.

암스트롱은 콜린스에게 "오랜 시간을 혼자 보냈는데, 우리와 함께 있어도 괜찮겠느냐"고 질문했다. 이에 대해 콜린스는 호쾌하게 "당연하다. 지금도 물론 행복하지만, 새로운 동료들까지 생기니 더할 나위 없이 기쁘다"라고 대답했다.

우주선이 달 뒤에 있고 비행통제장치와 접촉하지 않았을 때 도킹 중 문제가 생겼지만, 다행히 불안정하던 통신은 다시 연결됐다.

콜린스는 이 일에 대해 이렇게 말했다.

"정말 재미있는 일이었다. 모두들 알다시피 우리는 아무것도 느낄 수 없었기 때문에 여전히 안정적인 상황이라고 생각했다. 하지만 그곳에 다시 갔을 때는 지옥이 따로 없었다."

위
1969년 7월 22일, 〈타임스(The Times)〉에서 우주비행사들의 귀환을 보도한 기사와 해당 기사에 실린 사진.

아래
브로드웨이(Broadway)와 파크 애비뉴(Park Avenue)에서 색종이를 날리며 아폴로 11호의 우주비행사를 환영하는 퍼레이드가 벌어지고 있다.

위

1969년, 새턴 V 로켓이 준비를 마치고 발사대로 이동 중이다.

아래

달에 남아 있는 우주비행사의 발자국.

(반대쪽) 위

케이프커내버럴에 전시 중인 아폴로 11호의 사령선.

아래

2014년 7월 22일, 버락 오바마 대통령이 아폴로 11호 우주비행사인 마이클 콜린스와 에드윈 올드린(왼쪽), 닐 암스트롱의 미망인 캐럴(오른쪽에서 세 번째)을 집무실에서 맞이하는 모습. 그 외에도 나사의 행정관인 찰스 볼든(Charles Bolden)과 국가안보 및 국제 업무 담당자인 패트리샤 팔코네(Patricia Falcone)가 보인다.

02 남극에서의 경쟁
: 로알 아문센과 로버트 스콧

"모험을 준비하는 방법, 모든 어려움을 예측하는 방법, 어려움에 맞서거나 피할 때를 대비하는 것, 이 세 가지가 탐험에서 가장 중요한 요소라고 말하고 싶다. 성공은 모든 것을 갖춘 사람을 기다린다. 사람들은 이것을 '행운'이라고 부른다. 실패는 필요한 노력을 제때 기울이지 않았기 때문에 생긴다. 사람들은 이것을 '불운'이라고 한다."

로알 아문센, 남극에서 쓴 일지

기간 1910년~1912년.

시도 최초로 남극을 탐험했다.

난관 극도의 추위, 동상, 배고픔, 탈진에 시달렸다.

업적 아문센은 처음으로 남극을 탐험했다. 북서항로를 처음 항해한 사람이기도 하다. 스콧은 아문센 다음으로 남극을 탐험하고 돌아오던 길에 사망했다. 사람들은 그가 죽음을 앞두고 보인 처연한 태도에 존경을 표했다.

일행은 텐트 안에 있었다. 수색대는 우뚝 서서 텐트 안을 들여다봤다. 예상했던 것처럼 대장인 로버트 스콧(Robert Scott)과 대원 2명은 동사한 상태였다. 눈이 이불처럼 시신을 덮고 있었다. 스콧의 침낭은 열려 있었다. 코트도 풀어헤친 채였는데, 끝부분만 여며져 있었다. 또 다른 2명 역시 텐트 밖 무시무시한 남극의 어딘가에서 목숨을 잃었을 것이다. 남극을 두 번째로 정복한 탐험가들이 치른 비싼 대가였다.

타고난 영웅

(반대쪽) 위
컬러사진이 개발되기 전까지 남극의 아름다움은 고래와 탐험가들의 전유물이었다.

아래
탐험가들의 남극 탐험 경로를 보여주는 당시 독일 지도의 일부분.

스콧이 남극 탐험을 위해서 영국을 떠난 것은 1911년이었다. 그때 이미 그는 국가적인 영웅이었다. 1901년부터 1904년까지 스콧은 디스커버리 탐험대(Discovery Expedition)를 지휘했다. 그의 탐험대 대원 중에는 또 다른 위대한 탐험가인 어니스트 섀클턴도 포함돼 있었다. 스콧과 섀클턴은 그 누구도 탐험해본 적이 없던 남극 근처까지 걸어서 탐험하는 데 성공했다. 두 사람은 남극에서 850킬로미터 반경 내까지 접근했다.

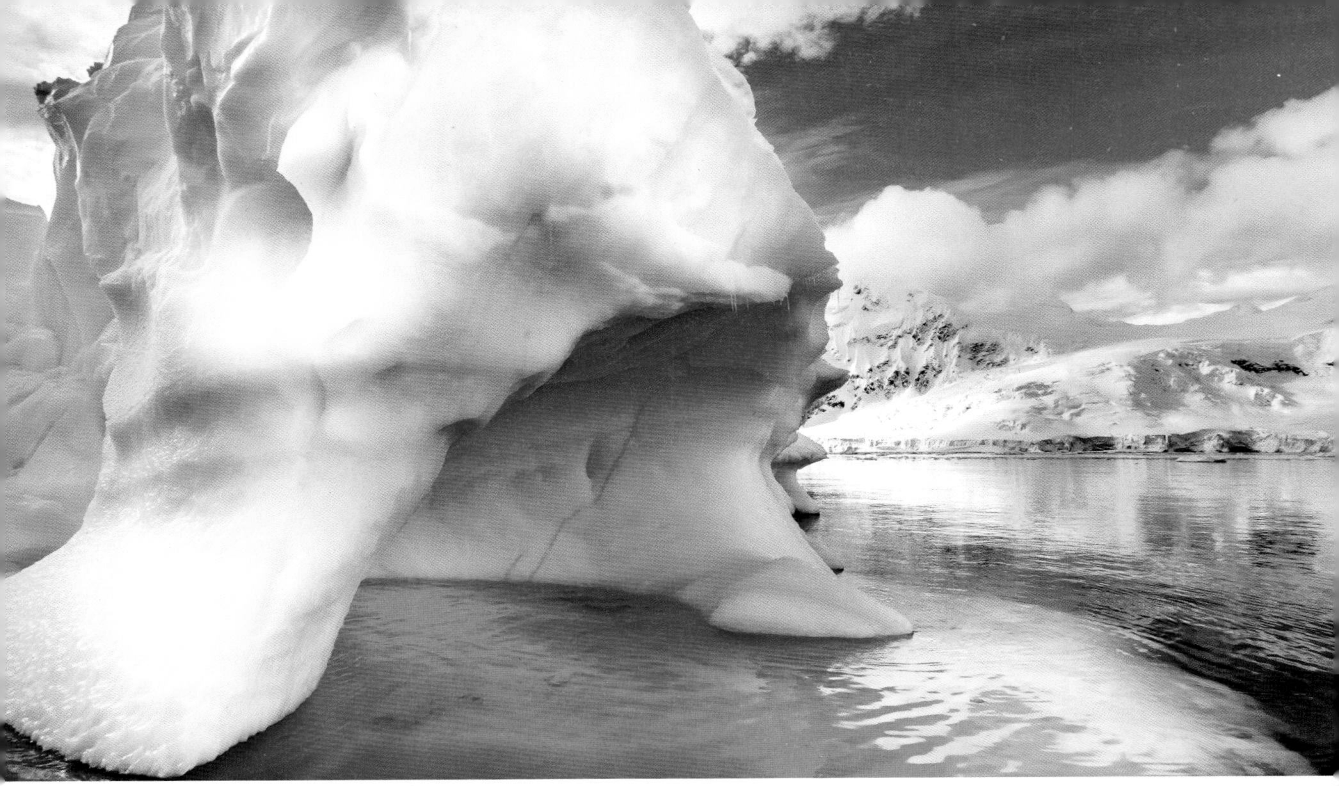

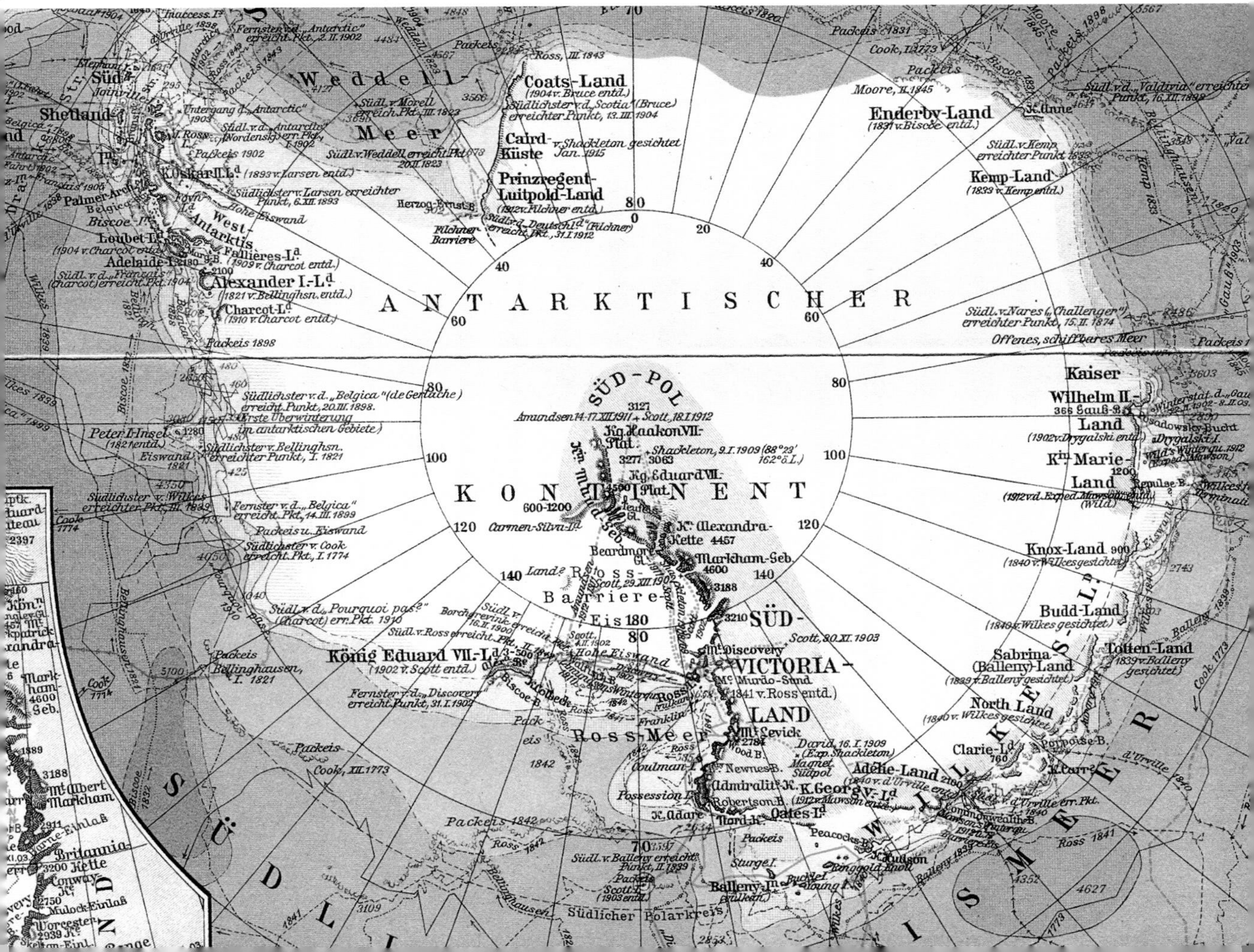

Weddell-Meer
Coats-Land
Caird-Küste
Prinzregent-Luitpold-Land
Enderby-Land
Kemp-Land
Süd-Shetland
West-Antarktis
Alexander I.-Ld.
Charcot-Ld.
Peter I.-Insel
ANTARKTISCHER
SÜD-POL
Amundsen 14.-17.XII.1911 • Scott 18.I.1912
Kg. Haakon VII.-Plat.
Kg. Eduard VII.-Plat.
KONTINENT
Kn. Alexandra-Kette 4457
Markham-Geb. 4600
Ross-Barriere
Kaiser Wilhelm II.-Land
Kn. Marie-Land
Knox-Land
Budd-Land
Totten-Land
Sabrina-(Balleny)-Land
North Land
Adélie-Land
K. Georg V.-Ld.
Oates-Ld.
König Eduard VII.-Ld.
SÜD-VICTORIA-LAND
Ross-Meer
Balleny-In.
WILKES-LD.
Südlicher Polarkreis
Offenes, schiffbares Meer

스콧이 남극에 그 누구보다 가까이 접근했을 때, 지구 반대편에서는 로알 아문센이 또 다른 선구적인 극지방 탐험을 준비하고 있었다. 1872년, 노르웨이에서 해산물 상인의 아들로 태어난 아문센은 어머니의 강요로 의학을 공부했다. 하지만 21세의 나이에 어머니를 여의고 난 뒤, 그는 대학을 떠나 모험가의 길을 걷기 시작했다. 아문센은 1903년부터 1906년까지 북서항로(Northwest Passage)를 처음으로 횡단한 탐험대의 리더였다. 그는 탐험을 통해 원시 부족인 이누이트족의 기술과 추울 때 유리한 위치를 잡는 법, 개썰매를 이용해서 물건을 옮기는 법을 배웠다. 당시 유럽 탐험가들이 사용했던 모직으로 만든 두꺼운 파카보다 동물 가죽이 추위와 습한 날씨로부터 몸을 더 보호해준다는 사실도 알게 됐다.

끝내지 못한 탐험

1909년에 스콧은 전 동료인 섀클턴이 님로드 탐험대(Nimrod Expedition)를 이끌고 남극 근처 180킬로미터까지 접근했다가 돌아왔다는 소식을 들었다. 그 외에도 다른 탐험가들이 남극 탐험을 계획하고 있음을 알고 있었다. 남극을 정복하겠다는 집착에 사로잡힌 스콧은 남극에 다시 도전하겠다고 선언했다. 영국에서는 자국의 탐험가들이 누구보다 먼저 남극의 중심에 설 것이라고 믿었고, 스콧은 그에 대해 실망시키고 싶지 않았다. 1910년 6월에 스콧은 카디프(Cardiff)에서 포경선이던 테라 노바(Tera Nova)를 타고 7개월간 남극 탐험에 나섰다.

스콧이 남극을 향할 때, 아문센은 북극을 목표로 하고 있었다. 하지만 1909년, 미국의 로버트 피어리(Robert Peary)와 프레드릭 쿡(Frederik Cook)이 각자 북극에 도착했다는 승전보를 전해왔다. 그 바람에 아문센도 남극으로 향하게 됐다. 그러나 현재 피어리와 쿡 모두 북극에 진짜 도착하지는 못했던 것으로 여겨진다. 아문센과 대원들은 1910년 6월 3일에 프람(Fram) 호를 타고 오슬로(Oslo)를 떠났다. 프람 호는 프리드쇼프 난센이 사용했던 배다(난센에 대해서는 244페이지에서 더 자세하게 설명하겠다).

스콧은 "호주 멜버른(Melbourne)에 도착해서 남극으로 향하고 있다"는 아문센의 전보를 받았다. 테라 노바는 필요한 보급품을 공급받느라 뉴질랜드에 정박했다가, 11월 말에 남쪽으로 향했다. 이때부터 그가 말하는 '진정한 불운'이 그에게 불어 닥쳤다. 매서운 폭풍으로 말 2마리와 개 1마리가 죽었고, 10톤에 달하는 석탄과 300리터나 되는 석유를 포기해야 했다. 테라 노바 호는 얼음에 갇혀서 옴짝달싹 못 하다가 풀려나는 데 20일이나 걸렸다. 한편, 프람 호의 남극 탐험은 상대적으로 순조로웠다.

지구 끝에서 만난 경쟁자

남극은 탐험 조건이 좋지 않아서 반드시 여름에 시도해야 했다. 여름은 비교적 날씨가 좋은 편이며, 특히 낮에 해가 오래 떠 있어 탐험하기에 적합하기 때문이다. 남극의 여름은 11월에 시작해서 3월에 끝난다. 탐험가들은 여름 동안 남극 지방에 들어가 캠프를 세우고 겨울 전에 돌아온 후, 그다음 여름에 다시 극지방으로 접근하는 방법을 사용했다.

1911년 1월 4일, 테라 노바 호는 로스 섬(Ross Island)에 도착했다. 스콧 일행은 9년 전 디스커버리 탐험 때 만들었던 캠프 근처에 새로운 베이스캠프를 설치했다. 다시 남극에 도전하기 위해서는 9개월을 기다려야 했는데, 그는 이 시간을 과학적 활동에 활용하기로 했다. 그래서 킹 에드워드 7세 랜드(King Edward Ⅶ Land)와 빅토리아랜드(Victoria Land)를 조사하기 위해 대원들을 파견했다.

대원들은 아문센의 탐험대가 로스 빙붕(Ross Ice Shelf)의 동쪽 끝에 있는 훼일스만(Bay of Whales)에 베이스캠프를 만들었다는 놀라운 소식을 가지고 돌아왔다. 아문센의 탐험대가 그곳에 도착한 것은 1월 14일이었다. 아문센은 스코트의 대원들을 따뜻이 맞아줬으며, 캠프 근처에 거처를 마련하고 그들의 개들을 보살펴줬다. 하지만 스콧의 대원들은 호의를 거절하고 베이스캠프로 돌아왔다. 이 만남에 대해서 스콧은 다음과 같이 기록했다.

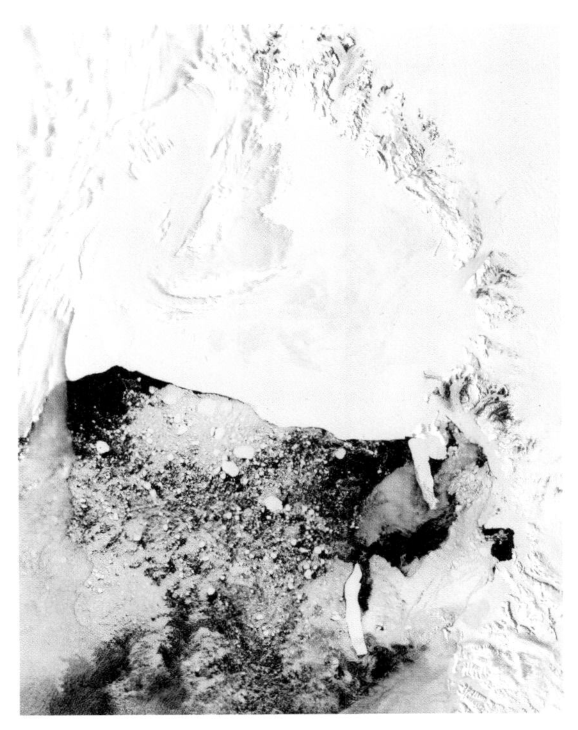

로스 빙붕과 위쪽 절반에 남극횡단 산맥(Transantarctic Mountains), 아래쪽 절반에 로스해가 분명하게 보인다.

> 오히려 생각을 더 굳히게 된다. 더욱 성공하고, 더 현명해져야 한다는 것이다. 물론 우리는 이 일이 일어나지 않은 듯 생각하면서 탐험을 계속할 것이다. 두려움도, 공포도 없이 나라의 명예를 위해서 전진하고, 최선을 다하려고 한다.

다른 사람, 다른 전략

1,450킬로미터의 거리를 지나 남극에 도착하려면 크게 세 영역을 지나야 했다. 일단 크기가 프랑스만한 로스 빙붕을 지난 다음, 빙하를 따라 내려가 남극 고원에 도착해야 한다. 마지막으로 고원을 지나면 바로 남극이었다. 도착한 다음에는 그 반대의 방법으로 돌아와야 했다.

아문센과 스콧은 서로 다른 전략을 세웠다. 아문센은 개를 이용해 탐험대와 필요한 보급품을 끌고 남극까지 갈 생각이었다. 스콧은 말(섀클턴이 기록을 세웠을 때도 말을 이용했다)과 개, 모터가 달린 썰매를 병행해 보급품을 옮기려 했다. 고원을 오를 때 힘을 아끼고, 대원들이 남극까지 썰

매를 직접 밀어야 하는 구간을 대비하기 위해서였다.

필요한 보급품을 모두 한꺼번에 가지고 이동할 수는 없었기 때문에 양쪽 탐험대는 모두 가는 길마다 음식을 조금씩 저장해뒀다. 겨울이 오기 전에 음식을 저장해야 봄이 시작되자마자 탐험에 나설 수 있었다.

1월 27일, 스콧은 서둘러 보급품을 저장하기 시작했지만, 말이 일을 제대로 해내지 못했다. 심지어 몇 마리는 죽기도 했다. 게다가 혹독한 눈보라를 만나는 바람에 탐험대는 가장 중요한 저장지점을 뜻하는 '원 톤 디폿(One Ton Depot)'을 당초 계획보다 북쪽으로 56킬로미터 떨어진 곳에 정해야 했다. 이것은 스콧의 탐험대가 귀환하던 중에 목숨을 잃게 된 결정적인 원인이 됐다. 반면 아문센 탐험대는 큰 사건 없이 스키와 개썰매를 이용해 남극으로 가는 경로에 있는 80도, 81도, 82도 지역에 보급품을 저장했다.

겨울이 됐고, 양쪽 탐험대는 모두 베이스캠프로 물러났다.

빙붕을 넘어서

1911년 9월 8일, 아문센의 탐험대는 남극으로 출발했지만 사나운 날씨 때문에 며칠 만에 되돌아왔다. 그러나 이에 굴하지 않고 곧바로 두 번째 시도를 준비했다. 10월 19일, 이들은 썰매 4대와 개 52마리를 이용해 베이스캠프에서 남쪽으로 다시 출발했다. 아문센의 탐험대는 4주에 걸쳐서 빙붕을 건너 남극 고원의 하단에 도착했고, 그곳에서 새로운 빙하를 발견했다. 스콧이 오르고 있는 거대한 비어드모어 빙하(Beardmore Glacier)만큼 높지는 않지만, 대신 더 가파른 빙하였다. 이들은 허기진 배를 채우기 위해 개 몇 마리를 식량 대용으로 사용했고, 빙하를 오른 지 나흘이 지난 11월 21일에 드디어 남극 고원에 도착했다.

스콧은 모터가 달린 썰매에 보급품을 담아서 10월 24일에 출발했지만, 80킬로미터 지점에서 썰매가 망가져버렸다. 썰매를 운전하던 대원들이 직접 썰매를 끌고 원래 정해진 장소까지 자그마치 240킬로미터를 이동해야 했다. 스콧이 베이스캠프를 떠난 것은 아문센이 이동을 시작한 지 12일이나 지난 1911년 11월 1일이었다. 스콧은 12월 4일에 비어드모어 빙하 하단에 도착했지만, 이미 아문센보다 2주 이상 뒤처져 있었다.

이후 스콧 일행은 눈보라를 만나서 닷새 동안 텐트에 갇혀 있어야 했고, 200킬로미터 길이의 비어드모어 빙하에 오르는 데는 9일이 걸렸다. 이들이 생명체의 흔적이라고는 전혀 보이지 않는 남극 고원에 도착한 것은 12월 20일이었다. 일행은 잠깐 이곳에 머물렀고, 최종 탐험대인 스콧, 윌슨, 오츠, 바우어스, 에반스는 걸어서 남극으로 향했다.

(반대쪽) 위
장비, 보급품, 개와 함께 남극 탐험을 준비 중인 아문센의 대원들.

아래
1912년 1월 18일, 남극에서 실망한 기색이 역력한 스콧의 탐험대(왼쪽 위에서 시계방향으로 오츠, 스콧, 에반스, 윌슨, 바우어스). 그들의 얼굴에는 동상의 상처가 뚜렷하게 보인다.

1911년 10월, 탐험 중에 설치한 캠프에서 일기를 쓰고 있는 스콧의 모습. 남극에 도전하기 전이다.

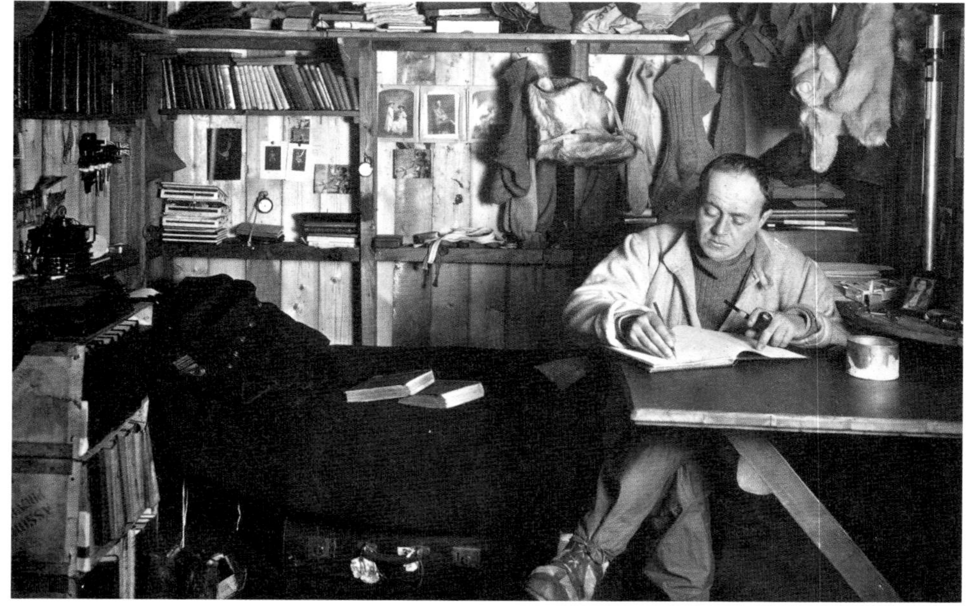

최악의 상황

스콧 탐험대는 얼음밖에 없는 지역을 지나 얼음 위에서 크리스마스를 보냈다. 12월 30일에는 1908년부터 1909년까지 섀클턴이 탐험했던 일정과 비슷해지면서 조금이나마 안심했다. 하지만 탐험대는 지쳐 있었고, 동상과 배고픔에 시달리고 있었다. 일행은 1월 9일에 섀클턴이 마지막으로 탐험했던 지점인 남위 88도 23분을 지났다. 고통스러운 순간이었지만, 며칠 내에 그렇게나 바라던 남극에 도착할 수 있다는 생각으로 계속 전진했다.

1912년 1월 17일, 스콧이 끝도 없이 내리는 눈을 맞으며 고개를 들었을 때, 검은 깃발이 꽂힌 작은 텐트가 눈에 들어왔다. 그 텐트는 아문센 탐험대의 것이었다. 때마침 아문센은 대원 5명과 개 16마리를 데리고 남극으로 향했고, 별다른 어려움 없이 고원을 지나고 있었다. 1911년 12월 14일, 이들은 드디어 세상의 남쪽 끝에 최초로 인간의 발자국을 남겼다. 아문센은 텐트를 치고 자신의 업적을 설명하는 편지를 남겼다.

스콧은 그렇게나 바랐던 남극에 아문센보다 34일 늦게 도착했다. 낙담한 스콧은 자신의 일기에 "모든 꿈은 버려야 한다. 주님, 이곳은 정말 끔찍합니다"라고 적었다. 하지만 스콧의 일행에게는 아직 해야 할 일이 남아 있었다. 다시 1,300킬로미터를 걸어 귀환하는 것이었다. 동상과 설맹으로 고통받는 지친 대원들에게 귀환의 길은 참혹하기만 했다. 2월 17일, 결국 에드가 에반스(Edgar Evans)는 빙하 위에서 대원 중 가장 먼저 목숨을 잃고 말았다.

나머지 4명은 계속 걸었다. 그 와중에 로렌스 오츠(Lawrence Oates)의 발가락은 심한 동상에

1912년경, 동물의 털을 입고 있는 로알 아문센.

걸렸다. 그는 자신이 대원들에게 방해가 되고 있다는 것을 알고 있었다. 스콧의 3월 16일 일기에는 "오츠가 일어나 잠깐 나갔다 오겠다면서 텐트 밖으로 나갔다. 그리고 다시 돌아오지 않았다"고 적혀 있었다.

> *우리는 오츠가 죽으러 간다는 것을 알고 있었다. 영국 신사다운 용감한 행동이었다.*

살아남은 3명은 3월 19일에 마지막 텐트를 세웠다. 혹독한 눈보라 때문에 탐험대는 영하 44도의 텐트 밖을 나갈 수 없었다. 결국 3명은 기아로 사망했고, 열흘 후에 발견됐다. 이들이 사망한 지점은 원 톤 디폿에서 단 18킬로미터 떨어진 곳이었다. 원래 계획대로였다면 충분히 살고도 남았을 것이다. 스콧은 마지막으로 사망했다.

> *우리는 매일 18킬로미터 떨어져 있는 저장소로 떠날 준비를 하지만, 밖은 여전히 눈보라가 치고 있다. 희망이 없는 것 같다. 마지막까지 희망을 버려서는 안 된다고 생각하지만, 우리는 점점 약해지고 있고 그 끝은 멀지 않았다. 더는 글을 쓸 수 없을 것 같다. R. 스콧의 마지막 순간이다. 신께서 우리 대원들을 보호해주시기를.*
>
> *_로버트 스콧의 일기에서 발췌*

> **아문센 선장, 남극 정복에 성공**
> **크리스티아니아에서 전해온 기쁜 소식**
>
> 1912년 3월 8일, 크리스티아니아 특파원
>
> 아문센 대장이 간밤에 국왕에게 남극에 도착했다는 전보를 보냈고, 오늘 이 사실이 공개됐다. 여기 크리스티아니아(Christiania)에서는 이 반가운 소식을 들은 많은 사람들이 기뻐하고 있다. 도시 전체가 탐험가를 축하하는 깃발로 장식됐고, 아문센의 업적은 모든 곳에서 화제가 되고 있다. 의회 대변인은 의회 개장과 함께 탐험의 성공을 축하하는 말을 전했다.
>
> 신문들은 아문센 대장의 풍부한 경험과 훌륭한 개인적 자질을 집중적으로 보도하고 있다. 보도에 따르면, 그 덕분에 정확하고 완전한 기상학적·자기학적·지리적 관찰이 가능했으며, 스콧 대장의 관찰과 함께 중요한 과학적 성과를 가져다줄 것이라 믿고 있다.

> **스콧 대장을 위한 수색대 출발**
>
> 1912년 8월 31일 토요일
>
> 최근 남극에서의 수색작업을 맡은 R.N. 에반스 대장은 어제 스콧 대장과 일행을 데려오기 위해 런던을 떠났고, 스콧 대장의 아내와 비서인 프란시스 드레이크(Francis Drake)가 동행했다. 에반스 대장은 원래 스콧 탐험대 수색에서 부대장을 맡았었고, 남극에서 스콧 탐험대의 마지막을 보게 됐다.
>
> 일행은 오후 12시 10분에 유스턴(Euston)에서 영국 리버풀(Liverpool)로 떠났다. 리버풀에서 윌트셔(Wiltshire) 호를 타고 시드니(Sydney)를 향해 이동할 것이며, 그곳에서 뉴질랜드로 갈 예정이다. 에반스 대장은 1월 1일 스콧 대장 수색에 필요한 준비를 마치고 출발할 것이라고 말했지만, 언제 돌아올지는 의문이다.

아문센과 스콧의 엇갈린 결과를 보도한 〈타임스〉 신문 기사 발췌.

승자의 슬픔

아문센의 탐험대는 남극에 도착하고 6주 만에 베이스캠프로 돌아왔다. 1912년 1월 25일의 일이었다. 3월이 시작됐을 때는 호주로 돌아올 수 있었다. 이들의 성공은 전보를 통해 전세계로 퍼졌다.

스콧은 죽음 앞에서 용감했던 비극적인 영웅으로 칭송됐고, 그의 전설적인 이야기는 이후 수세대의 영국인들에게 많은 영감을 제공했다. 아문센은 스콧의 죽음을 알고, "그의 비통한 죽음을 막을 수만 있다면 어떤 명예나 돈도 버릴 수 있다"고 말했다.

스콧과 대원들을 발견한 수색대는 이들의 시신을 텐트로 덮고, 그 위에 눈으로 무덤을 만들었다. 스키를 이용해서 십자가도 만들어줬다. 지금은 100년 동안 내린 눈 때문에 이들의 무덤과 십자가 위에 23미터 두께의 얼음이 덮여 있다. 위치 역시 원래 사망 장소에서 48킬로미터나 이동했다. 앞으로 300년이 흐르면, 이들은 빙하 속에 들어 있는 상태로 바닷물을 타고 흘러가게 될 것이다.

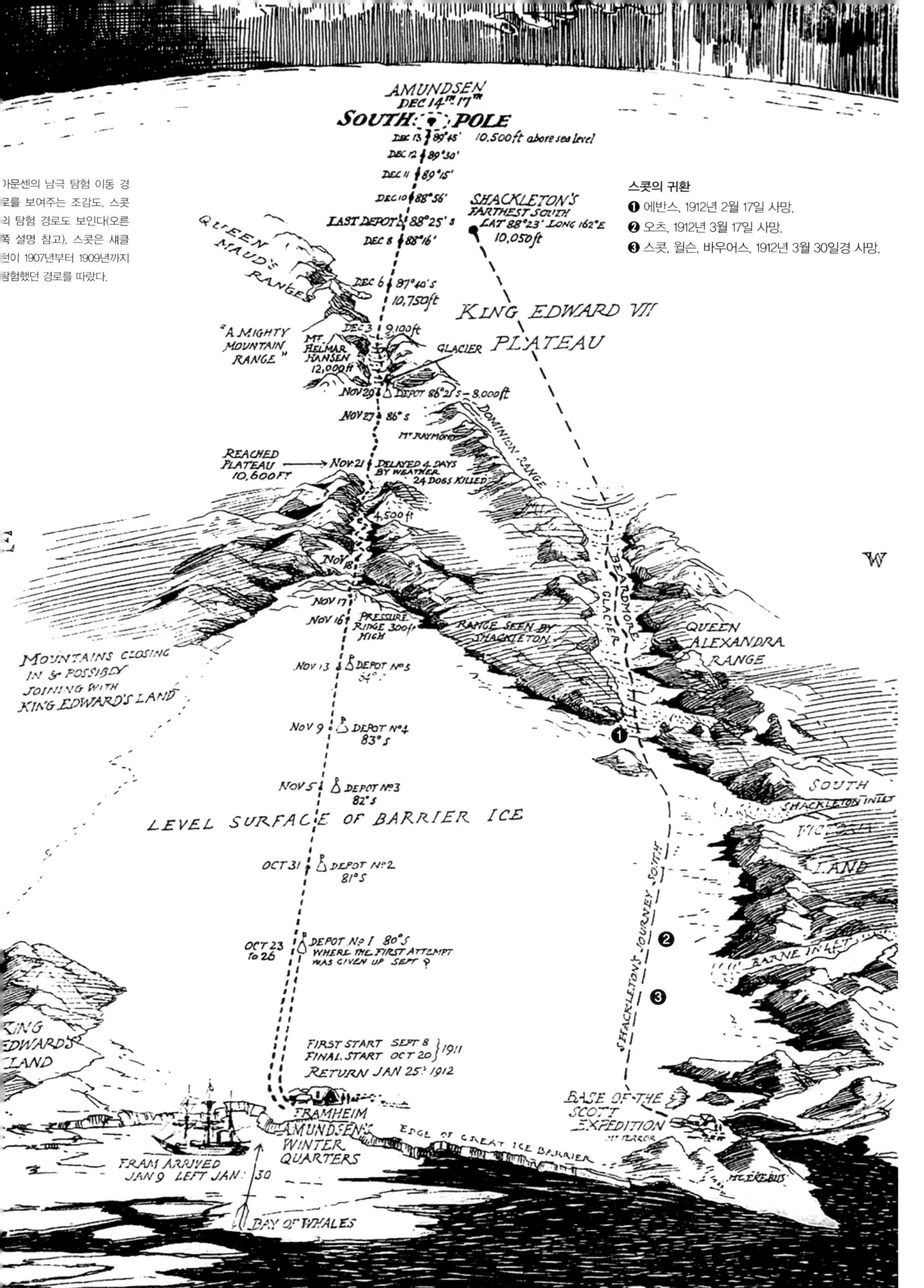

아문센의 남극 탐험 이동 경로를 보여주는 조감도. 스콧의 탐험 경로도 보인다(오른쪽 설명 참고). 스콧은 섀클턴이 1907년부터 1909년까지 탐험했던 경로를 따랐다.

스콧의 귀환

❶ 에반스, 1912년 2월 17일 사망.
❷ 오츠, 1912년 3월 17일 사망.
❸ 스콧, 윌슨, 바우어스, 1912년 3월 30일경 사망.

03 생물 진화의 현장

: 찰스 다윈의 비글 탐사선 항해

"동·식물학자인 나는 비글 탐사선을 타고 항해하면서, 남아메리카의 서식지가 분포돼 있는 형태와 대륙 내에서 현재와 과거의 서식지가 가지고 있는 지질학적 관계의 특정한 사실에 놀랐다. 이 사실은 종의 기원에 한 줄기 빛을 안겨줬다."

찰스 다윈의 《종의 기원》 도입부

기간 1831년~1836년.

시도 동·식물학자인 찰스 다윈이 5년 동안 전세계를 항해했다.

난관 좋지 않은 기후와 비협조적인 토착민들 때문에 티에라델푸에고와 케이프 혼에서 여름을 두 번이나 보내야 했다.

업적 다윈은 항해 중 방문한 여러 곳에서 방대한 증거를 수집해 진화론을 발전시켰다.

찰스 다윈은 동·식물학자로서 5년 동안 영국 해군의 측량선인 비글(Beagle)을 타고 전세계를 항해했다. 덕분에 자연을 직접 경험하게 됐고, 그중에서도 특히 남반구를 관찰하는 기회를 얻었다. 이 증거를 바탕으로 다윈은 진화론을 창시하게 됐다.

대학 중퇴생

다윈은 잉글랜드 주도인 슈루즈버리(Shrewsbury)의 학교에서 교육을 받았고, 1825년에는 형과 함께 에딘버러대학에서 의학을 공부하기 위해서 집을 떠났다. 그는 해부학과 수술을 싫어해서 얼마 되지 않아 의학 공부를 포기하고, 1827년에 학위를 얻지 못한 채 학교를 떠났다. 다음해에 다윈은 성직자가 되겠다는 목표로 크라이스트컬리지캠브리지에서 학업을 시작했다. 이때 식물학 교수인 존 헨슬로우(John Henslow)와 친구가 되어 자연에 대한 애정과 매력을 알게 됐다.

다윈은 1831년에 학교를 졸업하고, 헨슬로우의 추천을 받아 당초 2년 예정이었던 남아메리카 여행에서 수집을 담당했다. 헨슬로우의 추천서에는 다윈이 "동·식물학자로 열심히 일할 뿐 아니라 수집과 관찰에도 뛰어나며, 자연사에 있어서 주목할 가치가 있는 것을 찾아내는 능력이 있다"고 적혀 있다. 다윈의 아버지는 처음에는 반대했지만, 다윈의 끈질긴 설득으로 동의를 얻을 수 있었다(해군에서는 다윈의 식비밖에 제공하지 않았다. 그 외에는 아버지가 전비용을 감당해야 했기 때문에, 아버지의 동의는 매우 중요했다).

찰스 다윈의 말년 사진.

넓은 바다로

비글 호는 27미터 길이에 무게가 245톤 정도인 작은 배였다. 선장이었던 로버트 피츠로이(Robert Fitzroy)는 아마추어 동·식물학자이자 과학자였다. 비글 호가 맡은 임무 중 하나는 남아메리카 해안을 따라 항해하면서 새로운 보퍼트 풍력 계급(Beaufort wind scale)을 시험해보는 것이었다. 다윈과 함께 선실을 나눠쓴 동료는 배의 항해사 한 명과 장교 후보생 한 명이었으며, 선실은 다윈의 연구실이기도 했다.

1831년 12월 27일, 드디어 비글 호가 플리머스(Plymouth) 항구에서 출발했다. 원래는 하루 전날에 출발하려 했으나, 항해에 나설 탑승 인원들이 크리스마스를 너무 열정적으로 즐긴 바람에 예정된 날에 떠날 수 없었다. 다윈은 심한 뱃멀미로 인해 긴 항해의 초기부터 고생이 많았다.

항해에 나섰던 탐사선 비글 호. 다윈은 또 다른 2명과 함께 선미루 선실(Poop Cabin, 상단 절개도의 왼쪽)을 사용했고, 이곳에 400권의 책을 보관했다.

비글 호의 내부도

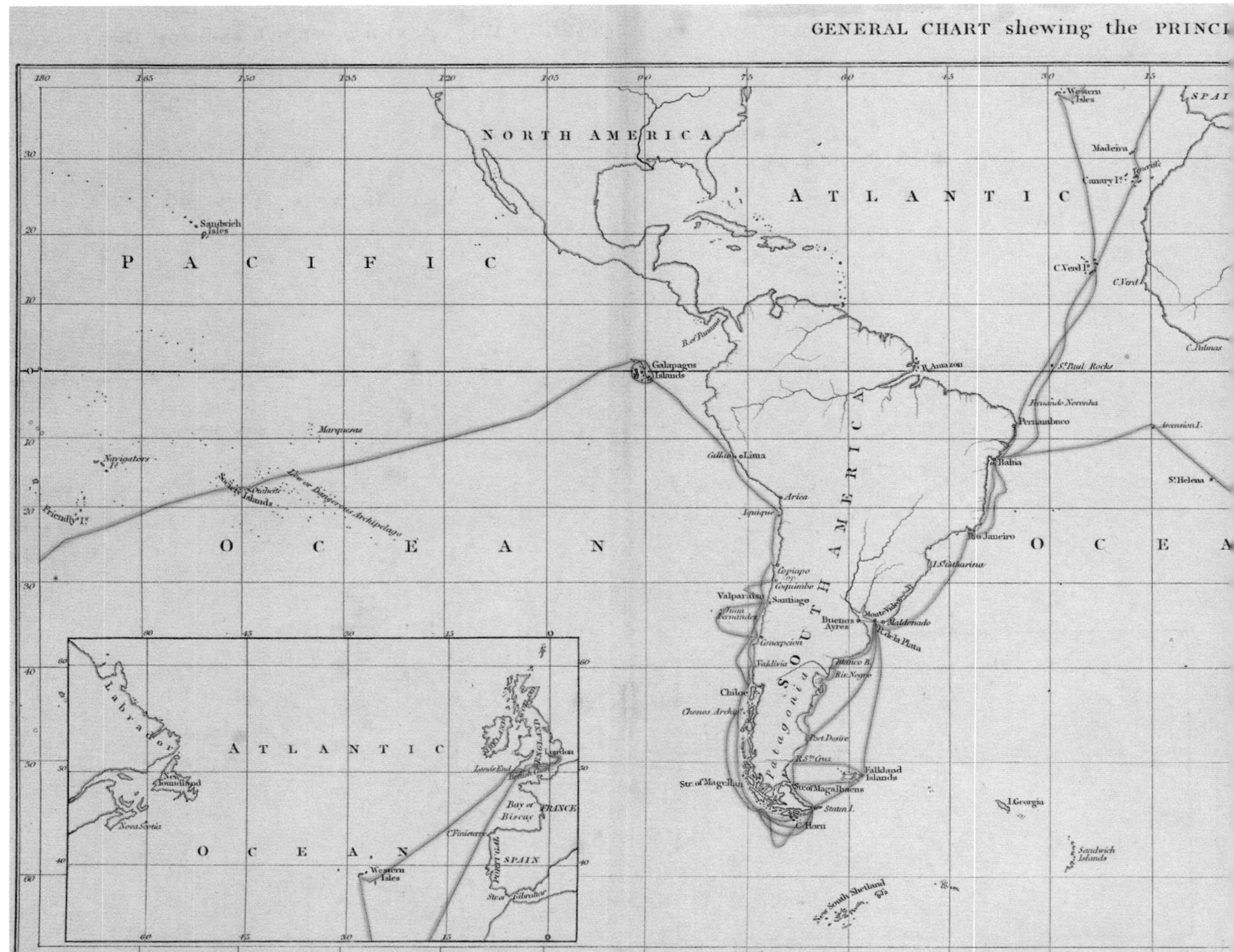

1839년, 피츠로이 선장이 항해 중 기록한 비글 호의 항로.

원래 계획과 달리 마데이라(Madeira)에는 정박하기가 버거웠다. 또 잉글랜드에서 콜레라가 퍼지는 바람에 아조레스(Azores)는 배의 정박을 거부했다. 1월 16일에 비글 호는 카보베르데 제도(Cape Verde Islands)에 도착했다. 이곳에서 다윈은 본격적으로 관찰하고, 수집하고, 기록하는 일을 시작했다. 당시 다윈의 작업에는 그의 호기심이 고스란히 드러나 있다. 예를 들어서, "조개 서식지는 원래 바다 밑에서 형성되는데, 왜 절벽에 있는 서식지는 바다의 높이보다 14미터 높은 곳에 있는가"와 같은 의문을 제기한 바 있다.

처음 만나는 새로운 종

비글 호는 1832년 2월 말에 브라질 해안에 도착했다. 다윈은 다음 6개월 동안 리우데자네이

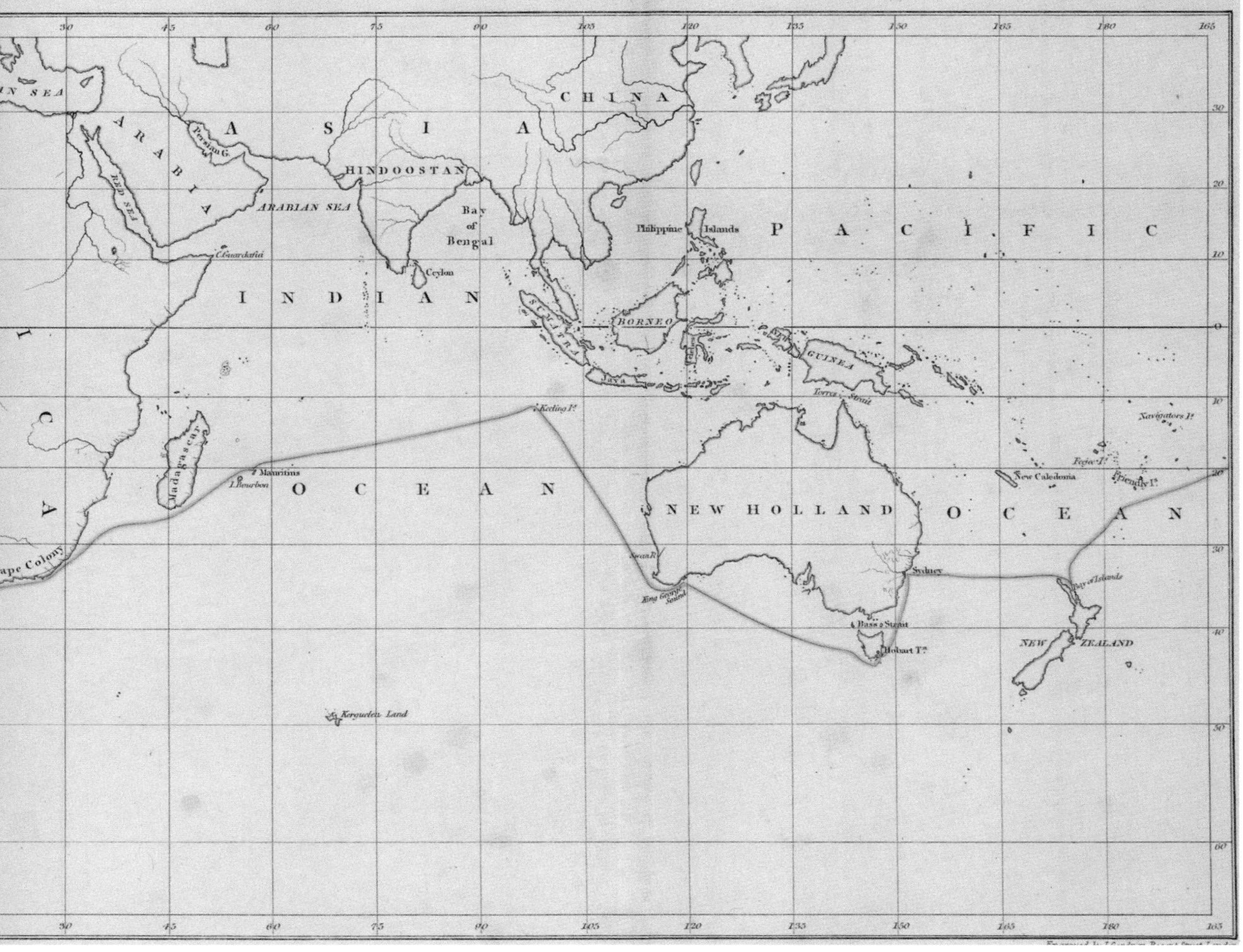

루(Rio de Janeiro), 부에노스아이레스(Buenos Aires), 바이아블랑카(Bahia Blanca)를 돌며 다양한 종을 수집하면서 육지에 머물렀다. 11월 말에는 딱정벌레 표본을 비롯해 이전에 알려지지 않은 동물의 화석 등 다양한 종의 자료가 담긴 거대한 소포 2개를 발송했다.

비글 호는 남쪽으로 항해를 시작했고, 12월 17일에 티에라델푸에고(Tierra del Fuego)에 도착했다. 다윈은 그곳에서 다음과 같은 메모를 적었다.

> 이 야만적인 섬의 주민들은 특별한 태도로 우리를 맞았다. 푸에고 사람들은 바다를 굽어보는 울창한 숲 속에 숨다시피 살고 있었다. 우리가 지나갈 때 그들은 갑자기 일어나 누더기를 흔들며 고함을 질렀다.

원시인들이 준 교훈

다윈은 "내가 지금까지 본 사람 중 가장 비참한 생명이었다"고 말했을 정도로 푸에고 사람들의 실상에 충격을 받았다. 그들이 척박한 자연 속에서 힘든 생활을 이어나가는 이유를 이해하지 못했던 다윈은 "자연은 전지전능함과 유전에 대한 영향력으로 이곳 사람들을 끔찍한 기후와 상황에 적응하도록 만들었다"고 결론 내렸다.

비글 호는 다시 케이프 혼(Cape Horn)으로 이동했다. 다윈은 "우리는 뱃머리에서 악명 높은 그곳의 곶을 바라봤다. 안개에 싸여 희미한 그곳에는 바람과 비가 내리고 있었다"고 설명했다. 케이프 혼의 날씨는 혹독했고, 배는 속수무책으로 당할 수밖에 없었다.

> *정오가 되자 거대한 파도가 우리를 덮쳤다. 가련한 비글 호는 충격에 흔들렸고, 몇 분 동안 통제불능 상태가 됐다. 하지만 곧 원래의 훌륭한 배로 돌아와서 방향을 잡고 바람에 저항했다. 만약 또 한 번 이런 파도가 덮친다면 우리의 운명은 즉시, 그리고 영원히 종결을 맞게 될 것이다.*

1833년에 비글은 티에라델푸에고를 떠나 포클랜드 제도(Falkland Islands)로 향했다. 포클랜드 제도는 영국이 바로 직전에 아르헨티나에서 주권을 넘겨받은 영토였고, 이후 몬테비데오(Montevideo)로 주권을 반환했다. 비글 호는 연구를 계속했고, 다윈은 부에노스아이레스와 몬테비데오 주변을 탐험한 후 11월 28일에 비글 호에 합류했다. 일행은 티에라델푸에고로 돌아온 다음 마젤란 해협(Strait of Magellan)을 따라 항해했다. 다윈의 표현에 따르면, 이곳은 "자연이 만들어낸 돌, 얼음, 눈, 바람, 물과 같은 무생물이 서로 전쟁을 벌이다가, 인간에게 함께 대적하는 곳"이었다. 비글 호는 드디어 1834년 6월 10일에 태평양에 도착했고, 7월 23일에는 따뜻한 발파라이소(Valparaiso)에 도착했다. 다윈은 여기에서부터 안데스 산맥(Andes Mountains)으로 6주간 탐사를 떠났다.

남부 칠레 지방에 관한 조사는 1835년까지 계속됐다. 그곳에서 다윈은 콘셉시온(Concepcion) 도시에 발생한 끔찍한 지진의 피해를 목격했다. 특히 지진 때문에 암석이 위로 솟아오른 모습을 보고, 안데스 지방이 느린 속도로 암석을 밀어 올리면서 생성된 증거라고 확신했다. 다윈은 9월 7일까지 비글 호가 페루에서 갈라파고스 제도(Galapagos Islands)로 출발할 때까지 몇 개월 동안 다양한 내륙 탐사를 진행했다.

(반대쪽) 위
갈라파고스 제도는 다윈의 진화론을 뒷받침하는 다양한 증거를 제공했다.

아래
다윈을 매료시켰던 갈라파고스 제도에 자생하는 초록 바다거북이(왼쪽)와 바다이구아나(오른쪽).

만족을 모르는 수집가

5주 동안 다윈은 광범위한 수집을 진행했다. 그는 "제도의 자연사가 놀랍다. 제도 안에 작은

마젤란 해협에 정박 중인 탐사선 비글. 다윈의 1890년 일지에서 발췌한 것이다. 다윈이 "티에라델푸에고의 가장 숭고한 광경"이라고 표현했던 몬테사르미엔토(Monte Sarmiento)가 보인다.

세상이 있는 것 같다. 다른 곳에서는 볼 수 없는 식물과 동물이 다수 분포한다"고 기록했다. 이곳에서 수집된 증거는 다윈의 진화론을 촉발시키는 결과로 이어졌다.

비글 호는 태평양을 가로질러 1836년 11월에는 타히티(Tahiti)에, 12월에는 뉴질랜드에, 1월 12일에는 시드니에 도착했다. 그리고 곧 태즈메이니아(Tasmania)를 거쳐서 인도양 한가운데 있는 킬링 제도(Keeling Islands, 지금의 코코스 제도)에 도착했다. 6월에는 남아프리카공화국의 케이프타운(Cape Town)에 도착했고, 그곳에서 몇 달을 보낸 다음 세인트헬레나(St. Helena)와 어센션 섬(Ascension Island)으로 향했다.

마지막으로 짧게 브라질을 방문한 비글 호는 1836년 10월 2일에 플리머스로 귀환했다. 비글 호의 항해에서 피츠로이는 중요한 조사업무를 완료했고, 다윈은 자연사와 인간의 역사에 길이 남을 진화론을 위한 기초적인 지식과 인생을 바칠 만한 열정을 얻었다. 그 결과물인 《종의 기원(Origin of Species)》은 1859년에 출판돼 진화론에 한 획을 그었다.

우주 시대가 열리다 04

: 지구에 떨어진 남자, 유리 가가린

"빛이 지구의 대기를 통과하면서 수평선은 밝은 오렌지색으로 빛난다. 빛은 천천히 퍼져나가 무지개색으로 나뉘어 옅은 푸른색에서 감청색으로 바뀌었다가, 다시 보라색에서 검은색으로 바뀐다. 이 얼마나 경이로운 색의 변화인가!"

유리 가가린

기간 1961년.

시도 최초로 지구의 궤도를 따라 비행했다.

난관 가가린이 탄 로켓은 발사 중 폭발할 위험이 있었다. 만약 대기권 안으로 진입하는 데 필요한 엔진이 제대로 작동하지 않는다면, 가가린은 평생 지구의 궤도에 갇히게 될 상황이었다. 또한 대기권에 다시 진입하면서 전소될 위험이 있었고, 탈출 캡슐과 낙하산이 제대로 작동하지 않을 가능성도 있었다.

업적 가가린의 시도는 특별했다. 그가 우주를 둘러싼 경쟁에 불을 지폈고, 미국과 소련은 과학 기술의 발전을 위해 경쟁했다.

러시아의 광대한 평원에서 한 농부와 그 딸이 송아지를 돌보고 있었다. 그때 처음 보는 형체가 그들에게 다가왔다. 그 형체는 밝은 오렌지색의 작업복을 입고 있었다. 얼굴은 하얀색 헬멧으로 가려져 있었고, 옆에는 몇 미터짜리 밧줄과 천이 주렁주렁 달려 있었다. 뭐라 말할 수 없는 그 형체는 이렇게 소리쳤다.

"무서워하지 마세요. 저도 소련 사람입니다. 우주에서 이제 막 착륙했는데, 지금 당장 모스크바에 전화해야 해요!"

그 형체는 지구를 벗어나는 데 성공한 인류 최초의 우주인인 '유리 가가린'이었다. 목수 아버지와 소젖을 짜던 어머니 사이에서 태어난 27세의 그는 89분 동안 보스토크 1호(Vostok 1)를 타고 지구를 돌면서, 궤도의 최상단인 328킬로미터에 도달했다. 그보다 더 지구를 멀리, 빠르게 벗어난 사람은 없었다.

목장에서 일하고 있던 농부와 딸을 만나기 단 몇 분 전에, 가가린은 요즘 자동차보다 약간 더 큰 보스토크 1호의 캡슐 속에서 엄청난 열과 압력을 견디며 대기권으로 진입했다. 신기한 구경

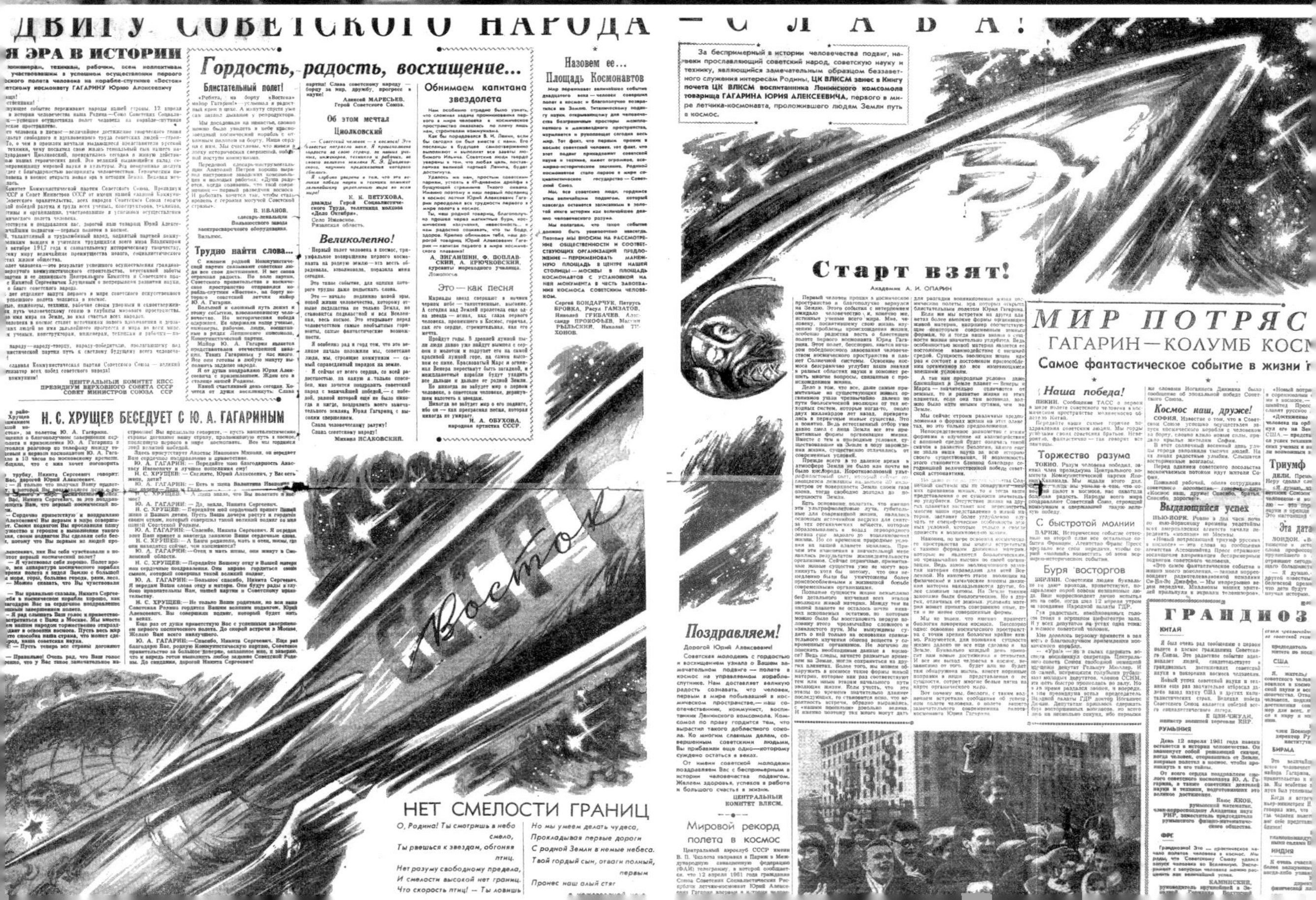

ДВИГУ СОВЕТСКОГО НАРОДА — С Л А В А!

...Я ЭРА В ИСТОРИИ

...инженерам, техникам, рабочим, всем коллективам ... участвовавшим в успешном осуществлении первого ...ского полета человека на корабле-спутнике «Восток» ...етскому космонавту ГАГАРИНУ Юрию Алексеевичу

ЦЕНТРАЛЬНЫЙ КОМИТЕТ КПСС
ПРЕЗИДИУМ ВЕРХОВНОГО СОВЕТА СССР
СОВЕТ МИНИСТРОВ СОЮЗА ССР

Гордость, радость, восхищение...

Блистательный полет!

«Ребята, на борту «Востока» майор Гагарин!» — услышал я радостный крик в цехе. А минуту спустя уже сам затаил дыхание у репродуктора.

Мы досадовали на ненастье, словно можно было увидеть в небе краснозвездный космический корабль с отважным пилотом на борту. Наши сердца с ним. Мы счастливы, что живем в эпоху исторических свершений, победной поступи коммунизма.

В. ИВАНОВ.

Трудно найти слова...

Алексей МАРЕСЬЕВ.
Герой Советского Союза.

Об этом мечтал Циолковский

— Советский человек — в космосе! Это известие потрясло меня. Я преисполнена гордости за свою страну, за наших ученых, инженеров, техников и рабочих, за своего великого земляка К. Э. Циолковского, научные предсказания которого сбылись.

К. К. ПЕТУХОВА,
дважды Герой Социалистического Труда.

Великолепно!

Обнимаем капитана звездолета

Это — как песня

Н. А. ОБУХОВА,
народная артистка СССР.

Назовем ее... Площадь Космонавтов

Мир переживает величайшее событие двадцатого века — человек совершил полет в космос и благополучно возвратился на Землю. Титаническому подвигу науки, открывающему для человечества безграничные просторы межпланетного и межзвездного пространства, изумляется и рукоплещет сегодня весь мир. Тот факт, что первым проник в космос советский человек, тот факт, что этот подвиг принадлежит советской науке и технике, имеет огромное, всемирно-историческое значение. Родиной космонавтов стало первое в мире социалистическое государство — Советский Союз.

Мы, все советские люди, гордимся этим величайшим подвигом, который навсегда останется записанным в золо...

Н. С. ХРУЩЕВ БЕСЕДУЕТ С Ю. А. ГАГАРИНЫМ

За беспримерный в истории человечества подвиг, навеки прославляющий советский народ, советскую науку и технику, являющийся замечательным образцом беззаветного служения интересам Родины, **ЦК ВЛКСМ занес в Книгу почета ЦК ВЛКСМ воспитанника Ленинского комсомола товарища ГАГАРИНА ЮРИЯ АЛЕКСЕЕВИЧА**, первого в мире летчика-космонавта, проложившего людям Земли путь в космос.

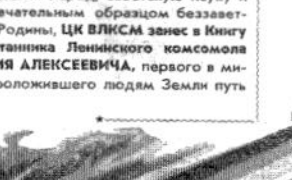

Старт взят!

Академик А. И. ОПАРИН

Поздравляем!

Дорогой Юрий Алексеевич!

Советская молодежь с гордостью и восхищением узнала о Вашем замечательном подвиге — полете в космос на управляемом корабле-спутнике. Нам доставляет великую радость сознавать, что человек, первым в мире побывавший в космическом пространстве, — наш соотечественник, коммунист, воспитанник Ленинского комсомола. Комсомол по праву гордится тем, что вырастил такого доблестного сокола. Ко многим славным делам, совершенным советскими людьми, Вы прибавили еще одно — которому суждено остаться в веках.

От имени советской молодежи поздравляем Вас с беспримерным в истории человечества подвигом. Желаем здоровья, успехов в работе и большого счастья в жизни.

ЦЕНТРАЛЬНЫЙ КОМИТЕТ ВЛКСМ.

НЕТ СМЕЛОСТИ ГРАНИЦ

О, Родина! Ты смотришь в небо смело,
Ты рвешься к звездам, обгоняя птиц.
Нет разуму свободному предела,
И смелости высокой нет границ.
Что скорость птиц! — Ты ловишь
...

Но мы умеем делать чудеса,
Прокладывая первые дороги
С родной Земли в немые небеса.
Твой гордый сын, отваги полный, первым
Пронес наш алый стяг
...

Мировой рекорд полета в космос

Центральный аэроклуб СССР имени В. П. Чкалова направил в Париж в Международную авиационную федерацию (ФАИ) телеграмму, в которой сообщается, что 12 апреля 1961 года гражданин Союза Советских Социалистических Республик летчик-космонавт Юрий Алексеевич Гагарин впервые в истории человечества...

МИР ПОТРЯС...

ГАГАРИН — КОЛУМБ КОСМ...

Самое фантастическое событие в жизни ...

Наша победа!

ПЕКИН. Сообщение ТАСС о первом в мире полете советского человека в космическом пространстве молниеносно облетело Китай.

Передайте наши самые горячие поздравления советским людям. Мы горды успехами своих советских братьев. Невероятно, фантастично — так говорят все пекинцы.

Торжество разума

ТОКИО. Разум человека победил, заявил член президиума Центрального комитета Коммунистической партии Японии Хакамада. Мы ждали этого дня. Сердце, когда мы узнали о том, что советский пилот в космосе, нас охватила большая радость. Народы всего мира поздравляют Советский Союз, строящий коммунизм и одержавший такую великую победу.

С быстротой молнии

ПАРИЖ. Историческое событие оттеснило на второй план все остальные события Франции. Агентство Франс Пресс прервало все свои передачи, чтобы серией «молний» возвестить об этом всемирно-историческом событии.

Буря восторгов

Космос наш, друже!

СОФИЯ. Известие о том, что в Советском Союзе успешно осуществлен запуск космического корабля с человеком на борту, словно влило новые силы, придало крылья жителям Софии.

В этот солнечный весенний день улицы города заполнили тысячи людей. На их лицах радостные улыбки. Слышатся восторженные возгласы.

Перед зданием советского посольства нескончаемым потоком идут жители Софии.

Пожилой рабочий, обняв сотрудника советского посольства, говорит: «Космос наш, друже! Спасибо, братья. Спасибо, дорогие!»

Выдающийся успех

НЬЮ-ЙОРК. Ровно в девять часов утра по нью-йоркскому времени телетайпы всех американских агентств начали передавать «молнии» из Москвы.

«Новый потрясающий триумф русских в космосе» — эти слова из сообщения агентства Ассошиэйтед Пресс отражают восхищение американцев беспримерным подвигом советского человека.

Триумф

ДЕЛИ. ...

Эта дата...

ЛОНДОН. ...

ГРАНДИОЗ...

거리에 몰려든 근처 농부들과 함께 가가린은 자신을 데리러 올 헬리콥터를 기다리면서 안정을 취했다. 이윽고 그의 성공적인 임무가 소련 국영 방송을 통해 보도됐고, 가가린은 세계에서 가장 유명한 사람이 됐다.

우주 경쟁의 촉발

가가린의 임무는 세상을 바꿨고, 당시 세계를 압도하던 초강대국인 미국과 소련이 우주를 둘러싸고 경쟁을 벌이던 중에 얻어낸 첫 번째 결과물이었다.

우주개발 전쟁은 미국의 프로젝트 머큐리(Project Mercury)와 러시아의 보스토크 프로그램이 우주를 정복하기 위해서 벌인 경쟁을 말한다. 냉전의 양 진영을 이끌었던 두 나라는 상대보다 먼저 우주에 인간을 보내기 위해서 막대한 자본을 투자해 우주개발 프로그램을 진행했고, 1961년 봄에는 유인 우주왕복선 개발의 마지막 단계에 돌입했다.

어쩌면 역사는 지금과 사뭇 달라졌을지도 모른다. 미국은 앨런 셰퍼드가 조종한 프리덤 7호(Freedom 7)를 1961년 3월 24일에 지구 궤도 바로 아래까지 쏘아 올릴 계획이었지만, 마지막 순간에 무인 우주선을 한 번 더 시도하기로 했다. 셰퍼드가 우주비행에 성공한 것은 1961년 5월 5일이었는데, 그가 세울 뻔한 첫 번째 기록은 다른 사람이 먼저 차지했다.

실제 가가린의 우주 궤도 진입은 인간을 처음으로 우주로 내보낸 대단한 업적이었다. 셰퍼드는 궤도에 도착하지 못했고, 비행시간도 단 몇 분에 불과했다. 하지만 가가린은 대기권을 완전히 벗어났을 뿐더러 89분 동안 우주에서 일몰과 일출을 모두 경험했다.

보스토크 1호는 당시 기계적인 기술력의 결정체였다. 4,800킬로뉴턴에 달하는 엔진 추진력 때문에 가가린은 중요한 임무를 수행하면서 지구 중력의 6배에 해당하는 힘을 견뎌야 했다. 무엇보다 보스토크 1호가 대기권을 벗어나 우주에 진입하기 위해서는 강력한 에너지가 필요했다. 일단 궤도에 진입한 다음에는 동쪽으로 쭉 가면서, 러시아와 시베리아 평원 위를 지나 태평양을 거쳐 남아메리카 남단으로 이동하기로 되어 있었다. 여기에 도착한 다음에는 북쪽으로 방향을 돌려 대서양을 지나 아프리카의 열대우림과 사막을 지난 후, 다시 모국인 러시아로 돌아오는 것이 목표였다.

세계 최초의 우주인

보스토크 1호가 발사되던 날 아침, 가가린은 사마라(Samara) 지역에 있는 바이코누르 우주기지(Baikonur Cosmodrome)에서 차분히 탑승을 기다리고 있었다. 옆에는 만약을 대비해서 게르만 티토프(Gherman Titov)라는 또 다른 조종사가 함께 대기 중이었다. 두 사람은 1년 넘게 보스토크 1호 임무를 위해서 함께 훈련받으며 경쟁해왔다. 그들은 임무를 수행하기 불과 나흘 전인 4월

(반대쪽) 위
보스토크 1호 발사 직전의 유리 가가린.

아래
소련의 국영 신문인 〈프라우다(Pravda)〉에 실린 유리 가가린의 기사.

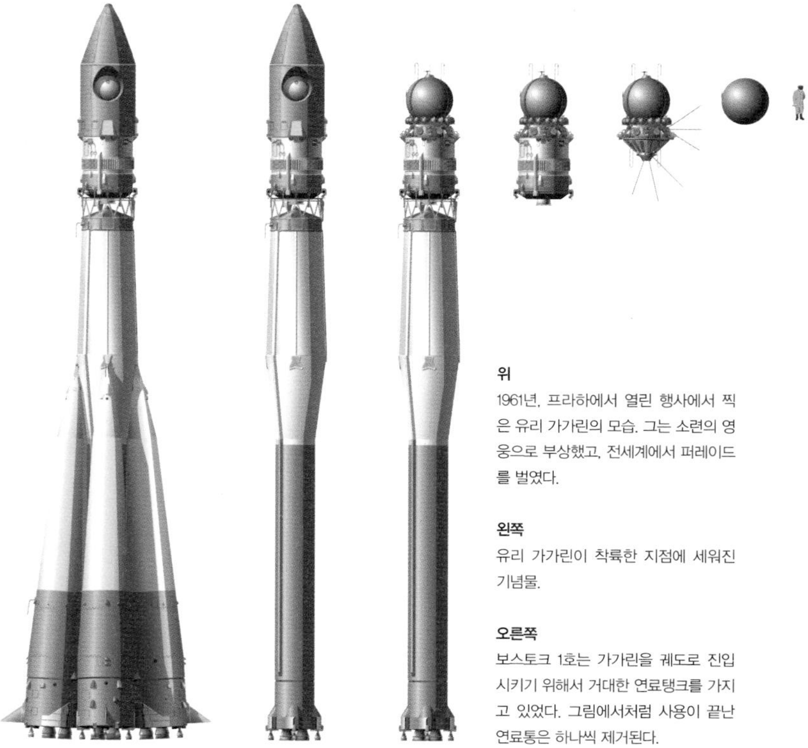

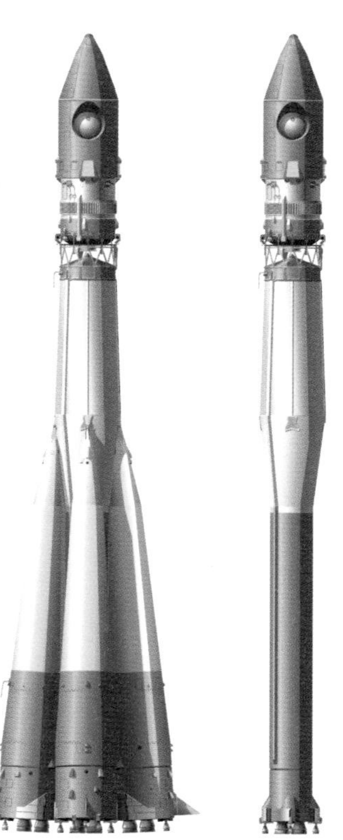

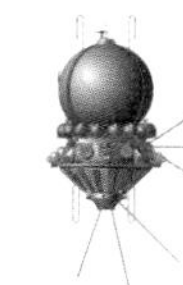

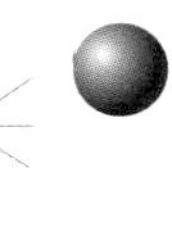

위

1961년, 프라하에서 열린 행사에서 찍은 유리 가가린의 모습. 그는 소련의 영웅으로 부상했고, 전세계에서 퍼레이드를 벌였다.

왼쪽

유리 가가린이 착륙한 지점에 세워진 기념물.

오른쪽

보스토크 1호는 가가린을 궤도로 진입시키기 위해서 거대한 연료탱크를 가지고 있었다. 그림에서처럼 사용이 끝난 연료통은 하나씩 제거된다.

8일에 두 사람 중 가가린이 선택됐다는 사실을 통보받았다. 두 사람은 영상을 촬영하기 위해서 우주비행사로 선택되는 장면을 연기해야 했다. 가가린은 수락 연설을 했고, 티토프는 이 모습을 지켜봤다.

가가린이 선택된 이유 중 하나는 몸이 왜소하다는 것이다. 키가 겨우 1미터 57센티미터였던 그는 티토프보다 공간도 덜 차지하고 몸무게 또한 가벼웠다. 우주비행사에게는 키 1센티미터, 몸무게 1킬로그램도 중요한 임무인 셈이다.

가가린이 선택되는 영상을 촬영했던 카메라는 곧 보스토크 1호에 오르기 위해 대기하는 그의 모습을 촬영했다. 지상팀이 발사를 위해서 준비를 마치는 동안, 캡슐이 조립되는 모습을 지켜보는 가가린의 모습도 기록됐다.

러시아 모스크바 박물관에 전시 중인 보스토크 로켓.

오전 9시 7분, 드디어 떠날 시간이었다. 거센 불꽃과 화염 속에서 캡슐은 하늘을 향해 힘차게 날아올랐다. 가가린은 이때 러시아어로 "포예칼리!(Poyekhali, 가자!)"라고 외쳤다. 단 10분 만에 그의 로켓은 모든 연료를 소비한 후 분리됐고, 작은 캡슐은 우주로 날아가 지구를 감싸고 있는 궤도에 안착했다.

가가린은 임무 내내 정기적으로 음성 기록을 남겼는데, 대부분 정확한 사실에 치중했다. 그는 축구 경기 시간보다 약간 짧은 89분 동안 지구의 궤도를 따라서 비행하는 데 성공했다. 곧이어 가가린의 임무 중 가장 위험한 순간, 즉 보스토크 캡슐이 지구 대기권에 다시 재진입하는 순간이 시작됐다. 까닥 잘못하면 인류 최초의 우주비행사는 불꽃과 함께 전소될지도 모를 일이었다. 캡슐이 빠른 속도로 대기권 바깥쪽에 진입하면서 기류를 만나 강한 진동이 생겼고, 대기권과의 마찰 때문에 공기역학적으로 발생한 열이 캡슐 내의 온도를 상승시켰다. 그로 인해 육지에 가까워지는 동안 가가린은 8G의 기압과 38도가 넘는 열을 경험했다.

지상에서 7킬로미터 떨어진 지역에서 보스토크의 해치가 갑자기 열렸다. 2초 후 가가린은 그곳에서 탈출해 지구로 떨어졌다. 이러한 이유로 한가롭게 송아지를 돌보던 농부들이 인류 최초의 비행사인 가가린을 만날 수 있었던 것이다.

두 번째 임무

가가린은 지구를 벗어난 것뿐 아니라 안전하게 지구로 귀환한 것도 최초인 사람이었다. 귀환 역시 임무에서 중요한 부분이다. 그는 세계적으로 이름을 알렸고, 임무 직후에 니키타 흐루쇼프(Nikita Khrouchtchev) 대통령이 직접 열어준 환영행사 이후로 소련의 영웅으로 부상했다.

가가린의 여정은 우주에서 돌아온 이후에도 계속 이어졌다. 소련 정부는 우주개발 프로그램의 성공을 십분 활용하기 위해서, 세계 최초의 우주비행사를 중심으로 세계적인 행사를 열었다. 덕분에 가가린은 영국에서 엘리자베스 2세(Elizabeth II)와 정찬을 가졌고, 쿠바(Cuba)의 피델 카스트로(Fidel Castro) 대통령과 함께 집회에 나섰으며, 핀란드, 아이슬란드, 브라질에서 열린 행사에 참여했고, 캐나다 노바스코사(Nova Scotia)의 퍼그워시(Pugwash) 농장에서 하룻밤을 보냈다.

1965년에는 프랑스, 아프가니스탄, 그리스, 이집트, 스리랑카를 차례로 방문한 다음에야 다시 비행사의 임무에 복귀했다. 이후에는 스타시티(Star City)의 우주비행사 훈련에 참여했고, 우주비행엔지니어로 명예롭게 졸업했다. 1968년 3월 27일, 가가린은 언제나처럼 제트 엔진 훈련에 나섰다가 모스크바 근처에서 발생한 폭발로 함께 탑승한 교관과 사망했다. 결혼해서 두 딸을 둔 가가린을 위해서 국장이 치러졌고, 그의 유골은 크렘린(Kremlin) 궁전 벽에 매장됐다.

이 세상을 벗어나기 위한 가가린의 모험은 단 89분밖에 되지 않았지만 영원한 유산으로 남아 있다.

처음으로 지구의 모양을 봤다. 대륙, 섬, 큰 강, 산맥의 모양, 바다의 모습이 한눈에 들어왔다. 수평선은 짙은 감청색에서 검은색으로 부드럽게 바뀌었다. 다만 내 가슴에 벅차오른 감정은 딱 한 단어로 표현할 수 있었다. 바로 '기쁨'이다.

_유리 가가린

새로운 대륙의 발견 05

: 레이프 에이릭손, 빈랜드로 향하다

"봄이 오자, 일행은 배를 준비하고 항해에 나섰다. 에이릭손은 풍족한 그 땅에 어울리는 '빈랜드'라는 이름을 붙였다."

13세기 그린란드 구전에서 발췌

기간 약 1,000년경.

시도 에이릭손은 뉴펀들랜드로 항해했다. 그곳에서 겨울을 보냈으며, 북아메리카에 도착한 최초의 유럽인이 됐다.

난관 뉴펀들랜드까지 미지의 바다를 항해하고, 그곳에서 겨울을 보냈다(다만 겨울은 놀라울 정도로 따뜻했다).

업적 이들은 북아메리카에 바이킹 정착지를 세웠다. 이후 이탈리아의 탐험가인 존 캐벗이 이곳 뉴펀들랜드를 발견하기까지는 500년이 걸렸다.

대부분의 사람들은 북아메리카 대륙에 가장 먼저 도착한 유럽인이 누구인지 정확하게 알지 못한다. 대개 "6세기의 브렌든 경(St. Brendan) 아닌가요?"라는 식으로 추측한다. 하지만 레이프 에이릭손(Leif Eriksson)이 11세기경에 처음 뉴펀들랜드(Newfoundland)에 도착했다는 사실을 보여주는 확실한 증거가 있다. 아이슬란드(Iceland)에 내려오는 구전과 뉴펀들랜드 북동쪽 랑스오메도즈(L'Anse AUX Meadows)에서 확인된 바이킹의 흔적이 바로 그것이다.

그린란드의 이름

이야기는 에릭 더 레드(Erik the Red)라는 한 바이킹에서부터 시작된다. 노르웨이에서 아이슬란드로 이주했지만, 다른 바이킹과 마찰을 겪던 에릭은 982년에 바다를 건너 그린란드(Greenland)로 향했다. 여름이었던 그곳에서 그는 해안 근처에 푸른 초원을 보고 이곳의 이름을 '그린란드'라 붙였다.

당시 남쪽 해안을 제외한 모든 땅이 만년설로 덮여 있다는 사실을 알지 못했던 에릭은 그곳의 잠재력이 상당하다고 생각하고, 개척할 계획을 세웠다. 그의 계획은 986년에 결실을 맺었고, 약 700명의 사람이 아이슬란드에서 25개의 배를 타고 그린란드에 도착했다.

바이킹인 비야르니 헤르욜프손(Bjarni Herjolfsson)은 무역 여행을 마치고 집으로 돌아갔을 때, 아버지가 이미 그린란드로 떠났다는 것을 알게 됐다. 그는 아버지를 따라잡을 수 없더라도 가능한 한 빨리 따라가고자 했다. 뒤늦게 아이슬란드를 떠났지만, 바람이 불고 안개가 심해지는 바람에 더는 항해할 수가 없었다. 며칠 후 안개가 걷히고 난 뒤 항해를 계속하다가 육지를 발견했다.

"여기가 그린란드인가요?"

선원들이 헤르욜프손에게 물었다. 가까이 다가가니, 산이 아닌 작은 둔덕과 숲으로 덮여 있는 모습을 보고 그는 아니라고 답했다. 그래서 일행은 다시 이틀을 더 항해했고, 또 다른 육지를 발견했다. 하지만 헤르욜프손이 또다시 착륙을 거부하는 바람에 선원들은 분노하기 시작했다. 또 사흘을 항해한 후 높은 산과 빙하로 된 땅을 발견했지만, 헤르욜프손은 쓸모없는 땅이라고 생각하고 다시 항해에 나섰다. 그다음에야 겨우 그린란드를 발견해 아버지와 재회할 수 있었다.

이 과정에서 헤르욜프손과 그의 선원들은 북아메리카를 처음으로 발견하게 됐다. 그래서 북아메리카를 본 최초의 유럽인으로 기록됐지만, 헤르욜프손이 그곳에 착륙하지 않았다는 이유로 많은 비난을 받았다. 그 후 그는 아버지와 그린란드에 살며 다시는 항해에 나서지 않았다.

약속의 땅

이러한 헤르욜프손의 이야기를 듣고, 에릭 더 레드의 아들인 레이프 에이릭손은 그가 발견한 땅에 가야겠다고 생각했다. 에이릭손은 헤르욜프손을 찾아가 그의 배를 사들이고, 선원 35명을 고용했다.

그들이 처음 도착한 곳은 배핀 섬(Baffin Island)이었다. 그린란드 구전에 따르면, 그곳은 "풀은 없고, 높은 산은 빙하로 덮여 있었다. 바다에서 산까지 모두 돌뿐이었다. 척박하고 쓸모없는 땅"이었기 때문에 사람이 살기에 퍽 좋은 곳은 아니었다. 에이릭손은 이 땅에 '평평한 돌의 땅'이라는 뜻의 헬룰란드(Helluland)라는 이름을 붙였다.

이후로도 그들은 항해를 계속하면서 새로운 육지를 발견했다. 그곳은 래브라도(Labrador)로 추정되는, 해변을 따라 완만한 경사와 숲이 있는 땅이었다. 에이릭손은 이곳을 '숲으로 된 땅'이라는 뜻의 마크랜드(Markland)로 명명했다. 그들은 다시 배를 타고 또 다른 땅을 발견했다. 구전에 따르면, 이들은 "처음 땅에 발을 디디고, 풀잎에서 이슬을 발견했다. 풀잎에 맺힌 이슬 몇 방울을 손에 덜어 맛봤는데, 생전 그보다 더 단맛을 맛본 적이 없는 듯하다"고 했다.

위
레이프 에이릭손이 래브라도 해안을 따라 항해하는 모습을 그린 19세기 상상화.

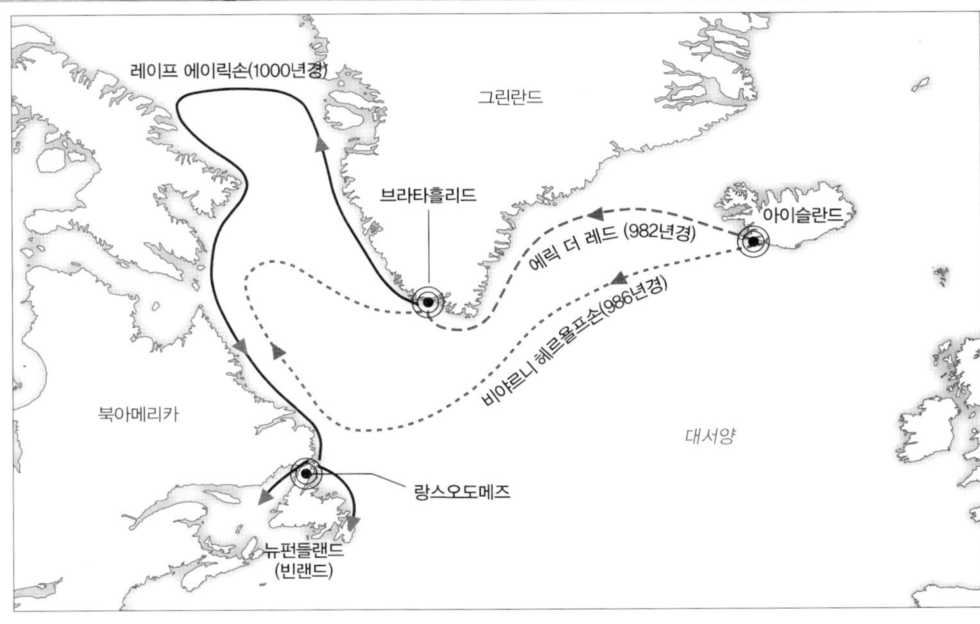

중요한 겨울

에이릭손과 그의 일행은 그곳 해변에 배를 묶고 정착했다. 시기를 고려해 그곳에서 겨울을 나고, 봄이 되면 다시 고향으로 돌아갈 계획을 세웠다. 오두막을 짓고, 강과 호수에서 잡은 연어를 먹으며 아주 포근한 겨울을 보냈다. 이야기에 따르면, 밤에도 서리가 내리지 않고 잎이 바람에 흔들렸다고 한다.

에이릭손은 사람들을 보내 주변을 탐색하게 했는데, 한번은 독일에서 합류한 티리키르(Tyrkir)라는 사람이 무리에서 떨어진 채 혼자 돌아다니다가 포도를 발견했다고 전했다. 봄이 왔을 때, 이들은 배에 포도를 가득 채우고 그곳을 떠났다. 에이릭손은 그곳에 빈랜드(Vinland)라는 이름을 붙여줬다.

강과 호수에는 연어가 끊이지 않았고, 일찍이 그렇게 큰 연어는 본 적이 없었다.

_그린란드의 구전

에이릭손의 동생인 레이프 토르발드(Lief Thorvald)는 빈랜드로 가서 에이릭손이 만든 오두막에 정착했고, 원주민을 만나 마지막 순간을 향하기 전까지 2년 동안 주변 지역을 탐색했다. 처음 원주민과 만났을 때 그들을 잡아서 살해했는데, 그 후 더 많은 원주민들의 공격을 받게 됐다. 공격을 받은 일행은 모두 살아남았으나 정작 토르발드는 화살을 맞아 빈랜드에 매장됐다. 남은 바이킹들은 다음 해 봄에 그곳을 떠나 다시는 돌아가지 않았다.

바이킹의 흔적

1960년, 뉴펀들랜드 북서쪽 끝에 있는 그레이트노던(Great Northern) 반도와 가장 끝부분인 랑스오도메즈에서도 바이킹의 흔적이 발견됐다. 고고학자들은 유적을 발굴해 바이킹의 전형적인 모습을 갖춘 오두막을 복원했다. 이 오두막은 990년에서 1030년 사이에 만들어진 것으로 추정되며, 에이릭손과 토르발드 형제에 관한 그린란드 구전 이야기와도 일맥상통한다. 모든 면에서 바이킹이 북아메리카 대륙에 처음 도착한 유럽인이라는 사실을 증명하는 확실한 증거다.

북아메리카에 발을 디딘 두 번째 유럽인

이 증거는 존 캐벗(John Cabot)이 북아메리카를 발견한 최초의 유럽인이라는 오랜 믿음을 깼다. 1450년에 이탈리아에서 태어난 캐벗은 제노바(Genoa) 또는 그 주변 지역에 살았던 것으로 추정된다. 같은 제노바 사람인 크리스토퍼 콜럼버스(Christopher Columbus)처럼, 캐벗은 중국이나 향로 제도(Spice Islands)에 가려면 서쪽으로 항해하는 것이 최선이라고 생각했다. 다만 콜럼버

(반대쪽) 위·중간
랑스오도메즈에 있는 기다란 형태의 집 안팎의 모습. 뉴펀들랜드 북서쪽에 있는 바이킹의 흔적으로, 1960년에 노르웨이 지질학자 헬게 잉스타트(Helge Ingstad)가 발견했다.

아래
랑스오도메즈에서 발견된 기다란 형태의 집을 다른 각도에서 본 모습.

스보다 북쪽 경로에 더 관심이 많았다. 1495년에 영국 브리스틀(Bristol)에 살았던 그는 헨리 7세(Henry Ⅶ)로부터 영국을 위해 새로운 땅을 발견하는 데 필요한 허가를 받았고, 브리스틀 상인들의 위임도 얻게 됐다.

캐벗은 매튜(Matthew)라는 작은 배를 타고 선원 18명과 함께 브리스틀을 떠났다. 1497년 6월 24일, 캐벗은 뉴펀들랜드에 도착했다. 더 구체적으로는 캐나다의 보나비스타만(Cape Bonavista)에 도착한 것으로 추정된다. 그는 이곳에 대해 다음과 같이 기록했다.

> 이곳 원주민은 동물 가죽으로 옷을 만들어 입고, 활과 화살, 창, 활촉, 나무 몽둥이, 새총을 무기로 사용한다. 땅은 매우 척박하며, 백곰이 자주 출몰하고, 사슴은 말만큼이나 크며, 동물이 많은 곳이다. 마찬가지로 어류가 풍부해서 납서대, 연어, 커다란 대구를 비롯한 많은 물고기가 산다.

캐벗은 이곳의 이름을 '새롭게 발견한 대륙'이라는 뜻의 뉴펀들랜드로 지었다. 또한 세인트존스데이(St. John's Day)에 뉴펀들랜드에 첫발을 디뎌 전통에 따라 항구의 이름을 세인트존스(St. John's)로 명명했다. 이후 이곳은 지방의 수도가 됐다.

캐벗은 중국으로 가는 새로운 경로를 찾았다고 굳게 믿고서 영국으로 돌아갔다. 영국 왕실에서는 그를 열렬히 환영했고, 곧바로 다른 항해를 허가한 후 배 5척을 줬다. 캐벗은 1498년 봄에 다시 항해를 떠났지만, 이후 그도, 그의 배도 돌아오지 못했다.

태평양에서의 표류 06

: 콘티키의 주인공, 토르 헤위에르달

"사람은 말할 때 보다 들을 때 더 많이 배운다. 자연과 가까운 사람들과 바람은 상아탑 속에서는 들을 수 없는 이야기를 들려준다."

토르 헤위에르달

기간 1947년.

시도 1,000년 전에 사용하던 물건과 뗏목에 의지해 태평양을 표류했다.

난관 헤위에르달과 일행은 변덕스러운 태평양 바다에 운명을 걸었다. 태풍이나 파도를 만날지, 또는 길을 잃게 될지 전혀 예측할 수 없었다.

업적 콘티키의 항해는 남아메리카에서 인류가 서쪽으로 이동해 남쪽 태평양에 있는 섬에 정착했다는 인류학적 사실을 증명하는 놀라운 사건이었다.

현대 탐험의 역사에서 가장 위대한 업적 중 하나는 개인적인 비극에서 시작됐다. 비야른 크로에펠리엔(Bjarne Kroepelien)은 노르웨이의 유명 포도주 상인이었고, 평생 태평양 남쪽 섬에 집착했다. 그는 20대에 이곳에서 여행하던 중에 타히티 부족장의 딸과 사랑에 빠졌다. 두 사람은 결혼했지만, 그의 아내가 1918년 오슬로에 퍼진 스페인 독감에 걸려 사망하면서 비극으로 끝나고 말았다. 아내의 죽음에 죄책감을 느낀 크로에펠리엔은 오슬로의 가족에게 돌아와서 다시는 타히티로 돌아가지 않았다. 하지만 타히티와 그곳의 문화, 원주민들에 대한 애정은 쉽게 사그라지지 않았다. 이후 몇 년 동안 크로에펠리엔은 폴리네시아(Polynesia) 문학을 수집했는데, 그가 모은 책만 해도 자그마치 5천 권에 달했다.

크로에펠리엔이 수집한 장서는 인류의 확산에 관한 인류학자들의 생각을 완전히 변화시키는 위대한 유산이 됐다. 오슬로대학의 동물학 학생이던 토르 헤위에르달(Thor Heyerdahl)은 우연히 크로에펠리엔이 수집한 책을 볼 기회를 얻었고, 내용에 완전히 빠져들었다. 책을 읽고 난 뒤 그는 폴리네시아 섬들이 어떻게 정착됐는지에 대한 급진적인 이론을 갖게 됐다. 주류 학계는 남태

평양의 거주민들은 아시아에서 바다를 거쳐 동쪽으로 이동하던 사람들이 정착하면서 생겨난 것이라고 추론했지만, 헤위에르달은 남아메리카에서 서쪽으로 이동하던 사람들이 정착했을 가능성도 있다고 믿었다.

태평양을 넘어서

이스터 섬(Easter Island)의 모아이 석상이 동아시아의 거주민들보다는 남아메리카의 고대인들을 더 닮았다는 것이 헤위에르달의 생각이었다. 그는 두 종족 간의 전쟁에 관한 이스터 섬의 신화가 실제 두 대륙 거주민들의 전투에서 유래했을지 모른다고 추론했다. 여기에서 한발 더 나아가, 남아메리카 이주민들이 남쪽으로 더 내려가 남태평양의 폴리네시아 섬으로 이주했을지도 모른다고 주장했다.

그런데 헤위에르달의 이론에는 중요하면서도 치명적인 맹점이 있었다. 남아메리카에서 이스터 섬까지 거리가 지나치게 멀다는 사실이었다. 헤위에르달이 추정하는 출발지인 페루에서 이스터 섬까지의 거리는 3,700킬로미터였다. 폴리네시아 섬은 그보다 더 먼 4,200킬로미터나 떨어져 있었다. 페루 해안에서 출발하면 어떤 경로를 거치든 태평양에서 몇 달을 보내야 했다. 지도에서 찾아보면 이스터 섬은 망망대해에 찍힌 작은 점에 불과한데, 과연 고대인들이 바다에서 길을 찾아 이스터 섬까지 갈 수 있었을까?

생각을 증명하기 위한 실험

헤위에르달은 확인할 방법은 하나뿐이라는 결론을 내렸다. 제2차 대전이 끝난 후, 그는 페루 해안에서 폴리네시아 섬까지 1,000년 전에 사용했던 물건과 건축기술을 가지고 항해하기 위한 계획을 세우기 시작했다.

여행에 참여할 스칸디나비아 출신의 동료 5명은 임무를 위한 각자 나름의 생존기술을 가지고 있었다. 엔지니어인 헤르만 와징거(Herman Watzinger)는 바다에서 배의 방향을 가늠하고 거리를 측정하기로 했다. 크누트 호그랜드(Knut Haugland)와 토스타인 래비(Torstein Raaby)는 지상에 있는 동료나 근처 배와 연락하기 위한 무선통신 전문가였다. 벵트 다니엘손(Bebgt Danielsson)은 뗏목을 만들기 위한 장비와 바다에서의 생존에 필요한 물건을 구비하는 등 해결사 역할을 했다. 에릭 헤셀버그(Erik Hesselberg)는 헤위에르달의 어린 시절 친구이자 유일한 전문 항해사였다.

헤위에르달 일행은 계획을 실행하기 위해서 페루로 향했다. 이들은 페루에 처음 정착한 유럽인 중 하나인 스페인 정복자가 그린 그림을 참고해 항해했다. 또한 당시 지역의 토착민들이 사용하던 전통적인 뗏목이 그려진 그림을 바탕으로 뗏목을 만들었다.

(반대쪽) 위
1986년, 이스터 섬의 헤위에르달의 모습.

아래
태평양을 7,000킬로미터나 항해한 콘티키.

동쪽에서 온 사람들이 먼 이스터 섬에 정착했다는 이론이 콘티키 모험에 아이디어를 제공했다.

손으로 만든 뗏목

헤위에르달 일행은 페루 해안에서 찾을 수 있는 재료만 사용했다. 특히 가볍고 모양을 만들기 쉬운 발사나무로 골조를 만들고, 소나무 줄기로 지지대를 만들었다. 뗏목 위에는 대나무로 엮은 길이 4미터, 폭 2.5미터의 오두막을 올렸다. 이 작은 공간이 바로 모험에 나설 이들이 기거할 장소였다. 두꺼운 바나나 나뭇잎은 지붕으로 사용했고, 대나무를 땋아서 돛을 만들었다. 9미터에 이르는 돛대에는 탄탄한 맹그로브나무가, 뗏목을 묶는 밧줄에는 대마가 이용됐다.

언뜻 보기에는 조악한 뗏목이었지만, 사실은 작은 부분까지 세심한 주의를 기울여서 꼼꼼하게 만든 결과물이었다. 이들은 몇 주에 걸쳐 주변에서 구할 수 있는 각종 재료를 이용해 다양한 조합을 시험했다. 여러 시도 끝에 바다에서 오랜 시간을 버틸 수 있을 만큼 단단하고, 사용이나 수리가 간편한 재료를 뗏목에 사용했다. 그렇게 만들어진 나무 뗏목에 '콘티키(Kon-Tiki)'라는 이름을 붙였다. 고대 잉카 문명에서 믿었던 태양의 신의 이름에서 따온 것이었다.

이들은 1947년 가을에 항해를 시작하기로 정했다. 오랜 항해를 대비해 미군이 제공한 통조림과 물, 그리고 1,000년 전 사람들이 사용했던 저장 용기도 함께 뗏목에 실어서 효율성과 내구성을 확인하기로 했다.

헤위에르달은 당시 모험을 앞두고 다음과 같이 기록했다.

> *나는 바나나 뭉치와 과일 바구니, 각종 자루가 어지럽게 놓인 뗏목에 올라탔다. 곧 뗏목을 바다로 끌어내 항해를 시작할 예정이었다.*

끝없이 푸른 바다 위

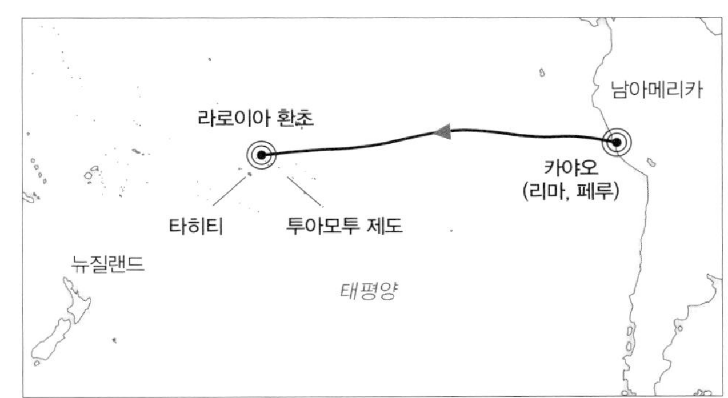

앞으로 험난한 여행이 예정돼 있었지만, 헤위에르달 일행은 놀라울 정도로 평온했다. 더 정확하게 말하면, 1947년 4월 28일에 견인을 위한 배가 콘티키를 끌고 바다에 띄울 때 뗏목에 탄 사람은 헤위에르달뿐이었다. 다른 일행은 뗏목에 타기 전 마지막 과정을 준비하고 있었다.

헤위에르달은 이 날을 이렇게 기록했다.

> 헤셀버그와 다니엘손은 읽을거리와 각종 잡동사니를 가득 안고 부두로 오는 중이었다. 두 사람은 뗏목으로 오는 길에 사람들이 줄지어 있는 광경을 목격했다. 한 경관이 두 사람의 앞길을 막으며, 구경거리는 이제 사라졌다고 했다.
>
> "소용없어요. 콘티키는 이미 한 시간 전에 떠났어요."
>
> 경관이 친절하게 말했다.
>
> 헤셀버그는 소포를 펼치며, "말도 안 돼요. 등불은 여기에 있는데요?"라고 반문했고, 다니엘손은 "이 친구가 항해사라고요. 난 선원이고요!"라고 외쳤다.

푸카푸카 환초. 콘티키가 페루를 떠나 처음으로 발견한 육지다.

다행히 뗏목은 미처 탑승하지 못한 선원들을 위해 다시 돌아왔고, 6명은 부두에서 재회했다.

먼 여행이었지만 헤위에르달은 자신만만했다. 그런데 그의 탐험이 성공하려면 두 가지 중요한 지리적인 조건이 필요했다. 첫째는 페루 연안에서 시작돼 서쪽으로 흐르는 이례적으로 차가운 훔볼트 조류(Humboldt Current)였다. 훔볼트 조류는 상당히 먼 거리까지 흐른다고 알려져 있었지만, 정확하게 어느 정도인지 측정된 적은 없었다. 두 번째 조건은 바람이었다. 콘티키가 원하는 방향으로 나아가려면 동쪽에서 서쪽으로 부는 바람이 필요했다.

콘티키의 여정에서 가장 놀라운 사실은 항해하는 동안 아무런 사건도 일어나지 않았다는 것이다. 날씨는 평온했고, 훔볼트 조류는 기분 좋게 뗏목을 밀어줬다. 또한 많은 바다 생물들이 뗏목 주위로 모여든 덕분에 식량과 수분도 충분히 공급받을 수 있었다.

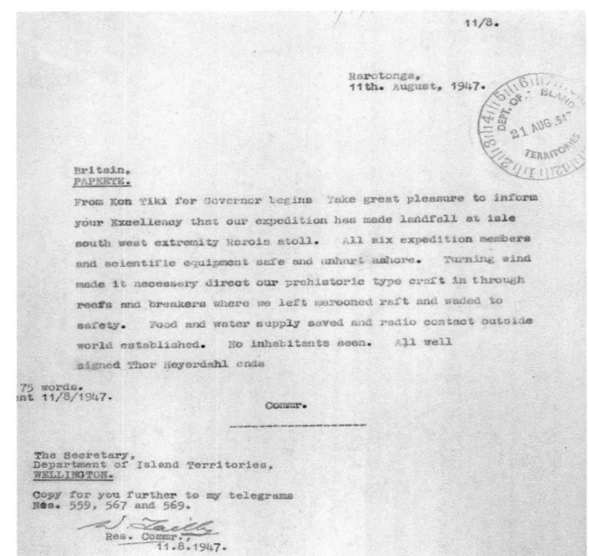

11/8.

Rarotonga,
11th. August, 1947.

Britain,
PAPEETE.

From Kon Tiki for Governor begins Take great pleasure to inform your Excellency that our expedition has made landfall at isle south west extremity Raroia atoll. All six expedition members and scientific equipment safe and unhurt ashore. Turning wind made it necessery direct our prehistoric type craft in through reefs and breakers where we left marooned raft and waded to safety. Food and water supply saved and radio contact outside world established. No inhabitants seen. All well signed Thor Heyerdahl ends

75 words.
nt 11/8/1947.

Commr.

The Secretary,
Department of Island Territories,
WELLINGTON.

Copy for you further to my telegrams Nos. 559, 567 and 569.

Res. Commr.,
11.8.1947.

콘티키가 폴리네시아에 안전하게 도착할 수 있도록 토르 헤위에르달이 라로통가(Rarotonga)의 영국 영사관에 쓴 편지.

육지에 도착하다

7월 30일에 콘티키의 탑승자들은 육지를 발견했다. 그곳은 현재 쿡 제도(Cook Islands)로 알려진 푸카푸카 환초(Puka Puka Atoll)였다. 닷새 후, 이들은 앙가투 섬(Angatau Island)의 사람들이 눈에 보일 정도로 가까이 접근했지만, 뗏목을 육지로 돌릴 수가 없었다. 8월 7일, 콘티키가 라로이아 환초(Raroia Atoll) 가까이에 있는 작은 무인도 근처 산호초에 멈추면서 비로소 이들의 여행은 끝이 났다. 콘티키는 100일 동안 바다를 표류했고, 7,000킬로미터를 이동했다. 헤위에르달은 자신의 주장을 입증했다.

육지다! 섬이다! 우리는 탐욕스러운 눈빛으로 땅을 바라보다가 일행을 깨웠다. 잠에서 깬 일행은 졸린 눈으로 사방을 둘러봤다. 뱃머리가 해변에 도착하기라도 했다고 생각한 모양이었다. 울부짖는 갈매기들이 하늘을 가득 메워 멀리 있던 섬의 모습이 가려졌다. 태양과 햇빛에 닿아 금색으로 바뀌기 시작한 섬은 넓고 붉은 하늘 가운데에 삐죽 솟아 있었다.

헤위에르달은 고대 문명이 동쪽으로 이동한 방법을 연구하면서 여생을 보냈고, 2002년 87세의 나이로 사망했다. 비록 콘티키가 놀라운 항해에 성공했지만, 헤위에르달의 이론을 입증할 만한 증거는 되지 못했다. 지금도 인류학자들은 남태평양에 어떻게 사람들이 살게 됐는지에 관한 연구와 토론을 계속하고 있다.

문명은 우리가 의사소통, 특히 사람들이 상대방에게 영감과 아이디어를 얻고 기본적인 재료를 교환할 수 있도록 만들어주는 바다를 통한 소통을 했던 순간부터 시작됐다.

나일강의 수원을 찾아서 07

: 데이비드 리빙스턴의 마지막 여정

"미지의 야생을 여행하는 순수하면서도 본능적인 즐거움은 정말 대단하다. 생각은 빠르고, 눈은 선명하고, 발걸음은 단호하다. 낮 동안의 노력은 언제나 저녁의 휴식을 즐겁게 만들어준다."

1866년 3월 26일, 리빙스턴이 마지막 여행에서 쓴 일기에서 발췌

기간 1866년~1873년.

시도 리빙스턴은 탕가니카호 남쪽에서 나일강의 수원을 찾을 계획이었다.

난관 리빙스턴은 짐꾼이 사라지거나 필요한 보급품이 떨어지는 등 각종 어려움을 겪었다. 날씨가 좋지 않은 날이 많았고, 불의의 공격을 받고, 병이 재발하기도 했다. 결국 재발한 병으로 인해 박사는 사망했고, 여행은 미완성으로 끝났다.

업적 마지막 여행을 포함해서 몇 번이나 계속된 여행 덕분에 중앙아프리카 지역에 대한 서구사회의 지식은 크게 늘었다.

나일강의 수원은 몇 백 년 동안이나 베일에 싸여 있었다. 대륙의 끝까지 이어지는 나일강은 과연 어디에서 시작되는 것일까?

강은 하르툼(Khartoum) 남쪽에서 두 갈래로 나뉜다. 청나일강(Blue Nile River)은 에티오피아 고원(Ethiopian Highlands)에서 흐르는데, 그 시작점은 1770년 스코틀랜드(Scotland)의 탐험가인 제임스 브루스(James Bruce)가 발견했다.

반면 백나일강(White Nile River)의 수원은 찾기 쉽지 않았다. 데이비드 리빙스턴은 백나일강의 시작점을 찾기 위해 마지막 아프리카 여행에 나섰다. 우선 그가 백나일강의 수원이라고 의심하던 탕가니카호(Lake Tanganyika) 남쪽으로 떠났다. 그는 백나일강이 빅토리아호(Lake Victoria)에서 시작된다는 존 스페케(John Speke)의 주장을 믿지 않았기 때문이다. 처음 스페케가 이 이론을 주장하기 시작한 것은 1858년이었다. 1860년부터 1863년까지 스페케와 제임스 그랜트(James Grant)는 이 주장을 다시 반복했고, 1863년에는 사무엘 베이커(Samuel Baker)와 플로렌스 본 사스(Florence von Sass)가 주장을 이어갔다.

겸손한 첫 발걸음

1813년, 리빙스턴은 블랜타이어(Blantyre)의 몬테이스 방직공장 근로자 구역에서 태어났다. 그는 10세 때부터 공장에서 일했다. 하지만 매일 2시간 동안의 학교 수업을 빼먹지 않고 들었고, 늘 자신을 발전시키며 역경을 극복하려는 의지를 키웠다.

1830년대 그는 의사이자 성직자가 되겠다고 결심하고, 1836년에 런던 선교회(London Missionary Society)의 지원을 받아 글래스고(Glasgow) 지방에서 의학 공부를 시작했다. 1840년에 성직자로서 자격을 얻은 그는 남아프리카공화국 오렌지강(Orange River)의 쿠루만(Kuruman) 지방으로 보내졌고, 그곳에서 일하면서 노예제도에 반대하는 활동을 펼쳤다. 당시 아프리카 동부에서는 아랍 상인들의 노예거래가 여전히 활발했다.

지역 방언을 배우고 전통적인 관습에 해박해지면서, 그의 열정은 직접적인 선교 활동에서 탐험으로 옮겨졌다. 1849년에 리빙스턴은 1년에 걸친 긴 여행을 떠났다. 이런 열정 덕에 그는 느가미호(Ngami Lake)를 본 첫 번째 유럽인이 됐고, 왕립지리학회(Royal Geographical Society)에서 상을 받았으며, 탐사를 통해 이 지역을 개방시킬 수 있다고 확신하게 됐다.

임무를 가진 사람

리빙스턴의 위대한 여정은 1853년에서 1856년까지 이뤄졌다.

그는 잠베지강(Zambezi River) 근처 린얀티(Lynyanti)에서 시작해 북서쪽으로 향했고, 1854년 5월에는 루안다(Luanda)에서 출발해 대서양 해안에 도착했다. 그는 다시 린얀티로 돌아왔다가 잠베지강을 따라 동쪽으로 향했다. 1856년에는 쿠엘메인(Quelmane)에 있는 모잠비크(Mozambique) 해안에 도착했다. 그 여정에서 1855년 11월, 그는 근처 원주민들이 '천둥을 내뿜는다'는 뜻으로 부르던 모시 오아 툰야 폭포(Mosi-oa-Tunya)를 발견했다. 108미터 높이의 이 폭포가 폭이 1.6킬로미터인 잠베지강의 수원이었다. 리빙스턴은 나이아가라 폭포보다 2배나 큰 이곳에 빅토리아 폭포(Victoria Fall)라는 이름을 붙였다.

그는 그해 말에 영국으로 돌아왔고, 대중의 열렬한 환영을 받았다. 잠베지강을 중앙아프리카로 가는 통로로 만들겠다는 그의 열정은 또 다른 여행으로 이어졌다. 1858년부터 1864년까지 이뤄진 이 여행은 과도한 욕심의 결과물이었다. 일행의 규모가 일단 너무 컸다. 거기다 그에 어울리지 않는 작은 증기선을 이용한 탓에 문제가 많았다. 또 6년이나 되는 여행 기간은 원래의 계획보다 3배나 길어진 것이었다. 하지만 당시 탐험의 성과는 그다지 대단치 않았다.

나일강의 수원을 찾기 위한 노력

영국에서 1년 남짓의 시간을 보낸 리빙스턴은 나일강의 수원을 찾기 위한 작은 탐험을 위해

(반대쪽) 상단
잠베지강의 빅토리아 폭포. 잠비아와 짐바브웨의 국경에 위치하며, 폭은 1.6킬로미터가 넘고 높이는 나이아가라 폭포의 2배인 108미터가 넘는다.

하단 왼쪽
1855년 11월, 리빙스턴은 빅토리아 여왕의 이름을 따서 지은 '빅토리아 폭포'에 도착했다. 현지에서 이 폭포는 '천둥을 내뿜는다'라는 뜻의 모시 오아 툰야로 불렸다.

하단 오른쪽
1864년, 유명한 글래스고 사진작가이자 리빙스턴 누나의 이웃이던 토머스 아난(Thomas Annan)이 찍은 리빙스턴의 사진.

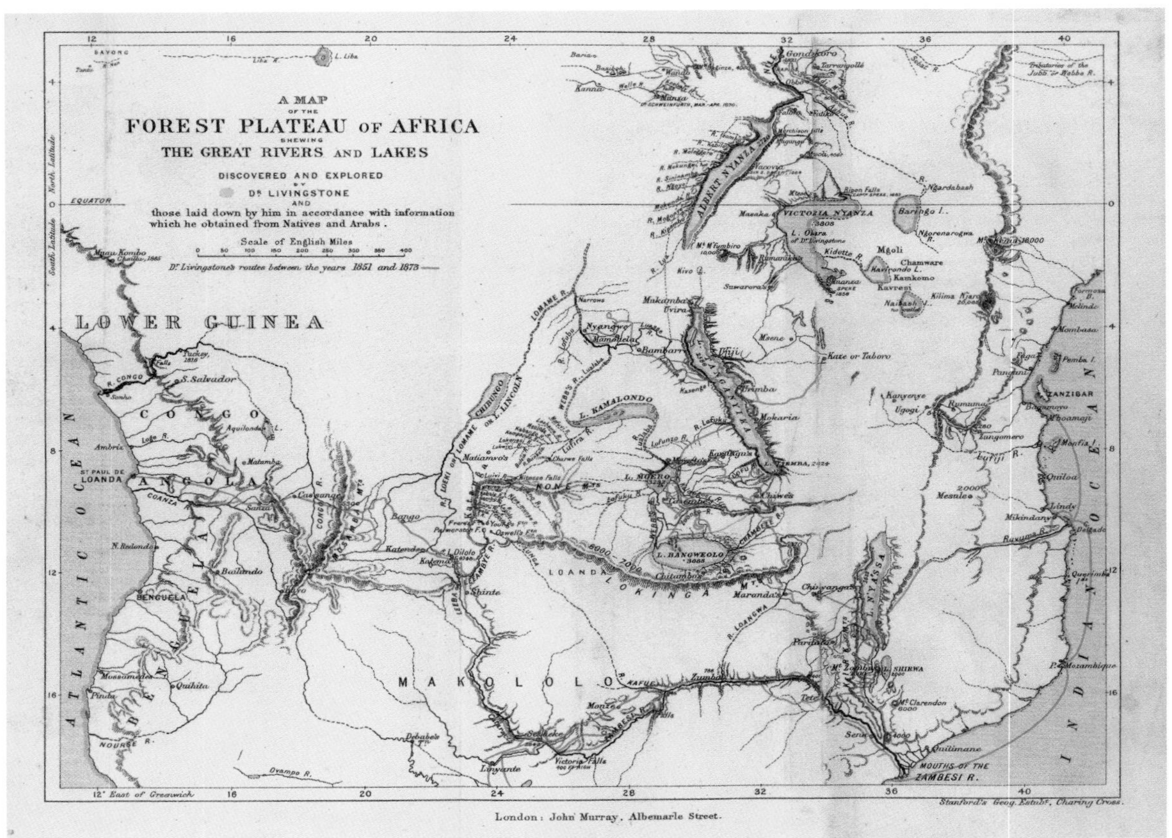

리빙스턴의 사망 후 1874년에 출판된 그의 마지막 일지. 리빙스턴의 마지막 탐험 경로뿐 아니라 이전 탐험의 경로도 확인할 수 있다. 일지에서 빅토리아호는 서로 연결되지 않은 작은 호수의 연속으로 그려졌다.

(반대쪽)
잠베지강 탐험 중 니아사호 주변을 탐험했던 경로(1858년~1864년). 이 지도는 중앙아프리카에 관한 유럽인들의 지식을 늘려주는 데 큰 도움을 줬다.

지원을 얻어 돌아왔다. 현재 탄자니아 남부가 된 미킨다니(Mikindani)가 출발지였다. 짐꾼과 당나귀, 낙타로 구성된 탐험대에서 유럽인은 그 하나였다.

리빙스턴은 짐꾼들을 믿을 수 없었다. 그래서 니아사호(Nyasa Lake)에 도착하는 데 걸린 4개월 동안 일부는 해고시켰고, 나머지는 도망치도록 내버려뒀다. 그는 해안에서 오늘 길에 노예매매 관행으로 인해 아프리카인들이 잔혹하게 살해되고 있다는 증거를 기록했다. 1867년부터 리빙스턴이 가지고 있던 크로노미터(chronometer, 항해 시 사용하는 정밀 시계)가 고장 나버리는 바람에, 현재 자신의 정확한 위치를 확인할 수 없게 됐다. 설상가상으로 또 다른 짐꾼은 탐험에 필요한 약을 가지고 도망쳤다.

곧장 방궤울루호(Bangweulu Lake)로 가려 했던 리빙스턴의 계획은 우기를 맞아 길이 진흙으로 바뀌는 바람에 차질을 빚었고, 어쩔 수 없이 탕가니카호로 가야 했다. 그는 므웨루호(Mweru Lake)와 방궤울루호에 간 첫 번째 유럽인이었다. 전자는 1867년, 후자는 1868년에 방문했다. 하지만 이 과정에서 그만 병에 걸리고 말았다. 결국 1869년에서야 탕가니카호를 건너 우지지(Ujiji,

21 & 22 Sep

R. Serwa

Sept 15th

Ndonda

R. Kaombe

Marenga

Kotakota isd.

R. Bua

Mururuka country
Nyanje chief

Echia

R. Furisa

Banga

16 Sept Malambo

Mt. Chisa

Marimba

Rock

isl. Benje

Urongwe country
Marako people

14 Sep. Chitanda

Langue
13 Sep 73

sandy point

marshy

Nombo chief
Nkalamba country

isl. Mpambe

Mt. Tsenga

Sept 11th high sandy shore

M

Sept
9 & 10

Pakambe
Sept 7 & 8

Rauze Molomaankoku
or Cocks hill
Pamanyanje's

6 Sept

5 Sept

Swamp

Katosa

Nachipula

Máravi

Mt. Funwe

3 Sept

Zodore hill
2 Sept

Lekue R.

Mutunda's
village

Piri

upland plains
under the chief

지금의 탄자니아 지방)로 이동할 수 있었다. 우지지에서는 이미 그가 보내놓은 물건들이 먼저 도착해 그를 기다리고 있었다. 그해 말, 리빙스턴은 아랍 무역상들의 도움을 받아 루알라바강(Lualaba River)을 여행할 수 있었다. 그는 루알라바강에 관한 현장일지에 "2.7킬로미터에 달하는 넓고 깊은 강이며, 북쪽으로 흐른다"고 기록했다.

1871년, 그는 다른 유럽인이 탐험했던 지역과 비교도 할 수 없을 정도로 서쪽에서 가장 먼 냥웨(Nyangwe)에 도착했다. 리빙스턴은 그 강이 나일강의 일부라는 사실을 증명하기 위해 카누를 타고 강을 따라 내려가고자 했다. 하지만 짐꾼들의 반대에 카누를 사용할 수 없었고, 리빙스턴은 그곳에서 끔찍한 학살을 자행한 아랍인들의 도움도 거절했다. 사실 루알라바강은 콩고강(Congo River)의 거대한 상류수였다. 만약 그가 계획을 실행했다면 분명히 실망했을 것이다.

리빙스턴 박사님이세요?

리빙스턴은 냥웨에서 5개월을 보내고 우지지로 돌아왔다. 여행 중에 어떤 원주민이 그를 노예 무역상으로 오해하는 바람에 곤욕을 겪기도 했다.

우지지에 돌아왔을 때는 지방 무역상들이 영국 정부가 보낸 보급품을 모두 훔쳐서 달아난 뒤였다. 절망적이던 상황은 생각지도 못했던 사람을 만나게 되면서 자연스레 해결됐다. 〈뉴욕헤럴드(New York Herald)〉의 편집장인 고든 베넷(Gordon Bennett)이 리빙스턴을 찾으라며 보낸 H.M. 스탠리(H.M. Stanley)가 그를 찾아온 것이다. 스탠리는 영국 웨일스(Wales) 지방에서 태어나 미국에서 자란 탐험가이자 기자였다. 1871년 11월에 그는 탕가니카호에서 리빙스턴을 만나 "리빙스턴 박사님이세요?"라는 질문을 건넨 일화로 유명하다. 리빙스턴은 자신의 일지에 그와의 만남을 다음과 같이 적었다.

> *나는 마음을 쉽게 표현하는 사람이 아니다. "영국인 특유의 냉랭함을 가지고 있다"고 표현하는 게 더 맞을지도 모르겠다. 하지만 아무런 사심 없는 친절에, 그만큼의 친절을 받을 자격이 있는지를 생각하니 약간 부끄러워졌다.*

이후 리빙스턴과 스탠리는 배로 탕가니카호 북쪽 끝을 탐험했다. 그 결과 빅토리아호나 앨버트호(Albert Lake)로 유입되는 물줄기는 없다는 결론을 내렸다.

1872년 3월, 스탠리는 리빙스턴에게 새로운 소식과 새로운 보급품을 전달해주기 위해서 해안으로 향했다. 스탠리가 보낸 보급품이 도착하면 리빙스턴은 방궤울루호 서쪽에서 루알라바강의 수원을 찾을 생각이었다. 그곳이 나일강의 수원이라고 생각했기 때문이다. 하지만 리빙스턴의 확신은 점차 줄어들었다. 그의 일지에는 이렇게 적혀 있었다.

우지지에서 만난 스탠리와 리빙스턴의 모습. 스탠리가 쓴 《나는 어떻게 리빙스턴을 찾아냈는가(How I Found Livingstone)》에 삽입돼 있는 그림이다. 스탠리가 보급품을 가져온 덕에 리빙스턴은 뒤에 있는 아랍 노예 상인들의 도움에 의존하지 않아도 됐다.

나일강의 수원에 대해 의심과 혼란이 끊이지 않는다. 긍정적인 생각을 하기에 나는 너무 많은 것을 알고 있다.

모험의 끝

습한 날씨, 하루가 다르게 쇠약해지는 건강, 호수 주변의 특이한 습지 때문에 리빙스턴은 좀처럼 탐험을 계속할 수가 없었다. 혼자 걸을 수 없을 정도로 병세가 심각해졌고, 결국 5월 1일 현재 잠비아의 북쪽에 있는 치탐보(Chitambo) 마을에서 사망했다. 그와 함께 출발했던 탐험대 중 남은 5명은 리빙스턴의 시신을 염해서 해안으로 운반했다. 이들이 바가모요(Bagamoyo)에 도착한 것은 1874년 2월이었다. 그곳에서 리빙스턴의 시신은 다시 영국으로 운구됐고, 1874년 4월 18일에 웨스트민스터 사원(Westminster Abbey)에서 장례식이 열렸다.

리빙스턴은 끝없는 탐구심과 지식이 넘치는 탐험가였고, 중앙아프리카 지방의 삶과 지리에 관한 상세한 기록을 남겼다. 또한 노예제도에 대한 혐오와 왕정 시절 이전의 인종우월주의가 "세상에서 가장 측은한 치기(稚氣)"라는 것이 그의 중심 철학이었다.

08 남쪽을 향해

: 제임스 쿡 선장과 탐사선 엔데버

"딱 한 번만, 남들이 할 수 없다고 하는 일을 해보자. 그러면 다시는 한계 따위에 괘념치 않게 될 것이다."

제임스 쿡 선장

기간 1768년~1771년.

시도 탐사되지 않은 바다 남극해에서 '테라 아우스트랄리스'라고 알려진 미지의 영토에 대한 증거를 찾으려고 했다.

난관 폭풍우, 끔찍한 조건, 질병 때문에 탐험은 늘 위험했다. 게다가 산호초에 좌초되거나, 원시 부족의 위협을 받은 적도 있었다.

업적 쿡 선장은 좌표가 없는 곳까지 수천 킬로미터를 항해했다. 또한 호주 동쪽 해안에 도착하고 지도를 그린 최초의 유럽인이며, 뉴질랜드 해안을 따라 처음으로 일주한 사람이다.

로드아일랜드(Rhode Island)에 있는 고상한 도시인 뉴포트(Newport)에는 자랑스러운 해양 전통이 살아있다. 미국 동쪽 해안에 자리 잡은 뉴포트는 미국이 영국과 독립전쟁을 치를 무렵 전략적 요충지였으며, 지금은 전세계 요트의 중심지로 알려져 있다. 국제 요트 경기 시리즈인 아메리카 컵(America's Cup)이 뉴포트에서 열린 것만 해도 열 번이 넘는다.

하지만 뉴포트가 가지고 있는 가장 중요한 해양유산은 어쩌면 바닷물 속 모랫바닥에서 찾을 수 있을 것이다. 뉴포트 항구는 인류 역사상 가장 위대한 탐험가 중 한 사람에게 새로운 세상을 열었던 '18세기 연구용 탐사선'의 잔해가 있는 곳이다.

엔데버 호의 마지막 장소

제임스 쿡(James Cook)은 탐사선인 엔데버(Endeavour)를 타고 수년간 전세계를 항해한 뒤, 뉴포트 근처 바다에 도착했다. 엔데버 호는 1778년 프랑스와 미국군의 공격을 막아내기 위해서 뉴포트 항구를 막고 바다를 지킨 영국 함대의 함선 중 하나였다.

제임스 쿡의 초상화. 영국 화가 나다니엘 댄스-홀랜드(Nathaniel Dance-Holland)의 그림이다.

2016년이 돼서야 로드아일랜드 해양고고학탐사 프로젝트(Marine Archaeology Project)의 조사를 통해 엔데버 호의 침몰 위치를 추적해냈다. 항구 바닥에 모여 있는 침몰한 난파선 5척 중 하나가 엔데버 호로 밝혀졌는데, 인류의 역사를 변화시킨 배가 잠들어 있는 장소라고 하기에는 너무도 초라했다.

1768년, 엔데버 호는 쿡의 지휘를 받으며 플리머스 항구를 떠났다. 이후부터 3년간의 항해는 근대사에 상당한 영향을 미쳤으며, 영국이 인류 역사 최대의 제국으로 성장하는 데 핵심적인 역할을 했다.

갑작스러운 승진

쿡이 탐사의 대장을 맡은 것은 이례적인 사례였다. 그는 빈곤한 가정 출신이었지만, 당시로서는 파격적인 대우를 받아 승진했다. 7명의 형제자매를 가진 그는 가난한 농부의 아들로 태어났다. 하지만 아버지의 고용주가 쿡에게 학비를 지원해준 덕분에 노스요크셔(North Yorkshire)의 집 근처에서 학교에 다닐 수 있었다.

학교를 졸업한 뒤에는 잠깐 상점에서 수습으로 일했지만, 점원 생활에 만족하지 못했던 그는 어느 날 사람들로 북적대던 휘트비(Whitby) 항구에서 해군 상선에 지원했다. 쿡은 열정과 재능이 넘치는 천생 바닷사람이었다. 배를 타면서 삼각법이나 기하학과 같은 수학적인 지식을 배우고,

쿡 선장이 탔던 엔데버 호의 복제품이 호주 시드니에서 전시 중인 모습. 진짜 엔데버 호는 뉴포트 항구 바닥에 침몰한 것으로 추정된다.

1784년부터 제임스 쿡이 남태평양과 이후 북쪽으로 항해한 경로를 보여주는 세계 지도(분홍색 실선).

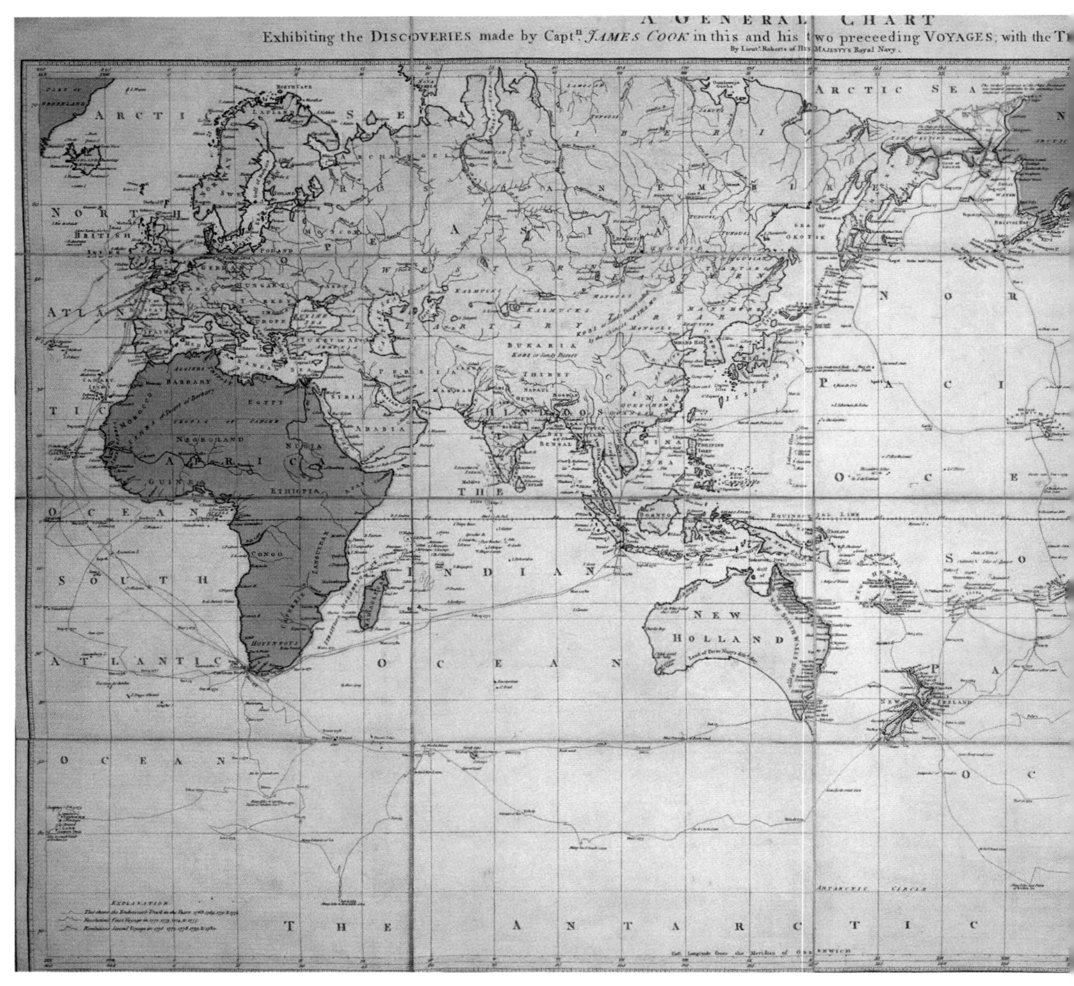

실질적인 항해술과 조사 기술을 훈련받았다. 상선에서 두각을 나타낸 쿡은 1755년에 고작 27세의 나이로 선장이 됐으며, 영국 해군에 자원했다.

전쟁에서 과학으로

쿡은 7년 전쟁(Seven Years War)에 참전해 험난한 뉴펀들랜드의 해안선을 측량하는 데 성공하며 두각을 나타냈다. 덕분에 그는 영국 해군 사령부의 주목을 받게 됐다. 영국 해군이 남반구를 탐험하고 금성의 태양면 통과를 관측하기 위한 과학적인 임무를 쿡에게 위임했다. 그런데 그가 맡은 임무에는 또 다른 목적이 있었다. 이 두 번째 임무가 적힌 봉투에는 "일단 금성의 이동을 관측하고 기록한 후에 개봉하라"고 쓰여 있었다.

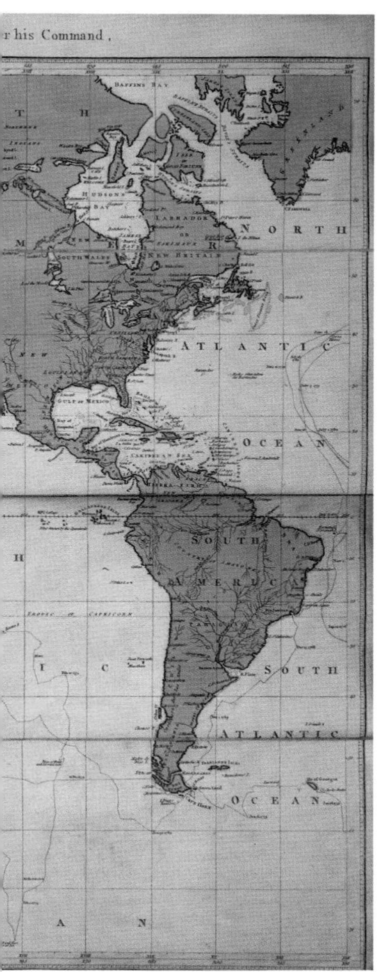

쿡은 탐험대를 지휘하기 위해 부관으로 진급했다. 1768년 8월 26일에 식물학자, 천문학자, 예술가를 비롯한 70명 이상의 바다에서 잔뼈가 굵은 선원들, 10명 남짓의 영국의 해군과 함께 대서양으로 항해했다.

남태평양으로 향하는 동안 여러 사건사고가 일어났다. 마데이라 항구에서 닻을 내리던 중 해군 중위가 닻의 사슬에 몸이 감겨 사망하고, 케이프 혼 근처의 불모지에서는 식물학자 2명이 표본을 채취하다가 사망했다. 1769년 4월, 엔데버 호는 무사히 타히티에 도착했고, 탐험대는 그곳에서 3개월을 머물면서 금성을 관측하는 임무를 완수했다. 그제야 쿡은 두 번째 명령이 담긴 봉투를 개봉했고, 비로소 영국으로 돌아올 수 있었다.

미지의 땅을 찾아서

엔데버 호는 테라 아우스트랄리스(Terra Australis)라고 알려진 미지의 남쪽 영토를 찾아 태평양을 가로질러 서쪽으로 항해할 예정이었다. 유럽의 반대편에 거대한 육지가 있을지도 모른다는 가능성은 유럽에서 초미의 관심사로 떠올랐다. 네덜란드 동인도회사(Dutch East India Company)는 여러 번의 탐사를 통해서 테라 아우스트랄리스의 북쪽, 서쪽, 남쪽 해안의 지도를 그려낼 수 있었지만, 여전히 동쪽은 미지의 영역이었다. 더욱이 그곳에 발을 들인 유럽인도 없었다. 그래서 쿡과 그의 대원들은 자신들이 최초로 그 땅에 발을 디딘 유럽인이 될 것이라고 기대했다.

그 바로 직전에 쿡의 탐험대는 유럽인으로서는 처음으로 뉴질랜드 땅에 내렸다. 네덜란드 선원이던 아벨 타스만(Abel Tasman)은 그보다 100년도 전에 뉴질랜드 서쪽의 해안선을 측량했지만, 해안에 도착하지는 못했다. 1769년 10월 7일에 쿡은 파버티만(Poverty Bay)에 정박했고, 이후 6개월 동안 뉴질랜드 전체를 탐험했다. 그는 뉴질랜드가 하나가 아닌 2개의 섬으로 구성됐으며, 그 크기가 테라 아우스트랄리스만큼 크지는 않다고 결론 내렸다. 또한 뉴질랜드를 대영제국의 땅이라고 선포한 뒤 서쪽으로 항해를 계속했다.

1770년 4월 19일, 바다 한가운데 육지가 보였다. 열흘 후, 엔데버 호와 쿡은 정박할 준비를 하며 거대한 천연 항구로 향했다.

뉴질랜드 남섬 남서부 해안에 있는 피오르드랜드 국립공원의 다우트풀 사운드(Doubtful Sound). 쿡은 1770년에 이곳을 '다우트풀 항구'라고 이름 지었다.

풍요로운 땅

당초에 쿡은 그곳을 스팅레이(Stingray) 항구라고 부를 생각이었다. 그의 배를 둘러싼 이름 모를 물고기 떼 때문이었다. 하지만 해안을 탐험하면서 이전에는 한 번도 보지 못했던 식물종들을 수없이 발견하면서, 마음을 바꿔 보태니스트만(Botanists Bay)이라고 이름 지었다. 자신이 발견한 풍부한 식물종을 기념하기 위해서였는데, 이곳은 이후 보터니만(Botany Bay)이라는 이름으로 불리게 됐다.

쿡과 대원들은 이 보터니만에서 8일간 머무르며 근처에 살던 소수의 원주민과 접촉하기도 했다. 하지만 쿡의 대원들이 공중을 향해 머스킷 총을 발포하는 바람에 원주민들과의 관계가 악화됐다. 원주민들의 적대적인 반응에 쿡과 대원들은 더 이상의 접촉을 시도하지 않고 이동했다.

몇 주 후, 테라 아우스트랄리스를 발견했다는 쿡의 의심은 사라졌다. 그는 방대한 해안선을 측량하면서 4개월을 보내다가 그레이트 배리어 리프(Great Barrier Reef) 산호초에서 엄청난 재앙을 겪었다. 산호초에 좌초된 엔데버 호를 수리하느라 원래 계획에서 7주나 지연돼버리고 만 것이다. 쿡은 어서 영국으로 돌아가 자신의 발견을 보고하고 싶은 생각이 간절했다. 테라 아우스트랄리스가 대영제국의 땅이라고 선포하긴 했지만, 영국 영토로 인정받을 때까지는 더 많은 탐험과 수많은 사람의 노력이 필요로 했기 때문이다.

가장 중요한 비밀

수리를 완벽히 끝내지 못한 엔데버 호는 당시 위세 등등하던 네덜란드 동인도회사의 본부가 있는 바타비아(Batavia, 지금의 자카르타)에 정박했다. 하지만 쿡은 영국으로 돌아가고 싶어 안달이 나 있는 상태였다. 무엇보다 선원 중 누군가 경쟁 상대인 네덜란드에 비밀을 누설할까봐 걱정스러웠다.

1771년 7월 12일, 엔데버 호는 지금의 남아프리카공화국에 있는 희망봉(Cape of Good Hope)에서 선회해 영국의 딜 항구(Port of Deal)에 도착했다. 쿡의 탐험은 상당한 성과를 거뒀을 뿐만 아니라 대원들을 위한 지도력 면에서도 중요한 의미가 있었다. 그는 선원들에게 신선한 채소를 충분히 공급함으로써 비타민 C 부족으로 발병하는 괴혈병을 피할 수 있도록 도왔다.

쿡은 영국에 돌아온 직후 대위로 승진했고, 이후 그는 두 번이나 더 탐험에 나섰다. 1772년부터 1775년까지 남극해와 남태평양의 섬을 탐험했다. 그 어떤 탐험가들보다 더 멀리 남쪽으로 탐험했으며, 심지어 남극 해안에 근접하기도 했다. 하지만 바로 직전에 태풍과 추위로 탐험을 중단할 수밖에 없었다.

천국에서의 죽음

1776년, 쿡은 세 번째이자 마지막 여행에 나섰다. 그가 맡은 임무는 '북서항로'라고 알려진 북대서양과 태평양 사이의 항로를 찾는 것이었다. 쿡은 북아메리카 해안을 따라서 러시아와 알래스카 사이에 있는 베링 해협(Bering Strait)까지 접근했지만, 얼음이 된 바다에 길이 막혀 돌아와야 했다.

이윽고 방향은 하와이로 바뀌었다. 그곳에서 쿡은 항해에 필요한 보급품을 확보하고 배를 수리한 다음 다시 북태평양으로 갈 생각이었지만, 불행하게도 1779년 2월 14일에 하와이 원주민과의 충돌에서 칼에 찔려 죽고 말았다.

쿡은 여러 탐험들을 통해 대단한 성과를 거뒀다. 고작해야 길이가 30미터도 채 안 되는 엔데버 호와 100명 남짓의 선원들은 새로운 대륙인 호주를 찾아냈다. 쿡의 항해술과 조사 기술은 매우 뛰어나 그가 사망한 후에도 200년 동안이나 활용됐다. 쿡의 성격과 업적을 단적으로 보여주는 가장 적절한 표현은 아마도 그가 남긴 이 말일 것이다.

> *목표는 유례없이 먼 곳까지 나를 이끌었을 뿐 아니라, 내가 가능하다고 생각했던 한계치까지 인도해줬다.*

독일 화가 요한 조파니(Johann Zofanny)가 그린 미완성 작품. 이 그림은 제임스 쿡 선장의 죽음을 주제로 그려진 것이다.

제임스 쿡이 도착한 호주 뉴사우스웨일스(New South Wales) 보터니만에 있는 기념패.

세상의 꼭대기에서 09

: 에베레스트 산을 정복한 힐러리와 노르가이

"우리가 정복한 것은 산이 아니라 우리 자신이었다."

에드먼드 힐러리

기간 1953년.

시도 세계 최초로 지구에서 가장 높은 에베레스트 산을 정복했다.

난관 힐러리와 노르가이는 그 누구도 시도한 적이 없는 험난한 지형에 도전했다. 두 사람은 고산병, 피로, 매서운 추위와 살을 에는 듯한 혹독한 바람으로 인한 동상을 이겨내야 했다. 게다가 폭포, 산사태, 가파른 낭떠러지 때문에 등반은 더욱 위험했다.

업적 두 사람은 8,848미터에 이르는 높은 산을 정복하는 역사적인 성과를 달성하면서 전세계의 이목을 사로잡았고, 이후 평생 동안 영웅으로 살았다.

인간의 몸은 해발 8,800미터의 높은 지형에서 살아남도록 설계되지 않았다. 그렇게나 높은 곳은 지표면과 비교해 공기 중 산소량이 3분의 1밖에 되지 않을 정도로 공기가 희박하다. 게다가 그 정도 높이라면 고도가 비교적 낮은 지역에서도 바람이 그치지 않는다. 추위 역시 심각한 위협이다. 기압이 낮은 탓에 여름에도 대기권의 열이 흩어져버리기 때문이다. 만약 이곳에 고립된다면 이들 조건 중 하나만으로도 생명의 위협을 받을 수 있다. 고도가 높아질수록 위험은 더욱 커진다.

만약 이 세 가지가 한꺼번에 작용한다면 어떻게 될까? 일단 산소 부족은 심장과 신경체계에 상당한 부담을 준다. 추위와 바람은 노출된 살갗을 손상시켜서 추위에 노출된 지 단 몇 분만 지나더라도 동상과 저체온증을 유발한다. 때문에 몸이 망가질 정도로 높은 고도에 올라간다면 생존할 가능성도 희박해진다. 살아남을 수 있는 유일한 방법은 가능한 빨리 안전한 장소로 내려오는 것뿐이다.

THE TIMES

EVEREST

COLOUR SUPPLEMENT

LONDON 1953 PRICE 3s. 6d.

COMPANIONS IN ACHIEVEMENT

Sir Edmund Hillary and Tensing Norkey, G.M., who together climbed Everest on Friday, May 29, 1953.

모든 조건을 이겨낸 두 사람

1953년 5월 29일, 에드먼드 힐러리(Edmund Hillary)와 텐징 노르가이(Tenzing Norgay)는 높은 고도에서의 생존이 얼마나 어려운 것인지 진심으로 이해하고 이겨낸 사람들이 됐다. 그들보다 더 높은 곳에 오른 사람은 없었다.

두 사람은 생존과 싸워야 했다. 한 걸음 한 걸음이 고난의 연속이었다. 등에 둘러멘 산소통의 도움을 받고 있었지만, 숨을 쉴 때마다 폐에 공기가 빠져나가는 듯한 고통이 느껴졌다. 더욱이 집어삼킬 듯 매서운 바람 때문에 작은 얼음 조각들이 얼굴로 날아와 박히기 일쑤였다. 그들은 살아남으려면 몇 백 미터 아래에 있는 그나마 안전한 텐트로 돌아가야 한다는 사실을 너무도 잘 알고 있었다. 하지만 그전에, 힐러리와 노르가이는 이 혹독한 등반을 마쳐야 했다. 48미터만 더 오르면 세계에서 가장 높은 산의 정상이었다. 두 사람은 인류 역사상 처음으로 에베레스트 산(Mount Everest)의 정상을 정복해야 했다.

힐러리와 노르가이는 정상 정복을 막는 마지막 장애물을 막 넘은 참이었다. 마지막 장애물이란 돌과 얼음으로 만들어진 약 12미터 되는 암벽이었다. 뉴질랜드가 고향인 에드먼드 힐러리는 험난한 산을 어렵게 생각했던 적이 단 한 번도 없었다. 하지만 이러한 혹독한 조건 속에서의 등반은 인간의 의지, 체력, 기술적 능력을 판단하는 엄격한 시험대와도 같았다.

일단 그 꼭대기에 오르면 산의 정상은 그들의 것이었다. 쓰러지지 않고 꾸준히 앞으로 나아가기만 하면 됐지만, 에베레스트의 악조건 속에서는 쉽지 않은 일이었다.

한 발만 더

그들의 정상을 막았던 암벽은 이후 에베레스트를 처음 정복한 힐러리를 기리기 위해 힐러리 스텝(Hillary Step)으로 불렸다. 오늘날 에베레스트를 등반하는 탐험가들은 정상을 오르기 위해서 고정된 밧줄을 이용하지만, 힐러리와 노르가이가 에베레스트에 등반했을 때는 이런 도움을 받을 수가 없었다. 힐러리 스텝에 오르느라 지친 두 사람은 경사를 따라서 전진했다.

더디긴 하지만 확실하게 둘은 앞으로 나아갔다. 정오가 되기 직전, 두 사람의 눈앞에는 더 이상 오를 곳이 보이지 않았다. 마침내 두 사람이 에베레스트 산을 정복한 것이다. 악수를 청한 힐러리에게 노르가이는 악수 대신 힘찬 포옹으로 화답하며 그의 등을 다독여줬다. 그들의 포옹은 이례적인 일이었다. 1950년대에는 남자들 간의 감정표현이 흔치 않았기 때문에, 에베레스트 산을 정복한 두 사람의 기쁨이 얼마나 컸는지 짐작할 수 있는 대목이라 할 수 있다. 이들은 정상에서 영국, 네팔, 인도, 유엔(UN)의 깃발을 한꺼번에 들고 사진을 찍었다.

(반대쪽)
힐러리와 노르가이의 영웅적인 업적이 전세계 신문의 머리기사를 장식했다. 특히 〈타임스〉는 특별판을 만들어 에베레스트 등반 내용을 상세하게 보도했다.

실종자를 찾아서

이들은 1924년에 에베레스트 정상에 오르다가 실종된 영국인 등반가 조지 말로리(George Mallory)와 샌디 어빈(Sandy Irvine)이 정상을 정복한 게 아닌지 증거를 찾기 시작했다.

증거는 어디에도 없었다. 힐러리는 이들 탐험대의 대장인 존 헌트(John Hunt)의 요청에 따라 정상에 십자가를 묻었고, 노르가이는 불교 신자들의 관습에 따라 신에게 바치는 사탕을 남겼다. 그러고 나서 둘은 이곳에서 15분을 보낸 후 산에서 내려갔다.

1953년, 에베레스트 산 정복은 국가의 자존심이 달린 경쟁이 됐다. 만약 뉴질랜드 출신인 힐러리와 네팔의 노르가이가 1953년 봄에 에베레스트 정복에 실패했다면, 이들이 속한 영국 탐험대는 세계 최초의 에베레스트 정복에 실패했을 것이다. 바로 1년 전에 스위스의 탐험대가 정상에서 반경 250미터 안으로 진입했고, 이후 2년 후에는 스위스와 프랑스의 탐험대가 에베레스트 산을 정복했기 때문이다.

힐러리와 노르가이는 높은 에베레스트 산에 비하면 작은 인간에 불과했지만, 이들이 속한 탐험대는 등반가 10명과 이들을 위한 350명의 포터(Porter, 베이스캠프까지 원정대의 짐을 운반하는 사람), 20명의 셰르파(Sherpa, 히말라야 산악 등반 안내인)로 구성된 대규모의 집단이었다. 그중에서 에베레스트 정상에 도전한 등반가는 또 있었다. 5월 26일에 톰 보르딜론(Tom Bourdillon)과 찰스 에반스(Charles Evans)가 에베레스트 정상보다 단 101미터 낮은 사우스서미트(South Summit)에

왼쪽
정상에서 힐러리가 촬영한 노르가이의 모습.

오른쪽·(반대쪽)
탐험대는 정상으로 가는 중에 9개의 캠프를 이용했다.

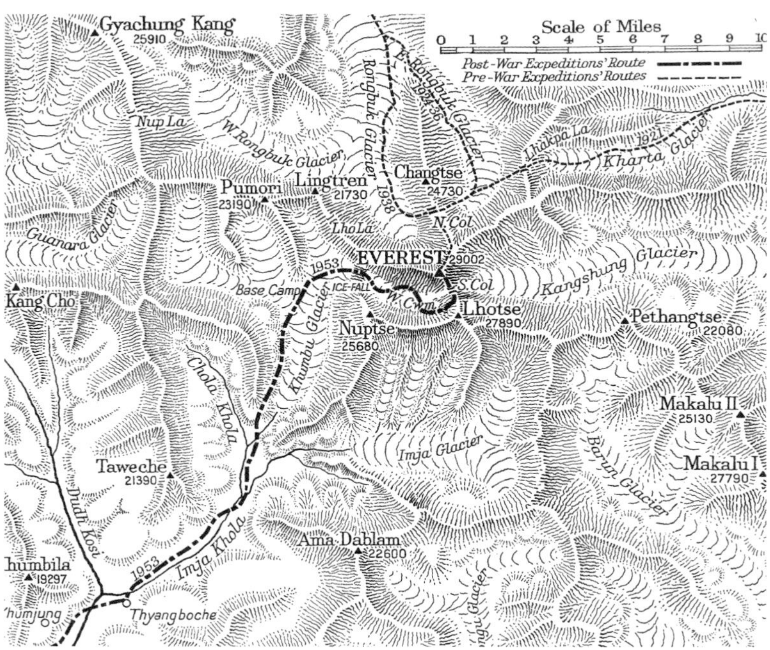

"NARROW IS THE WAY"

도착하는 데 성공했지만, 피로와 산소 부족으로 포기해야 했다.

인간은 산이 제시하는 도전과제에 대응해야 한다. 그것을 수행하기 위해 결국 더 높은 곳으로 지치지 않고 나아가야 된다는 사실을 이해하지 못한다면, 우리가 높은 산을 등반하는 이유를 알지 못할 것이다.

_조지 말로리

이번에는 우리 차례

사흘 후, 그 기회는 힐러리와 노르가이에게 주어졌다. 노르가이는 탐험대 중에서 에베레스트 등반 경험이 가장 많은 셰르파였다. 12개월 전에 그는 스위스 탐험대가 해발 8,599미터까지 등반했을 때 동행했던 경험이 있었다. 또한 힐러리는 히말라야 탐험의 베테랑이었다. 그는 자신의 능력이 정상 정복에 충분하다고 믿었고, 노르가이를 등반 동반자로 열렬하게 환영했다. 힐러리가 노르가이를 셰르파로 믿었던 데는 그만한 이유가 있었다. 등반 초기에 힐러리가 얼어붙은 폭포를 오르다가 얼음이 무너지는 바람에 얼음벽 사이로 떨어지는 사고가 있었는데, 고정된 못에 감아놓은 밧줄을 급하게 당겨서 힐러리를 목숨을 구한 사람이 다름 아닌 노르가이였다.

힐러리와 노르가이는 정상에서 밑으로 내려가기 시작할 때쯤, 존 헌트는 이들의 소식을 애타게 기다리고 있었다. 6번 캠프에 있던 헌트는 자신을 향해 다가오는 두 사람의 모습을 보고 정복에 실패했다고 생각했다. 하지만 그의 생각은 틀렸다. 그들의 지친 모습을 실패에 절망한 모습으로 오해했을 뿐이었다. 이윽고 힐러리와 노르가이의 성공했다는 손짓을 보고, 탐험대 캠프는 축제 분위기에 휩싸였다.

계속되는 영광

6월 2일, 엘리자베스 여왕 2세의 대관식을 맞아 한창 국가적인 위상이 높았던 영국에 에베레스트 산을 정복했다는 소식은 자존심을 더욱 높여줬다.

힐러리, 노르가이, 헌트는 희박한 공기를 뚫고 영웅으로 귀환했다. 세 사람은 노력의 성과를 보상받을 수 있었다. 힐러리와 헌트는 기사 작위를 받았고, 노르가이는 조지 십자 훈장(George Medal)을 받았다.

헌트는 영국으로 돌아가 유명 정치가가 됐고, 힐러리와 노르가이는 1986년에 노르가이가 사망할 때까지 서로 가까운 관계를 유지했다. 노르가이는 자신의 영향력을 활용해 셰르파의 권익을 옹호하고자 노력했고, 에베레스트 산을 상업적으로 이용하는 것에 대해서 경고했다. 1958년에 최초로 트랙터를 이용해 남극 대륙을 횡단하고 남극에 도착한 탐험대의 일원이었던 힐러리

(반대쪽)
에베레스트 정상에서는 제트 기류가 계속해서 눈과 얼음을 뿜어낸다.

차를 마시고 있는 에베레스트의 영웅들.

는 주로 에베레스트의 가난한 지역 주민들에게 교육과 의학적인 지원을 제공하는 히말라얀 트러스트(Himalayan Trust)에서 봉사하며 말년을 보냈다. 그는 2008년 1월 11일에 뉴질랜드 오클랜드(Auckland)에서 사망했다.

힐러리는 매우 겸손한 인물이었다. 그는 "나는 에베레스트 산과 극지방을 정복하는 놀라운 영광을 누릴 수 있었다. 하지만 가장 가치 있는 정복은 학교와 병원을 세우는 것이다"라는 말을 남기기도 했다.

인간은 뛰어난 인물이 되겠다고 결정할 수 없다. 다만 뛰어난 업적을 달성하겠다는 결정을 내릴 뿐이다.

_에드먼드 힐러리

신대륙의 발견 10

: 크리스토퍼 콜럼버스, 새로운 세상을 열다

"왕께서는 관습적으로 그렇듯 동쪽으로 가서는 안 되며, 서쪽으로 가야 한다고 하셨다. 지금까지 그 누구도 가본 적이 없는 길이었기 때문이다."

크리스토퍼 콜럼버스

기간 1492년~1493년.

시도 콜럼버스는 카리브해를 항해한 최초의 유럽인이다. 그는 카나리아 제도에서 출발해 34일을 항해한 끝에 바하마 섬에 도착했다.

난관 알 수 없는 목적지까지 항해한 후, 다시 스페인으로 돌아오는 데 얼마나 오랜 시간이 걸릴지도 모르는 상태로 지도에도 없는 바다를 항해했다.

업적 콜럼버스는 죽을 때까지 자신들이 아시아에 도착했다고 믿었다. 하지만 다른 사람들은 신대륙이 가진 잠재력을 재빨리 알아보고, 곧 신대륙을 스페인의 식민지로 삼았다. 1493년 로마에서는 그의 항해에 관한 소식이 인쇄돼 즉각 사방으로 퍼져나갔다.

크리스토퍼 콜럼버스는 카리브해에 처음 도착한 유럽인으로 알려져 있다. 그가 가장 먼저 도착한 곳은 바하마(Bahamas)에 있는 섬이었고, 그때는 1492년이었다. 그다음 항해에서 콜럼버스는 베네수엘라(Venezuela)에 도착하면서 라틴아메리카에 도착한 최초의 유럽인이 됐다. 다만 믿을 만한 증거가 없었는데도 불구하고 그는 그곳이 아시아라고 굳게 믿었다. 덕분에 죽을 때까지 자신의 발견이 얼마나 의미 있는 것인지 알지 못했다.

조난 희생자에서 뛰어난 항해사로

콜럼버스는 1451년 제노바에서 방직공의 아들로 태어났다는 게 가장 정설이다. 제노바 사람들이 흔히 그렇듯 콜럼버스는 바다와 가까운 삶을 살았다.

역사적 기록 중에서 콜럼버스의 존재는 1476년에 포르투갈 해안에서 난파된 배의 생존자로서 처음 확인됐다. 이후 몇 년 동안 그는 북쪽으로는 영국과 아이슬란드, 남쪽으로는 아프리카, 골드코스트(Gold Coast), 엘미나(Elmina)까지 항해하는 데 성공했다. 이 과정에서 콜럼버스는 뛰어난 항해기술을 익힐 수 있었는데, 덕분에 이후의 항해에서 상당한 도움이 됐다.

교육을 받은 대부분의 유럽인들처럼, 콜럼버스도 지구가 둥글다고 믿었다. 그래서 동쪽이 아니라 서쪽으로 항해해도 중국과 인도에 도착할 수 있다고 생각했다. 다만 그의 생각에는 두 가지 중대한 오류가 있었다. 첫째는 아시아의 위치가 훨씬 더 동쪽까지 이어져 있다고 생각한 것이고, 둘째는 지구의 크기를 실재보다 작게 추정한 것이었다.

이 두 가지 오류 때문에 콜럼버스는 서쪽으로의 항해가 상당히 실용적이라고 생각했다. 하지만 그의 생각에 반대하는 사람들이 많아, 처음에는 포르투갈, 스페인, 프랑스, 영국의 집정자들에게 지원을 받지 못했다.

여러 궁궐을 거치다

콜럼버스는 1486년에 포르투갈에서 스페인으로 이동했다. 스페인은 페르디난드(Ferdinand) 왕과 이자벨라(Isabella) 왕비의 지배를 받고 있었다. 콜럼버스는 상당한 로비를 벌였고, 덕분에 1492년 1월에 왕과 왕비를 만날 수 있었다.

당시 스페인은 기독교 지배를 재정립한 그라나다(Granada) 정복이 일어난 지 얼마 지나지 않은 상황이었다. 스페인의 페르디난드 왕은 서쪽 항해를 위해 배 3척을 지원하기로 합의했다. 만약 콜럼버스가 땅을 발견하면 해군 제독과 집정관의 지위를 부여하고, 새로운 식민지에서 벌어들인 수익의 10퍼센트를 주겠다는 약속도 받았다.

콜럼버스는 이탈리아 상인의 투자를 받아 배 3척을 사들였다. 그중 산타마리아(Santa Maria) 호는 돛이 3개였고, 무게가 100톤에 이르는 무장상선이었다. 나머지 핀타(Pinta) 호와 니나(Nina) 호는 그보다는 작은 상선으로, 카디스(Cadiz) 근처에 있는 팔로스(Palos)에서 항해를 준비했다. 콜럼버스의 일지에 따르면 1492년 8월 3일 아침에 출항했다. 배 3척은 일주일 후 핀타 호의 방향키를 수리하기 위해서 카나리아 제도(Canary Islands)에 도착했다. 그로부터 한 달이 지나서 콜럼버

콜럼버스의 모험에 참여한 니나 호, 핀타 호, 산타마리아 호를 복원한 레플리카.

(반대쪽) 위
19세기 말, 콜럼버스가 스페인 국왕과 왕비 앞에서 신대륙 원주민을 두고 설명하는 모습을 그린 상상도.

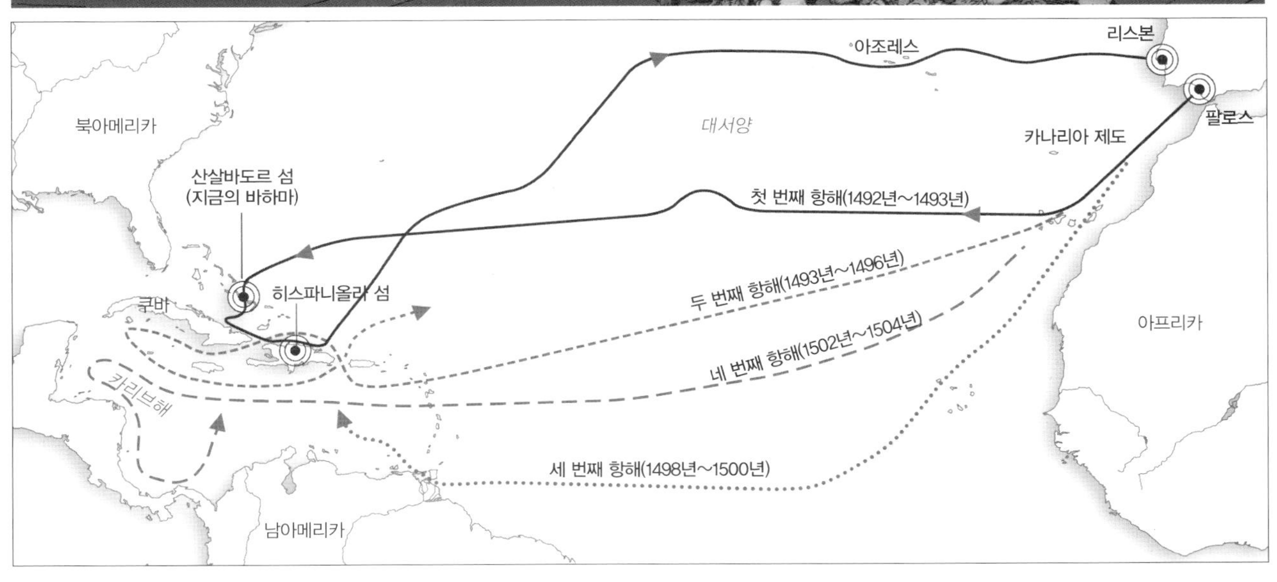

아조레스
리스본
팔로스
북아메리카
대서양
카나리아 제도
산살바도르 섬
(지금의 바하마)
첫 번째 항해(1492년~1493년)
두 번째 항해(1493년~1496년)
쿠바
히스파니올라 섬
아프리카
네 번째 항해(1502년~1504년)
카리브해
세 번째 항해(1498년~1500년)
남아메리카

스가 이끄는 배들은 북서 무역풍을 이용해 드디어 미지의 서쪽을 향한 항해에 나섰다.

신대륙의 신호

카나리아 제도를 떠난 지 일주일 후, 콜럼버스는 일기에 "따뜻한 바람을 만나서 매일 쾌적한 항해를 하고 있다. 아침에는 카나리아의 지저귀는 소리 외에 아무것도 들리지 않는다"고 적었다. 그 후 일주일이 지나서도 가까이에 육지가 있을 것이라는 낙관적인 기록이 적혀 있다.

고래를 봤다. 육지가 가깝다는 신호다. 해안이 가까이 있어야 고래가 있기 때문이다.

하지만 이후 기록에는 실망이 가득하다. 선원들은 워낙 바람이 잔잔해서 과연 육지에 도착할 수 있을지 걱정하기 시작했다. 더 중요한 문제는 다시 집으로 돌아갈 때는 어떤 바람을 타고 항해하느냐는 것이었다.

10월 7일 일요일, 니냐 호에서 선원들이 깃발을 올리고 총을 발포했다. 육지가 보인다는 신호였다. 10월 11일 목요일에는 새와 바다 식물들을 보았는데, 개중에는 각종 열매가 덮인 작은 잡목도 있었다. 밤에는 불빛이 보이는 것 같았고, 10월 12일 금요일 새벽 두 시에는 가까운 육지가 보였다. 콜럼버스는 그곳이 동인도라고 확신했지만, 그곳의 이름을 산살바도르(San Salvador)라고 지었다.

당시 그곳 원주민인 타이노인들이 과나하니(Guanahani)라고 불렀던 그곳은 실은 지금의 바하마였다. 콜럼버스는 바하마에 내려 그곳 섬을 왕과 왕비의 땅으로 선언했다. 곧 원주민들이 무슨 일인지 궁금해하며 몰려들었다. 당시 정복자들이 흔히 그래왔듯, 콜럼버스는 원주민에게 붉은 모자를 주고 유리구슬을 목에 둘러줬다. 그 외에도 별 가치가 없는 물건들을 주면서 원주민들에게 호감을 샀다.

평화로운 사람들

콜럼버스에 따르면, 그곳 원주민들은 마치 갓 태어난 것처럼 아무 옷도 걸치고 있지 않았고, 대신 다양한 색깔과 문양을 몸에 그려놓았다고 한다. 또한 그들은 평화로운 사람들이었다. 그의 일지를 보면, "그들은 어떤 무기도 없었다. 내가 검을 보여주자, 그게 무엇인지 몰라서 칼날을 만지다가 상처를 입었다"고 적혀 있다.

그곳에는 철이 없었다. 그들이 사용하는 화살 역시 철로 만들어지지 않았다. 화살 중에는 끝에 생선의 이빨이 달린 것도 있고, 여러 방향을 향하는 것도 있다.

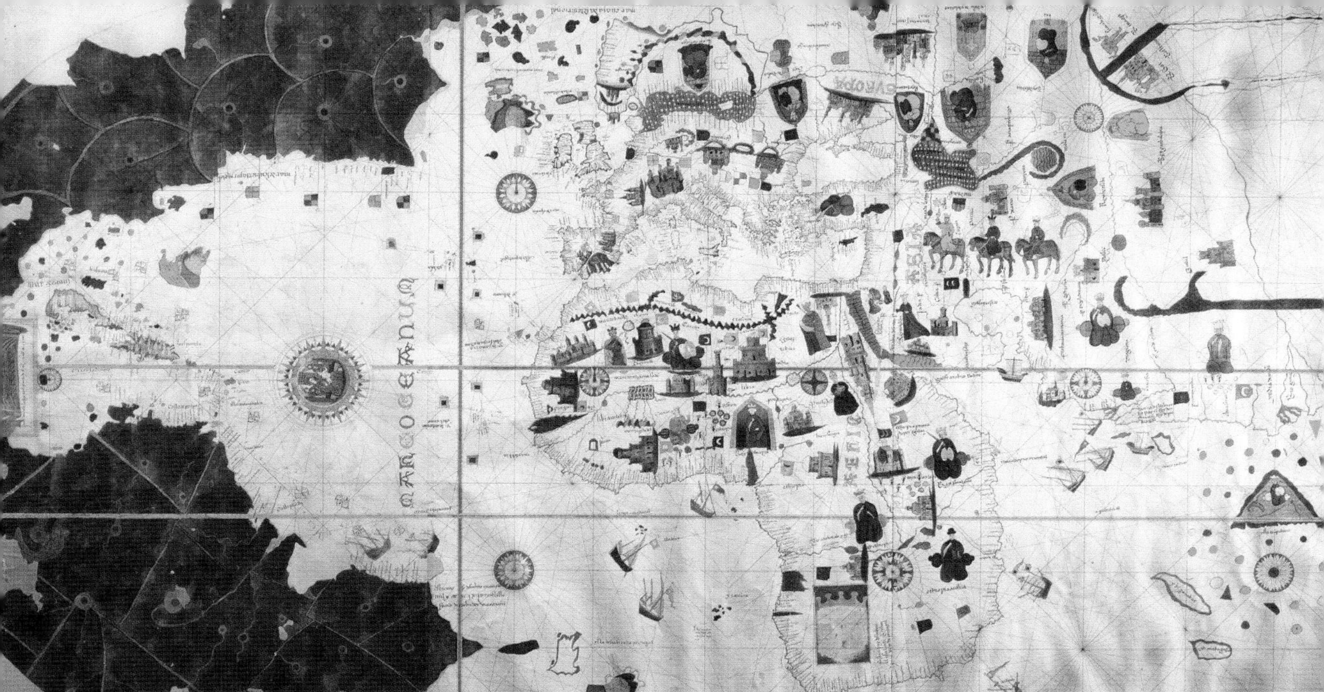

1500년에 후앙 드 라 코스타(Juan de la Costa)가 그린 세계 지도. 코스타는 콜럼버스의 1492년 항해에 동행했으며, 해당 지도는 카리브 섬의 상세한 지형을 포함해서 아메리카 대륙의 초기 형태를 포함하고 있다.

콜럼버스는 자신의 후원자들이 금과 보석을 바란다는 것을 알고 있었지만, 그 섬은 매우 심각하게 빈곤한 곳이었다. 그는 남쪽으로 가면 더 크고 부유한 섬이 있을 것이라고 확신하고서 곧장 조사를 하기 위해 그곳으로 향했다.

도중에 여러 섬을 거쳐 10월 28일에 타이노인들이 '쿠바'라고 부르는 곳에 도착했다. 콜럼버스는 그곳이 일본이라고 생각했으나 곧 생각을 바꿔 중국의 어떤 지역이라고 결론지었다. 무성한 식물과 멋진 항구, 높은 산이 있었지만, 그보다 지금까지 알려지지 않은 금광을 발견하길 진심으로 바랐다. 또 중국 황제도 만나길 원했지만, 두 가지 바람 모두 끝내 이룰 수 없었다.

첫 번째 정착

다음으로 도착한 곳은 타이노인들이 아이티(Hayti)라고 부르는 곳이었다. 콜럼버스는 그곳에 히스파니올라(Hispaniola)라는 이름을 붙여줬다. 일행은 해안 여러 곳을 탐험했으나, 예상치 못하게 산타마리아 호가 좌초되는 바람에 배를 버려야 했고 배에 실었던 물건과 목재 대부분을 육지로 운반해야 했다. 그곳의 족장은 다행히 콜럼버스 일행을 반기며 선원들을 위한 요새를 지어주기로 약속했다. 덕분에 라나비다드(La Navidad)라는 이름이 붙여진 이곳은 카리브해 최초의 스페인 정착촌이 됐다. 하지만 아이티 해안 북쪽에 있는 라나비다드의 정확한 위치는 현재 확인하기 어렵다.

1493년 1월 16일, 콜럼버스는 니냐 호를 타고 스페인으로 향했다. 배에는 납치한 타이노인이 함께 탔지만, 39명의 선원은 아이티에 남았다. 험난한 항해 끝에 2월 18일, 그는 아조레스에 도착해 배를 수리했다. 그다음에는 사나운 폭풍 때문에 리스본(Lisbon) 근처에 정박해야 했다. 그때가 1493년 2월 18일이었다. 리스본에서는 그가 스페인 배를 타고 온 이유를 설명해야 했다. 다행히 곧 리스본을 떠날 수 있었고, 1493년 3월 15일에 드디어 팔로스로 돌아왔다. 핀타 호는 별도로 팔로스에 도착했다. 콜럼버스는 바르셀로나(Barcelona)에서 페르디난드 왕과 이자벨라 왕비에게 인질인 타이노인을 소개했고, 긴 항해를 통해 얻은 금과 이국적인 물건을 보여줄 수 있었다.

진정한 의도

1493년 9월, 콜럼버스는 또 다른 항해를 지원받게 됐다. 이번에는 17척의 배와 1,400명의 사람들로 구성된 대규모 항해였다.

콜럼버스와 원주민들의 운명이 틀어지기 시작한 것은 이때부터였다. 11월 말, 스페인으로 돌아오는 길에 콜럼버스는 라나비다드가 완전히 파괴됐고, 그의 선원 중 누구도 살아남지 못했다는 사실을 알게 됐다. 갓 도착한 새로운 스페인 정복자들은 타이노인들을 노예로 만들려고 했으나 결국 그들은 원주민들과의 전투에서 살해당했다. 그럼에도 콜럼버스는 카리브해를 계속 탐험했다. 두 번째 항해에서는 쿠바와 히스파니올라 섬 해안을 더 깊숙이 탐험하고, 자메이카까지 항해했다. 1498년부터 1500년까지 계속된 세 번째 탐험에서는 트리니다드 섬(Trinidad)과 베네수엘라 해안에도 갈 수 있었다.

하지만 결국 콜럼버스는 정착한 주민들과의 분쟁 때문에 스페인으로 돌아와야 했다. 1502년부터 1504년까지의 마지막 항해에서 그는 파나마 운하(Panama Canal)가 시작되는 지점 근처의 중앙아메리카 해안을 찾아냈다. 이후 스페인으로 돌아와 1506년 5월 20일 바야돌리드(Valladolid)에서 사망했다.

은하계의 탐험가 11
: 보이저 호의 임무

"우주선은 우리에게 세상의 경이로움, 인간의 특별함과 허약함, 시작과 끝에 대해서 알려준다."

칼 세이건, 천문학자

기간 1977년 이후.

시도 태양계 밖의 행성 탐사를 위한 최초의 우주선을 발사했다.

난관 보이저 호는 다양한 기술적 위험에 맞서고, 우주의 방사능과 파편을 이겨내야 했다.

업적 보이저 1호와 2호는 목성, 토성, 천왕성, 해왕성에 관한 놀라운 발견을 이뤄냈다. 이제 보이저 1호는 인간이 만든 어떤 물건보다 먼 우주인 약 200억 킬로미터 밖을 탐험하고 있다. 태양계를 벗어난 지 오래됐으며, 더욱더 광활한 우주를 탐험 중이다.

1969년, 아폴로 11호의 달 착륙은 역사상 다른 어떤 우주탐사 임무와는 비교도 할 수 없을 정도로 대중의 주목을 받았다. 반면 태양계와 그 너머 은하계에 관한 이해를 넓힌 점에서는 보이저(Voyager)의 임무가 가장 큰 영향을 미쳤다고 해도 과언이 아니다.

쌍둥이 보이저 1호와 2호가 처음 발사된 지 40년이 지난 지금, 두 비행선은 인간이 만든 어떤 것보다 우주의 가장 먼 곳까지 탐험하는 데 성공했다. 특히 보이저 1호는 200억 킬로미터 밖까지 도달했다. 보이저 호의 가장 중요한 임무는 목성과 토성 근처까지 탐사하고, 천문학 역사를 다시 쓸 만한 데이터를 전송하는 것이었다. 하지만 이 임무는 처음에 상상했던 것보다 훨씬 더 대단한 성공으로 이어졌다.

행성 간의 슬링 쇼트

1964년, 나사의 제트추진연구소(Jet Propulsion Laboratory) 직원인 게리 플란드로(Gary Flandro)는 외부 행성을 연구할 방법을 찾아보라는 임무를 받게 됐다. 그는 방법을 찾던 중 175년마다

보이저 1호
파이오니아 11
파이오니아 10
보이저 2호

한 번씩 행성이 이례적인 배열을 이룬다는 사실을 알게 됐다. 이 배열을 이용하면 우주선이 중력을 이용해서 행성 간을 이동하고, 속도를 높여서 더 먼 우주로 나가는 것도 가능하다는 것을 알게 됐다. 원래라면 40년이 걸렸어야 할 일이었지만, 이 이례적인 배열을 이용해 10년 내로 탐험 기간을 줄일 수 있었다.

보이저 2호는 1977년 8월에 케이프커내버럴에서 처음 발사됐고, 몇 주 후에는 보이저 1호가 발사됐다. 보이저 호에는 비디오카메라, 자기 탐지기, 플라스마 탐지기, 적외선·자외선 센서, 우주선 감지기, 하전 입자 센서 등 다양한 기계가 탑재됐다. 하지만 가장 흥미로운 것은 보이저 1호와 2호 옆 부분에 장착된 황금 레코드였다.

이 레코드에는 지구의 다양한 모습, 인사 방법, 음악, 소리가 담겨 있었다. 자세히 설명하자면, 55개의 다양한 언어로 된 인사말과, 모차르트부터 척 베리(Chuck Berry)의 〈조니 B 굿(Johnny B Good)〉까지 각종 명곡이 수록됐다. 또한 총 115개의 이미지와 고래와 새를 비롯한 다양한 동물이 내는 자연스러운 소리가 담겨 있을 뿐 아니라, 바람, 천둥, 해변에 부서지는 파도 소리도 있다. 언젠가 먼 외계에 있는 지능을 가진 생명체가 인간과 자연의 소리를 들어주길 바라는 마음에서 이 레코드를 장착한 것이다. 그러나 현실적으로 봤을 때 망망대해의 우주 속에서 이 작은 음반이 발견되는 것은 바다에서 모래 한 알을 찾는 것만큼이나 요원한 일이다. 그럼에도 불구하고 이것은 현명한 홍보 방법이었고, 덕분에 보이저 호의 임무가 미디어의 주목을 받는 계기가 됐다.

초대형 폭풍

1979년 3월 3일, 보이저 1호는 목성의 20만 킬로미터 상공에 떠 있는 거대한 가스 행성을 지나 목성에 도착했다. 보이저 2호는 이미 몇 달 전에 이곳을 지나간 뒤였다. 목성은 지구에서 수세기에 걸쳐 연구한 뒤였지만(이탈리아의 천재 과학자 갈릴레오를 포함해서), 보이저 호가 보낸 사진을 본 과학자들은 그저 놀랄 따름이었다. 보이저 호가 촬영한 목성의 대적점(Great Red Spot)은 지구의 3.5배에 달했으며, 초대형 폭풍이 몇 백 년 동안 시계 반대 방향으로 세차게 불고 있었다.

목성에서 가장 놀라운 것은 4개 위성 중 가장 안쪽에 있는 이오(Io)였다. 이오에서는 태양계 중 지구 외에 유일하게 활화산이 발견됐다. 이오의 활화산에서 뿜어낸 연기는 240킬로미터 상공까지 도달해서 지나가는 위성을 덮치기에 충분했다. 바로 이 화산들은 목성과 근처 행성의 위성들인 유로파(Europa)와 가니메데스(Ganymedes) 사이에 나타나는 중력장에 의해 만들어진 것으로 추정됐다.

이 발견은 지금까지 인간이 가지고 있던 우주에 대한 생각을 완전히 바꿨고, 덕분에 행성의 궤도를 공전하는 위성에 대한 관심을 더욱 증가시켰다. 위성의 표면은 두꺼운 얼음으로 되어 있

(반대쪽) 위
보이저 1호가 은하계에 진입하는 모습을 표현한 그림.

가운데 왼쪽
우주선마다 황금 레코드가 실렸다.

가운데 오른쪽
토성의 고리. 다양한 색깔은 서로 다른 화학적 구성 때문이다.

아래
보이저 호가 태양계 끝에 도달한 장면을 그린 그림. 그전에 임무를 맡았던 파이오니아 호(Pioneer)도 보인다.

었고, 여기에 표면 아래의 광물이 얼음 속을 투과했다는 의미의 선과 줄무늬를 분명하게 확인할 수 있었다. 유로파는 비록 단세포 유기물질의 형태였지만, 생물이 생존하기에 충분한 조건을 가지고 있었다.

고리의 비밀을 파헤치다

목성 주변의 궤도 덕분에 보이저 호는 다음 목적지인 토성까지 속도를 높일 수 있었다. 1980년 11월에 계획했던 경로에서 단 7.5킬로미터 떨어진 곳까지 접근한 보이저 1호는 토성의 고리를 찍은 근접사진을 전송했다. 토성의 고리는 수십억 개의 물질로 구성돼 있는데, 그 물질은 먼지 크기에서부터 집 크기만 한 바위까지 다양했다. 보이저 호가 임무를 수행하면서 남긴 가장 인상 깊은 사진은 아마도 토성의 고리가 태양을 배경으로 거대한 바퀴처럼 회전하고 있는 모습일 것이다.

보이저 1호는 토성의 가장 큰 위성인 타이탄(Titan)에서 1,500킬로미터 반경 내를 비행하는 데 성공했다. 타이탄은 토성의 단 3개뿐인 위성 중 하나로 질소와 메탄으로 구성된 대기를 가지고 있으며, 그 대기는 광화학적으로 지구에 생명체가 생기기 전의 대기와 비슷하다.

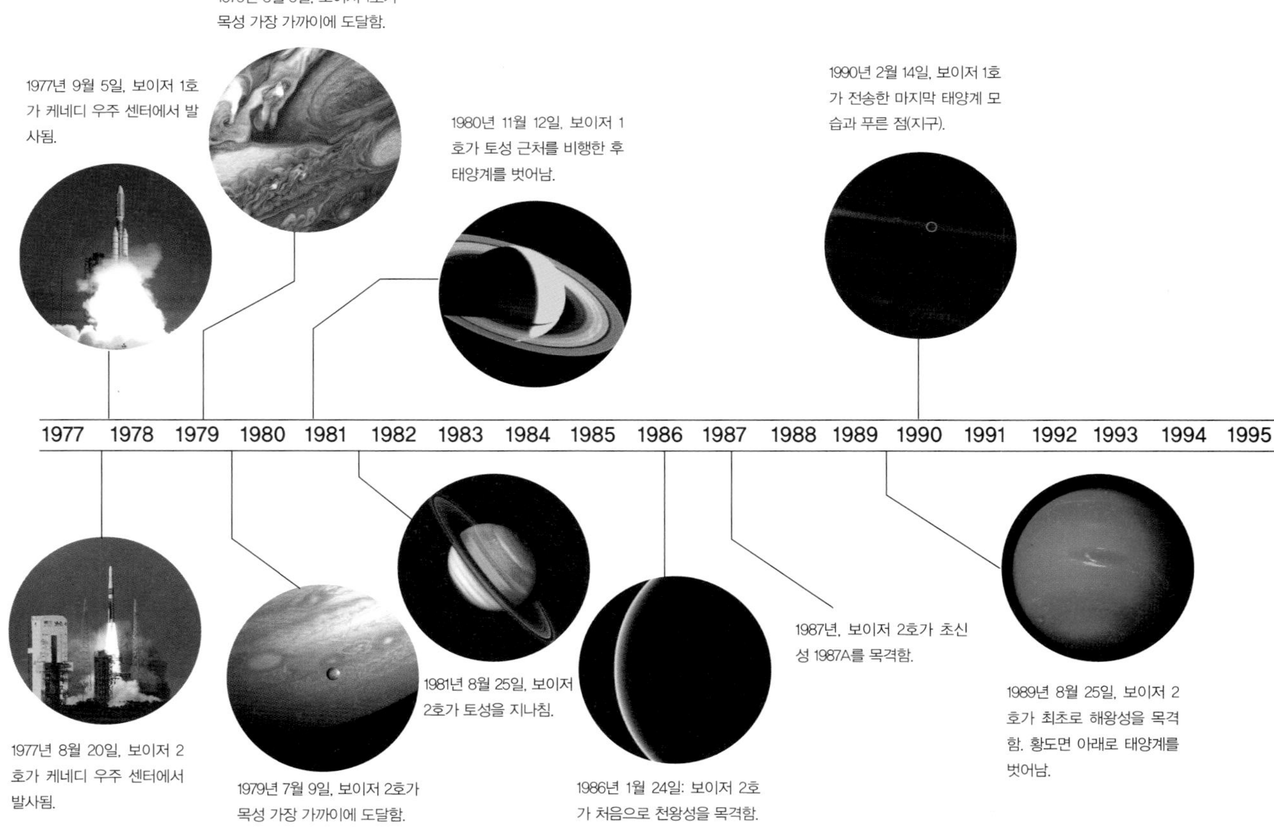

1979년 3월 5일, 보이저 1호가 목성 가장 가까이에 도달함.
1977년 9월 5일, 보이저 1호가 케네디 우주 센터에서 발사됨.
1980년 11월 12일, 보이저 1호가 토성 근처를 비행한 후 태양계를 벗어남.
1990년 2월 14일, 보이저 1호가 전송한 마지막 태양계 모습과 푸른 점(지구).
1977 1978 1979 1980 1981 1982 1983 1984 1985 1986 1987 1988 1989 1990 1991 1992 1993 1994 1995
1987년, 보이저 2호가 초신성 1987A를 목격함.
1981년 8월 25일, 보이저 2호가 토성을 지나침.
1989년 8월 25일, 보이저 2호가 최초로 해왕성을 목격함. 황도면 아래로 태양계를 벗어남.
1977년 8월 20일, 보이저 2호가 케네디 우주 센터에서 발사됨.
1979년 7월 9일, 보이저 2호가 목성 가장 가까이에 도달함.
1986년 1월 24일: 보이저 2호가 처음으로 천왕성을 목격함.

보이저 1호는 타이탄에 접근한 다음 태양계를 벗어나, 가장 중요한 임무인 항성 간의 우주를 탐험하게 됐다.

기울어진 세상

1986년, 보이저 2호는 천왕성에 접근하던 중 천왕성이 다른 행성과 마찬가지로 회전하지만 한쪽으로 기울어져 있다는 것을 알게 됐다. 과학자들은 그 원인이 태양계가 생성될 때 발생한 행성 크기의 충돌 때문으로 추정했다. 어쨌거나 한쪽으로 기울어진 회전으로 인해 천왕성의 자기장은 긴 타원형이 됐다. 천왕성은 또한 태양계에서 가장 추운 행성이다. 태양에서 가장 먼 행성은 아니지만, 내부에 열원이 전혀 없기 때문이다.

보이저 2호는 알려진 것처럼 천왕성에 위성이 5개가 아니라 10개라는 사실도 확인했다. 천왕성의 위성 중 가장 흥미로운 것은 바로 19킬로미터나 되는 협곡과 급경사를 가진 미란다(Miranda)다. 그 표면을 덮고 있는 다양한 지형은 마치 풀로 붙여놓은 것처럼 보이기도 했다. 그래서 한때 천문학자들은 미란다가 분해된 후 중력에 의해 다시 조립된 것이라고 추정했다. 그만큼 미란다의 형태는 괴상했다. 이런 형태가 만들어진 이유는 아직도 미스터리에 싸여 있다.

1998년 2월 17일, 보이저 1호가 파이오니아 10을 지나 우주에서 가장 멀리 탐험한 인공물이 됨.

2004년 12월 15일, 보이저 1호가 터미네이션 쇼크(termination shock)를 가로지름.

2012년, 보이저 1호가 항성 간 우주로 진입함.

98 1999 2000 2001 2002 2003 2004 2005 2006 2007 2008 2009 2010 2011 2012 2013 2014 2015 2016 ▶▶▶

2007년 9월 5일, 보이저 2호가 터미네이션 쇼크를 가로지름.

2012년 8월 13일, 보이저 2호가 최장거리 조종 우주선으로 기록됨.

다시 저 점을 보라. 바로 여기 있다. 저것이 우리의 고향이다. 저것이 우리다. 당신이 사랑하는 모든 사람, 당신이 들어본 모든 사람, 존재했던 모든 사람들이 그곳에서 삶을 영위했다. 태양 빛 속에 부유하는 먼지의 티끌 위에서 말이다.

_칼 세이건의 《창백한 푸른 점》 중에서

놀라운 발견의 연속

보이저 2호는 시간당 6만 4,000킬로미터의 속도로 이동해 1989년 8월에 태양계 끝에 있는 해왕성과 조우했다. 원래 예정된 경로에서 35킬로미터 밖이었고, 예정된 시각보다 1초가 어긋나 있었다.

보이저 2호가 해왕성과 만났을 때 지구의 크기에 맞먹는 태풍을 목격했다. 태풍은 시간당 풍속이 1,600킬로미터나 돼서, 태양계에서 관측된 것 중 가장 빠른 풍속을 가지고 있었다. 이 폭풍의 발견으로 나사의 과학자들은 깜짝 놀랐다. 폭풍을 유발하는 대기의 활동이 태양에너지 때문이라고 생각했는데, 해왕성은 태양에서 가장 멀리 있었기 때문이다.

보이저 2호는 6개의 위성을 찾아낸 후 해왕성의 마지막 위성이자 태양계의 가장 끝에 있는 차가운 고체인 명왕성을 빗겨서 비행했고, 명왕성의 험난한 산과 가파른 낭떠러지, 얼어버린 호수, 활동 중인 온천을 비췄다. 명왕성은 해왕성과 반대로 회전하는 행성으로, 한때는 태양 주위를 회전하는 독립적인 행성으로 여겨졌다. 하지만 또 다른 위성과의 끔찍한 충돌로 명왕성이 해왕성의 중력 안에 들어가게 됐다.

창백한 푸른 점

보이저 호는 플루토늄 방사성 동위원소를 이용하는 발열 장치를 이용해 에너지를 얻고 있었지만, 나사에서는 에너지를 아끼기 위해서 보이저 호에 실린 장비의 전원을 차단해야 했다. 1990년에는 카메라의 전원을 차단했는데, 그전에 보이저 1호가 마지막으로 태양계를 구성하는 행성 가족 사진을 보냈다. 칼 세이건(Carl Sagan)은 전체 이미지에서 작은 점에 불과한 태양계를 보면서 '창백한 푸른 점(Pale Blue Dot)'이라는 이름을 붙였다.

보이저 호는 중요한 임무를 모두 마쳤지만 지금도 여전히 작동하고 있다. 다만 전보다 작동하는 기기가 적으며, 과거의 임무가 이제는 항성 간을 탐험하는 보이저 인터스텔라 임무(Voyager Interstellar Mission)로 대체됐다. 목표는 태양계 끝과 태양의 영향력이 미치지 않는 그 너머를 탐험하는 것이며, 앞으로 언젠가는 그 이상의 임무를 맡게 될지도 모른다.

먼 우주의 여행자

2012년, 보이저 1호는 태양계 가장 바깥에 도착해 항성 간의 영역으로 진입했다. 우리 은하계의 별 사이에 있는 공간에 들어갔다는 뜻이다. 우주 속으로 멀어질수록 태양풍은 줄어들고 성운의 바람은 거세진다. 보이저 호가 태양에서 시작된 전자의 바탕만 탐지하고 전자장의 방향이 바뀌었다고 판단하면, 나사는 보이저 1호가 성운 간 우주로 진입했다고 발표할 것이다.

2025년이 되면 우주선의 동력이 바닥나게 된다. 하지만 이후에도 보이저 호는 계속 우주를 비행하면서, 인간이 지금까지 만들었고 앞으로 만들게 될 어떤 인공적인 물건보다도 오랫동안 우주를 탐험하게 될 것이다. 현재는 하늘에서 가장 밝은 시리우스(Sirius)에서 4광년 떨어져 있는데, 29만 년 후가 되면 보이저 호가 바로 그곳에 도착하게 될 것이다.

12 미국의 개척자들

: 디스커버리 호의 루이스와 클라크 일행

"여자들은 야생의 과일과 뿌리를 채집하고, 말을 돌보고, 해야 할 일을 하고, 요리하고, 가죽으로 된 옷을 입고, 모든 의류를 직접 만들었으며, 땔감을 구하고, 불을 지폈다. 그들이 지내는 천막도 직접 만들어야 했다. 이동 중에는 말을 꾸리고, 짐을 살폈다. 한마디로 남자들은 말을 다루고, 사냥하고, 낚시하는 것 외에 다른 일은 거의 하지 않았다."

1805년 8월 19일, 메리웨더 루이스가 쇼쇼니족 여성들의 역할에 대해 적은 글

기간 1804년~1806년.

시도 미국이 새로 얻어낸 땅을 탐험했다.

난관 탐험대는 원주민들의 끊임없는 위협을 받아야 했다. 또 무시무시한 허기, 피로, 동상을 견뎌냈다.

업적 당시 탐험은 태평양까지 대륙을 확대해야 하는 미국의 목표를 실현시켰다. 이 과정에서 알려지지 않은 수백 가지 생물종과 신대륙의 상세한 정보를 본국에 전달할 수 있었다.

사람들은 동상, 불편한 몸, 상상도 못 한 허기에 자제력을 잃었다. 그들 뒤에는 이들이 지난 16개월 동안 열심히 노를 저으면서 물줄기를 타야 했던 거대한 강물이 있었다.

그들 앞에 또 다른 강물이 보였다. 그 강은 바다를 향해 잔잔하게 흐르면서 풍부한 식재료를 제공해주는 은혜로운 존재가 되어줄 것이라고 믿었다. 하지만 예상과 달리 그들의 눈앞에 나타난 것은 얼음으로 만들어진 거대한 산이었다. 산을 넘으려면 말과 며칠 동안 사용할 보급품이 필요했다. 그곳에서 만난 유일한 원주민에게 도움을 청했지만 거절당했다. 결국 이곳에서 그들의 여정을 끝내야 했고, 원래 목표로 했던 목적지 또한 포기해야 했다.

그 순간, 한 여성이 무리 앞으로 나갔다. 바로 새커거위아(Sacagawea)였다. 그 후 일행의 운명은 완전히 바뀌었다.

시작은 나폴레옹부터

1803년, 프랑스의 나폴레옹(Napoleon) 황제는 영국과의 피할 수 없는 전쟁을 준비하고 있었

인디언 여인이던 새커거위아와 루이스, 클라크가 쓰리 폭스(Three Forks)에 서 있는 모습. 에드가 사무엘 팍슨(Edgar Samuel Paxson)이 그린 그림으로 몬태나주 의사당에 걸려 있다.

다. 프랑스는 당시 루이지애나(Louisiana)라는 영토를 보유하고 있었다. 지금 우리가 말하는 미국의 루이지애나가 아닌 14개 주로 구성된 영역을 말한다. 이 영역은 프랑스에서 지리적으로 멀리 떨어져 있어서 통제가 어려웠다. 전쟁이라도 나면 영국이 지금의 캐나다인 자신들의 영토에서 바로 공격할 수 있었다.

나폴레옹의 경제 장관은 골칫거리인 루이지애나 영토를 미국에 팔아치워 문제를 해결하려고 했다. 전쟁을 위한 자금을 마련하고, 유지 비용이 많이 드는 식민지를 떼어낼 수 있었기 때문이다. 미국의 토머스 제퍼슨(Thomas Jefferson) 대통령은 이 제안을 선뜻 받아들였고, 1,500만 달러(2015년 가치로 계산했을 때 2억 3,700만 달러)를 내고 미국 땅의 2배를 차지했다. 1에이커에 3센트도 안 되는 가격이었다.

디스커버리 탐험대

루이지애나를 사들이기 위한 협상을 맺은 후, 제퍼슨 대통령은 그가 사들인 땅을 확인하기 위해서 사람들을 파견했다. 그때까지 루이지애나 지역이 어떤 땅인지 알려진 바가 전혀 없었기 때문이다. 루이지애나 영역을 탐험하기 위한 일행의 대표는 메리웨더 루이스(Meriwether Lewis)가 맡았다. 그는 상당한 경험을 가진 노련한 군인이자 대통령의 측근이었고, 재능 있는 나무꾼이었다. 루이스는 연륜 있는 육군 사령관인 윌리엄 클라크(William Clark)에게 일행의 부대표를 맡아달라고 부탁했다. 그는 지도를 만들고 강을 넘는 데 뛰어난 능력을 갖춘 타고난 리더였다.

둘은 '디스커버리 대원(Corps of Discovery)'이라는 이름으로 목표 달성에 도움이 될 병사들을 모집했다. 새로운 땅을 살피고, 지도를 그리고, 서쪽으로 태평양까지 이어지는 경로를 찾는 것이 이들의 목표였다. 여기에 동·식물 표본을 수집하고, 원주민과 관계를 형성하고, 원주민이 사는 지역에 미국 땅이라는 사실을 선언하는 것 역시 이들이 맡은 임무였다.

사실 이 모든 목표는 정치적으로 더 큰 의미가 있었다. 당시는 미국이 독립한 지 27년가량 지난 시점이었다. 때문에 이들의 탐험은 이제 막 생겨난 미국이 영국과 유럽 같은 강호들에 대항할 수 있는 국가적인 권위를 강화시키는 데 초점을 두고 있었다. 그러므로 당시 28세이던 루이스와 33세인 클라크가 짊어진 책임은 이루 말할 수 없을 정도로 막중했다.

탐험대는 1804년 5월 14일 오후 4시에 일리노이(Illinois)에 있는 드부아 캠프(Camp Dubois)를 나섰다. 지금으로 말하면 우드강(Wood River) 근처였다. 이들은 넓은 미주리강(Missouri River)을 타고 대륙을 넘어, 태평양으로 이어지는 또 다른 강을 탈 생각이었다. 하지만 탐험대는 매일 인내력을 시험하는 장애물에 직면했다. 일행은 몇 톤에 이르는 보급품, 도구, 과학 장비, 원주민을 위한 선물을 가지고 이동해야 했는데, 혹시라도 바람이 원하는 방향과 반대로 불면 변덕스러운 미주리강의 물살을 헤치고 노를 저어 나아가야 했다.

그곳은 미국인들에게는 미지의 땅이었지만, 블랙풋, 샤이엔, 크로우, 폰카 등 수십만 명의 사람들로 구성된 170개 부족이 살고 있는 곳이었다. 그중에서 가장 강력하고 위험한 부족은 테톤수족이었다. 이 부족은 미주리 중부의 통행을 통제했고, 인원수나 완력 면에서 탐험가들을 몰살시키기에 충분했다. 디스커버리 대원들은 첫 만남에서부터 이 부족과 피 튀는 전투를 벌였고, 이후에도 일촉즉발의 대립이 몇 번이나 더 있었다.

처음 5개월 동안 이들은 2,575킬로미터를 이동했고, 충수염에 걸린 대원 한 명이 사망했다. 그리고 곧 잔인한 겨울이 다가왔다. 겨울에는 뼛속까지 시린 추위와 계속되는 배고픔, 동상의 위협이 끊임없이 이어졌다. 이들은 현재 노스다코타(North Dakota)의 워시번(Washburn) 근처에 있던 맨던 캠프(Camp Mandan)에 겨울을 나기 위한 기지를 마련했다. 그나마 상대적으로 개발된 지역이기 때문이었다. 그곳에는 인구 4,000명의 원주민 다섯 부족이 모여 살았다.

루이스와 클라크는 봄에 미주리강 상류에 도착하려면 지역 부족, 다시 말해 쇼쇼니족의 도움이 필요하다는 것을 알고 있었다. 겨울을 나는 동안 루이스와 클라크는 샤보노(Charbonneau)라는 사람을 통역사이자 가이드로 고용했다. 샤보노에게는 어린 2명의 아내가 있었는데, 그중 한 명이 새커거위아였다. 쇼쇼니족 출신인 새커거위아는 12세 때 다른 부족에게 납치됐다. 당시 16세에 임신 중이었지만, 새커거위아는 탐험대와 동행해서 통역을 해주겠다고 동의했다. 4월에 루이스와 클라크가 이끄는 탐험대는 맨던 캠프를 떠났다. 이제 태어난 지 2개월밖에 되지 않은 샤보노의 아들, 장 밥티스트 샤보노(Jean Baptiste Charbonneau)가 마지막으로 일행에 합류했다.

탐험대는 피로그(pirogue)라고 불리는 나무줄기 하나로 만든 좁은 카누를 타고, 상류로 갈수록 점점 좁아지는 미주리강을 거슬러 올라갔다. 조류와 줄어드는 강물의 양 때문에 앞으로 나가는 일은 쉽지 않았다. 5월에는 갑자기 거센 바람이 불어 배 한 척이 뒤집히는 사고가 발생했다. 새커거위아는 재빨리 대응해 루이스와 클라크의 일기를 포함한 여러 귀중한 물건들을 신속히 건져냈다. 사람들은 여기에 대한 존경심으로 이 강을 '새커거위아강'으로 부르게 됐다.

그의 진가는 여기에서 끝나지 않았다. 새커거위아는 먹을 수 있는 식물과 뿌리에 해박했고, 자신이 살았던 지형도 잘 알고 있어서 일행이 길을 잃지 않도록 도왔다. 하지만 곧 일행 모두의 능력을 시험하는 위험한 일이 이들을 찾아왔다.

폭포에 발이 묶이다

현재 몬태나(Montana) 북쪽에 위치한 미주리강에는 187미터나 되는 5개의 폭포가 있다. 그중 그레이트 폭포(Great Falls)는 아름답기도 하지만, 어마어마한 크기로 탐험대를 놀라게 했다. 폭포를 곧바로 통과할 수 없어 다른 길로 돌아가야 했는데, 그러려면 탐험대가 가지고 있는 장비로 27킬로미터 높이의 가파른 경사를 올라가야 했다. 일행은 이곳에서 오롯이 한 달을 보냈고, 대원들은 지친 몸과 피로로 인해 금방이라도 기절할 지경이었다. 그런 이들의 눈앞에 끝도 없는

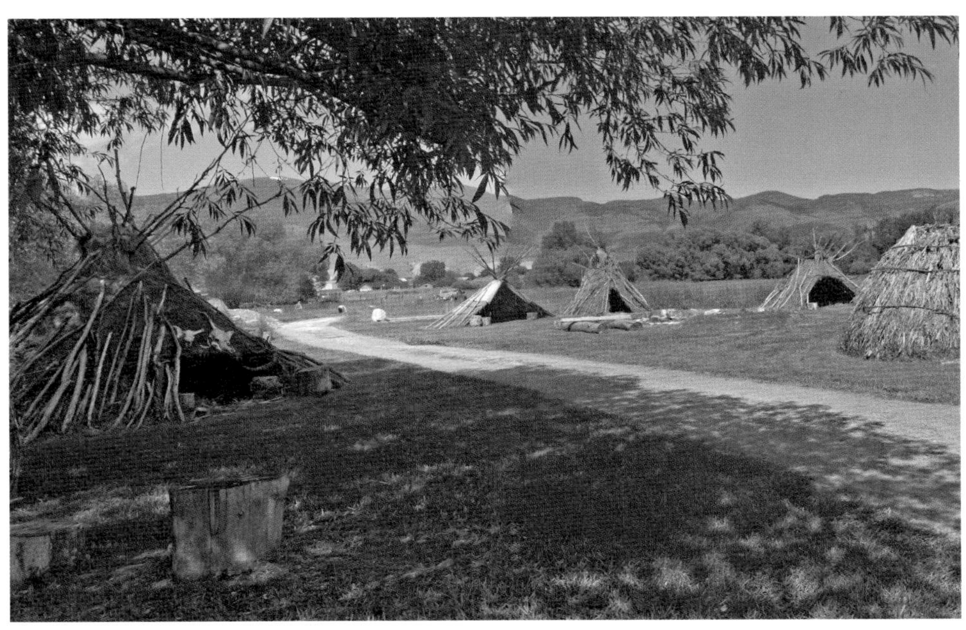

아이다호(Idaho)에 있는 새커거위아 센터에서 복원한 레미(Lemhi) 거주지.

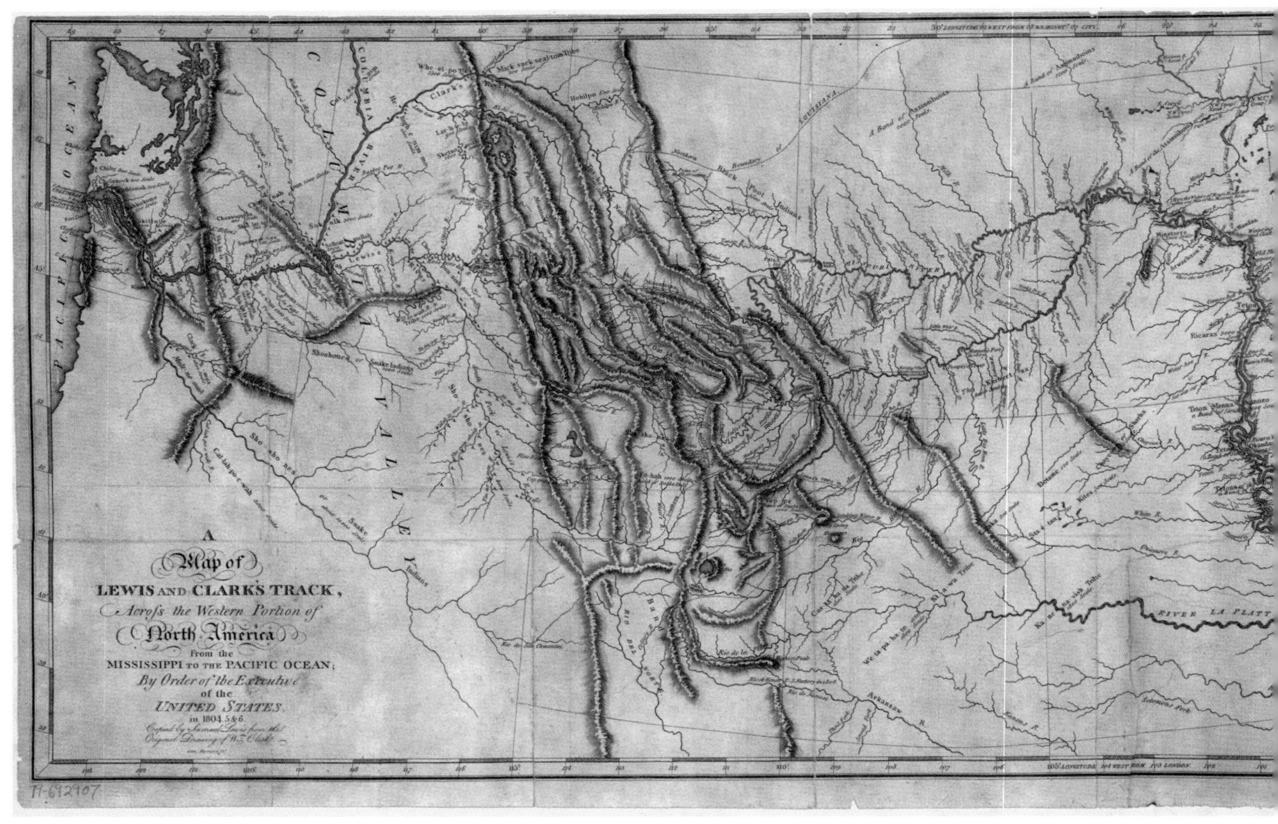

1814년에 루이스의 일지를 바탕으로 출판된 루이스와 클라크의 경로 지도.

산이 펼쳐져 있었다.

폭포를 지난 다음에도 강은 건너기에 쉽지 않았다. 부족한 식량이 차가워지고 물에 젖었기 때문이다. 정확한 위치도 알 수 없어 당장 보급품이 필요했지만, 흉악한 부족들에게 접근하기도 어려울 뿐더러 쇼쇼니족을 찾을 수도 없었다. 결국 루이스와 클라크는 어쩔 수 없이 따로 움직이기 시작했다. 클라크가 원래 일행을 데리고 전진하는 동안, 루이스는 일부 대원을 데리고 쇼쇼니족을 찾기로 한 것이다. 그리고 루이스가 성공하면 더 높은 상류에서 다시 일행과 만나기로 약속했다. 이것은 모든 것을 잃을 수도 있는 도박과도 같았다.

루이스는 미주리강의 수원을 찾아내고 뛸 듯이 기뻐했다. 분수령에서 그는 서쪽으로 향하는 다른 강줄기가 없는지 확인했다. 그런데 강 대신, 예상치 못했던 거대한 눈 덮인 산이 그곳에 있었다. 다음 날, 그는 쇼쇼니족과 접촉했다. 이제 이들의 운명은 백인을 단 한 번도 본 적 없는 원시 부족의 손에 놓이게 됐다. 루이스는 쇼쇼니족에게 말을 쉽사리 걸 수 없었고, 쇼쇼니족은 도울 의지가 별로 없는 듯 보였다.

하지만 헤어졌던 클라크와 그의 일행이 나타나자 분위기는 반전됐다. 새커거위아는 납치된 지 수년이 지났음에도 쇼쇼니족의 족장을 단박에 알아봤다. 그는 바로 새커거위아의 오빠였다. 두 사람의 재회는 너무나 감동적이었고, 또 놀라운 행운이었다. 특히 루이스와 클라크는 덕분에 쇼쇼니족이 키우는 말을 가질 수 있었다.

쇼쇼니족과 2주 동안 함께 지내면서 분위기는 점점 긍정적으로 바뀌었다. 그러나 산을 넘어야 한다는 극복하기 힘든 또 다른 시련에 봉착하고 말았다. 식량으로 쓸 사냥감도 없어서 나중에는 양초를 먹으면서 버텨야 했다.

마침내 클라크는 녹지대로 내려가는 길을 찾아냈다. 호의적이었던 부족은 일행이 카누를 만들도록 도와줬다. 17개월 만에 처음으로 탐험대는 하류로 내려가 북서쪽으로 이어지는 콜롬비아를 발견할 수 있었다. 1년 반 동안의 고난 끝에 마주친 바다를 보며 그들은 "바다가 보인다! 얼마나 기쁜가!"라고 외쳤다.

험난한 산행에 지친 일행에게 부서지는 파도 소리와 바다의 냄새는 형언할 수 없는 기쁨 그 자체였다. 탐험대는 겨울을 나기 위해 캠프를 짓고 그곳 부족과 친목을 다졌다. 하지만 이들의 행복은 오리건(Oregon)의 혹독한 겨울로 인해 오래가지 못했다. 4개월 동안 비가 오지 않은 날은 단 12일에 불과했다. 1806년 봄, 탐험대는 집으로 돌아오기 위해 길을 떠났다. 빨리 고향에 가고 싶다는 마음과, 클라크가 오는 내내 그린 지도 덕분에 돌아가는 여정은 단 6개월밖에 걸리지 않았다.

전설적인 유산

모두들 루이스와 클라크가 죽었다고 생각했다. 하지만 일행은 28개월 동안 1만 3,000킬로미터에 이르는 긴 여정을 마치고 마침내 세인트루이스로 돌아왔다. 이들은 이전에는 몰랐던 140개의 땅을 그린 지도와 178개에 이르는 식물 표본, 122개의 동물 표본을 함께 가지고 왔다. 심지어 제퍼슨 대통령을 위한 프레리도그(prairie dog, 남아메리카에 서식하는 다람쥐과의 포유류)도 가져왔다.

루이스와 클라크는 대륙을 횡단한 최초의 미국인이며, 처음으로 옐로스톤(Yellowstone) 지역을 통과하고 몬태나를 여행했다. 특히 이들이 그린 지도는 콜롬비아와 미주리강, 로키 산맥(Rocky Mountains)이 어떻게 연결돼 있는지를 정확하게 보여준다.

물리적으로도 루이스와 클라크는 불가능해보이던 일을 해냈다. 미지의 땅을 탐험했고, 살아 돌아와서 자신들의 탐험 이야기를 들려줬다. 무엇보다 중요한 것은 미국이 태평양과 대서양까지 펼쳐져 있다는 것을 알게 해줬다는 것이다. 또한 미국인들에게 서쪽의 광활한 대지를 열어줬고, 국가의 운명을 결정지었다.

하지만 이후 이들의 삶은 완전히 바뀌게 됐다. 루이스는 루이지애나 위쪽 지역의 주지사가 됐지만, 우울증에 걸려 복귀 후 3년 만에 스스로 목숨을 끊고 말았다. 클라크는 미주리 지역의 주지사로 명성을 얻었지만, 자신의 친구였던 루이스를 잊지 못해 첫 아들의 이름을 메리웨더 루이스 클라크(Meriwether Lewis Clark)로 지었다.

> *우리에게 처음 왔던 백인들의 이름은 루이스와 클라크였다. 그들은 난생처음 보는 물건들을 가지고 왔고, 단도직입적으로 말했다. 정말 친절한 사람들이었다.*
>
> *_조셉 족장(Chief Joseph)*

북쪽의 또 다른 개척자

루이스와 클라크는 북아메리카 대륙을 탐험한 최초의 인물이 아니다. 스코틀랜드 탐험가이자 모피 무역상인 알렉산더 맥킨지(Alexander Mackenzie)가 바로 그 주인공이다. 그는 1793년에 지금의 캐나다를 탐험했고, 루이스와 클라크보다 12년 전에 태평양에 도착했다. 북아메리카에서 미시시피강(Mississippi River) 다음으로 큰 맥킨지강은 그의 이름에서 따온 것이다.

(반대쪽) 위
루이스와 클라크 국립역사공원에 있는 클랫섭 요새(Fort Clatsop)를 복원해 만든 시설.

아래
몬태나주의 쓰리 폭스 근처에 있는 미주리강.

13 한 사람의 낙오도 없이

: 어니스트 섀클턴의 남극 탈출

"당시를 되돌아보면 험난한 지형이 우리에게 길잡이 역할을 해줬다는 생각을 하게 된다. 설원을 넘을 때도 그랬고, 우리가 도착한 사우스조지아에서 엘리펀트 섬을 고립시켰던 폭풍우 치던 바다도 마찬가지였다. 36시간의 길고 고된 행군을 했다는 사실을 알고 있다. 그런데 우리가 셋이 아니라 넷이었던 것 같은 기분이 자주 든다."

어니스트 섀클턴, 팀 자비스(Tim Jarvis)의 《섀클턴의 서사시(Shackleton's Epic)》 중에서

기간 1914년~1916년.

시도 어니스트 섀클턴의 탐험대는 '최초의 남극횡단'이라는 목표를 세웠다. 그러나 인듀어런스 호가 바다의 얼음에 갇혀버린 바람에, 탐험대는 세계에서 가장 무시무시한 악조건 속에서 생존을 위해 싸워야 했다.

난관 인듀어런스 대원들은 임시로 만든 거처에서 떨어지는 식량을 나눠 먹으면서 끔찍한 남극의 겨울을 이겨냈다. 섀클턴은 바닷사람 6명으로 구조대를 꾸려서, 지금의 중형차만 한 크기의 구명보트를 타고 1,500킬로미터에 이르는 험난한 바다를 넘어 선원들을 구해냈다.

업적 섀클턴의 영웅적인 지도력과, 상상하기도 어려운 악조건 속에서 한 명의 대원도 잃지 않았다는 사실 때문에 인듀어런스 호의 탐험은 극지방 탐사에 있어서 가장 위대한 업적 중 하나로 손꼽히고 있다.

어니스트 섀클턴이 탐험에 사용했던 배의 이름은 '인내'라는 뜻의 인듀어런스(Endurance)였다. 이만큼 이름이 잘 어울리는 배를 찾기도 쉽지 않을 것 같다. 인듀어런스 호는 1914년 12월 5일에 사우스조지아(South Georgia)에서 남극횡단에 나섰다. 선원들은 험난한 모험을 마다치 않을 준비가 되어 있었다. 사실 얼마나 험난한 여정이 될지 예측하기란 쉽지 않았다. 당시에는 집으로 돌아오겠다는 단순한 꿈을 실현하기 위해 얼마나 위대한 영웅적 행동이 필요할지 꿈에도 몰랐다.

섀클턴은 대원들을 이끌고 웨들해 남위 77도 49분의 가장 남단인 바흐셀만(Vahsel Bay)에 도착했다. 이들은 그곳에 정박해 남극 대륙을 횡단하기 위한 준비에 돌입했다. 하지만 목적을 달성하기도 전에 끔찍한 재난이 일행을 덮쳤다. 남쪽으로 이동할수록 얼음은 두꺼워졌고, 결국 1915년 2월 14일에 인듀어런스 호는 얼음 속에 단단히 갇히고 말았다.

(반대쪽)
1915년, 해양 캠프에서 남극 탐험가 프랭크 와이드(Frank Wild) 옆에 서 있는 어니스트 섀클턴(왼쪽).

섀클턴과 대원들은 가만히 기다리는 것 외에는 달리 뾰족한 수가 없었다. 옴짝달싹하지도 못한 채 얼음과 함께 8개월 동안 북쪽으로 이동했다. 10월 27일에는 빙하로 인해 배가 완전히 파

괴됐고, 11월 21일에 배가 완전히 침몰하면서 대원들은 이동하는 얼음 위에 오도 가도 못하는 신세가 됐다.

> *지금까지 경험했던 그 어떤 것보다 힘든 시간이 될 것이라는 사실을 알았다. 남극의 겨울이 오고 있었고, 세계에서 가장 무서운 바다를 건너야 했다.*
>
> *_어니스트 섀클턴*

이들은 남극 대륙을 횡단할 수 없었다. 하지만 곧 이들이 겪을 모험은 매순간 계획했던 것만큼 믿기 힘든 것이었다.

안전을 위한 조치

섀클턴에게 가장 중요한 일은 무엇보다 27명 대원의 목숨을 구하는 것이었다. 이론적으로는 얼음 위를 걸어서 가장 가까운 육지로 이동한 다음, 배가 도착하기로 했던 항구로 가면 살 수 있었다. 하지만 자칫하면 부서질 수도 있는 얼음 위로 이동하는 것은 위험했다. 일행은 평평한 얼음 위에 페이션스 캠프(Patience Camp)를 만들고, 얼음이 북쪽으로 이동해 바다로 나갈 때까지 기다렸다.

또 3개월이 지나 1916년 4월 8일이 됐다. 얼음이 상당 부분 깨져버려 덕분에 구명보트 3척을 바다에 띄울 수 있었다. 섀클턴 일행은 7일 동안 폭풍을 헤치면서 얼음 사이로 위험천만한 탈출을 감행했다. 4월 15일, 이들은 기적처럼 엘리펀트 섬(Elephant Island)에 도착할 수 있었다. 천신만고 끝에 육지에 올라섰지만, 살아남을 가능성은 여전히 요원했다. 엘리펀트 섬은 항해 경로에 포함돼 있지 않았을 뿐 아니라, 계획했던 경로에서 너무 멀리 떨어져 있었다. 계획했던 경로에 도착하지 못하면 구조를 요청할 수도 없었다.

다행히 엘리펀트 섬에는 식수로 사용할 수 있는 깨끗한 물이 있었다. 또 바다표범과 펭귄이 풍부해서 식량과 연료는 걱정하지 않아도 됐다. 하지만 남극의 겨울이 빠르게 다가오고 있었다. 대원들이 의지할 곳이라고는 좁은 해변이 전부였다. 겨울이 되면 해변에는 강풍과 눈보라가 끝도 없이 불어 닥칠 게 뻔했다. 이들이 묵는 텐트 하나는 완전히 부서졌고, 나머지도 겨울을 버티기에는 많이 망가진 상태였다. 대원들 역시 정신적으로나 신체적으로 소진된 상태였기 때문에 어떻게든 도움을 청해야 했다.

섀클턴은 바다 항해 역사상 가장 대담한 계획에 착수했다. 구명정 중에서 가장 상태가 좋은 것을 타고 사우스조지아의 고래잡이 어장으로 가겠다는 계획이었다. 문제는 800해리, 그러니까 1,500킬로미터에 이르는 지구상에서 가장 험난한 바다인 남극해를 건너야 한다는 것이었다.

4개월간 엘리펀트 섬의 험난한 돌무더기 위에서 인듀어런스 호의 대원 22명이 추운 겨울을 나는 동안 섀클턴은 구조대를 데리고 사우스조지아로 향했다.

한 치 앞을 예측할 수 없는 항해

탐험대는 구명정을 타고 구조를 요청하기 위해 떠났다. 강한 바람 때문에 파도가 들이치는 폭풍 속을 헤쳐 나가야 했는데, 특히 '케이프 혼 롤러스(Cape Horn Rollers)'라고 불리는 그곳의 파도는 18미터까지 치솟곤 했다.

우리 배는 작은 코르크 마개처럼 부서지는 파도 위를 넘으면서 앞으로 나아갔다.

일행은 3척의 구명정 중 가장 튼튼한 제임스 캐어드(James Caird, 탐험을 지원한 후원자의 이름을 딴 것이다)를 사용하기로 하고, 배의 목수에게 강도를 보완하도록 주문했다. 목수는 6.9미터짜리 배의 옆면을 더 높이고, 나무와 캔버스 천으로 임시 갑판을 만들었으며, 주요 돛대와 뒤 돛대, 작은 돛대, 작은 돛을 달았다. 여기에 유성페인트, 램프 심지, 바다표범의 피로 마감했고, 마지막으로는 배가 전복되지 않도록 1톤(정확하게는 1,016킬로그램)의 총알을 담았다.

이들의 목적지였던 사우스조지아는 지나치게 작은 영토라 지나칠 가능성이 너무 컸다. 사우스조지아에 무사히 도착하려면 인듀어런스 호의 선장인 프랭크 워슬리(Frank Worsley)의 항해기술이 절실했다. 워슬리는 뉴질랜드 출신으로 남태평양의 작고 외딴 섬에서 항해기술을 익힌 경력이 있었다.

1916년 4월 24일에 워슬리와 또 다른 4명이 제임스 캐어드를 타고 엘리펀트 섬을 세차게 강타하는 듯한 거친 바다로 나아갔다. 배에는 고작 두 달 치 식량, 70리터짜리 물통 2개(그나마 있던 물통 하나는 배 위에 올리는 중에 망가졌고, 덕분에 배에 바닷물이 들어왔다), 작은 캠핑용 버너 하나, 파라핀 기름, 양초, 침낭, 마른 양말 몇 개뿐이었다.

바람은 온화한 남풍이었지만, 섀클턴은 무서운 얼음을 피하기 위해 워슬리에게 배의 방향을 북쪽으로 잡으라고 명령했다. 배가 나아갈수록 너울은 심해졌다. 새벽녘까지 배는 거센 파도와 포스 9의 바람을 이기면서 엘리펀트 섬에서 45해리(83킬로미터)만큼 이동했다.

일행은 3명씩 조를 짜서 항해했다. 첫 번째 사람이 배를 지휘하고, 또 다른 사람은 항해를 맡고, 마지막 사람이 배에 물을 퍼내는 식이었다. 항해는 시작부터 힘들었다. 일행이 입고 있는 옷은 남극에서 썰매를 타게 되면 추위를 막을 수 있도록 방한에만 치중돼 있었을 뿐, 물을 막기 위한 방수 기능은 없었기 때문이다. 얼음장처럼 차가운 바닷물은 옷 안으로 그대로 스며들어 살갗을 에는 듯했다. 그나마 피할 방법은 위가 조금이나마 막혀 있는 배의 선수에서 서로 끌어안고 있는 것뿐이었다.

방향을 잡아야 하는 워슬리의 임무는 어렵다 못해 불가능한 것이었다. 육분의(sextant, 배의 위치를 판단하기 위해 천체와 수평선 사이의 각도를 측정하는 광학 장치)를 이용해 정확하게 항해하려면 태양이 있어야 했다. 하지만 태양은 거의 보이지 않았다. 혹여 태양이 떠서 잘 보일 때는 배가 너무 흔들려서 방향을 정확하게 가늠하기 어려웠다.

이틀 후에 워슬리는 엘리펀트 섬의 북쪽 128해리(237킬로미터)까지 도달했다. 이들은 바다 위를 떠도는 얼음의 공포 속에서 겨우 벗어났는데, 이제 험하기로 악명 높은 드레이크 해협(Drake Passage)을 건너야 했다. 곧장 섀클턴은 사우스조지아로 향했다.

워슬리의 항해술 덕분에 5일 동안 배는 238해리(441킬로미터)까지 나아갈 수 있었지만, 불행히도 날씨는 계속해서 나빠졌다. 거센 파도는 아예 배를 집어삼킬 듯했다. 물을 쉬지 않고 퍼내야만 배가 겨우 떠 있을 수 있을 정도였다. 또한 물이 너무 차가워서 배 안으로 물이 들어오는 것과 거의 동시에 얼음이 돼버렸다. 물보다 더 무거운 얼음은 배를 전복시킬 위험이 더 컸기 때문에, 일행은 돌아가면서 갑판으로 기어 올라가 도끼로 얼음을 떼어냈다.

이틀 연속으로 바람이 너무 불어서, 돛을 최고로 높여야 했다. 하지만 일행은 항해를 계속했고, 5월 6일에는 사우스조지아에서 115해리(213킬로미터)만큼 떨어진 지점에 도착했다. 2주간 끔찍한 악조건들을 견뎌낸 일행은 지칠 대로 지쳐 있었다. 그중 2명은 눈에 띄게 약해져 있었고, 나머지 한 명은 쓰러져서 맡은 일을 하지 못하는 지경에 이르렀다.

유일한 낙은 길고 추운 밤에 따뜻한 우유를 잔에 넣어 마실 때였다.

다음 날, 워슬리는 섀클턴에게 "목표 지점에 접근했지만, 방향이 약간 벗어나 있을지도 모른

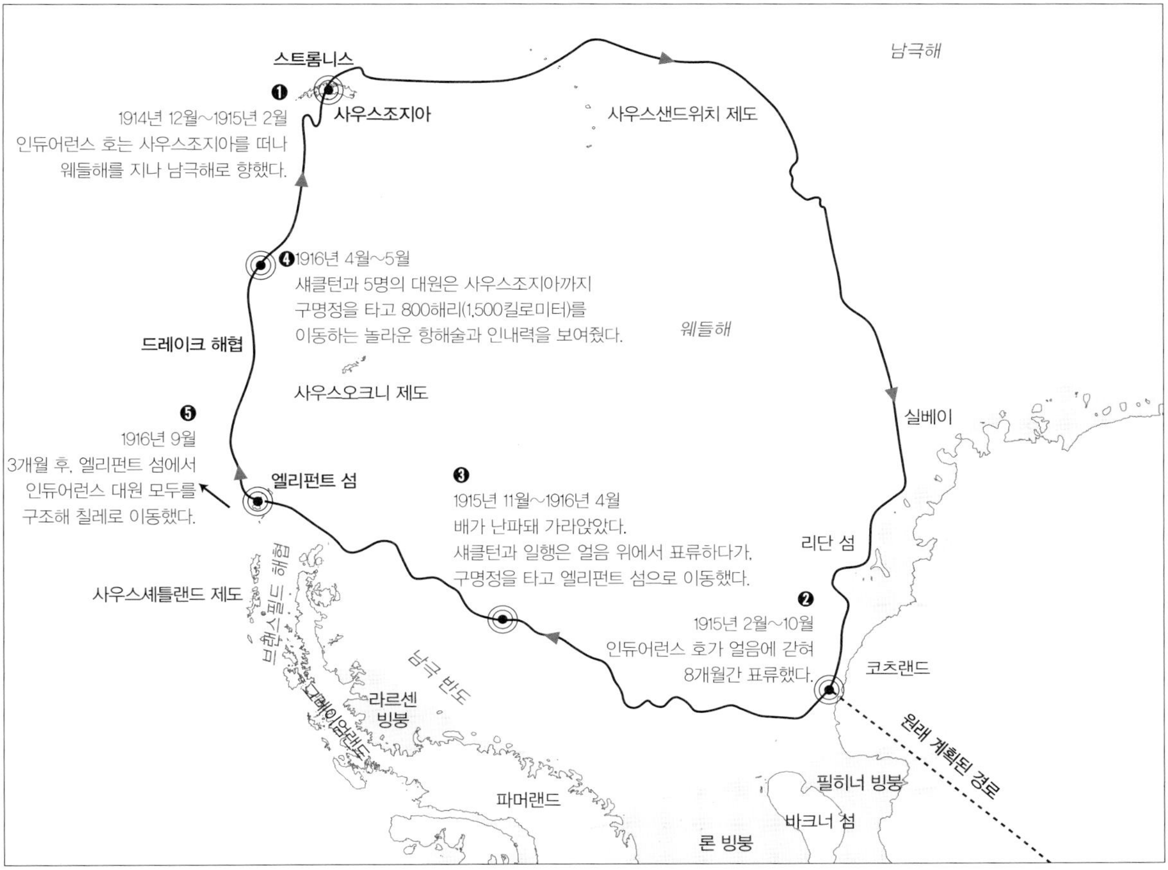

남극해

스트롬니스

❶ 1914년 12월~1915년 2월
인듀어런스 호는 사우스조지아를 떠나
웨들해를 지나 남극해로 향했다.

사우스조지아

사우스샌드위치 제도

❹ 1916년 4월~5월
섀클턴과 5명의 대원은 사우스조지아까지
구명정을 타고 800해리(1,500킬로미터)를
이동하는 놀라운 항해술과 인내력을 보여줬다.

드레이크 해협

웨들해

사우스오크니 제도

❺ 1916년 9월
3개월 후, 엘리펀트 섬에서
인듀어런스 대원 모두를
구조해 칠레로 이동했다.

실베이

엘리펀트 섬

❸ 1915년 11월~1916년 4월
배가 난파돼 가라앉았다.
섀클턴과 일행은 얼음 위에서 표류하다가,
구명정을 타고 엘리펀트 섬으로 이동했다.

리단 섬

사우스셰틀랜드 제도

브랜스필드 해협

❷ 1915년 2월~10월
인듀어런스 호가 얼음에 갇혀
8개월간 표류했다.

코츠랜드

남극 반도

라르센 빙붕

그레이엄랜드

원래 계획된 경로

필히너 빙붕

파머랜드

바크너 섬

론 빙붕

섀클턴의 역경
탐험대의 구조 요청

1916년 3월 27일

오로라 호가 전한 메시지는 섀클턴 탐험대와 로스 섬에 남겨진 일행의 고충을 더 심각하게 만들 뿐이었다. 부에노스아이레스에 있는 우리 특파원은 인듀어런스 호와 대원들이 이틀 동안 포클랜드 섬에 머물 생각이었지만 남극을 떠날 수 없었다고 전해왔다. 구조대를 로스 섬과 웨들해로 모두 파견할지에 관해 오늘 런던에서 열릴 어니스트 섀클턴의 공식 대표와 논의할 예정이다. 더글러스 모슨(Douglas Mawson)이 구조선 중 하나를 맡을 가능성이 제기되고 있다. 한편 뉴질랜드 정부는 오로라 호를 돕기 위해 증기선 파견을 고려하고 있다.

위 1916년 4월 24일에 엘리펀트 섬에서 구조대 5명이 제임스 캐어드 구명정을 바다에 띄우고 있다.
왼쪽 '섀클턴의 역경'을 보도한 〈타임스〉 기사.

섀클턴이 산을 넘어 도움을 요청했던 사우스조지아의 스트롬니스 고래잡이 정박지. 이제는 버려진 지 오래됐다.

다"고 알렸다. 너무 북쪽으로 치우쳐 있다면 남서풍에 밀려 배가 섬을 그냥 지나칠 수 있었지만, 다행히 곧 해초와 새가 보이기 시작했다. 새 중에는 육지를 떠나지 않는 가마우지도 있었다. 5월 8일 정오가 약간 지났을 때 드디어 육지가 보이기 시작했다. 워슬리의 항해술은 놀라울 정도로 정확했다. 이로써 그는 인간의 항해 역사상 가장 뛰어난 업적을 남겼다.

목표 지점이 바로 코앞이었지만, 거센 바다 때문에 육지에 배를 대기가 어려웠다. 설상가상으로 역사상 최악의 허리케인이 해안을 강타하면서, 일행은 해안에 도착하지 못하고 24시간 동안 고통 속에 추이를 지켜봐야 했다. 무시무시한 파도로 인해 배는 돌무더기인 사우스조지아 해안이나, 이들이 목표로 한 해안에서 8킬로미터 떨어진 안넨코브 섬(Annenkov Island)에 좌초할 위험이 있었다.

5월 10일이 되자, 섀클턴은 일행 중 가장 약한 대원이 단 하루도 구명정에서 버틸 수 없다는 사실을 알게 됐다. 상황이 어떻든 당장 육지에 가야 했다. 일행은 가능한 안전한 곳을 찾았는데,

그나마 찾은 곳이 킹하콘만(King Haakon Bay)으로 들어가는 입구 근처에 있는 케이브 코브(Cave Cove)였다. 몇 번이나 위험천만한 고비를 넘기면서 시도한 끝에 제임스 캐어드는 비로소 케이브 코브에 닿을 수 있었다.

하필이면 케이브 코브는 사람이 살 수 없는 남서쪽 해안이었고, 고래잡이배들의 정박지는 그곳에서 150해리(280킬로미터)나 떨어진 해변 반대편에 있었다. 섀클턴은 해변을 돌아서 항해하기로 했다. 그러나 배는 더는 거친 항해를 버틸 수 없었고, 일행 중 완전히 탈진한 대원 2명도 더 이상 움직일 수 없기는 마찬가지였다. 며칠 동안 회복한 후, 그는 걸어서 섬을 통과해 스트롬니스(Stromness)에 구조를 요청하기로 했다. 하지만 그전까지 누구도 사우스조지아 섬을 걸어서 통과한 사람은 없었다.

이전에 누구도 가보지 않았던 곳

5월 18일 아침, 섀클턴, 워슬리, 항해사인 톰 크린(Tom Crean)은 제임스 캐어드의 구명정을 뒤집은 뒤 피난처를 마련한 동료 3명을 뒤로하고 걷기 시작했다. 지도가 없었던 이들은 산과 빙하 위를 통과하는 험난한 경로를 선택할 수밖에 없었다. 캠핑장비가 없어서 쉴 수도 없었다. 일행은 36시간을 쉬지 않고 걸어서 스트롬니스의 고래잡이 정박지에 도착했다.

목적지에 도착한 3명은 극도의 탈진 상태였다. 얼굴은 추위와 바람에 노출돼 엉망이었고, 손가락과 발가락은 동상으로 아무 감각이 없었다. 당시 워슬리가 쓴 글에는 "노르웨이 어부가 합숙소로 걸어오는 이들을 보고 허깨비를 보는 듯했다"라고 자신들을 묘사했다.

같은 날인 5월 19일 오후, 고래잡이 어부들은 킹하콘만으로 모터가 달린 배를 보내 제임스 캐어드 안에 숨어 있던 또 다른 일행 3명을 구조했다. 하지만 남극의 혹독한 겨울 날씨 때문에 엘리펀트 섬에 남은 22명을 구할 때까지 3개월을 더 기다려야 했다. 1916년 9월 3일, 드디어 인듀어런스 호의 대원들은 한 명도 빠짐없이 칠레의 푼타아레나스(Punta Arenas)에 도착했다.

2년 후 섀클턴은 남극으로 또 다른 탐험을 떠났고, 1922년 1월 5일에 갑작스러운 심장마비로 사우스조지아에서 사망했다. 사우스조지아에 있던 제임스 캐어드는 1919년에 잉글랜드로 운반됐다. 섀클턴의 탐험대가 목숨을 걸고 탈출하는 데 사용했던 이 배는 최종적으로 그의 모교인 덜위치칼리지에 자리를 잡았다.

14 현실 속 인디애나 존스

: 퍼시 포셋, 황금의 도시를 찾아서

"잔해는 더 특별하고, 이집트의 유적보다 더 오래된 것인 줄 알았단다. 브라질 여기저기에 전해지는 이야기로 판단해보면, 당시 사람들은 고대 유럽이나 아시아의 글과 소통했고 알파벳을 사용한 것 같아. 소문에 따르면 건물 안에 이상한 빛이 있다고 하더구나. 인디언들은 그걸 보고 공포에 질렸었다고 해."

퍼시 포셋, 아들 브라이언에게 황금의 도시에 관해 쓴 편지

기간 1925년.

시도 포셋은 잊힌 도시 'Z'가 엘도라도이며, 브라질의 정글 속에 숨어 있다고 생각했다. 그리고 쿠이아바에서 야생의 세계인 그곳으로 탐험을 떠났다.

난관 포셋의 탐험은 위험한 야생, 질병, 기아, 더위, 습도, 피로의 위협을 받았다. 원시 부족의 공격 역시 치명적이었다.

업적 포셋은 괴짜였지만 카리스마가 넘치는 탐험가이자 모험가로 알려져 있다. 그는 새로운 세계를 경험하고, 또 새로운 세계를 만들고 싶어 하는 여행자들과 이야기꾼들에게 영감을 줬다.

20세기에 접어들면서 이 세상의 미스터리는 다수 풀렸다. 아문센이나 스콧과 같은 탐험가 덕분에 세상의 이목은 추운 남극에 쏠렸다. 한쪽에서는 북아메리카를 탐험했고, 결국 정착하게 됐다. 검은 대륙으로 알려진 아프리카 역시 외부 세계에 조금씩 알려지기 시작했다. 그중 마지막까지 베일에 싸여 있던 곳이 바로 거대한 아마존이다. 적도를 따라 자리 잡고 있는 아마존은 수천 킬로미터에 이르는 빽빽한 숲으로 뒤덮여 있다.

거대한 미지의 영역

크리스토퍼 콜럼버스가 남아메리카 대륙을 발견한 것은 15세기경의 일이었다. 유럽의 정복자들은 바다 가까운 곳에 있는 육지의 상당 부분을 점령했다. 하지만 남아메리카의 중심부에 있는 숲에 대해서는 알려진 바가 거의 없었다.

여기에는 몇 가지 이유가 있었다. 거대한 안데스 산맥에 막혀서 서쪽으로 이동할 수가 없었다. 대서양 해안에서 아마존 중심까지 너무 먼 것도 또 한 가지 이유였다. 아마존 정글도 장애물 중

하나였다. 탐험을 위해서는 뜨거운 열기 속에서 빽빽한 숲을 베어 가면서 이동해야 했다. 이동은 더뎠고, 갖가지 병이 셀 수 없이 많았다. 전혀 알려지지 않은 아마존의 야생 속에는 곳곳에 위험이 도사리고 있었다. 개미와 모기는 끊임없이 사람을 물며 괴롭혔고, 뱀은 치명적인 독이 있어서 위험했다. 악어와 고양잇과 맹수들도 무시무시한 대상이었다. 게다가 원주민들은 외부인을 공격했다. 유럽의 정착 후 남아메리카 사람들에게 일어난 일을 생각해보면, 원주민들의 적대감은 당연했다.

퍼시 포셋(Percy Fawcett) 대령은 아마존 탐험에서 견뎌내야 하는 모든 어려움에 익숙한 사람이었다. 1906년, 그는 39세의 나이로 처음 남아메리카 탐험에 착수했다. 처음에는 영국의 왕립지리학회를 위해 볼리비아(Bolivia)와 브라질의 국경 지역의 지도를 그리기 위해서였다. 그의 아마존 탐험 초기 기록에는 다음과 같은 흥미로운 내용이 적혀 있었다.

"길이가 20미터가 넘는 거대한 아나콘다와 무시무시한 독이빨을 가지고 지역 주민들을 괴롭힌 검은색의 타란툴라 거미를 죽였다."

하지만 사람들은 그의 말을 의심했다. 당시 임무에서 다른 사람들과 비교할 수 없는 성과를 얻어냈지만, 사람들의 의심을 잠재우지는 못했다. 거의 대적할 상대가 없는 상황에서 포셋은 아마존강(Amazon River)의 지류의 지류격인 리오베르데(Rio Verde)를 찾았다고 보고했다.

퍼시 포셋.

전설을 쫓는 사람

포셋의 첫 발견이 어쨌든, 탐험에 대한 그의 열정은 의심할 바가 없었다. 게다가 그는 탐험을 남에게 설명하는 데 뛰어났다. 사람을 꿰뚫어보는 듯한 파란 눈과 긴 콧수염이 인상적인 포셋은 정글의 위험과 아마존의 빼어난 아름다움을 훌륭하게 설명했다. 아서 코난 도일(Arthur Conan Doyle)에게는 무성한 열대우림 뒤로 펼쳐진 놀랍도록 아름다운 산에 대해서 설명했다. 도일은 포셋의 이야기에서 영감을 얻어 《잊혀진 세계(The Lost World)》를 집필했다. 소설 속 주인공인 존 록스턴(John Roxton)은 포셋을 꼭 빼닮은 인물이다.

포셋은 첫 여행에서 남아메리카 미지의 세계를 동경하게 됐다. 하지만 제1차 대전이 일어나면서 그곳을 탐험하겠다는 원대한 계획을 한동안 미뤄야 했다.

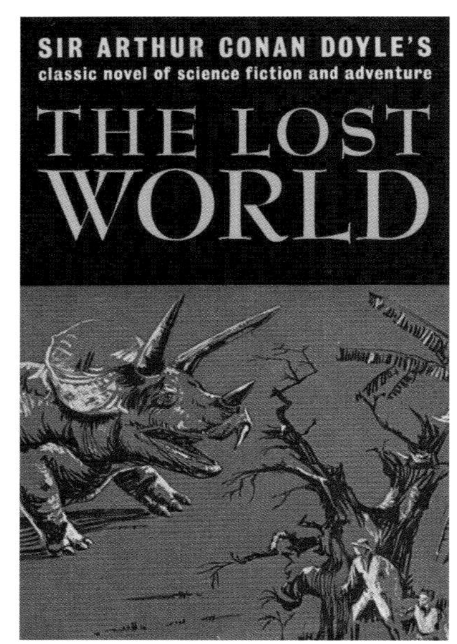

아서 코난 도일의 인기 소설인 《잊혀진 세계》는 친구였던 포셋의 남아메리카 탐험에서 영감을 얻었다.

명예가 금으로

포셋은 원래 영국 포병대에 속해 있었고, 전쟁이 발발하면서 다시 군에 들어갔다. 그는 서부 전선에서 훌륭한 역량을 보여줬다. 하지만 전쟁이 끝나고 휴전이 선언되자마자 관심은 다시 또 다른 세상으로 향했다. 포셋에게는 아마존으로 돌아가 목표를 이루겠다는 생각이 무엇보다 간절했다.

그는 유럽 탐험가들 사이에서 전해지던 가장 놀라운 전설인 엘도라도(El Dorado), 즉 금으로 만들어진 도시가 정말 있다고 생각했다.

남아메리카를 처음 탐험한 모험가들은 깊은 정글 어딘가에 막대한 보물이 숨겨진 황금의 도시 엘도라도가 있다는 소문을 유럽에 퍼뜨렸다. 처음 남아메리카에 왔던 유럽인들은 지금의 콜롬비아 지역에서 살던 부족장들이 연례행사에서 금박을 두르고 있었다는 이야기를 들었다. 금을 두른 왕의 이야기는 어딘가에 어마어마한 양의 금이 숨겨져 있을 것이라는 추론으로 이어졌다. 스페인의 정복자들은 실제로 아스텍과 잉카 문화를 발굴해 금은보화를 얻은 적이 있었다.

롤리의 발자취를 좇아서

월터 롤리(Walter Raleigh)는 초기 탐험가 중 한 명이었다. 1595년, 그는 오리노코강(Orinoco River)의 입구에 도착한 뒤 엘도라도를 찾기 위해 남쪽으로 떠날 준비를 했다. 롤리가 엘도라도를 찾으려고 했던 이유는 꽤 복잡했다. 그는 엘리자베스 여왕의 시녀와 결혼하는 바람에 여왕의 눈 밖에 났다. 그러나 만약 스페인보다 먼저 이야기 속의 엘도라도를 찾아내어 막대한 부를 영국에 안겨준다면 다시 왕가의 총애를 회복할 수 있을 것이라 생각했다.

롤리는 오리노코강 상류에서 함께 갔던 일행 상당수와 헤어졌다. 그는 일행 100명을 데리고 있었고, 이들은 뗏목과 보트를 타고 강한 조류를 헤치고 이동하려고 했다. 롤리와 동맹을 맺은 원주민 족장 토피아와리(Topiawari)는 산에 살고 있다고 알려진 부유한 사람들에 대해서 말해줬다. 롤리는 계속 전진하려고 했지만, 폭우에 불어난 오리노코강이 그의 열정을 잠재웠다. 그래서 롤리의 일행은 암석 표본을 채취해 금광의 흔적을 찾은 후 집으로 돌아오려고 했다.

롤리의 소식은 그가 도착하기도 전에 이미 왕궁에 퍼졌다. 그는 자신의 탐험이 실패로 끝났다는 소식이 이미 전해졌다는 것을 나중에서야 알고 실망했다. 하지만 남아메리카 정글 어딘가에 금이 숨겨져 있다는 믿음을 버리진 않았다. 롤리는 처음 남아메리카를 탐험하고 나서 20년이 지난 1616년에야 다시 그곳을 탐험해도 좋다는 허락을 얻었다.

항해는 끔찍했다. 이미 나이가 들어버린 롤리는 다른 일행과 함께 이질에 걸렸다. 엎친 데 덮친 격으로 카나리아 제도에서 스페인 군대의 공격을 받아 일행 중 15명이 사망했다. 남아메리카에 겨우 도착했지만, 롤리의 아들이면서 아버지와 이름이 같은 월터가 산토 돔(Santo Thome)에서 스페인 군대와 격전 중에 사망했다. 이런 악조건에서 정글을 몇 달이나 헤매다 보니 그나마 남아 있던 열정마저 사라졌다. 그는 아무런 성과도 없이 고향까지 먼 길을 가야 했다. 1617년 6월에 영국을 떠났을 때 14척이던 배가 1년 후에 돌아갈 때는 단 한 척밖에 남지 않았다. 다른 배들은 돌아오는 길에 해적을 만나 롤리를 버리고 달아났다. 결국 위대한 선원이자 탐험가였던 롤리는 1618년 10월 29일 웨스트민스터 사원에서 처형당했다.

롤리의 모험은 실패로 끝났지만, 그의 이야기 덕분에 엘도라도에 관한 소문은 유명해졌다. 롤리가 죽고 300년이 지난 후, 병역의무를 마친 포셋이 직접 황금의 도시를 찾으러 나섰다.

포셋은 엘도라도에 관한 사실을 직접 조사한 후 롤리와 전혀 다른 결론을 얻었다. 전통적으로 황금의 도시는 남아메리카 북쪽에 있으며, 잉카와 같은 그곳의 고대인들과 사회적으로나 문화적으로 연결돼 있다고 믿었다.

Z의 미스터리

포셋은 'Z'라고 불리는 황금 도시가 훨씬 남쪽, 그러니까 남아메리카 대륙의 한가운데 있다고 추측했다. 그는 브라질의 수도인 리우데자네이루에서 마투그로수(Mato Grosso)의 깊은 곳 어딘가에 고대 그리스 양식의 아름다운 도시가 존재한다는 포르투갈의 전설을 듣게 됐다. 포셋은 또한 마투그로수 지역에서 발견된 인공 구조물에 관한 연구를 통해 이들 구조물이 사라진 아틀란티스의 지중해 도시 근처에서 발견된 잔해와 비슷하며, 'Z'라고 불리는 그곳은 문화적으로 다른 남아메리카 지역보다 고대 그리스와 비슷하다고 주장했다.

보편적인 해석은 아니었다. 하지만 포셋은 단호했고, 몇 년 후에 브라질 정글에 숨겨진 도시의 위치를 찾아냈다. 이제는 가서 직접 눈으로 확인할 차례였다.

포셋이 정글의 세계에 진입하기 위해서 탐험대를 꾸리는 데는 3년이 걸렸으며, 당시 21세인 아들 잭과 그의 친구 롤리 리멜(Raleigh Rimell)이 합류하게 됐다. 이들의 모험은 상당한 주목을 받았다. 포셋은 미국에 잠깐 들렀을 때 언론과의 인터뷰에서 "우리는 돌아올 것입니다. 원하는 것을 찾아서 반드시 돌아올 것입니다"라고 말했다. 세 사람과 가이드 2명은 1925년 4월 20일에 쿠이아바(Cuiaba)에서 야생의 세계로 들어갔다.

일행보다 앞서다

포셋은 정글의 어느 쪽으로 가야 할지를 확실히 결정했다. 당시 그의 나이는 57세였지만, 어린 친구들은 그를 따라오지 못했다. 어느 시점이 되자, 포셋은 일행보다 너무 많이 앞서가게 됐다. 심지어 하룻밤 동안 다른 일행을 기다리는 일도 있었다.

5월 29일에 나머지 일행은 데드 홀스 캠프(Dead Horse Camp)에 도착했다. 캠프의 특이한 이름은 다름 아닌 포셋이 지은 것이었다. 과거 포셋이 이곳 캠프에서 말 한 마리를 쏘아 죽여야 했고, 피로와 영양실조 때문에 모험을 포기한 적이 있었기 때문이다.

캠프에는 이 불쌍한 말의 유해가 여전히 남아 있었다. 말의 살코기는 개미와 다른 동물들의 먹이가 된 지 오래였다. 포셋은 가이드에게 쿠이아바로 돌아가라고 했다. 아들의 친구인 리멜에게도 넌지시 함께 돌아가도록 설득했다. 진드기와 각다귀에 물린 탓에 리멜의 발이 퉁퉁 부어 있었기 때문이다. 포셋은 그가 앞으로 펼쳐질 호된 탐험에 맞지 않는다고 생각했다. 그러나 리멜은 돌아가지 않겠다고 거절하면서, 끝까지 함께 탐험하겠다고 했다. 포셋은 돌아가는 가이드 편에 아내 니나에게 한 통의 편지를 보냈다. 그 편지에는 "잭은 잘 있소. 매일 성장하고, 강해지고 있다오. 실패는 두려워하지 마오"라고 적혀 있었다.

포셋 대령과 그의 아들 잭, 리멜의 소식은 그게 마지막이었다. 이후 아마존 정글 밖에서 이들을 다시 본 사람은 없었다.

정글에 잡아먹히다

포셋이 정글에 들어간 지 오랜 시간이 지났지만 어떤 소식도 듣지 못했다. 그렇다고 이상한 건 아니었다. 그는 모든 통신선이 끊긴 정글 속에 있었고, 외부의 소식마저 전해지는 데 시간이 오래 걸리는 게 당연했다. 하지만 1927년 여름이 되어도 아무런 소식이 없자, 사람들은 포셋 일행의 안부를 걱정하기 시작했다.

자신이 돌아오지 못하더라도 절대 수색대를 보내지 말라고 했던 포셋의 지시에도 불구하고, 포셋 일행에 관한 우려가 커지면서 결국 1928년에 영국 왕립지리학회의 조지 디오트(George Dyott)가 그를 찾기 위해 정글로 들어갔다. 그러나 포셋이 이 지역을 몇 년이나 탐험했다는 사실은 오히려 수색에 장애물이 됐다. 디오트는 원주민들이 가지고 있는 포셋의 소지품을 찾았지만 그 물건들은 처음의 탐험에서 맡긴 것들이었고, 마찬가지로 포셋을 봤다는 원주민 부족들은 첫 탐험에서였는지, 마지막 탐험에서였는지 정확하게 짚어주지 못했다. 디오트는 아무런 증거도 찾지 못한 채 결국 포셋과 동료가 목숨을 잃었다고 결론 내렸다.

포셋과 그 동료가 엘도라도를 찾기 위해서 떠난 모험은 수년 동안 베일에 싸여 있었다. 디오트가 수색을 중단한 후에도 다른 누군가가 수십 번이나 포셋의 흔적을 찾으려고 했지만, 그들의 행방은 묘연했다. 물론 그에 대한 소문은 다양했다. 포셋이 자연으로 돌아갔다, 또는 원시 부족의 일원이 됐다, 적대적인 부족에게 죽임을 당했다는 소문도 있었다. 혹자는 굶어 죽었다고도 했고, 병에 걸려서 죽었거나 동물의 공격을 받아 죽었다고 했다. 심지어 포셋이 잃어버린 도시를 찾아 호화스러운 황금의 도시 'Z'에서 여생을 보내고 있다는 사람도 있었다. 여러 추측이 난무하는 가운데, 포셋의 묘비에는 혹시라도 살아있을 그가 보더라도 조금도 불쾌하지 않을 만한 비문을 새겨놓았다.

> 포셋 부자와 젊은 청년 리멜에게 어떤 일이 일어났는지 아는 사람은 아무도 없다. 마투그로수는 이상하기 짝이 없는 늪지와 정글이라, 어떤 백인은 그곳 원시 부족에 잡혀서 25년, 아니 30년을 지내다가 다시 문명으로 돌아왔다는 기록도 있다. 불가능한 것은 없다. 어쩌면 포셋 대령은 눈 덮인 산이나 론카도르 산맥(Serra do Roncador)의 오지 어딘가에 지금도 살아있는지 모른다.
>
> _헤롤드 윌킨스(Harold Wilkins)의 《고대 남아메리카의 미스터리(Mysteries of Ancient South America)》

볼리비아 국경 근처인 페루 탐보파타(Tambopata) 국립공원. 포셋의 탐험대가 어쩌다가 거대한 아마존 속으로 사라졌는지 상상하기 어렵지 않다.

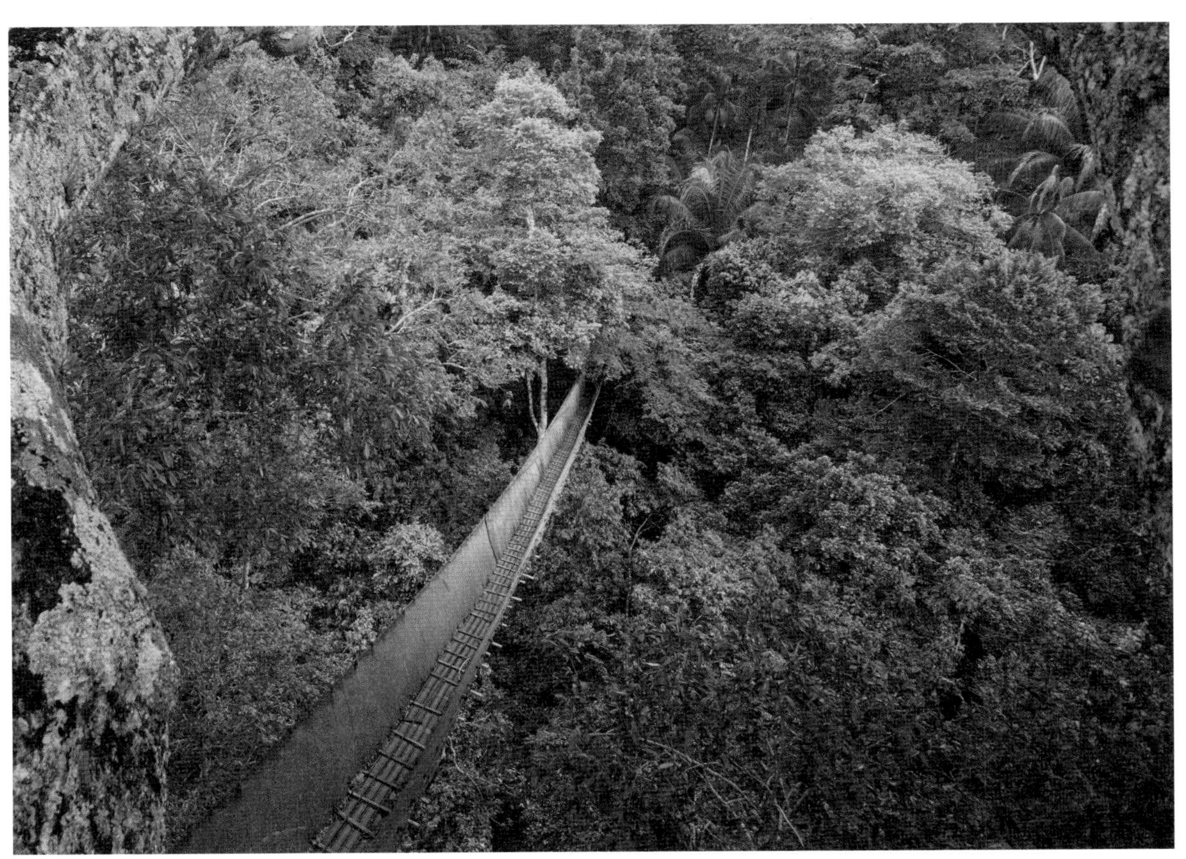

15 유콘강의 골드러시

: 금을 찾아 클론다이크강으로

"클론다이크로 떠나는 것은 오래 걸릴 뿐더러 돈도 많이 들었다. 그리고 얼음이 다 녹고 난 다음인 여름에만 이동이 가능했다. 보급품은 드물고 비쌌다. 손에 넣기도 쉽지 않았다. … 그 여정은 매우 어렵고 돈이 많이 들었기 때문에 약한 사람은 갈 수 없었다. 돈과 식량을 공급받지 못한다면, 역시 갈 수 없었다. 거친 서부에 경험이 없다면, 역시 가서는 안 됐다. 그 외에 모든 사람은 가지 말라는 말을 들었다."

1897년 7월 29일, 〈타임스〉

기간 1896년~1899년.

시도 10만 명의 사람들이 금을 찾아 춥고 위험한 클론다이크강으로 떠났다.

난관 물에 빠지거나 동사하고, 피로와 배고픔, 병으로 인해 사망했다.

업적 부자가 된 사람은 극소수였다. 수천 명의 사람이 목숨을 잃었다. 3년 후, 골드러시는 다른 곳으로 옮겨갔다.

1896년 8월, 캐나다 유콘강(Yukon River)에서 금을 찾다가 실패한 세 사람은 대신 연어잡이로 생계를 꾸리려고 했다. 그중 한 명이었던 조지 카맥(George Carmack)은 저녁 무렵 강에서 프라이팬을 설거지하고 있던 중에 강에서 손가락만 한 금을 발견했다. 그때가 1896년 8월 16일이었다. 금을 찾은 카맥은 인류 역사상 가장 폭발적인 골드러시(gold rush)에 불을 지폈다.

카맥이 금을 발견한 클론다이크강(Klondike River)은 외딴곳이었다. 더군다나 무시무시한 겨울 날씨로 인해 오고 다니는 사람이 줄어들어 금이 발견됐다는 소식은 멀리 퍼져나가지 못했다. 금을 찾았다는 이야기가 본격적으로 퍼지게 된 것은 1897년 7월, 알래스카에서 온 증기선이 샌프란시스코(San Francisco)에 정박했을 때부터였다. 증기선 탑승객 중에는 북쪽의 어두운 야생 속에서 오랜 겨울을 난 광부들도 있었다. 겉보기에는 더럽고 남루했지만, 이들의 지저분한 주머니와 가방, 망가진 상자, '짐'이라고 부르는 커피 캔에는 113만 9000달러(2010년 가치로 10억 달러)의 순금이 들어 있었다.

1898년, 브리티시 콜롬비아 밴쿠버에 있는 클론다이크 보급품 가게와 직원들의 모습.

골드러시에 사로잡힌 세상

4년 동안 두 번의 금융 위기가 있었고, 실업률은 사상 최고를 기록했다. 미국과 캐나다 달러는 금에 묶인 금본위제도(gold standard)를 사용하고 있었는데, 금이 부족해지면서 가격이 상승했다. 운이 좋게 처음 골드러시에 편승한 사람들의 소식은 가뭄으로 바짝 마른 숲에 산불이 퍼지듯 급속도로 퍼졌다. 언론도 골드러시를 부채질했다.

갑자기 너도나도 금을 캐겠다고 나서기 시작했다. 시애틀 경찰의 4분의 1은 경찰직을 그만두고 클론다이크로 떠났다. 곧 시장도 합류했다. 시장은 일을 그만두지는 않았지만, 금을 캐려는 사람들과 함께 북쪽으로 이동할 증기선을 구매했다. 골드러시의 광풍이 불면서 사진가와 작가도 동참했는데, 미래주의 작가인 잭 런던(Jack London)도 그중 하나였다.

이후 2년 동안 10만 명이 금을 찾겠다는 일념으로 클론다이크로 향했다. 그러나 이 탐험으로 극소수만이 부를 얻었고, 수천 명이 사망했다. 역사상 가장 많은 목숨을 앗아간 탐험 중 하나다.

가는 길목마다 위험이 도사린다

클론다이크의 기후는 매우 극단적이었다. 여름은 짧고, 덥고, 건조했다. 하지만 9월이 되면 사나운 눈폭풍이 몰아쳐 10월도 되기 전에 강은 완전히 얼어붙었다. 겨울철 기온은 영하 40도 또는 50도까지 떨어지는 건 기본인 데다, 땅은 3미터 깊이까지 얼어버린 채로 최소 7개월간 지속됐다. 클론다이크에 도착하는 것 역시 쉬운 일은 아니었다. 가난하고 병에 걸린 사람들이 일확천

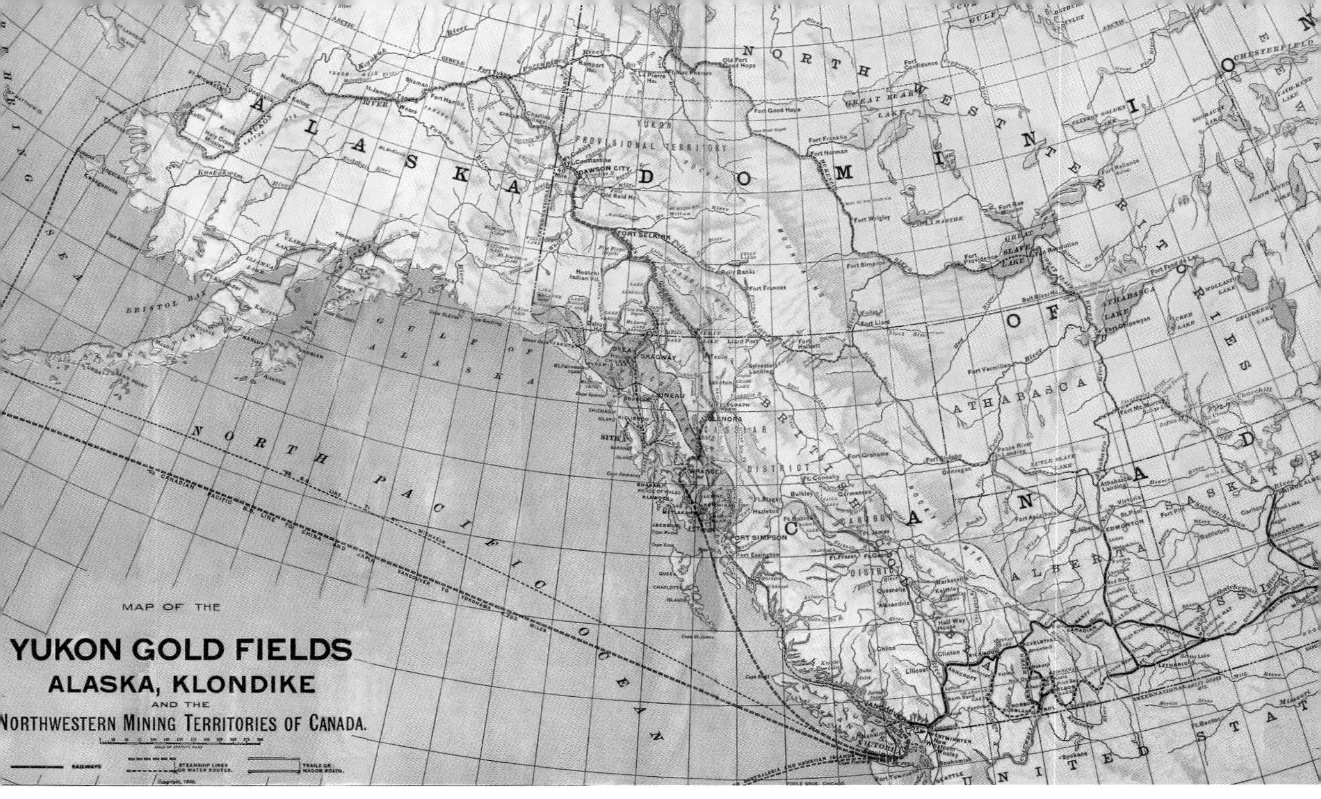

1898년, 알래스카와 유콘강 금광 지대의 지도.

금을 노리고 산을 가득 메웠다. 샌프란시스코나 시애틀에서 클론다이크로 이동하는 것마저 위험했다. 일주일에 시애틀에서 이동하는 사람의 수만 2,800명이었다. 몰려드는 사람들 덕에 모든 배가 골드러시에 동원됐다. 그런 이유로 이곳은 '떠다니는 관'처럼 밀려들어오는 배들로 인해 난장판이었다.

캐나다 정부는 클론다이크에 금을 캐러 오는 사람은 무조건 1년 치 보급품을 보유하도록 요구했다. 골드러시 인구로 앓는 몸살을 해결하려는 방편으로, 금을 캐는 사람들은 1년 치 식량과 텐트, 난로, 도구를 사는 데 드는 돈을 가져와야 한다는 뜻이었다. 이 모든 비용은 당시 가치로 약 500달러였고, 무게는 거의 1톤에 달했다. 심지어 클론다이크 열풍으로 인해 수천 명의 경험 없는 여행자들에게 클론다이크 약이나 클론다이크 금 탐지기, 클론다이크 자전거 등을 파는 사기행각이 극성을 부렸다.

부유한 사람들은 시애틀이나 샌프란시스코에서 알래스카 서쪽 해안지방으로 직항으로 가는 배를 탔다. 배로 가는 길은 육지를 이동할 때 겪는 어려움은 없지만, 거리가 7,600킬로미터나 됐고 비용도 많이 들었다. 6개월 운임은 150달러(지금의 4,050달러)부터 1,000달러(지금의 2만 7,000달러)나 했다.

그러나 부자라고 시련이 없는 것은 아니었다. 1897년, 이 길을 선택한 1,800명의 사람 중 강에 얼음이 얼기 전에 도착한 사람은 단 43명에 불과했다. 개중 35명은 얼마 안 되어 금 캐기를 포기하고 돌아갔다.

밴쿠버에서 금을 캐기 위해 북쪽으로 이동하라고 광고하는 당시 포스터.

말 사체가 늘어선 길

금을 캐겠다는 일념으로 좁은 배를 타고 바다를 건넌 사람들을 기다리는 것은 알래스카 남동쪽 스캐그웨이(Skagway)의 혼돈이었다. 그곳은 무정부 상태의 도시이자 무법천지였다. 서로 총을 쏘아대기 일쑤였으며, 장사꾼들은 속임수로 돈을 벌었다. 금을 캐러 온 이들 중 돈의 여유가 있는 사람들은 당나귀, 말, 마차를 구해 짐을 금광까지 나를 수 있었지만, 짐꾼들은 좀 더 비싼 삯을 치르는 손님이 있으면 싣고 있던 짐을 눈밭에 버리기 일쑤였다.

금광은 스캐그웨이에서 880킬로미터 떨어져 있었는데, 그곳까지 가장 많이 사용되는 길은 악명 높은 화이트 패스(White Pass)였다. 겉보기에는 부드러운 흙으로 덮인 듯 보이지만, 실제로는 무시무시한 길이었다. 낮은 곳은 웅덩이가 드문드문 뚫려 있어서 당나귀 한 마리가 통째로 빠져버릴 때도 있었다. 산꼭대기에 난 길은 폭이 고작 60센티미터였는데, 아래는 150미터 깊이의 낭떠러지였다. 짐을 나르는 동물들은 잡종 말들이었고, 한 번에 수십 마리씩 죽어버리는 통에 이 길을 '말 사체가 늘어선 길'이라고도 불렀다. 사람들은 동물이 죽더라도 길에서 끌어내기는 고사하고 살짝 밀어놓고 갈 길을 재촉했다.

> *첫서리에 말들은 모기처럼 죽어버렸다. 스캐그웨이부터 베넷까지 말 사체가 군데군데 무더기로 쌓여 있었다.*
>
> *_잭 런던, 《황야의 부르짖음(Call of the Wild)》의 작가*

높이 쌓인 눈과 말의 사체에도 불구하고, 금을 캐러 온 사람들은 빨리 그 길을 지나려고 했다. 길만 지나면 유콘강이 시작되는 베넷호(Bennett Lake)였다. 그곳에서 곧바로 클론다이크로 내려갈 수 있었다. 하지만 시간이 지체돼 호수가 얼면, 얼어버린 호숫가에서 겨울을 나야 했다.

앞으로 갈 길이 800킬로미터나 더 남았다는 사실을 알게 되면 사람들은 무거운 얼음처럼 주저앉았다. 계속되는 여정은 악몽과 같았다. 그래서 어쩔 수 없이 모든 물건을 팔고, 돈도 잃고, 실망한 채 스캐그웨이로 돌아가는 사람들이 대부분이었다.

가난한 사람들의 길

스캐그웨이의 이웃 도시인 다이(Dyea)는 칠쿠트 산도(Chilkoot Pass)를 따라서 클론다이크로 이

1898년, 금을 캐기 위해 북쪽으로 향하는 사람들.

어지는 중간에 있었다. 동물을 끌고 가기에는 너무 가파른 길이어서 가난한 사람들이나 눈 때문에 스캐그웨이 트레일이 막혔을 때만 사용됐다. 다이 트레일을 이용하는 사람은 원주민 짐꾼을 고용하려고 터무니없이 많은 돈을 주거나, 직접 짐을 운반했다.

옮겨야 할 짐이 많다 보니 결국 다 비슷한 방법으로 짐을 옮기게 됐다. 처음에는 45킬로그램의 짐을 직접 짊어지고 걸었다. 얼마 걸어가서 짐을 내려놓은 후, 원래 자리로 돌아가 45킬로그램의 또 다른 짐을 짊어지고 다시 걸었다. 이런 방식으로 64킬로미터의 길을 3개월에 걸쳐 이동하다 보면, 원래 거리를 30배 또는 40배 더 걸어야 하기 때문에 총 이동 거리는 4,000킬로미터나 됐다. 1897년 겨울, 칠쿠트 산도에는 2만 명의 사람들의 행렬이 밤낮으로 끊이지 않았다.

칠쿠트 산도를 내려가고 있는 사람들.

베넷호에서

베넷호에 봄이 찾아왔지만 금을 캐기 위해서 모인 사람들은 여전히 클론다이크강으로 이어지는 유콘강을 건너지 못한 상태였다. 배를 탈 수 없는 사람들은 나무를 베어 직접 배를 만든 뒤 강을 건넜다. 1898년 5월, 얼음이 이제 막 녹은 강에는 7,124척의 누더기 배가 지나가기 시작했다. 하지만 배를 탄 경험이 부족한 이들이 무서운 급류를 타기란 쉽지 않았다. 이 와중에 수백 명이 강에 빠져 죽었다.

이들의 목표는 클론다이크와 유콘강의 인기에 갑작스러운 호황을 누리고 있던 도슨 시티(Dawson

유콘강의 화이트 패스에 버려진 철도 다리.

City)였다. 1896년 여름에는 존재하지도 않은 도시였으나 단 1년 만에 인구 4만 명을 자랑하는 캐나다 최대 도시로 성장했다.

그러나 안타깝게도 수천 명의 사람들이 도착한 이곳은 엘도라도가 아니었다. 병을 이겨내면서 위험한 바다를 건너고, 모기에 뜯기면서 산을 넘고, 동상을 견디고, 피로와 싸우며 빙하를 기어올라 겨우 도착했지만, 금이 나온다는 강을 샅샅이 뒤져봐도 이미 금은 없어지고 난 뒤였다. 결국 도슨 시티에서 수많은 이들의 꿈은 순식간에 사라져버렸다.

10만 명이 넘는 사람들이 모두 일확천금을 꿈꾸며 클론다이크로 향했지만, 7만 명은 목적지를 밟아보지도 못하고 돌아왔다. 나머지 3만 명 중에서 금을 찾은 사람은 단 4천 명이었다. 그들 중에서 부자가 된 사람은 손에 꼽을 정도였다. 나머지는 힘들게 찾은 금을 도박이나 술에 흥청망청 써버렸다.

오히려 클론다이크에서 부자가 된 사람은 식량, 숙박, 도구를 팔거나 짐을 운반한 장사꾼들이었다. 진흙 때문에 고무장화 한 켤레가 100달러를 호가했다. 당나귀 335마리를 가진 짐꾼은 하루에 5천 달러를 벌었는데, 이는 금을 발견한 그 어떤 사람보다 많은 돈이었다.

쉽게 이룬 것은 쉽게 사라진다

1899년, 클론다이크의 소식을 전했던 바로 그 신문은 이번에는 또 새로운 소식을 전했다. 알래스카의 놈(Nome)에서 쉽게 금을 채취할 수 있다는 소식이었다. 사람들은 하룻밤 사이 클론다이크를 버렸다. 1899년 8월에 8,000명이 도슨 시티를 떠났고, 골드러시는 3년 만에 끝이 났다. 호황을 누리던 도슨 시티도 함께 사라졌다.

16 침묵의 세계

: 자크 쿠스토와 칼립소 호

"스햅 슐라임(Shab Suleim) 지붕은 음각으로 되어 있었고, 산호로 된 난간이 달려 있었다. 구불구불한 통로와 셀 수 없이 많은 상처가 오페라에서 차례를 기다리는 가수처럼 앉아 있었다."

홍해에 있는 산호의 아름다움을 묘사한 쿠스토의 글

기간 1950년대~1990년대.

시도 혁신적인 잠수 기술로 이전에 보지 못했던 해양생태계를 촬영했다.

난관 쿠스토는 해양의 포식자들과 싸워야 했다. 그와 동료들은 잠수의 한계를 넘어서면서 상처를 입거나, 심지어 죽음도 각오해야 했다.

업적 칼립소 호가 보여준 영상은 세대를 막론하고 많은 시청자들에게 놀라운 바다 세계를 보여줬다. 그의 촬영 방식은 혁신적이었다. 쿠스토는 해양탐사와 사진기술을 전보다 크게 개선했다.

1950년, 세계의 해양생물학계와 대중 과학, TV 다큐멘터리는 어떤 한 사람과 그의 탐험으로 완전히 달라졌다. 그 주인공은 바로 칼립소(Calypso) 호를 탔던 자크 쿠스토(Jacques Cousteau)다.

쿠스토는 잠수부 몇 명과 '칼립소'라는 이름의 멋진 탐사선을 타고 지중해, 페르시아만, 홍해, 인도양의 해양생태계를 2년간 조사했다. 그는 직접 설계한 획기적인 해양카메라를 이용해 해저의 신비에 관해 25킬로미터에 달하는 필름을 촬영했다. 촬영된 내용은 〈침묵의 세계(The Silent World)〉라는 다큐멘터리로 탄생했다.

〈침묵의 세계〉는 해양생태계를 깊이 있게 담아낸 최초의 컬러 영상으로, 보는 사람에게 경이로움을 선사했다. 쿠스토의 다큐멘터리는 1956년 아카데미상과 칸 영화제 황금종려상을 수상했는데, 다큐멘터리로는 전무후무한 기록이었다.

(반대쪽) 위·아래
수단 해안의 홍해에 있는 쿠스토의 실험적인 콘셀프 장비의 잔해.

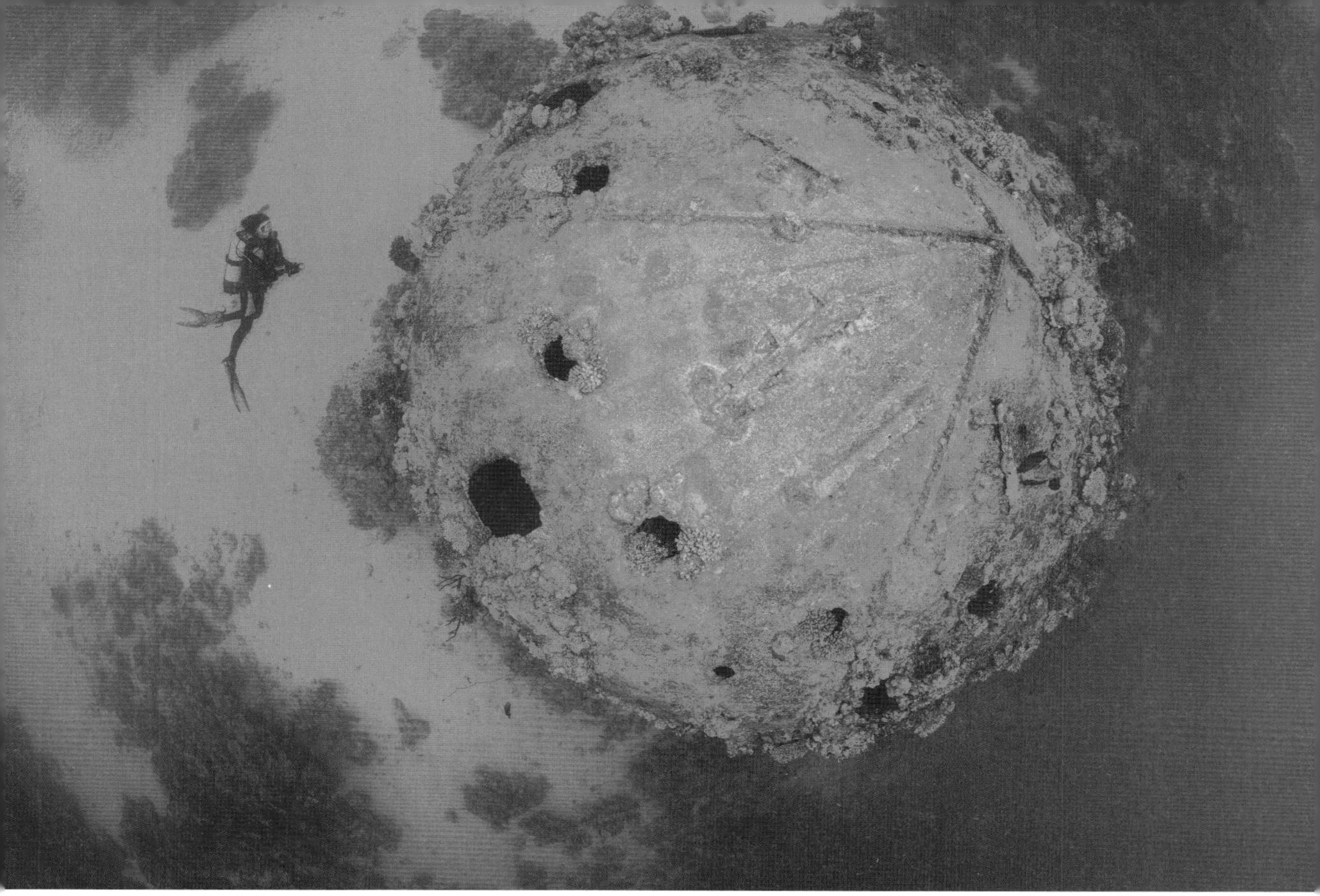

쿠스토가 평생에 걸쳐 탐험한 지역.

전쟁 중에 태어나다

1910년 프랑스의 서쪽 해안지방에서 태어난 쿠스토는 언제나 바다에 대한 열정을 가지고 있었다. 그러다가 1926년에 새로운 호흡 장비를 개발해 잠수를 시작했고, 4년 후에는 프랑스 해군에 입대했다. 하지만 자동차 사고로 해군 생활을 포기하게 됐고, 덕분에 바닷속을 탐험하는 시간은 더 늘어났다. 그는 간헐적으로 해군을 위한 탐사 업무를 맡았다. 잠수하는 일이 잦아질수록 호흡 장비에 대한 불만은 더욱 커졌다. 당시 호흡 장비는 30분 동안 최대 10미터까지 잠수하는 게 고작이었다.

제2차 대전의 암울한 시기 동안 쿠스토는 독일이 점령한 파리에 있었고 그곳에서 엔지니어인 에밀 가냥(Emile Gagnan)을 알게 됐다. 가냥은 가스 발전기의 효율성을 높여서 전쟁 중이던 프랑스의 연료 부족을 해결하려고 했다. 그런데 자동 조절기를 만드는 데 사용한 물건이 바로 잠수부들이 바다에 들어갈 때 쓰는 호흡 장치였다. 쿠스토는 이 물건을 보자마자 잠수에 얼마나 도움이 될지 단박에 알아차렸다. 압축된 산소 탱크가 붙은 새로운 장비는 잠수 시간을 이전보다 2배나 연장해 한 시간으로 늘려줄 수 있었다. 또 전보다 더 깊이 잠수할 수도 있게 되면서 해저 탐사의 영역이 보다 넓어졌다. 두 사람은 이 장치에 특허를 취득했다.

1943년, 쿠스토는 자신이 만든 혁신적인 장비를 이용해 실험적인 해저 영상을 만들었다. 전쟁이 끝날 무렵, 그는 해군 장성들에게 자신이 개발한 해양장비가 얼마나 높은 활용도를 가졌는지 확신을 심어줬다. 덕분에 쿠스토는 프랑스 해군 산하의 해저연구단체(Underwater Research Group)를 이끌게 됐다. 연구팀은 프랑스 연안과 지중해의 지뢰를 없애는 한편, 잠수사들을 훈련하고 테스트하는 일을 담당했으며, 해저 탐사 임무 또한 맡았다. 쿠스토와 가냥은 잠수 장비를 대량 생산하기 시작했고, 쿠스토는 이렇게 벌어들인 돈으로 세상을 앞서가는 해저 탐사를 계획했다.

칼립소 호 개발

자크 쿠스토.

1949년에 해군을 떠난 쿠스토는 다음 해 영국의 지뢰 탐사선인 칼립소를 과학적인 연구를 위한 배로 개조하는 작업에 착수했다. 그는 배에 동글납작한 모양의 해저 노우즈(underwater nose)를 장착했다. 덕분에 수면 아래로 잠수되는 3미터 가량의 관측대를 만들 수 있었다.

칼립소 호에는 헬리콥터에 사용되는 착륙 패드와 잠수부를 위한 공간이 마련돼 있어서, 악천후 속에서 잠수부가 파도를 피할 수 있었다. 그 외에도 비행접시형 잠수정인 다이빙 소서(diving saucer), 해저 스쿠터, 작은 잠수함 등이 쿠스토의 독창적인 설계로 개발됐다. 그 결과 칼립소 호는 바다 위의 실험실이자, 연구 기지, 영상 스튜디오, 다이빙 스테이션인 동시에 잠수부 28명의 집이었다. 이후 2년 동안 쿠스토는 칼립소 호를 이용해 탐험하면서, 해양생태계, 바닷속에 침몰한 배의 잔해와 같은 놀라운 광경을 촬영했다.

쿠스토가 1953년 당시 탐험에 대해 집필한《침묵의 세계》는 책으로 출판돼 500만 부가 판매됐으며, 여러 세대를 아울러 많은 사람에게 바닷속 세상의 경이로움을 알렸다. 개중에서도 알락돌고래가 방향을 알아내는 방법을 추정해낸 것이 가장 놀라웠다. 쿠스토는 돌고래가 지브롤터 해협(Strait of Gibraltar)을 정확하게 통과하는 것을 보면서, 수중 음파 탐지기 같은 음향 체계를 가지고 있을 것이라 추정했다.

칼립소 호의 성공으로 쿠스토는 평생을 바다에 숨겨진 놀라운 세상을 탐험하고 기록하는 데 인생을 바칠 수 있는 경제적인 자유를 얻었다. 그는 120편 이상의 다큐멘터리를 제작하고 50권 이상의 책을 집필했다.

세상을 매료시킨 열정

쿠스토는 언제나 호기심이 많았고, 카리스마 넘치는 과학 탐구자였다. 그가 발견한 놀라운 바다는 대중을 완전히 사로잡았다. 쿠스토의 칼립소 호 탐사는 대단한 인기를 누렸다. 1966년부터 1976년까지는 〈자크 쿠스토의 해저 세계(The Undersea World of Jacques Cousteau)〉라는 이름의 다큐멘터리 시리즈를 촬영하며, 세상에 바다의 놀라움을 소개했을 뿐 아니라 바다의 과학에 대해서도 알려줬다. 1977년부터 1982년까지는 또 다른 다큐멘터리 시리즈인 〈쿠스토 오디세이(The Cousteau Odyssey)〉를 촬영했다.

쿠스토가 과학에 대한 대중의 이해를 높이기 위해 사용한 방법은 바로 텔레비전이었다. 이것은 이전에는 볼 수 없었던 완전히 새로운 방법이었다. 당시 학계는 쿠스토가 과학적인 개념을 인기몰이에 이용하고 있다고 비난했지만, 이제는 그가 사용했던 방법이 다큐멘터리 제작과 방송에 일반적으로 사용되고 있다.

바닷속의 혁신

쿠스토는 영상을 이용해서 인간이 바다에 끼치는 해악에 관해 알리는 선구적인 환경론자였다. 게다가 놀라운 발명가이자 혁신가였다. 쿠스토가 만든 아쿠아렁(Auqa-Lung) 덕분에 그의 팀은 해저에서 더 오랜 시간을 머무르면서 흥미로운 광경을 찾을 수 있었다. 특히 그가 만든 칼립소 35밀리미터 수중 카메라는 이후 니콘이 제작과 개발에 참여해 수중 카메라로 널리 사용됐다. 그가 공동 개발한 다이빙 소서는 해저 400미터까지 두 사람을 내려보내는 장비로, 해저 바닥을 탐사하는 데 매우 이상적이었다.

쿠스토는 바닷속에서 생활하는 것도 실험했다. 1962년에 그는 수단(Sudan) 북동부 해안에 콘셀프(Conshelf)라는 해저 주거지를 건설했다. 덕분에 6명의 해저인이 홍해의 파도 속에서 한 달 동안 생활할 수 있었다. 이들은 이곳에서 계속 잠수하면서 먹고, 자고, 산소와 헬륨을 혼합한 공기를 들이마셨다. 쿠스토의 실험은 이후 나사의 우주비행사 훈련 프로그램에 도움이 됐다.

쿠스토는 1997년 87세의 나이로 사망했다. 그가 1973년에 설립한 쿠스토 협회(Cousteau Society)는 전세계적으로 5만 명의 회원을 보유하고 있으며, 지금도 해양생태계를 탐험하면서 수백만 명의 사람들에게 지구의 취약성을 알리고 있다.

> *어떤 이유에서든 자신이 남들과 다른 삶을 살 기회가 생긴다면, 이를 자기 혼자만 독차지할 권리는 없다.*
>
> *_자크 쿠스토*

1980년 8월 30일, 몬트리올에 도착한 탐사선 칼립소.

바다에서 건져 올린 자크 쿠스토의 다이빙 소서.

17 식인 표범을 사냥하다

: 전설의 사냥꾼이자 자연보호가, 짐 코벳

"'테러'라는 단어는 일상의 사소한 일과 관련해 매우 일반적이고 보편적으로 사용되기 때문에, 의도적으로 전달하려는 목적이 분명할 때 오히려 진정한 의미를 전달하지 못한다."

짐 코벳

기간 1926년.

시도 100명이 넘는 사람을 잡아먹은 식인 표범을 사냥하고 죽였다.

난관 표범의 날카로운 손발톱과 이빨은 언제나 무시무시한 위협이었다.

업적 코벳은 주민들의 공포를 해결해줬고, 덕분에 지금도 사람들의 기억 속에 남아 있다. 그는 자신의 지식과 자연에 대한 애정을 야생동물의 보호에 활용했다.

1926년 여름, 인도 북부의 어떤 외딴 지방 사람들은 늘 공포에 떨며 살고 있었다. 밤이 되면 공포는 극에 달했다. 48년 동안 가르왈(Garhwal) 지방의 주민들은 문을 덧대고, 창문을 막고 생활했다. 또 해가 지면 절대 밖으로 나가지 않았다. 양이나 염소를 지켜야 하는 사람들은 집 안에 들어오지도 못하고, 가시가 난 나무로 임시 거처를 만들어 쪽잠을 잤다. 케다르나트(Kedarnath)나 바드리나트(Badrinath)의 힌두 사원에 가는 여행객들은 순례자 쉼터에 서로 모여서 혹시 공격의 기운이 느껴지지 않는지 경계를 늦추지 않았다.

지금껏 루드라프라야그의 식인 표범보다 더 엄격하고 잘 지켜진 통행금지령은 없었다.

_짐 코벳

표범과 사람의 죽음의 게임

히말라야 산맥 기슭에 있는 가르왈 지방에서 8년 동안 표범이 사냥하고 살해한 사람만 해도

가르왈 지방의 마을에서 5년 동안 표범이 사람을 죽이고 잡아먹었다.

100명이 넘었다. 표범의 살상을 줄이기 위해 백방으로 노력했지만 아무런 소용이 없었다. 오히려 표범의 공격성은 날이 갈수록 더했다. 먼 식민지에서 일어나는 일이었지만 희생자가 계속 늘자, 영국 정부도 사태 해결을 위한 압박에 시달렸다. 영국 의회에서 질의가 열렸고, 정부는 행동에 나서겠다고 약속했다. 표범의 머리에 1만 루피의 상금을 걸어 전세계적으로 사냥꾼을 모집했다. 구르카족의 해결책이 적용됐고, 결국 전설적인 사냥꾼 짐 코벳(Jim Corbett)이 이 거대한 표범을 추적하고 사살하기 위한 임무를 맡았다.

인도에서 주민들을 공포에 떨게 만든 식인 동물은 루드라프라야그(Rudraprayag)의 표범이 처음이 아니었다. 아모라(Amora) 지역에서는 수컷 표범이 1907년부터 1910년까지 450명을 살해했다. 또 다른 놈은 1860년에 총으로 사살되기 전까지 나그푸르(Nagpur) 지역에서 거의 100명 가까이 살해한 것으로 알려져 있다. 1902년에는 어떤 산림관리인이 무르헬밸리(Murhel Valley)에서 30명을 살해한 표범을 총으로 사살했다. 하지만 루드라프라야그의 표범은 다른 어떤 표범보다 더 악명이 높았다.

통신 기술이 발달한 덕에 표범의 공격과 도주 능력에 관한 상세한 내용이 전세계 신문을 장식

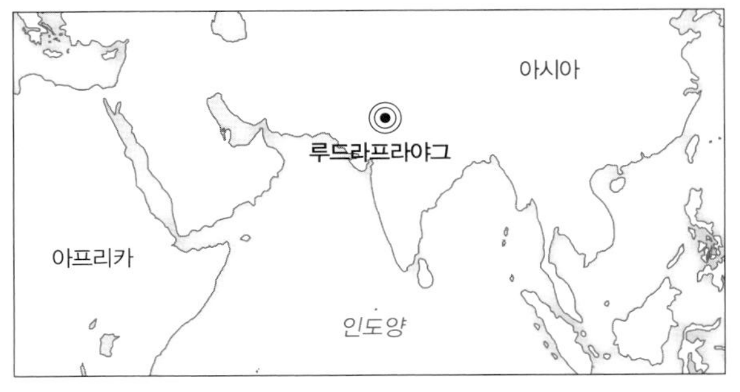

했다. 코벳이 표범을 추적하는 과정은 모든 사냥 역사상 가장 유명한 것 중 하나가 됐다.

인육에 맛을 들이다

표범의 살인은 1918년에 인도 지역을 강타한 인플루엔자가 만들어낸 또 다른 피해였다. 당시 전염병으로 1,400만에서 1,700만 명 정도의 사람이 목숨을 잃었다. 사망하는 사람이 지나치게 많은 탓에 전통적인 힌두 관례에 따라 화장을 치를 수조차 없었다. 병으로 사망한 사람들의 시신을 외딴 도랑이나 협곡에 버려지는 일이 비일비재하게 일어났고, 이때 루드라프라야그의 표범은 끔찍한 시신 무더기 속에서 인육의 맛을 알게 됐다.

표범이 살아있는 인간을 처음 공격한 것은 1918년 6월이었다. 벤지(Benji) 마을에서 첫 번째 사냥에 성공한 후, 표범은 가공할 만한 위력을 발휘하기 시작했다. 길에서 순례자들을 공격하고, 짚과 흙으로 된 담을 넘어 집 안에 있는 사람도 잡아먹었다. 어느 날은 한 남자가 담배를 피우려고 담뱃대에 불을 붙인 후 소리도 없이 잡혀가서, 몇 발짝 앞에 있던 일행이 뒤돌아봤을 때는 이미 연기가 피어오르는 담뱃대만 남기고 사라진 뒤였다.

사냥감이 된 사냥꾼

표범을 잡을 뻔한 적은 몇 번 있었다. 영국군이었던 두 사람은 표범이 마을에 접근할 때 사용한다고 소문난 알라크난다강(Alaknada River)의 작은 다리에 숨어서 잠복해 있었다. 두 달 후, 드디어 표범이 모습을 드러냈다. 두 군인 모두 표범을 향해 총을 쐈지만, 놈은 재빨리 다리를 건너 정글로 사라졌다. 표범이 사라진 장소에는 핏자국이 나 있었지만, 표범은 흔적도 없었다.

한번은 외딴 마을 근처에 있는 동굴까지 표범을 쫓아간 적이 있었다. 마을 주민들은 가시가 난 나뭇가지로 동굴을 봉쇄해 표범을 가뒀다. 닷새가 지나도 동굴에서는 아무런 기척이 느껴지지 않았다. 이번에도 표범이 달아났다고 생각한 주민들은 나뭇가지를 치우기 시작했다. 바로 그때, 동굴 속에서 표범이 튀어나와 쏜살같이 달아났다.

1925년 여름에 가르왈의 부사령관인 윌리엄 이보슨(William Ibbotson)이 읍소한 편지를 받고 짐 코벳 대위가 도착했을 때, 그곳에는 공포와 절망으로 가득했다. 코벳은 그때부터 9개월간 루드라프라야그의 표범을 잡기 위한 사투를 벌였다. 1875년에 인도에서 태어난 코벳은 20년 넘게 인도를 돌면서 식인 표범과 호랑이를 사살한 유명 사냥꾼이었다.

(반대쪽)
험난한 지형 때문에 표범을 추적하기가 더욱 어려웠다.

돈이 아닌, 의무감을 위한 사냥

코벳은 일을 시작하기 전에 두 가지 조건을 제시했다. 첫째는 표범을 죽이거나 생포했을 때 받는 현상금을 취소해달라고 요구했다. 그는 표범 사냥이 단순한 돈벌이나 게임이 아닌, 사람의 목숨을 살리기 위한 의무라고 믿었다. 두 번째 요구는 지역의 모든 사냥을 중단해달라는 것이었다. 경험이 부족한 사냥꾼들이 서로 오인사격을 하지 않도록 막기 위해서였다.

요구가 받아들여진 후, 코벳은 표범의 사냥터를 점검했다. 상당히 고된 작업이었다. 공기가 희박한 히말라야의 1,300제곱킬로미터나 되는 넓고 험난한 지형에서 희생자가 발생하기도 했다. 코벳은 친구인 이보슨과 함께 표범의 습성을 확인했다. 첫 사냥은 아쉽게도 실패로 돌아갔다. 녀석은 코벳이 만들어놓은 독이 든 미끼를 먹어치우고도 놀랍게 멀쩡했다. 어느 날은 빽빽한 정글 속에서 겨우 놈을 추적하는 데 성공했지만, 또 다른 표범이 나타나 놈을 쫓아버리고 말았다.

코벳의 냄새를 맡은 표범

코벳이 표범을 잡지 못하고 또 허탕만 치고 돌아온 날이었다. 그 다음 날 아침에 집을 나서는데 전날 밤에 찍힌 표범의 발자국을 발견했다. 표범이 코벳을 집까지 쫓아온 것이었다.

사냥은 1926년 5월 2일에 드디어 마침표를 찍었다. 몇 달 동안이나 표범을 추적한 끝에 표범의 공격에서 특징을 발견할 수 있었다. 코벳은 골로브라이(Golobrai) 마을 근처에 표범이 모습을 드러낼 것이라고 예측했다. 코벳과 이보슨은 개방된 길에 서 있는 망고나무 옆에 숨어서 표범을 기다렸다. 나무에서 밤마다 기다린 지 열흘 만에 나무 아래에 놈이 나타났다. 코벳은 표범의 눈

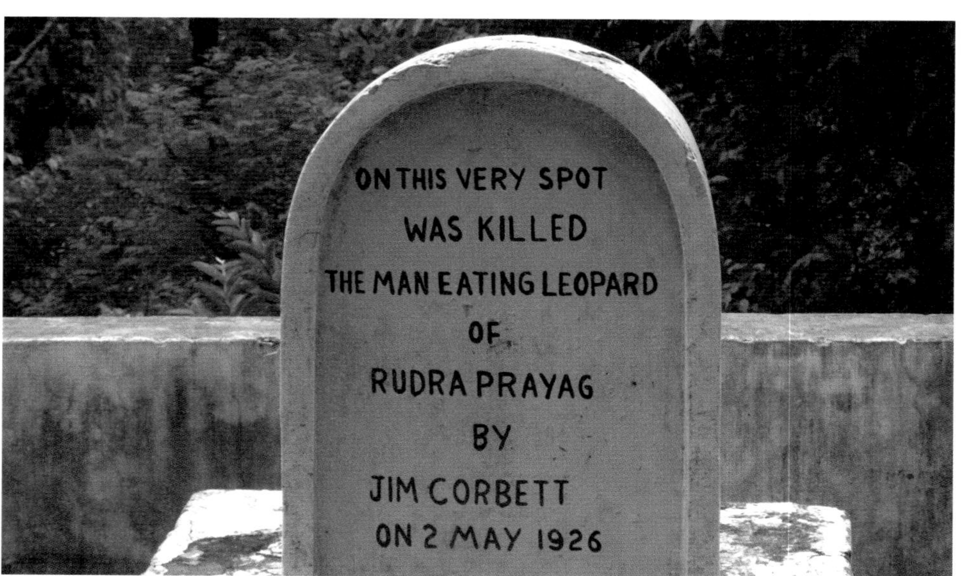

5년에 걸친 사냥이 끝난 지점을 표시한 비석.

에 손전등을 비춰 눈을 마비시키려고 했지만, 곧 불이 꺼지는 바람에 바로 방아쇠를 당겼다. 표범이 있었던 자리에 도착했을 때는 이미 표범은 사라지고 난 뒤였다. 하지만 주변의 피가 흐른 흔적을 살펴보면 총알에 제대로 맞은 게 분명했다. 다음 날에도 코벳은 놈을 쫓았다. 그러나 표범은 이미 죽어 있었고, 사냥은 그렇게 끝이 났다.

잡힌 표범은 코부터 꼬리까지 길이가 2.3미터였다. 꽤 늙은 수놈이었고, 1921년 알라크난다 강 다리에서 군인들이 쏜 총에 맞은 상처가 남아 있었다.

자연보호에 관심 갖다

악명 높던 루드라프라야그의 표범과 코벳의 사냥 성공은 전세계 신문의 헤드라인을 장식했다. 코벳은 사냥이 끝났다는 데 대한 안도감과 함께 죽은 표범에게 안쓰러움을 느꼈다. 자신의 행한 일은 인간을 위한 것이지, 자연을 위한 게 아니었기 때문이다.

이후 코벳은 자신의 명성과 인기를 이용해 인도의 고양잇과 동물 보호에 나섰고, 이들을 위한 보호구역을 만들도록 촉구했다. 또한 사냥을 놀이로 즐기는 행위를 비판하고, 사람과 동물 사이에 분쟁을 줄여야 한다고 강조했다.

코벳의 노력은 결코 헛되지 않았다. 1956년 인도에서는 그의 이름을 딴 국립공원이 만들어졌으며, 지금도 매년 5월 2일이 되면 가르왈 지방에서는 표범 사냥 성공을 기념하는 연례행사가 열리고 있다.

식인 표범을 잡은 직후에 찍은 짐 코벳의 모습.

18 단독 비행을 하다
: 아멜리아 에어하트, 대서양을 횡단하다

"별은 손에 닿을 듯 가까웠고, 일찍이 전에 본 적이 없을 만큼 많았다. 나는 아름다움을 만끽하는 것이 비행의 즐거움이라고 생각했다. 그런데, 그날 밤에 내 생각에 확신을 가질 수 있었다."

아멜리아 에어하트

기간 1932년.

시도 대서양을 횡단하는 데 최초로 성공한 여성이 됐다.

난관 에어하트는 기계적인 고장, 악천후, 피로를 무릅쓰고 비행에 올랐다.

업적 다른 비행사뿐 아니라 모든 사람에게 영감을 준 진정한 개척자였다. 에어하트는 또 한 번 세계 최초를 달성하기 위해 도전하던 중 사망했고, 이후 전설로 남았다.

아멜리아 에어하트(Amelia Earhart)는 자신의 위치를 정확하게 알 수 없었다. 아래를 내려다보니 돌로 된 해안선이 보였다. 어디인지는 몰라도, 어디가 아닌지는 알 수 있었다. 에어하트가 목표로 했던 프랑스 파리는 절대 아니었다.

(반대쪽)
1937년, 버뱅크 공항(Burbank Airport)에서의 아멜리아 에어하트(왼쪽).

얼마나 오래 잠을 자지 않고 깨어 있는 상태인지 알 수 없었다. 쉬지 않고 15시간을 비행한 다음이었다. 비행기에서는 연료가 새고 있었다. 추락하는 건 시간문제였다. 다행히 돌로 된 해안이 지난 후 푸른 들판이 나왔다. 에어하트는 조금씩 비행기의 고도를 낮췄다. 지친 몸을 추슬러 비행기 조종석에서 빠져나오자, 진흙투성이인 장화를 신은 남성이 다가왔다.

에어하트가 물었다.

"여기가 어디죠?"

"갤러거(Gallagher) 목초지예요."

그렇게 말하는 남성에게서 북부 아일랜드 억양이 묻어났다.

NEW TRANSATLANTIC FLIGHT: AMERICAN WOMAN'S SUCCESS.

"대서양 횡단에 성공한 미국 여성", 에어하트의 성공을 보도한 〈타임스〉 신문.

"멀리서 왔나요?"

"미국에서 왔어요."

에어하트가 미소를 지으며 대답했다.

에어하트가 대서양을 횡단한 것은 그때가 처음이 아니었다. 4년 전에도 횡단에 성공했지만, 그때는 조종사가 아니었다. 당시 조종사는 윌머 스툴츠(Wilmer Stultz)와 루이스 고든(Lewis Gordon)이었다. 에어하트는 당시 비행에서 감자 포대자루나 마찬가지였다면서 심정을 토로했다. 그러던 중 찰스 린드버그(Charles Lindberg)가 1927년에 대서양 단독 비행에 성공하면서 에어하트의 비행욕심을 부채질했다.

사실 그때만 하더라도 여성으로서 비행에 동석하는 것만으로도 대단한 일이었고, 덕분에 그녀는 이미 유명 인사였다. 에어하트는 영리하게 자신의 유명세를 이용했다. 책을 쓰고, 옷에 이름을 붙이고, 대통령 영부인 엘리너 루스벨트(Eleanor Roosevelt)와 친구가 됐다. 그녀는 할리우드 스타만큼이나 유명해졌는데, 이 모든 노력은 대서양 횡단에 필요한 돈을 마련하기 위해서였다.

구름 속 위험

에어하트는 어렸을 때부터 모험심이 넘쳤다. 특히 10세 때 에어쇼(air show)를 본 이후 비행기에 대한 집착이 커졌다. 에어하트가 처음 비행을 시작한 것은 23세였다. 34세가 됐을 때 그녀는 비행의 역사에 자신의 흔적을 남기려고 했다.

대서양 단독 비행에는 수많은 위험이 도사리고 있었다. 기술은 발전했지만, 여전히 비행기 엔진이 언제 꺼질지 몰랐다. 구름 속 아주 작은 얼음이라도 비행기 날개와 꼬리 끝에서 얼어붙으면 치명적이었다. 얼음은 날개와 꼬리에서 공기의 흐름을 바꾸고, 공기역학적인 문제를 일으키기 때문이다. 풍향과 폭풍의 위험을 감지할 수 있는 인공위성도 없었던 시절이어서, 망망대해에 홀로 비행기를 타고 있을 때 어떤 일이 일어날지는 아무도 알 수 없었다. 만약 이러한 요인들 중 하나로 비상 착륙을 해야 하는 일이 생겨도 에어하트의 생명을 보장하기가 어려웠다.

게다가 끊임없는 진동과 요란한 굉음을 내는 비행기 엔진 옆에서 쭈그리고 앉아 계속 집중해야 했기 때문에, 비행기를 조종하면서 느끼는 피로는 상당했다. 하지만 에어하트는 목표를 이루기 위해 모든 것을 참아낼 각오가 되어 있었다.

역사 속으로

1932년 5월 20일 새벽, 에어하트는 자신이 타는 보라색의 록히드 베가(Lockheed Vega)를 타고 뉴펀들랜드 활주로에서 파리를 향한 경로를 설정했다. 린드버그가 대서양 횡단 기록을 세운 뒤 5년이 지난 후였다.

하지만 비행을 시작하자마자 위기가 닥쳤다. 매서운 바람 때문에 비행기는 앞으로 나가지 못했다. 오히려 납작하게 눌릴 위험마저 있었다. 실제로 비행기 동체는 얼어버렸고, 고도계는 망가져 고도를 확인할 수도 없었다. 조종사에게는 치명적이었다. 심지어 조종석에서는 연료가 새어 나왔고 엔진의 불꽃은 금방이라도 꺼질 듯했다.

위험천만한 상황에도 불구하고 에어하트는 당황하지 않고 런던데리(Londonderry) 근처 진흙밭에 무사히 착륙했다. 15시간 18분 만에 3,241킬로미터를 날아서 대서양을 횡단한 두 번째 인물이자 최초의 여성이 탄생하는 순간이었다. 미국 전역이 대담하고 겸손하며 매력적인 에어하트에게 열광했다. 미국 의회는 에어하트에게 뛰어난 비행을 기념하는 훈장을, 프랑스 정부는 기사 훈장을 줬다. 미국지리협회(American Geographical Society)에서는 금메달을 수여했다.

영원한 비행

이후 5년 동안 에어하트의 기록은 깨어지지 않았다. 가장 주목할 만한 기록 중 하나는 1935년 하와이에서 캘리포니아(California)까지 처음으로 단독 비행을 한 것이다.

1937년 7월, 에어하트와 항해사인 프레드 누난(Fred Noonan)이 태평양에서 사라졌을 때, 두 사람은 놀라운 신기록 수립을 앞두고 있었다. 하지만 시신도, 비행기도 찾을 수 없었고, 에어하트의 대담함과 영향력을 사랑했던 많은 사람들은 깊은 상실감에 빠졌다. 비록 에어하트는 흔적도 없이 사라졌지만, 그녀가 남긴 기록과 사람들에게 깊은 인상을 줬던 놀라운 태도는 지금도 회자되고 있다.

1932년 5월, 대서양 횡단을 마치고 북아일랜드에 착륙한 직후의 아멜리아 에어하트.

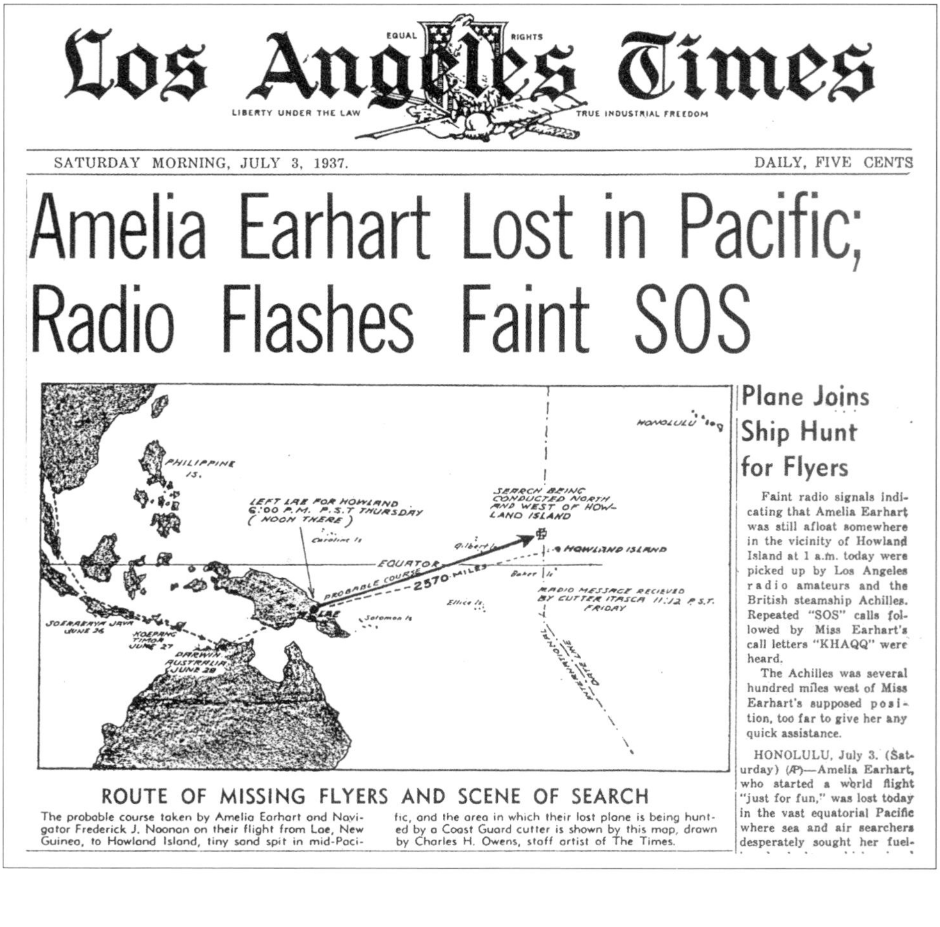

Los Angeles Times

EQUAL RIGHTS

LIBERTY UNDER THE LAW — TRUE INDUSTRIAL FREEDOM

SATURDAY MORNING, JULY 3, 1937. DAILY, FIVE CENTS

Amelia Earhart Lost in Pacific; Radio Flashes Faint SOS

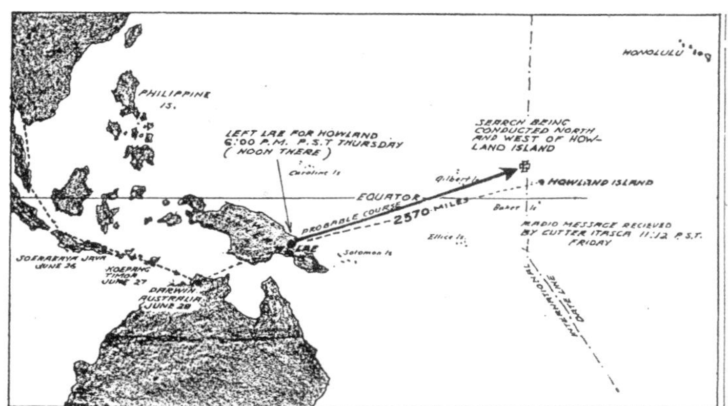

ROUTE OF MISSING FLYERS AND SCENE OF SEARCH

The probable course taken by Amelia Earhart and Navigator Frederick J. Noonan on their flight from Lae, New Guinea, to Howland Island, tiny sand spit in mid-Pacific, and the area in which their lost plane is being hunted by a Coast Guard cutter is shown by this map, drawn by Charles H. Owens, staff artist of The Times.

Plane Joins Ship Hunt for Flyers

Faint radio signals indicating that Amelia Earhart was still afloat somewhere in the vicinity of Howland Island at 1 a.m. today were picked up by Los Angeles radio amateurs and the British steamship Achilles. Repeated "SOS" calls followed by Miss Earhart's call letters "KHAQQ" were heard.

The Achilles was several hundred miles west of Miss Earhart's supposed position, too far to give her any quick assistance.

HONOLULU, July 3. (Saturday) (AP)—Amelia Earhart, who started a world flight "just for fun," was lost today in the vast equatorial Pacific where sea and air searchers desperately sought her fuel-

1937년 7월 3일, 아멜리아 에어하트 비행기의 실종을 보도한 〈로스앤젤레스타임스(Los Angeles Times)〉 신문.

행동을 결심하는 게 가장 어렵다. 나머지는 끈기의 문제다. 공포는 종이로 만든 호랑이나 마찬가지다. 결심한다면 무엇이든 해낼 수 있다. 우리는 삶과 절차를 바꾸고 통제할 수 있다. 그 과정은 보상이다.

_아멜리아 에어하트

에어하트는 모든 세대의 여성 조종사에게 큰 본보기가 됐다. 그중 하나가 베릴 마크햄(Beryl Markham)이다. 강하고 매력적인 마크햄은 1936년 9월에 세계 최초로 동쪽에서 서쪽으로 대서양을 단독 비행하는 데 성공했다. 대서양의 바람과 반대로 이동하는 비행으로, 연료와 시간이 더 많이 들기 때문에 더욱 의미 있는 기록이었다. 조종사로서의 인내도 더 많이 요구됐다. 마크햄 이전에는 어떤 여성도 서쪽으로의 비행에 성공한 적이 없었다. 다만 이를 시도하다가 목숨을 잃은 사람은 많았다.

찰스 린드버그

린드버그는 뉴욕 롱아일랜드(Long Island)에서 출발해서 파리 르 부르제 필드(Le Bourget Field)에 착륙했다. 롱아일랜드를 떠날 때만 해도 그는 그전까지 바다 위를 비행해본 적 없는 그저 평범한 사람이었지만, 파리에 도착했을 때는 세상에서 가장 유명한 사람이 되어 있었다.

1927년, 당시 25세였던 그는 미국 우편국 조종사로서 대서양을 최초로 단독 비행하는 기록을 세웠다. 그가 비행한 거리는 5,800킬로미터였으며, 비행시간은 총 33시간 30분이었다. 사용한 비행기는 좌석이 하나, 엔진도 하나인 '스피릿 오브 세인트루이스(Spirit of St. Louise)'였다.

여성도 남성이 시도한 일을 해야 한다. 실패는 한 사람의 실패일 뿐이다. 다른 이들에게는 도전이 된다.

_아멜리아 에어하트

19 죽음의 도시 안에서

: 팀북투 내부를 탐방한 르네 카이에

"무지한 이의 위엄을 상하게 하는 것은 언제나 위험하다."

르네 카이에

기간 1825년~1828년.

시도 숨겨진 전설의 도시 '팀북투'를 탐험했다.

난관 만약 함께 여행했던 사람들이나 팀북투의 사람들이 카이에의 정체를 알았다면 그 자리에서 처형했을 것이다.

업적 카이에는 이슬람인이 아니면서도 팀북투의 내부까지 들어갔다가 살아 돌아온 최초의 유럽인으로 유명해졌다.

1828년 9월 7일, 어둠이 깔린 모로코(Morocco) 항구에 한 누더기 옷을 입은 여행객이 비척거리면서 걸어 들어왔다. 세월이 느껴지는 얼굴에는 오랜 시간 사하라 사막(Sahara Desert)의 뜨거운 태양 아래에서 지낸 흔적이 역력했다. 그가 가지고 있는 짐은 등에 짊어진 가방과, 좀처럼 앞으로 나갈 생각이 없는 반항적인 당나귀의 등에 올려놓은 봇짐이 전부였다. 그는 아랍어로 행인들에게 프랑스 영사관 건물에 어떻게 가면 되는지 물었다. 그리고 사람들이 알려준 방향을 따라 느리게 걸으며 프랑스 공관 건물을 찾아갔다.

모두가 꺼릴 만한 이 사람의 이름은 바로 르네 카이에(Rene Caillie)였다. 그는 몇백 년 동안이나 유럽인들의 마음을 사로잡은 전설의 도시 팀북투(Timbuktu)를 여행하고 돌아오는 길이었다. 팀북투를 여행한 것만 해도 놀라운데, 죽지 않고 무사히 살아 돌아온 사람은 그가 유일했다.

쓰러지기 일보 직전

탕헤르(Tanger)의 프랑스 영사관 직원인 델라포르테(Delaporte)는 영사관 문에 들어서는 카이에를 경계했지만, 며칠이 지나서 부랑자처럼 보이던 그가 자신의 조국인 프랑스의 위상을 높여 줄 업적을 이뤘다는 사실을 알게 됐다. 어쨌거나 델라포르테에게는 해야 할 일이 많았다. 갑자기 찾아온 카이에는 완전히 지쳐 있는데다 괴혈병까지 심각했다. 조국인 프랑스로 즉시 돌아가야 했지만 수송 수단을 마련하는 것도 쉽지 않았다. 카이에는 팀북투 내부로 들어가기 위해 4년 동안 이슬람인으로 변장해 북서 아프리카 지역을 여행했는데, 만약 그곳에서 침입자라는 사실을 들킨다면 목숨이 위태로울 수 있었다.

우화 속 도시를 실제로 목격한 최초의 유럽인인 르네 카이에가 그린 팀북투의 모습.

델라포르테는 1828년 10월 3일에 파리 소시에테 데 지오그라피(Societe de Geographie)의 에드메 프랑수아 조마드(Edme-Francois Jomard)에게 편지를 썼다. 조마드는 나폴레옹의 이집트 회의에 참여했었던 인물이다. 이 편지를 읽고 그는 카이에가 팀북투에 다녀왔으며, 여기에 성공한 최초의 유럽인으로서 1만 프랑의 보상을 받을 자격이 있다'는 사실을 믿게 됐다.

편지의 내용은 다음과 같다.

> 프랑스 여행자 카이에를 소개하겠습니다. 그는 아프리카의 뜨거운 사막을 건넜습니다. 불행하게도 이 과정에서 뼈까지 파고드는 괴혈병에 걸리고 말았습니다. 만약 탕헤르를 보호하는 신께서 이 사람의 건강을 지켜주신다면, 아마도 2개월에서 3개월 후에 당신께 도착할 것입니다. 이 여행자는 세네갈(Senegal)을 통해 팀북투 진입에 성공한 것에 대한 상을 받아야 합니다. 지리학에서 가장 중요한 발견을 해냈으므로, 상을 받을 자격은 충분히 있습니다. 그는 당신께 그곳에서 가져온 문서와 물건을 보여드릴 것이며 그것을 지켜달라고 부탁할 것입니다. 부디 도움을 아끼지 말아주세요. 꼭 도와주세요.

금단의 도시에서 귀환하다

카이에는 델라포르테의 보호를 받으며 프랑스 해군 함정이 카디스(Cadiz)에 도착하기를 기다리는 동안, 지난 4년의 여정을 반추해볼 여유를 가졌다.

그의 일기에는 이렇게 적혀 있었다.

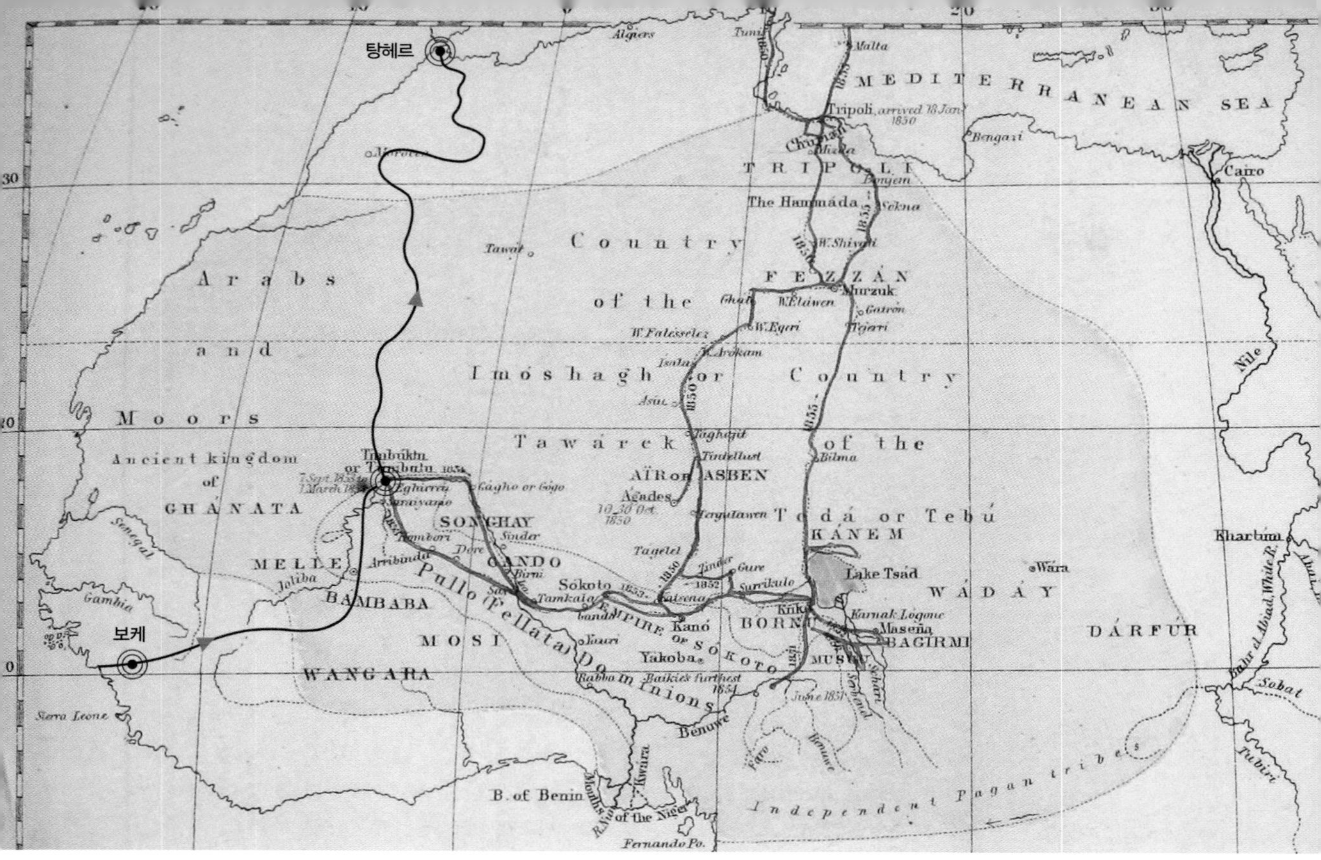

독일의 탐험가인 하인리히 바르트(Heinrich Barth)는 1853년에 북아프리카를 횡단해(붉은색으로 표시된 경로) 팀북투에 도착했다. 그는 사하라 사막 전체의 지형을 그려냈고, 북아프리카 부족의 관습을 연구했다. 카이에는 보케(Boké) 근처의 서쪽 해안에서 여행을 시작했다. 그림에서 그의 경로를 확인할 수 있다.

> 신에게 감사한 후, 나는 좋은 침대에 누웠다. 무지와 광증의 사회에서 돌아왔다는 사실이 기뻤다. 내 모든 욕구는 충족됐지만, 어쩐지 밤이 새도록 눈을 감을 수가 없었다. 목숨이 위태로웠던 순간이 자꾸만 머릿속을 맴돌았다. 이때까지 겪었던 모든 박탈과 피로, 오만가지 위험이 도사리는 야만적인 국가에 있었던 끔찍한 기억을 되짚어봤다. 아랍 의상을 벗었을 때의 기분은 형언하기 어렵다. 항구에는 다행히 신의 축복으로 도착할 수 있었다. 내가 곧 우리 조국으로 돌아간다는 게 꿈은 아닌지, 이 희망이 허상은 아닌지 의심이 된다.

그것은 허상이 아니었다. 카이에는 곧 영웅 대접을 받으면서 파리로 돌아가 돈과 명예를 얻게 됐다. 그다지 유복하게 태어나지 않은 그에게 찾아온 놀라운 행운이었다.

카이에는 1799년 프랑스 모즈(Mauze)의 가난한 집에서 태어났고, 11세에 고아가 됐다. 16세 때 생루이(Saint-Louis)로 향하는 배에 올랐는데, 그의 설명에 따르면, 그 시절 《로빈슨 크루소의 모험(The Adventures of Robinson Crusoe)》을 읽고 방랑자로서의 꿈을 꾸게 됐다고 한다.

이후 9년 동안 카이에는 카리브해와 아프리카 서쪽의 프랑스 영역을 돌면서 항해했다. 1824년에 다시 생루이에 발을 디뎠고, 이때 그의 인생이 뒤바뀔 모험을 시작하게 된다.

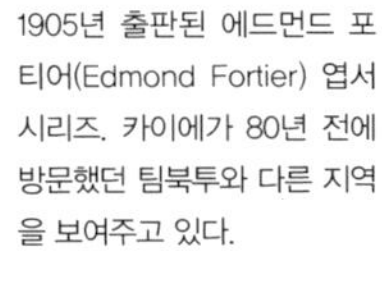

1905년 출판된 에드먼드 포티어(Edmond Fortier) 엽서 시리즈. 카이에가 80년 전에 방문했던 팀북투와 다른 지역을 보여주고 있다.

왼쪽 위
1327년에 지어진 징게레베르 사원(Djinguereber Mosque).

오른쪽 위
1400년에 지어진 시디 야흐야(Sidi Yahya).

왼쪽 아래
팀북투에서 카이에가 지냈었던 집.

오른쪽 아래
카이에가 탐험을 시작했던 곳의 북쪽에 있는 세네갈강 입구에서 수사이족이 거주했던 모습.

진입 금지

서쪽 아프리카 도시인 팀북투만큼 사람들에게 고립되고 신비한 곳으로 각인된 곳은 거의 없었다. 1,000년도 넘게 배움과 무역이 중심이었던 팀북투는 유럽인들의 호기심을 자극했다. 몇 세기 동안 이 외딴 도시에 금은보화가 축적돼 있을 것이라는 추측도 난무했다. 1350년 말리(Mali)의 만사 마누(Mansa Manu) 왕이 막대한 금을 가지고 카이로(Cairo)에 오는 바람에 금값이 하락했던 적이 있었다.

모로코에서 태어나 16세기 초에 팀북투를 다녀온 레오 아프리카누스(Leo Africanus)는 유럽인들이 잘 알지 못하던 팀북투에 관한 이야기들을 알려줬다.

> 그곳 주민들은 정말 부유하다. 특히 그곳에 정착한 외부인들이 부자다. 소금은 약 805킬로미터 떨어진 타가자(Taghaza)에서 들어오기 때문에 매우 귀했다. 도시에서 소금 한 무더기가 80두카트(ducat, 과거 금의 단위)에 팔리는 것도 봤다. 왕은 동전과 금괴들을 엄청나게 가지고 있었다.

하지만 팀북투는 이슬람인이 아니면 철저히 출입을 금했고, 도시 내부로 들어와 비밀을 밖으로 알리지 못하게 엄격히 통제했다. 19세기 초에 탐험가들은 세계의 여러 곳을 개척하고 있었고, 팀북투도 이들의 관심거리 중 하나였다.

실제로 영국의 장교인 고든 랭(Gordon Laing)은 1826년 팀북투로 가서 약 한 달을 머물렀지만, 돌아오기로 한 날에 살해됐다.

위험천만한 모험

카이에는 랭이 살해됐다는 사실은 몰랐지만, 팀북투가 외부인에게 가진 적대감에 대해서는 너무나 잘 알고 있었다. 그는 사하라의 부족 사이에서 2년을 보내면서 아랍어를 익히고, 그곳의 옷을 입고, 사막을 횡단하면서 카라반을 거래했다. 그곳에서는 자신이 원래 이집트 상인이었는데 프랑스에 납치됐었고, 이제 집으로 돌아갈 방법을 찾고 있다고 거짓말을 했다. 카이에는 세네갈강(Senegal River) 근처 브라크나(Brakna) 지역에서 이슬람의 법과 규칙을 배웠다.

팀북투 사람들이 자신의 거짓말을 믿자, 이번에는 직접 도시 안으로 들어가기로 결심했다. 그러나 나이저강(Niger River)의 상류에서 동쪽으로 향했을 때부터 그의 운은 틀어지기 시작했다. 심각한 괴혈병으로 인해 외딴 마을에서 다섯 달이나 보내야 했기 때문이다.

1828년 7월, 겨우 회복한 카이에는 나이저강을 따라서 이동했다. 그러던 중 팀북투에 땅콩을 배송하는 선박을 알게 되어, 3년 동안의 준비와 여행 끝에 드디어 팀북투에 들어갈 수 있었다.

팀북투를 몸소 체험한 외부인

팀북투를 본 카이에는 적잖이 놀랐다. 그는 그곳의 집을 가리켜 "지구에 건설된 이상한 건축물의 향연"이라고 묘사했다. 부유함의 흔적은 어디에도 없었고, 흔히 말하던 것처럼 '사하라의 아테네'라고 말할 수도 없었다. 게다가 랭 장군이 자신보다 먼저 팀북투 잠입에 성공했다는 것을 알고 실망했다. 그는 계속되는 의혹을 누르고 가능한 자세하게 기록하려고 노력했다. 심지어 랭 장군이 어떻게 됐는지 확인하다가 사실을 알고 안타까워했다.

2주 후, 함께 여행했던 지인들은 그에게 도시를 떠나야 한다고 조언했다. 카이에도 같은 생각이었다. 그는 카라반 상단에 합류해 사막을 건너 북쪽으로 향했다. 이때부터 3,200킬로미터에 이르는 긴 여정이 시작됐다. 신체적인 한계를 극복하고 마침내 탕헤르에 도착한 카이에에게 부와 명예가 주어졌다.

그는 당시 탐험가와는 사뭇 달랐다. 외부인이었고, 혼자 여행했다. 처음에는 명성이나 화려함도 없었다. 그는 단순히 자신의 탐험 지역을 기록하는 데 많은 시간을 들이기보다는, 대신 그곳의 관습을 배우고, 그들의 옷과 언어를 배우는 데 더 집중했다. 카이에는 세상이 궁금했다. 새로

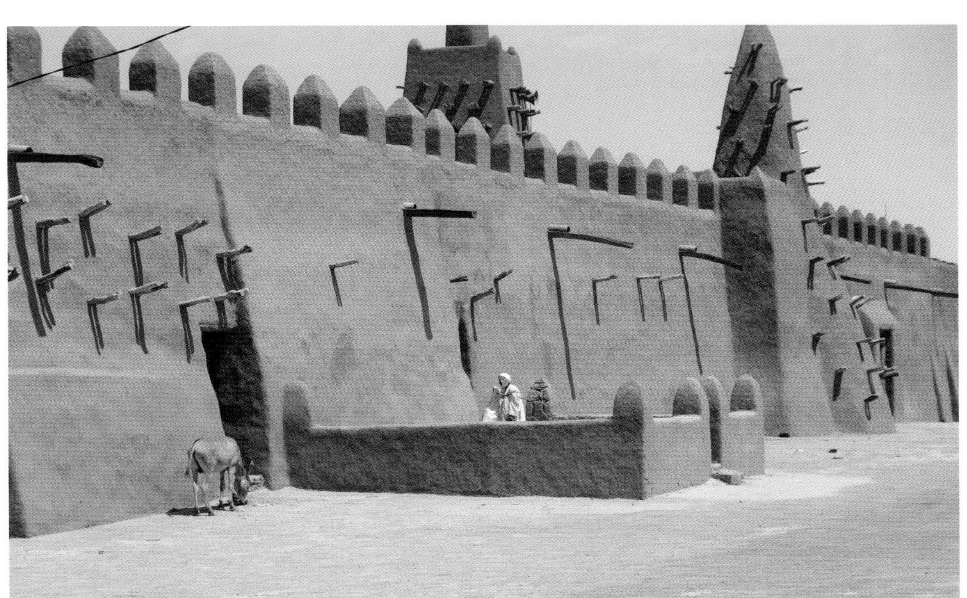

팀북투의 진흙으로 만든 이 집은 카이에가 이전에 한 번도 본 적이 없는 것이었다.

운 동·식물을 찾는 데는 별 관심이 없었고, 만나는 사람들의 관습과 행동을 배웠다. 자신의 발견에 환상을 갖거나 과장하지도 않았다. 팀북투에 관한 그의 설명은 우울하고 직설적이었다.

한적한 일상

1만 프랑의 보상금을 받은 카이에는 프랑스 시골에서 한적한 일상을 보냈다. 그곳에서 결혼한 뒤 두 아이의 아빠가 됐다. 그는 프랑스 명예상을 수상했으며, 소시에테 데 지오그라피로부터 공로를 인정받아 금메달도 받았다(랭 장군도 함께 메달을 받았다). 하지만 이런 영광을 오래 누리지 못하고, 1838년에 카이에는 팀북투에서 돌아온 지 10년 만에 38세의 나이로 사망했다.

> 글을 떼자마자 장사를 배웠다. 하지만 곧 장사하는 일이 지루해졌다. 쉴 때마다 항해와 여행에 관한 책을 읽었다. 특히 《로빈슨 크루소의 모험》은 어린 나의 상상력을 자극했다. 나는 주인공처럼 세상을 경험하고 싶었다. 그 순간, 마음속에 피어오르는 야망을 느꼈다. 탐험을 통해 중요한 무언가를 발견해 내 이름을 널리 알리겠다고 말이다.
>
> _르네 카이에

20 고래를 살리다
: 그린피스와 레인보우워리어 호

"고래는 우리 위에서 아무런 움직임도 보이지 않았다. 내가 고개를 들어서 바라보자, 6인치짜리 거대한 이빨 사이로 거대한 눈이 보였다. 고래의 지능이 얼마나 높은지를 보여주는 커다란 눈이었다. 눈은 아무 말 없이 동질감을 드러냈다. 마치 우리가 무엇을 해야 할지 알려주고, 이해하는 눈이었다. 그날 나는 처음으로 심리적으로나 정신적으로 고래를 죽이는 인간보다 고래를 더 중요하게 생각해야 한다는 것을 깨닫게 됐다."

폴 왓슨(Paul Watson), 초기 그린피스 회원

기간 1978년~1985년.

시도 정부와 기업을 상대로 불법 포획에 관한 위험한 대응행위를 했다.

난관 레인보우워리어 호의 활동가들은 총에 맞고, 물 폭탄에 맞고, 억울하게 갇히고, 구타를 당했다. 프랑스 정보국의 작전 대상이 된 적도 있다.

업적 그린피스가 7년째 진행 중인 레인보우워리어 활동은 고래잡이에 대한 대중의 인식을 높이고, 전 세계적으로 자행되고 있는 고래잡이를 막으려고 노력 중이다.

바다에 거대한 검은 덩어리가 비치면서, 갑자기 하얀 파도가 솟구친다. 푸른 하늘에 폭풍우가 몰아치듯 물이 흩뿌려진다. 마침 배에 타고 있던 3명의 환경운동가는 구명조끼의 끈을 단단히 조이고, 배에 달린 가느다란 밧줄 사다리에 각자 위태롭게 매달려 버틴다. 그들이 탄 배는 작은 고무보트로, 파도 위에서 작은 병뚜껑처럼 너울거린다. 이들은 시간을 측정하더니 마치 놀이처럼 보이는 행동을 시작한다.

이 부분은 쉽다. 이제 이 거대한 공장 같은 배 앞을 지나쳐야 한다. 총에 맞지 않기를 바랄 뿐이다.

고래잡이를 막는 방법

앞의 설명은 그린피스(Greenpeace)가 고래잡이를 막기 위해 벌이고 있는 사투를 묘사한 것이다. 그린피스의 활동은 '레인보우워리어(Rainbow Warrior)'라는 이름의 배 위에서 이뤄진다.

원래 이 배의 이름은 '윌리엄 하디 경(Sir William Hardy)'이었다. 윌리엄 하디 경은 1977년에 영국 정부가 판매한 저인망 어선이었다. 그린피스는 그보다 7년 전에 캐나다 환경운동가들이 지구상의 생명다양성을 보호하겠다는 일념으로 설립했다. 고래잡이를 막는 것은 그린피스 환경운동가들의 가장 중요한 목표로 꼽는다. 윌리엄 하디 경 덕분에 그린피스는 바다에서 고래잡이를 막고, 여기에 항의할 수 있는 특별한 수단을 마련했다.

그린피스는 4개월에 걸쳐 윌리엄 하디 경을 레인보우워리어 호로 개조했다. 이로써 바다를 오염시키고 망치는 행동에 저항할 수 있는 특별한 배가 만들어졌다.

레인보우워리어 호는 1978년에 다시 바다로 나가게 됐다. 그때부터 전세계 바다에서 가장 매력적이면서도, 위험하고, 사람들의 관심을 끄는 무모한 행동이 시작됐다. 덕분에 전세계 사람들은 그린피스의 소중한 의도를 다른 시각으로 보게 됐다. 하지만 7년 후, 이 배는 비극적인 결말을 맞았다.

그린피스가 불법으로 규정한 과학적 도구가 사용된 고래잡이 현장.

고래를 구하다

첫 목적지는 북대서양 아이슬란드의 포경선이었다. 한 달 동안 레인보우워리어 호는 아이슬란드 바다의 고래잡이와 대치했다. 그때까지는 심각한 사건이 없었지만, 상황은 곧 반전됐다.

환경운동가들은 사태의 심각성을 알리려고 일부러 위험을 자초했다. 이들은 작고 빠른 레인보우워리어 호를 타고 거대한 포경선에 접근한 다음, 고래와 포경선 사이로 비집고 들어갔다. 이론적으로는 포경선에서 고래에게 작살을 쏘지 못하도록 막기 위해서였다. 그러면 고래잡이 어부들은 고래가 아니라 그린피스 운동가들이 맞을까봐 제대로 작살을 쏘지 못했다. 하지만 그중 환경운동가들의 머리를 일부러 노리는 어부도 있었는데, 1980년 초 이 장면을 촬영한 영상이 신문의 머리기사를 장식하면서 대중들은 충격에 휩싸였다.

1980년 6월, 그린피스는 이 극단적인 방법으로 인해 더 큰 곤욕을 치르게 됐다. 레인보우워리어 호를 탄 환경운동가들이 스페인의 포경선 입사 3호(Ibsa III)를 막아섰을 때였다. 그린피스 운동가들은 배를 이용해 전과 같은 방법으로 포경선을 막아섰다. 몇 시간 동안 사투를 벌이고 있는

데, 갑자기 스페인 해군함대가 나타나 레인보우워리어 호의 행동을 막다가 결국 레인보우워리어 호를 압수했다.

대담한 탈출

선장은 기소돼 14만 2천 달러의 벌금을 선고받았지만 지급을 거부했다. 레인보우워리어 호는 군사 항구로 끌려가 엔진에서 추진체가 제거되며 발이 묶였다. 이후 이 사건은 새로운 전기를 마련했는데, 그것 역시 추리소설에나 나올 법한 것이었다.

레인보우워리어 호가 해군에 압수돼 있는 동안, 환경운동가들은 몰래 압수된 배의 추진체를 새것으로 교환하기 위한 은밀한 작전을 시작했다. 배의 위치를 확인한 후 환경운동가들은 곧장 군사 항구에 잠입했다. 이들은 술 취한 취객으로 위장해 항구 경비원들 몰래 항구에 숨어들었고, 배에 추진체를 끼워 항구를 빠져나왔다. 이 은밀한 작전 덕분에 11월의 어느 어두운 밤에 레인보우워리어 호는 드디어 항구를 빠져나올 수 있었다. 스페인 해군은 레인보우워리어 호가 저지(Jersey)로 안전하게 빠져나와 열렬한 환대를 받을 때쯤에야 배의 위치를 파악했다. 스페인 해군 제독은 이 일로 사임했다.

1982년, 그린피스는 페루 포경선의 활동을 막으려 레인보우워리어 호를 파견했다. 환경운동가들은 빅토리아 7호(Victoria 7)에 올라 작살을 발사하는 대포에 몸을 묶어 포경을 방해하면서 하루를 보냈다. 다음 날 페루 해병대는 이들이 몸에 묶은 사슬을 끊고 이들을 체포했다. 레인보우워리어 호는 다시 압수됐고, 환경운동가들은 해적 혐의로 기소될 위기에 처했다. 하지만 페루 국민들의 항의에 마음이 흔들린 정부가 단 며칠 만에 환경운동가들과 레인보우워리어 호를 석방했다.

프랑스 정보국의 작전

1985년 초, 레인보우워리어 호는 프랑스 핵 실험 반대 운동을 위해 태평양으로 향했다. 5월에는 마셜 제도(Marshall Islands) 주민 300명을 이주시켰다. 미국이 무분별하게 핵 실험을 진행해 마셜 제도의 방사능 수치가 위험할 정도로 높았기 때문이었다.

다음 행선지는 뉴질랜드였다. 프랑스령인 폴리네시아의 모루로아 환초(Moruroa Atoll)에서 예정된 핵 실험의 영향을 확인하기 위해서였다. 그린피스는 프랑스군의 경계선을 돌파하고 가까운 곳에서 그 폭발을 관찰할 계획이었다. 레인보우워리어 호의 환경운동가들은 몰랐지만, 프랑스 정보국은 이미 그린피스의 오클랜드(Auckland) 사무소에 자원봉사자로 침투해 반핵운동에 관한 자세한 정보를 얻은 뒤였다.

7월 10일 밤, 프랑스 잠수부들이 칠흑 같은 오클랜드의 항구로 진입해 레인보우워리어 호에 접근했고, 선체에 폭탄 2개를 부착했다. 첫 번째 폭탄은 자정이 되기 직전에 폭발해 선체에 구멍을 뚫고 배를 망가뜨렸다. 배에 타고 있던 환경운동가들은 다행히 다치지 않고 대피할 수 있었다. 하지만 사진작가인 페르난도 페레이라(Fernando Pereira)는 갑판 아래에 뒀던 카메라를 가지러 밑으로 내려갔다. 두 번째 폭탄은 첫 번째가 폭발하고 10분 후에 작동했다. 이 폭발로 배와 페레이라가 함께 침몰했다.

처음 프랑스는 공격에 대한 책임을 부인하며 테러리스트 소행이라고 비난했다. 하지만 정보국 요원 2명이 붙잡히면서 곧 진실이 밝혀졌다. 이들은 1985년 11월에 살인죄를 인정하고 징역 10년을 선고받았다. 예정돼 있던 프랑스의 핵 실험은 연기됐다. 프랑스 정부는 그린피스에 816만 달러의 배상금을 지급했다.

살아남은 유산

1986년에 상업적인 고래잡이에 대한 금지가 드디어 시행됐다. 하지만 지금도 그린피스는 노르웨이, 아이슬란드, 일본에서 과학의 발전을 위해서라는 미명 하에 자행되는 고래잡이를 막으려 동분서주하고 있다.

2005년, 그린피스가 남극해에서 일본의 포경선을 막고 있다.

21 아웃백에서 벌어진 비극
: 호주의 사막을 횡단한 버크와 윌스

"우리가 목숨을 부지한다면 대단한 행운일 것이다. 날씨가 지금처럼 좋으면 나흘, 아니 닷새 정도 더 살 수도 있을 것이다. 현재 내 맥박은 48이다. 그런데 갈수록 약해진다. 팔다리는 뼈만 남았다. 낙천주의자처럼 뭔가 나타나길 바랄 뿐이다. … 굶는 건 전혀 즐겁지 않다. 쇠약해져서 결국에는 움직이지도 못하게 된다는 뜻이기 때문이다."

1861년 6월 26일에 쓴 윌리엄 윌스의 일지에서 발췌

기간 1860년~1861년.

시도 최초로 호주의 사막을 탐험했다.

난관 사막에서 낮에는 뜨거운 폭염 속을, 밤에는 추위 속을 걸어야 했다. 북쪽에서는 장마로 질척해진 늪지대를 걸었다. 곧 식량이 떨어지면서, 탐험대원 7명은 기아, 갈증, 피로, 질병으로 사망했다.

업적 살아남은 사람은 단 한 명뿐이었지만 매우 용감한 모험이었다. 최초로 호주의 사막을 횡단하는 데 성공했다.

로버트 오하라 버크(Robert O'Hara Burke)와 윌리엄 윌스(William Wills)는 호주의 사막을 남쪽에서 북쪽으로 횡단했다. 힘들게 얻어낸 성과였다. 두 사람은 모든 것이 부족한 극한의 조건 속에서 3,250킬로미터를 발로 걸어서 통과했다. 호주 한가운데 있는 거친 사막을 통과했고, 다음은 북쪽의 열대우림 속 질척거리는 늪지대를 지났다. 장마와 폭염, 추위를 견뎌야 했다. 순수하고 좌절하지 않는 굳은 의지가 있었기에 가능한 일이었다. 이들의 모험은 호주 역사에서 높은 평가를 받고 있다.

발견과 죽음

탐험은 고됐다. 버크와 윌스는 굶기 일쑤였고, 신체의 능력을 잃었고 동료의 죽음도 경험했다. 버크는 계속해서 잘못된 결정을 내렸고, 그 결과 호주 야생에서 죽음을 맞았다.

버크와 윌스의 여행은 유럽인들이 처음 호주에 이주한 후부터 줄곧 가지고 있었던 '사람들이

사는 지역의 경계 너머에는 무엇이 있을까?' 하는 의문에 대한 답을 얻기 위한 것이었다. 호주 내부에는 광활하고 미지에 싸인 땅이 있었지만, 그곳에 조금이라도 발을 디딘 유럽인은 없었다.

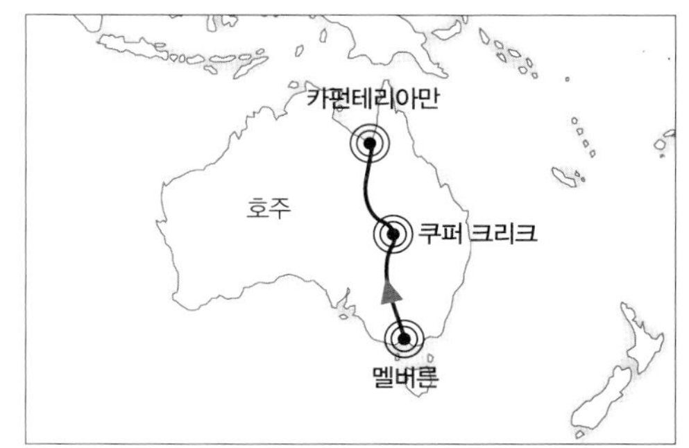

갑작스러운 준비

1860년, 비정부기구인 빅토리아 왕립학회(Royal Society of Victoria)는 의문을 풀기 위한 탐험을 지지하고, 경제적인 지원을 제공하기로 결정했다. 멜버른에서 카펀테리아만(Gulf of Carpentaria)까지 북쪽으로 뻗어 있는 야생 지역은 3,250킬로미터에 달했다. 시간이 관건이었다. 애들레이드(Adelaide)에서는 스코틀랜드 탐험가인 맥두얼 스튜어트(McDouall Stuart)가 호주를 남쪽에서 북쪽으로 관통하는 여행을 계획했다.

빅토리아 왕립학회는 아일랜드 이민자인 버크에게 일행을 이끌도록 했다. 굉장히 이례적인 선택이었다. 버크는 군인 출신의 경찰이었지만, 탐험이나 야생에서 살아남는 기술에 대해서는 잘 몰랐기 때문이다. 빅토리아 왕립학회의 이런 즉흥적인 접근방식은 전혀 도움이 되지 않았다. 쿠퍼 크리크(Cooper Creek)가 북쪽 실내 여행을 위한 최종 준비지점인 것과 카펀테리아만이 탐험의 출발지점인 것도 겨우 한 달 전에 합의됐다. 뿐만 아니라 여행의 목표는 탐험대가 출발할 때까지 합의되지 않아서, 버크와 그의 일행이 멜버른을 떠난 다음에야 사람을 보내서 따로 지시할 정도였다.

희망과 진심의 작별인사

비록 탐험은 꼼꼼하고 세심하게 준비하지 못했지만, 경제적으로는 부족함이 없었다. 1860년 8월 20일에 1만 5,000명이나 되는 사람들이 멜버른 거리에 늘어서서 빅토리아 탐험대(Victorian Exploring Expedition)에게 환호를 보냈다. 사람들 앞을 지나는 탐험대의 행렬은 풍부한 자금력을 그대로 보여줬다. 낙타 26마리와 말 23필이 앞섰고, 2년 치 보급품이 담긴 마차가 행렬을 뒤따랐다.

버크의 잘못된 의사 결정은 처음부터 탐험에 걸림돌이 됐다. 원래는 쉬웠어야 할 여행이 고통스러울 정도로 느리게 진행됐다. 버크는 머레이-달링강(Murray-Darling River)을 이용해서 무거운 보급품을 미리 보내놓자는 제안을 거부했다. 버크가 대장이 되는 데 반대했던 빅토리아 왕립학회의 프란시스 카델(Francis Cadell)이 제안한 것이기 때문이었다. 마차 중 한 대는 멜버른에서 출발하기도 전에 망가졌다.

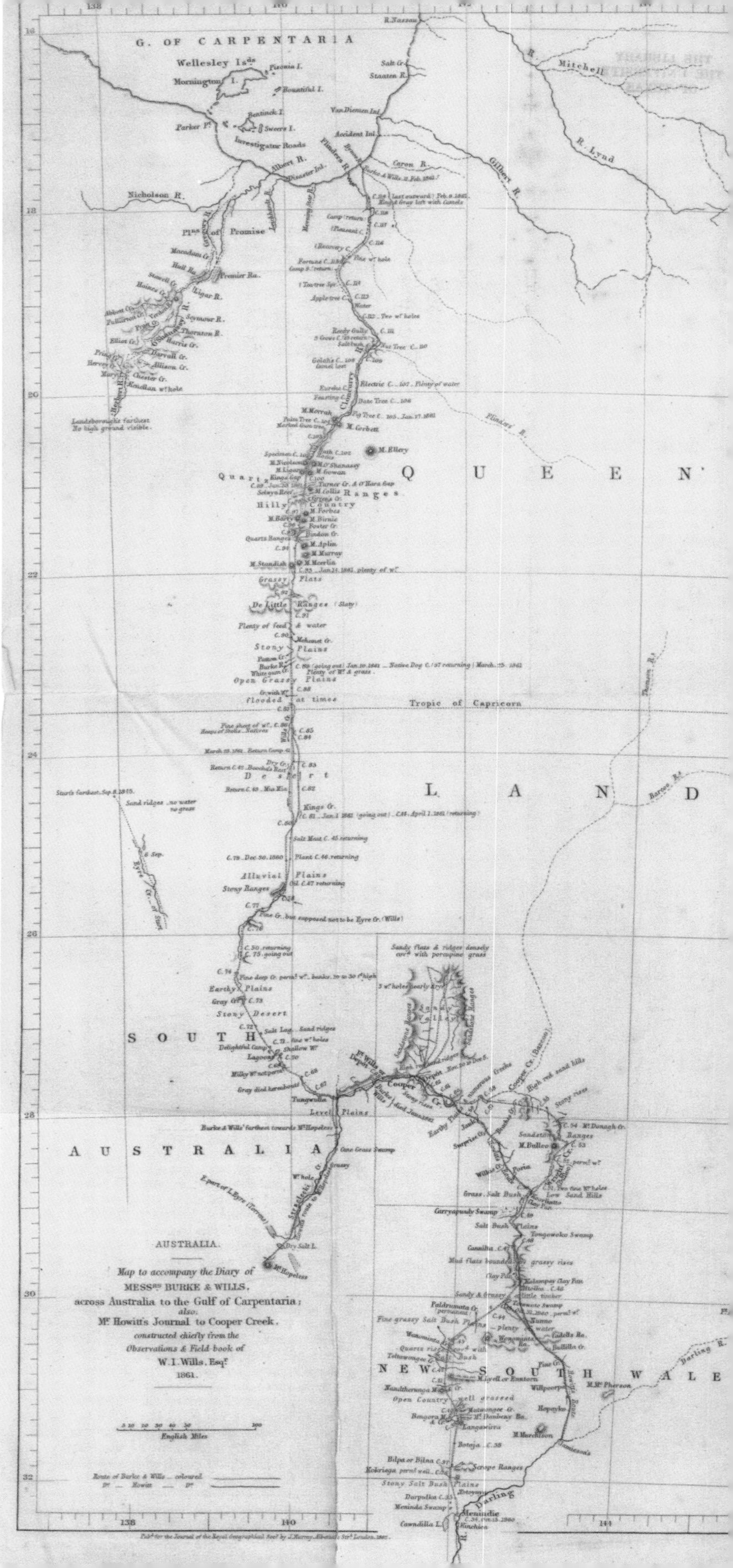

왼쪽 위
멜버른 국립공원에 마련된 기념비. 버크와 윌스의 탐험이 시작된 지점을 나타낸다.

왼쪽 아래
멜버른을 출발할 때는 낙타가 26마리였다.

오른쪽
1861년에 나온 버크와 윌스의 여행 범위를 보여주는 지도.

1862년에 에드워드 쥬크 그레이그(Edward Jukes Greig)가 그린 작품. 버크와 윌스의 플린더스강(Flinders River) 탐험을 아름답게 표현했다.

분열 속에 느린 전진

메닌디(Menindee)까지 단 756킬로미터를 전진하는 데 두 달이 걸렸다. 반면 비정기적으로 운행되는 일반 우편마차가 여기까지 오는 데 걸리는 시간은 일주일 남짓이었다. 메닌디에서 낙타를 담당하고 부대장 역할을 맡았던 조지 랜델스(George Landells)가 버크와의 불화로 인해 자리에서 물러났고, 이 자리는 조사를 담당하고 있는 윌스로 대체됐다. 그가 야생에 약간 경험이 있는 편이었기 때문이다. 그리고 버크는 윌리엄 라이트(William Wright)를 세 번째 리더로 정했다. 그것은 또 다른 잘못된 선택의 시작이었다.

버크는 탐험이 너무 느려지자 선발대와 함께 쿠퍼 크리크로 먼저 가버리기로 결심했고, 그곳에서 라이트가 일행을 데리고 도착하기를 기다렸다. 하지만 아무리 기다려도 라이트가 도착하지 않자 버크의 불안감은 더욱 커졌다. 기다린 지 5주째 되던 날, 결국 버크는 갑자기 계획을 변경했다. 사람들을 따로 뽑아서 카펀테리아만을 찾으라고 시킨 것이다. 이들에게는 낙타 6마리와 말 한 필, 석 달 치의 보급품을 줬다. 나머지는 쿠퍼 크리크에서 라이트를 기다렸다가, 남은 보급품을 가지고 오기로 했다.

버크는 쿠퍼 크리크에 남게 될 일행을 윌리엄 브라헤(William Brahe)에게 맡기면서, 자신과 일행이 돌아오지 않으면 메닌디로 돌아가라고 했다. 제시간에 맞춰 호주를 횡단하고 돌아와 쿠퍼 크리크에서 라이트와 합류한 후 보급품을 모두 챙긴다는 것이 그의 계획이었다.

모 아니면 도

사실 모든 게 무모한 도전이었다. 짜증과 잘못된 생각이 잘못된 결정으로 이어졌다.

버크와 윌스, 또 다른 2명인 찰스 그레이(Charge Grey)와 존 킹(John King)은 1860년 12월 16일

쿠퍼 크리크.

에 쿠퍼 크리크에서 출발했다. 여름 폭염이 한창이었다. 북쪽으로 가는 길에서 그나마 다행이었던 것은 스터트 스토니 사막(Sturt Stony Desert)에 많은 비가 내려서 식수가 풍족해 물을 찾는 시간을 아낄 수 있다는 것이었다. 하지만 목적지에 다다를수록 이들의 작은 행운은 바닥이 났다.

그레이와 킹, 그리고 이들의 낙타는 북쪽의 험난한 지형에서 탈진하고 말았다. 목적지가 얼마 남지 않았다는 생각에 버크와 윌스는 이들을 버려두고 해안으로 탐험을 강행했다. 하지만 소금 습지와 숲의 늪지가 카펀테리아만에서 바다로 가는 길을 막고 있었다. 두 사람은 보급품이 부족해 오던 길을 돌아가야 했으며, 습지에서 조류의 변화를 보고 북쪽 해안에 도착했다는 사실을 확인했다.

돌아오는 길은 3개월 만에 여행을 마치겠다는 버크의 계획이 얼마나 어처구니없는 것이었는지를 증명해줬다. 일행이 해안에 도착하는 데만 8주가 걸렸다. 쿠퍼 크리크로 돌아가는 길은 시

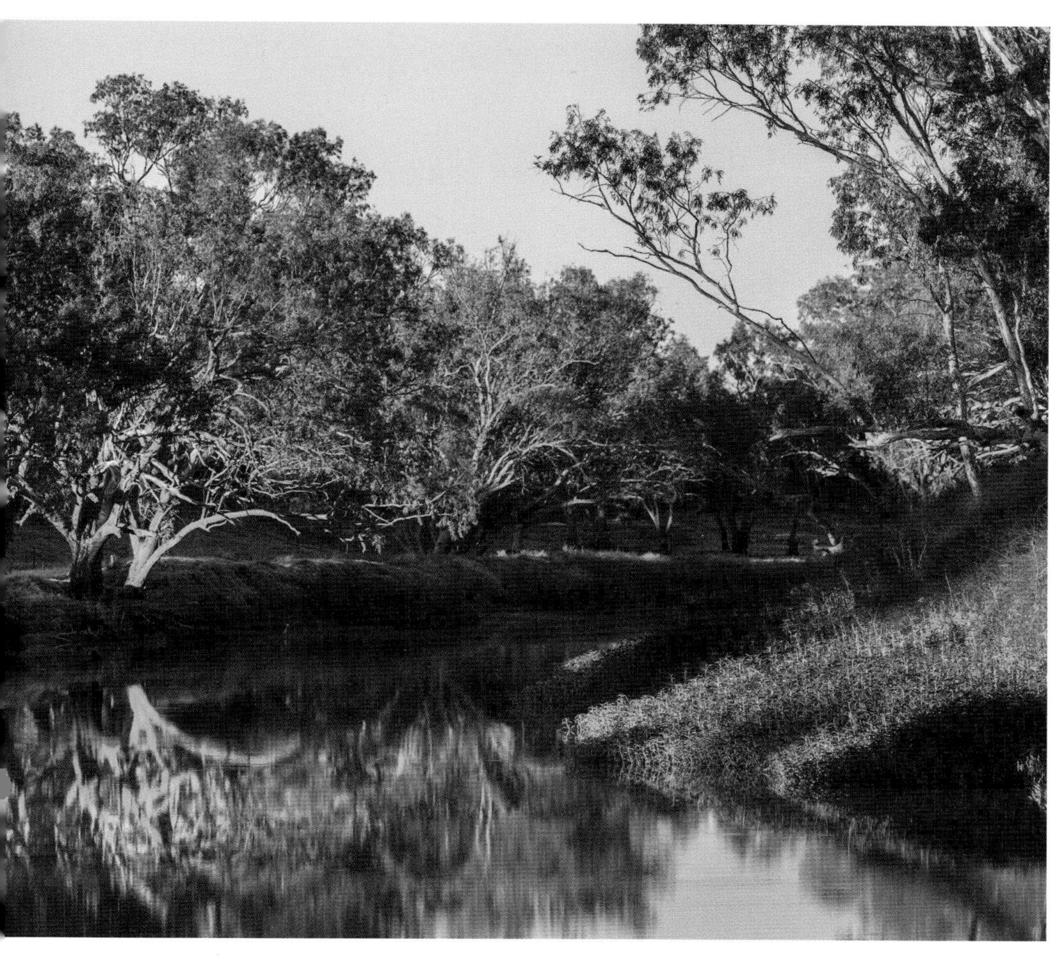

간과의 싸움이었다. 물론 그곳에 남아 있던 사람들은 버크가 시킨 대로 캠프를 떠나 남쪽으로 떠난 뒤였다. 쿠퍼 크리크로 돌아가는 길은 폭풍과 사막의 더위로 더욱 힘들었고, 보급품이 거의 다 떨어져버린 탓에 데리고 간 동물들을 어쩔 수 없이 식량으로 삼아야 했다. 괴혈병을 앓느라 지친 그레이가 몰래 밀가루를 훔쳤다가 버크에게 구타를 당한 뒤 몸이 눈에 띄게 쇠약해졌고, 1861년 4월 17일에 사망했다. 버크, 윌스, 킹은 몇 시간 동안 힘을 짜내어 사망한 동료의 무덤을 만든 후에 길을 나섰다.

죽음으로 이르는 길

나흘 후, 세 사람과 지친 낙타는 쿠퍼 크리크에 도착했다. 하지만 결과는 최악이었다. 브라헤의 일행은 몇 달 동안이나 버크가 돌아오길 기다리다가, 불과 몇 시간 전에 메닌디로 떠난 뒤였다. 캠프의 불씨도 꺼지지 않은 채였다.

버크와 윌스가 대륙을 횡단하는 동안, 라이트는 남은 보급품을 가지고 일행을 달래며 메닌디부터 쿠퍼 크리크까지 645킬로미터의 거리를 버텨낼 재간이 없었다. 최대한 노력했지만 보급품은 빠르게 줄었고, 일행 중 4명이 괴혈병으로 사망했다. 브라헤는 약간의 식량을 나무 밑에 묻은 뒤, 위치를 적어놓고 남쪽으로 떠났다.

버크, 윌스, 킹은 암울한 선택을 해야 했다. 브라헤가 남긴 식량이 약간은 도움이 됐지만, 메닌디까지 645킬로미터를 이동하기에는 턱없이 부족했다. 가장 가까운 마을은 남서쪽으로 240킬로미터 떨어진 호프리스 산(Mount Hopeless)이었다. 더 가깝지만 정확한 길을 모르는 호프리스 산으로 가야 할지, 아니면 일행을 따라 남쪽으로 가야 할지 결정해야 했다.

윌스와 킹은 일행을 따라가길 바랐지만, 버크는 호프리스 산을 선택했다. 또다시 그는 최악의 선택을 하고야 만 것이다.

호프리스 산을 향해

메닌디로 가는 길에 브라헤는 생각을 바꿨다. 라이트 일행을 만난 그는 쿠퍼 크리크에서 버크 일행의 흔적을 찾아보기로 했다. 캠프를 떠난 지 15일 후, 그는 다시 캠프로 돌아갔지만 변한 것은 아무것도 없었다. 그 어디에도 버크, 윌스, 킹이 왔었거나 호프리스 산으로 갔다는 흔적을 발견할 수 없었다. 버크는 브라헤가 보급품을 두고 간 바로 그 나무 아래에 "호프리스 산으로 간다"는 내용의 메모를 묻어놓았지만, 나무에 표시하는 것을 잊고 말았던 것이다. 그래서 브라헤는 보급품을 따로 확인하지 않았다.

버크, 윌스, 킹은 비틀거리며 앞으로 나아갔다. 세 사람은 끔찍한 상황에 처해 있었다. 누더기를 입고, 소금기가 가득한 계곡물을 마시고, 굶주림을 간신히 모면할 수 있을 정도로만 겨우 먹었다. 쿠퍼 크리크 근처에 사는 원주민들은 금방이라도 죽을 것 같은 버크 일행을 불쌍히 여겨,

버크와 윌스는 스터트 스토니 사막을 두 번이나 횡단했다.

그들에게 물고기와 씨앗으로 만든 빵을 줬다. 그러나 버크가 이들과 실랑이를 벌이다가 그들의 방향으로 권총을 쏘는 바람에 원주민의 호의는 사라졌다. 궁지에 몰린 세 사람을 살릴 수 있던 마지막 희망마저 그렇게 아웃백(Outback)으로 사라졌다. 세 사람은 결국 호프리스 산까지 가지 못하고 다시 쿠퍼 크리크 캠프로 돌아왔지만, 240킬로미터가 넘는 여행은 여전히 무리였다.

윌스는 고난에 굴복한 첫 번째 사람이었다. 그는 마지막 편지에 "두 마리 낙타 모두 죽었고 더 이상 남은 식량은 없다. 최선을 다하려고 노력하고 있지만 매우 힘들다. 옷도 모두 해졌다. 보급품과 옷이 모두 필요하다"고 적었다.

메닌디 근처 파마마루 크리크(Pamamaroo Creek)에 있는 나무에 그린 신호. 버크와 윌스가 쿠퍼 크리크와 사막으로 떠날 때 사용했던 캠프의 위치가 표시돼 있다.

어두운 나무 아래

버크와 킹은 계속 걸었지만, 며칠 지나지 않아 버크는 더 걸을 수 없을 정도로 약해졌다. 버크는 나무에 기대어 손에 총을 쥔 채로 사망했고, 킹은 옆에서 그 모습을 지켜봤다.

버크가 죽자 원주민들이 돌아와 킹이 살아남도록 돌봐줬고, 그 덕분에 킹은 1861년 9월 15일에 구조됐다. 버크와 윌스와 함께 쿠퍼 크리크로 돌아가고도 5개월이 지난 후였다.

버크와 윌스의 유해는 수습돼 멜버른으로 이송됐고, 그곳에서 두 사람을 위한 국장이 치러졌다. 두 사람은 탐험의 목적을 달성했고, 광활한 호주 사막을 횡단하는 데 성공했다.

> 식량과 옷을 찾기 위해서 우리는 쿠퍼 크리크로 돌아가야 했다. 그런데도 굶어 죽을 수밖에 없었다. 버크 씨의 명령에도 불구하고, 모두들 우리를 기다렸다. 우리가 할 수 있는 모든 노력을 다했다는 것과 죽음이 나 자신의 경솔한 행동이 아닌 타인의 잘못 때문이라는 것을 알고 있기에 그나마 위로가 된다. 다른 곳에서 이처럼 슬픈 일을 겪게 됐다면, 나 자신을 탓해야 할 것이다.
>
> *_1861년 6월 21일, 윌리엄 윌스의 일지에서 발췌*

22 동양으로의 여행
: 마르코 폴로의 무릉도원

"산을 넘어 또 산을 오르면, 마침내 길의 한 지점에 도착하게 된다. 주변의 높은 산봉우리에 둘러싸여 있다 보면 이곳이 세계에서 가장 높은 곳이라고 생각할 것이다. 산의 높이가 너무 높아서 근처에는 어떤 새도 보이지 않는다."

파미르 산맥을 넘어 중국으로 가는 여정에 관한 마르코 폴로의 묘사

기간 1271년~1295년.

시도 폴로는 중국을 여행한 첫 번째 유럽인이었고, 그 외에도 동남아시아의 여러 지역을 여행했다.

난관 폴로의 여행은 사막과 '세상의 지붕'을 통과하는 것이었다. 한편 파미르 산맥을 통과하는 것은 어려운 일이었다. 폴로 일행은 중국에 도착한 뒤, 다시 유럽으로 이동할 때는 당시 막강한 권력을 누렸던 쿠빌라이 칸의 보호를 받았다.

업적 폴로는 중국을 왕복하고, 이곳을 특별한 시각으로 관찰했다는 점에서 중요한 의미가 있다. 그의 과장된 설명 덕분에 유럽 사람들은(크리스토퍼 콜럼버스도 그중 하나다) 전혀 다른 문화에 눈을 뜨게 됐다.

중국을 여행한 최초의 서양인은 마르코 폴로(Marco Polo)가 아니다. 최초의 중국 여행자로 알려진 사람은 바로 시리아인이자 기독교 선교사인 알로펜(Alopen)이다. 당나라의 수도인 장안(長安, 지금의 시안)에서 기원전 635년에 만들어진 것으로 추정되는 정교한 돌 조각에 새겨진 그의 존재를 확인할 수 있다. 다만 폴로가 1271년에서 1295년까지 중국의 여러 곳을 여행하고 상세한 기록을 남긴 첫 번째 유럽인인 것만은 확실하다.

(반대쪽) 위
마르코 폴로의 여정을 나타낸 18세기 지도. 1744년에 엠마누엘 보웬(Emanuel Bowen)이 만든 것으로, 일본이 한국과 연결돼 있다.

아래
마르코 폴로가 쿠빌라이 칸을 대신해 버마로 여행한 장면을 그린 15세기 프랑스 그림.

지중해 상인의 심장

폴로는 1254년경에 베니스 상인 가문에 태어났다는 추정이 거의 확실시되고 있다. 그가 자란 시기는 베니스가 중동이나 그 외 지역과의 무역에서 중심지였던 시기였다. 한마디로 베니스는 이국적인 실크, 향기로운 향신료 등을 사들이기에 최적의 입지였다.

폴로가 태어난 지 여섯 해가 지났을 때, 그의 아버지인 니콜로(Niccolo)와 삼촌 마페오(Maffeo)는 몽골 제국의 서쪽 경계에 있는 볼가강(Volga River)으로 무역을 위한 첫 여행을 떠났다. 그 후

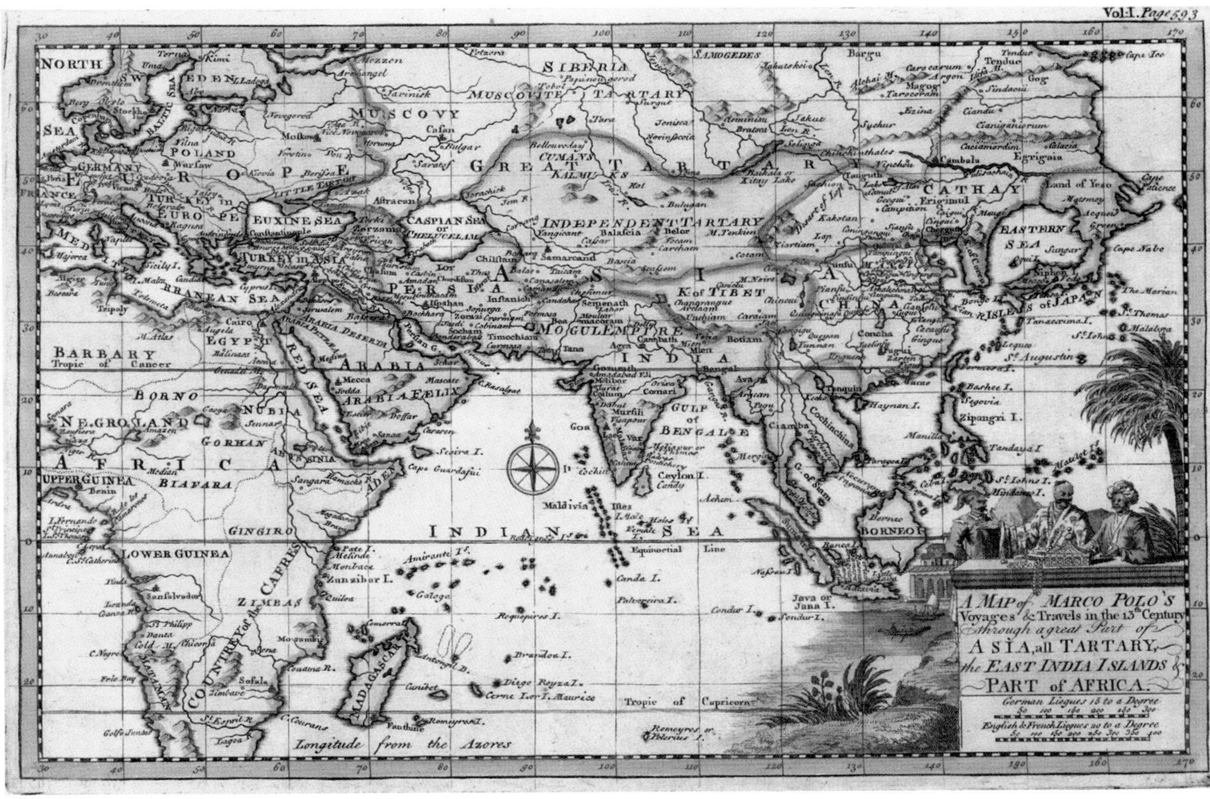
Vol.I. Page 593
A MAP of MARCO POLO'S
Voyages & Travels in the 13th Century
through a great Part of
ASIA, all TARTARY,
the EAST INDIA ISLANDS &
PART of AFRICA.
German Liegues 15 to a Degree
English & French Liegues 20 to a Degree
Longitude from the Azores
SIBERIA
MUSCOVITE TARTARY
MUSCOVY
GREAT TARTARY
INDEPENDENT TARTARY
CATHAY
CHINA
ASIA
PERSIA
K. of TIBET
MOGUL EMPIRE
INDIA
ARABIA
ARABIA FELIX
ARABIA DESERTA
EGYPT
BARBARY
Tropic of Cancer
NUBIA
AFRICA
INDIAN SEA
Equinoctial Line
Tropic of Capricorn
CASPIAN SEA or CHELUCELAM
EUXINE SEA
MEDITERRANEAN SEA
RED SEA
TURKEY in ASIA
EUROPE
POLAND
GERMANY
FRANCE
NORTH SEA
EASTERN SEA
ISLEANDS of JAPAN
GULF of BENGALE
BORNEO
MADAGASCAR
ZIMBAS
COUNTRY of the CAFRES
LOWER GUINEA
UPPERGUINEA
BIAFARA
NEGROLAND
BORNO
GINGIRO
Zipangri I.
Ceylon I.
Java or Jana I.
Cochinchina
Bengal
Samarcand
Balascia
Cambalu
Sindacui

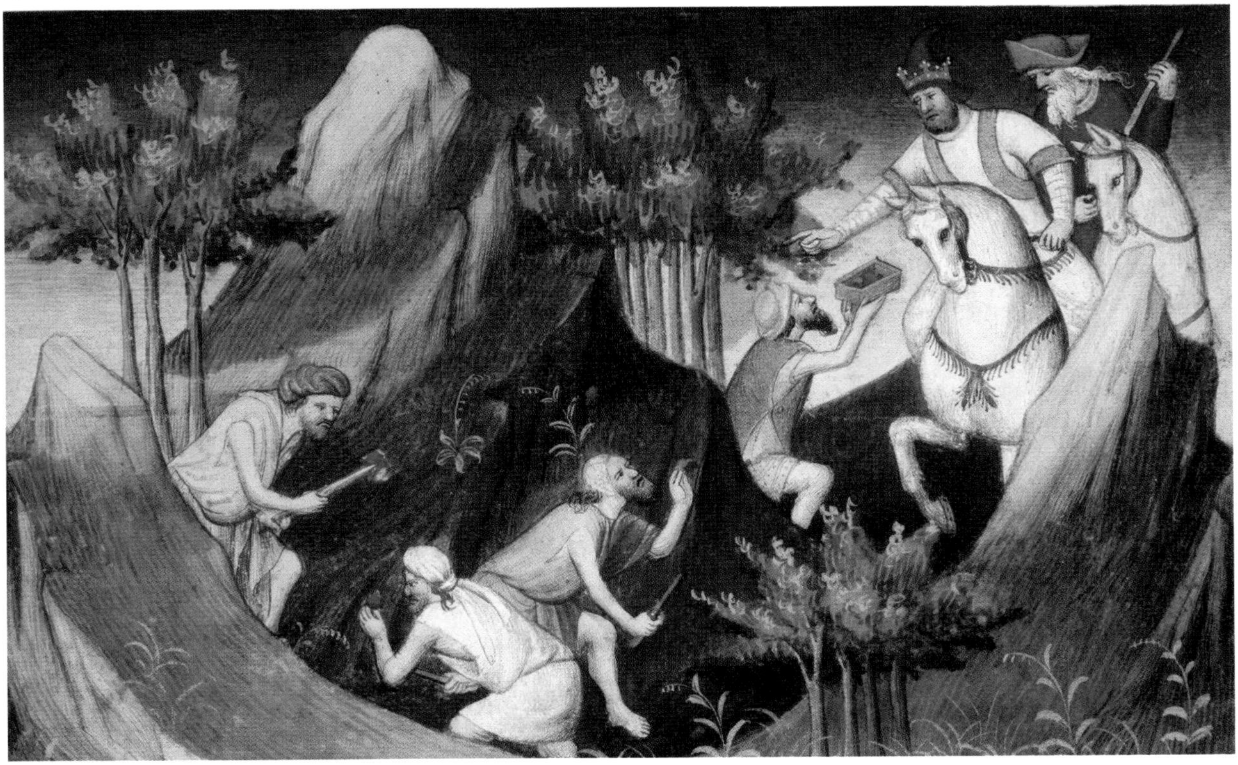

그들은 부하라(Bukhara, 현재 우즈베키스탄에 있다)로 이동했는데, 그곳에서 분쟁이 발생하는 바람에 발이 묶이고 말았다. 폴로의 아버지와 삼촌은 다른 상인들과 함께 최고의 탈출로인 중국으로 향했고, 우연히 대도(大都, 지금의 베이징)에 도착했다. 당시 대도는 칭기즈칸의 손자 쿠빌라이 칸(Kublai Khan)이 수립해 통치하는 곳이었다.

1년 후에 쿠빌라이 칸은 교황에게 일곱 가지 기술을 가지고 있고 우상이 악마의 것이라는 사실을 증명할 수 있는 기독교인 100명을 요청하는 편지와 함께 그들을 유럽으로 돌려보냈다. 그는 또한 예루살렘 성분묘교회(Church of the Holy Sepulchre)에 보관된 석유를 요청했다. 갈 때는 3년이 걸렸던 이들의 귀환 여행은 쿠빌라이 칸의 말, 숙소, 안내 덕분에 훨씬 용이했다. 또한 이들 일행은 이전의 어떤 유럽 여행자들보다 더 동쪽으로 여행할 수 있었다.

아버지의 발자취를 좇아서

이들은 2년을 기다렸다가 중국으로 돌아왔고, 이번에는 니콜로의 17세 된 아들 폴로와 함께했다. 1271년에 일행은 베니스를 떠나 지중해 연안의 라이아초(Laiazzo, 현재 터키 남동부의 유무르탈릭으로, 시리아 국경 근처에 있다)로 향했다. 그곳은 당시 실크로드의 서쪽 끝에 있는 주요 무역항 중 하나였다. 일행은 교황 그레고리 10세(Gregory X)의 편지와 예루살렘에서 온 석유를 가지고 출발했다. 하지만 도미니카 수도사 2명은 급히 돌아가야 했다.

첫 번째 목적지는 페르시아만 지역의 호르무즈(Hormuz)로, 처음에는 그곳에서 배를 타고 갈 생각이었다. 호르무즈로 가기 위해서는 노아의 방주가 있는 유명한 휴식처인 라야스(Layas)와 아라라트 산(Mount Ararat)을 지나야 했는데, 폴로의 설명에 따르면 "녹지 않는 눈 때문에 산을 오르기가 힘들다. 계속 미끄러졌다"고 한다.

그는 바쿠(Baku) 근처의 기름 분수와, 그 기름이 램프용으로 멀리서도 기름을 얻기 위해 찾아올 만큼 인기가 많다는 이야기를 들었다. 다음으로는 모술(Mosul)과 바그다드(Baghdad)를 통해 남쪽으로 여행하면서 그곳이 '세상에서 가장 고귀하고 광대한 도시'라고 생각했다.

위험한 항해

이들은 호르무즈에 도착했지만, 최악의 항해 위험에 직면했다. 호르무즈가 인도로부터 향료, 약, 보석, 진주, 금, 상아 등 다양한 물건을 얻고 있어, 결국 짧은 무역 활동 후 다시 내륙으로 향해야 했다.

이들의 여행 경로는 사막을 통과하게 되어 있었다. 폴로는 사막을 횡단하면서 "처음 사흘 동안은 물을 거의 발견하지 못했다. 그나마 발견한 물은 짜거나, 풀처럼 푸르거나 메스꺼워서 아무도 마실 수 없었다"라고 기록했다. 마침내 그들은 아프가니스탄 북부의 발크(Balkh)에 이르렀다.

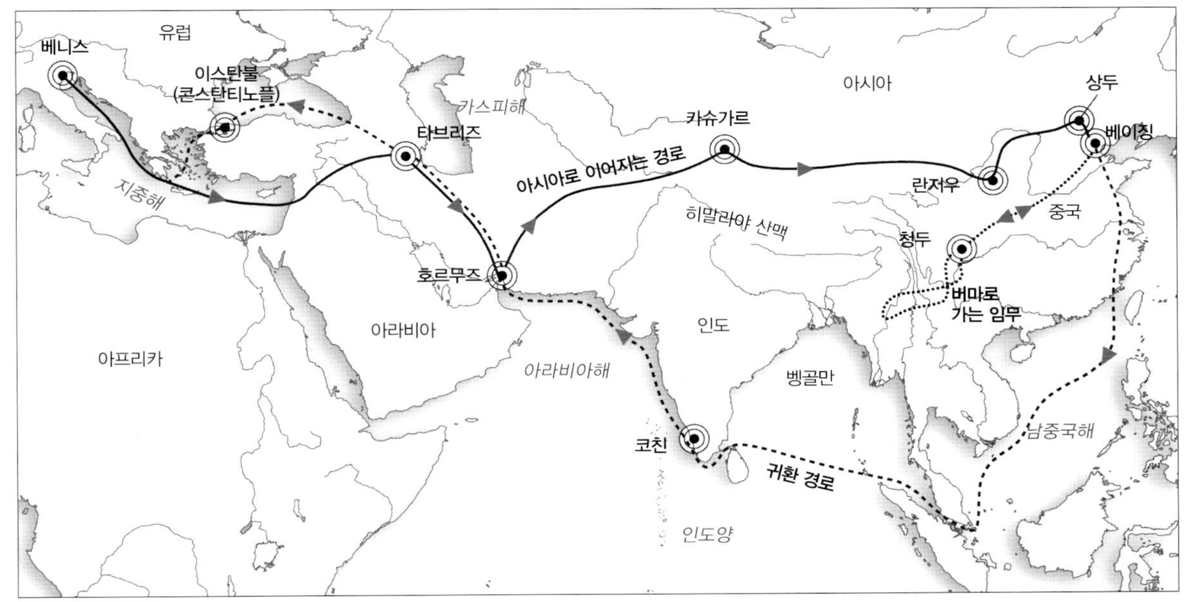

그곳에서 1년간 머무르면서 살인적인 여정으로 지친 몸을 회복했다.

그러고 나서 그들의 여정 중 가장 고된 경로인 파미르 산맥(Pamir Mountains)를 가로지르는 여정을 시작했다. 두 달 정도 지나서야 타클리마칸 사막(Taklimakan Desert)의 서쪽 끝에 있는 카슈가르(Kashgar)라는 한 오아시스 마을에 도착했는데, 폴로는 그곳 지역 주민들을 싫어했다. 그래서 "식생활은 엉망이고, 식수는 더러우며, 탐욕스럽고 지저분한 인종"이라고 헐뜯었다. 폴로는 잘 닦인 실크로드를 따라 타클리마칸 사막의 남쪽 가장자리를 따라 고비 사막(Gobi Desert)으로 갔다.

쿠빌라이 칸

이들의 목적지는 상두(Shangdu)였는데, 그곳에는 쿠빌라이 칸의 여름 궁전이 있었다. 이 궁전은 시인인 콜리지(Coleridge)의 시 〈쿠블라 칸(Kubla Khan)〉 덕분에 세계적으로 '무릉도원'이라고 알려져 있다.

일행이 상두에 도착하기 40일 전에 쿠빌라이 칸의 군대가 밖으로 나와 일행을 맞이했고, 위대한 칸이 있는 곳까지 호위하면서 이들을 축하했다. 폴로 일행은 땅에 엎드린 채로 칸에게 예를 갖췄다. 칸은 일행이 100명의 기독교인들과 함께 돌아오지 않은 것에 실망했지만, 폴로의 존재를 반가워했다. 곧 세 사람은 모두 칸의 행정부를 돕게 됐다. 폴로는 버마(Burma, 지금의 미얀마)와 베트남을 여행하면서, 황제에게 자신이 본 광경을 보고했다.

타지키스탄(Tajikistan)의 황량한 와칸 회랑(Wakhan Corridor)의 일부. 폴로가 묘사한 파미르 산맥을 통과하는 경로일 가능성이 크다.

1291년에 쿠빌라이 칸이 80세가 되면서, 폴로 일행은 슬슬 쿠빌라이 칸이 사망한 이후의 자신들의 지위에 대해 걱정하기 시작했다. 그래서 칸을 설득해 해군 원정에 참여했다. 이 여행에서 폴로 일행은 몽고 일한족의 왕이자 칸의 조카이며, 얼마 전 아내를 잃은 아르군 칸(Arghun Khan)을 위해 중국의 공주를 데려왔다.

그들은 4척의 배를 타고 베트남과 수마트라(Sumatra)로 향했는데, 바람이 항해를 방해하는 탓에 그곳에서 5개월을 머물렀다. 이후 수마트라를 출발해 실론(Ceylon, 지금의 스리랑카)까지 항해했고, 인도 해안을 거쳐 1293년에 호르무즈에 도착했다. 도착하고 보니 아르군은 사망했고(공주는 그의 아들과 결혼했다), 이들이 1295년에 트라브존(Trabzon)과 콘스탄티노플(Constantinople, 지금의 이스탄불)을 통해 베니스에 도착했을 때는 쿠빌라이 칸도 사망했다.

마르코 폴로의 모험담

3년 후, 폴로는 제노바의 해전에서 생포됐다. 이때 로맨스 작가이자 기사들의 이야기를 전문적으로 집필하는 루스티켈로 다 피사(Rustichello da Pisa)와 함께 감방을 썼다. 폴로는 그에게 모험담을 들려줬고, 그는 프랑스와 이탈리아어로 모험을 기록했다. 그렇게 쓰인 책이 《세계의 경이로운 여행기(Livre des Merveilles du Monde)》다. 이 책은 영어로 번역된 《동방견문록(The Travels of Marco Polo)》으로 더 잘 알려져 있으며, 폴로만의 과장된 표현이 반영돼 있다.

1375년경에 제작된 카탈루냐 지도(Catalan Atlas)에 그려져 있는 폴로와 낙타들.

폴로의 여행기는 다른 책과 달리 특정 국가에 관한 상세한 설명으로 주목을 받았다. 다소 과장이 섞여 있지만, 그가 묘사한 많은 장소와 습관들이 독자들에게 너무나 생소해서 어떤 사람들은 책의 내용이 완전히 허구라고 추측했다.

왜 책에 만리장성이나, 중국의 차, 서예를 포함하지 않았는지는 분명치 않다. 다만 1324년 죽음이 임박했을 때 폴로는 "내가 본 것의 절반 정도는 아직 말하지 않았다"고 말했다. 하지만 무역과 교통에 대한 그의 흥미나 그곳의 건축물을 봤을 때의 기쁨, 그곳 생활의 즐거움은 분명하게 서술돼 있다. 또 지폐, 도자기 제조, 석탄 연소, 석면 제조 등 서양에서 알려지지 않았던 물건에 대한 설명도 있다.

폴로는 1324년 사망했고, 산로렌초(San Lorenzo) 교회 밖 무덤에 비석 없이 묻혔다.

23 검은 대륙 아프리카

: 아프리카의 심장으로 떠난 메리 킹슬리

"황량하고 웅장한 아프리카의 숲은 큰 도서관과 같다. 지금은 그들의 알파벳을 배우느라 바쁘지만, 언젠가는 이 그림들의 의미를 읽을 수 있을 것이다."

메리 킹슬리

기간 1894년~1895년.

시도 여성으로서 아프리카 서쪽에 있는 미지의 영역을 탐험했다.

난관 질병, 야생동물, 적대적인 부족민의 위협에 시달렸다.

업적 킹슬리는 이전에 유럽인들이 가보지 못했던 곳을 방문해 서아프리카의 사람들과 관습에 대한 자기만의 독창적인 통찰력을 얻었다.

메리 킹슬리(Mary Kingsley)는 30세에 첫 번째 탐험을 시작했고, 안타깝게도 겨우 7년 후 아프리카 남쪽의 한 병원에서 장티푸스로 사망했다. 그러나 7년에 걸친 킹슬리의 여행은 새로운 장을 열었다.

정글의 외로운 여인

킹슬리는 외부에 적대적이었던 부족들과 접촉하고, 유럽에 알려지지 않은 동·식물군을 찾아냈으며, 미지의 영역을 탐험했다. 이러한 업적 덕분에 명성을 얻었을 뿐 아니라, 여자 홀로 여행했다는 사실이 그녀를 더욱 특별하게 만들었다.

킹슬리는 1862년 북부 런던에서 태어났다. 있는 킹슬리 가족은 상당한 규모의 서재를 가지고 있었다. 문학계 출신인 그녀의 삼촌 찰스와 헨리 킹슬리는 소설가였고, 아버지인 조지 킹슬리(George Kingsley)는 예리한 작가이자 만족할 줄 모르는 책 수집가였기 때문이다. 특히 조지는 심한 방랑벽이 있는 의사였다. 그는 의사로서 호주, 뉴질랜드 그리고 남태평양의 섬을 일주했다.

(반대쪽)
에드워드 스탠포드(Edward Stanford)가 제작한 중앙아프리카의 포켓 지도. 1890년에 메리 킹슬리가 이 지도를 들고 탐험했을 가능성이 있다.

BIAFRA
Mpangwe
FRENCH
CONGO FREE STA
Belly
Bakambo
Bandshia
Abdallah
Busembi
Sebi Rapids
RIVER CONGO
Bolombo
Maringa
Stanley Falls Sta.
Bakumu
Lukolela
Mantumba
LAKE LEOPOLD II
Bolobo
Kwa Mouth
Kimpoko
Stanley Pool
Brazzaville
Leopoldville
Loango
Kabinda B.
CONGO RIVER
Banda Pt.
Lower Kuilu
Ponta Negra
Landana
San Salvador
Ambriz
LOANDO
S. PAULO DE LOANDA
Dondo
Pungo Ndong
Ambaca
Malange
Cassanshe
Badinga
Bassonge
Luluaburg
Mussumba
LUNDA
LAKE KASSAI
Kilemba
Nyangwe
Novo Redondo
Quicombo
BENGUELA
Caconda
Bihe
Capello
Kanjamba
Kissembo
BUUNDA OR Barotse
LUTCHASI
Banyeti
MAKOLOLO
Libonta
Mossamedes
Little Fish B.
Port Alexander
Great Fish Bay
Tiger Peninsula
Cunene R.
Humbe
Mucuancalla
Ambuella
Okavango R.
Cubango R.
Cuito R.
Chobe
Dashukulompo
Sitanda
Kainta
ONDONGA
OVIKUANGARA
GERMAN
PROTECTORATE
ONGOVA
I HAUKOIN
Bavicko
Linyante
C. Frio
Ovayare
Quimbande
ATLANTIC OCEAN
NTRAL
RICA.
32, 94 English Miles to 1 Inch.

메리 킹슬리의 초상화.

그녀의 어머니는 원래 킹슬리 집안의 하인이었다. 부부는 메리가 태어나기 나흘 전에 결혼했고, 아들도 한 명 낳았다. 킹슬리의 어머니는 원체 건강이 좋지 않은 탓에 킹슬리가 집안일을 모두 떠맡아야 했고, 아버지마저 병에 걸렸을 때도 그녀는 충실하게 부모님을 간호했다. 그런 이유로 그녀는 집에서 교육을 받아야만 했다. 커다란 서재 덕분에 읽을 책들은 가득했지만, 점점 더 많은 것을 갈망하기 시작했고, 아버지를 통해 알게 된 더 넓은 세계를 직접 경험하기를 바랐다.

킹슬리의 부모는 1892년 몇 주 안에 연달아 사망했다. 킹슬리는 가족의 의무에서 벗어나 탐험에 대한 갈망을 키울 만큼 큰 유산을 상속받았다.

검은 대륙을 향해서

아프리카 서쪽 해안에 정착하기 전에, 킹슬리는 여러 목적지를 고려했다. 준비는 꼼꼼했다. 여행 중 발견된 식물과 동물 표본을 보관하기 위해 맞춤 용기를 주문했고, 항해 공부를 했으며, 서아프리카 해안의 영국인 정착민들과 연락하기 시작했다. 선교사, 무역업자, 정부 관료, 군인, 성직자 등 다양한 사람들과 접촉했다. 이들과의 서신을 통해 그곳의 풍경, 만나게 될 부족, 무엇보다 원주민들이 거래하고 싶어 하는 물건을 알게 됐다.

1893년 8월, 킹슬리는 지금의 시에라리온(Sierra Leone) 해안에 도착했고, 영국으로 돌아가기 전에 앙골라(Angola)까지 남쪽 해안을 둘러봤다.

그 탐험은 성공적이었다. 그녀는 영국 박물관을 위해 전에는 알려지지 않았던 열대 곤충과 물고기의 표본들을 수집했다. 유럽인들과 거의 접촉하지 않았던 부족들과 장신구들을 교환했고, 아프리카에서 여행에 대한 갈망을 해결할 수 있었다.

원치 않은 유명세

킹슬리는 독신 여성이 아프리카 대륙을 여행했다는 이유로 약간의 유명세를 얻었지만, 막상 자신은 영국에서 얻은 인기에 별 관심이 없었다. 그녀는 이미 더 야심 찬 두 번째 여행 계획을 세우고 있었다.

이번에는 해안에서 더 멀리 들어가 서아프리카 원주민들과 만날 생각이었다. '프랑스 콩고' 또는 '송곳니(Fang)'라고 알려져 있으며, 열대우림에 사는 것으로 생각되는 미스터리한 부족에게 특히 관심이 있었다. 송곳니족을 직접 만난 유럽인은 없었지만, 킹슬리가 서아프리카를 처음 방문했을 때 식인 풍습을 가진 이 호전적인 부족에 관한 소문이 떠돌고 있었다. 그래서 그녀는 다시 아프리카에 올 때는 이곳 사람들, 특히 송곳니족에 관해 더 배우겠다고 다짐했다.

낯선 이들과의 우정

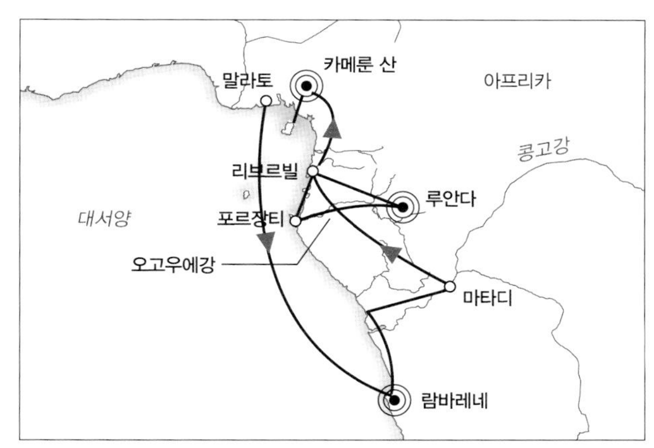

킹슬리는 1894년 12월에 리버풀을 떠나 1895년 초에 지금의 가봉(Gabon)에 도착했다. 그곳에서 지역 가이드 몇 명만 데리고 정글로 뛰어들었다. 탐험대는 오고우에강(Ogooue River)을 따라서 미지의 영역으로 향했다. 킹슬리는 선교사나 지도제작자는 적대감을 살 수도 있다고 생각했다. 하지만 신기한 물건을 가져오는 상인은 무리 없이 통과할 수 있을 것 같았고, 목숨을 걸어볼 만했다.

킹슬리의 일행은 강의 흐름에 맞서 동쪽으로 향했다. 그러던 중 악어 한 마리가 킹슬리의 카누로 몸을 날렸고, 그녀는 노로 악어 코를 가격해 쫓아 보냈다. 폭풍이 너무 심하게 불어서 바위 뒤에 숨어 폭풍을 피한 적도 있었는데, 번개가 내리쳐 잠시 주변이 밝아졌을 때 같은 바위 뒤에 몸집 큰 표범 한 마리가 숨어 있는 것을 보게 됐다. 겨우 1미터도 떨어지지 않은 곳이었다.

송곳니족을 처음 만난 것은 오고우에강 지류에 있는 강둑이었다. 이들과의 만남에는 적지 않은 행운이 따랐다. 송곳니족이 킹슬리의 카누를 향해 돌진했지만, 거리가 멀어서 거기까지 무기가 닿지 않았다. 그때 마침 송곳니족 중 한 명이 킹슬리 일행에서 전에 함께 거래했던 사람을 알아봤고, 그는 자신의 부족들에게 킹슬리를 소개해줬다. 덕분에 일행은 송곳니족의 마을에 머물 수 있었다.

송곳니족의 집

다행히 송곳니족은 킹슬리 일행에게 적대감을 내비치지는 않았지만, 만만치 않은 존재임은 확실했다. 마을 촌장의 오두막에 초청받은 킹슬리는 천장에 걸려 있는 가방 2개에서 나는 역한 냄새 때문에 잠을 잘 수가 없었다.

> *집 안의 냄새가 아주 지독했다. 분명 유기물의 냄새였다. 냄새의 출처를 찾다가 가방을 발견했다. 가장 큰 가방을 내려놓고, 어떻게 입구가 묶여 있는지를 정확하게 기록했다. 이런 부분이 원주민들에게 중요한 의미를 갖고 있기 때문이었다. 그리고 안에 있던 내용물을 모자에 털어 넣었다. 자세히 보니 사람의 손, 엄지발가락 3개, 눈 4개, 귀 2개, 그 외 여러 신체 부위였다. 손은 얼마 안 된 새것이었고, 나머지는 좀 시간이 지난 것이어서 말라 있었다.*

1895년, 오고우에강을 여행 중인 킹슬리.

가방 안을 확인한 그녀는 자신의 텐트 안에서 자기로 했다.

다음 탐험 대상은 깊은 정글이었다. 그곳에서 악취가 나는 늪과 울창한 덤불을 헤치면서 앞으로 나아갔다. 킹슬리는 공식적인 과학교육을 받지 않았지만, 낯선 종을 수집하는 데 능숙하다는 것을 다시 한 번 증명해보였다. 그녀는 새로운 형태의 뱀과 이전에 알려지지 않았던 민물고기의 표본을 확보했다.

두려움을 모르는 산악인

위험을 무릅쓰고 해안가로 돌아갈 때, 그녀는 마지막으로 어마어마한 도전을 결심했다. 카메룬 산(Mount Cameroon)은 해발 4,040미터로, 서아프리카에서 가장 높은 봉우리였기 때문에 경험이 풍부한 산악인도 오르기 쉽지 않았다. 킹슬리는 등산 경험이 없었지만, 의지는 누구보다도 강했다. 폭우, 울창한 숲, 희박한 공기로 인해 동행한 가이드들은 한 명씩 등반을 포기하기 시작했지만, 그녀는 굴하지 않고 홀로 정상까지 올라갔다. 카메룬 산 등반에 성공한 세 번째 사람이자, 최초의 여성이었다.

1년 후, 킹슬리는 영국으로 돌아갔다. 그녀는 탐험을 통해 새로운 생물종(적어도 유럽에서는 알려지지 않은 종이었다)들을 발견했고, 서아프리카 사람들에 대한 그녀의 노트와 관찰은 원시 아프리카 문화가 미개함과는 거리가 멀다는 사실을 보여주며 사람들의 인식을 바꾸는 데 큰 도움이 됐다.

이후 킹슬리는 두 권의 베스트셀러를 남겼고, 그녀의 이야기를 듣기 위해서 수천 명이 참석하는 행사도 여러 번 열렸다. 리버풀지리학회(Liverpool Geographical Society)에서 그녀는 한 남자 회원이 자신이 쓴 책에서 발췌한 내용을 읽는 것을 듣고 있어야만 했다. 혼자 사는 여성이 미지의 아프리카 식인 부족과 친구가 될 수는 있었지만, 남성들이 모인 자리에서 청중에게 연설하는 것은 허용되지 않았기 때문이다.

킹슬리의 아프리카 여행은 세 번째가 마지막이었다. 이번에는 남아프리카를 여행했고 보어 전쟁(Boer War) 중에 다친 죄수들을 자진해서 치료했다. 군 병원의 상태는 끔찍했고, 병은 만연했다. 그녀는 그곳에서 장티푸스에 걸려 1900년 6월 3일에 37세의 나이로 사망했다. 사망 후에는 자신의 소원대로 바다에 묻혔다.

24 지구의 중심에 더 가까이

: 노버트 카스트레, 피에르 세인트마틴의 암흑 속으로

"우리는 지구의 가장 깊은 곳에 와 있다. 우리가 어디로 가는지, 무엇을 보는지도 몰랐다. 다만 눈에 보이는 광경이 너무 아름다워서, 나도 모르게 이게 꿈이 아닌지 옆 사람에게 물어볼 정도였다."

에두아르드 알프레드 마텔(Édouard-Alfred Martel), 현대 동굴학의 아버지라고 불리며 카스트레에게 영감을 제공했다

기간 1954년.

시도 지구에서 가장 깊고 위험한 동굴로 내려가 죽은 동료의 시신을 수습했다.

난관 카스트레와 동료들은 지하 낭떠러지에서 발을 헛디뎌 죽을 수도 있었고, 길을 잃을 수도 있었다.

업적 카스트레는 용기와 의지로 역사상 가장 영향력 있고 성과를 이룬 동굴학자가 됐다.

한 남자가 프랑스 피레네 산맥(Pyrenees Mountains)에서 1,800미터 넘게 떨어진 어느 산등성이에 서 있었다. 그의 앞에는 약 30미터 깊이의 동굴이 있었다. 밑바닥에는 칠흑 같은 어둠이 깔려 있고, 그 밑에 무엇이 있는지는 알 수 없었다. 동굴 입구에는 작은 나무 십자가가 놓여 있었다. 2년도 안 된 것이었지만, 혹독한 피레네 산맥의 날씨 때문에 비문이 벌써 많이 벗겨진 상태였다. 풍화된 나무 위에 '마르셀 루벤스(Marcel Loubens)'라는 이름이 새겨져 있었는데, 거의 지워져서 알아보기가 어려웠다.

2년 전에 29세이던 루벤스는 프랑스와 스페인의 중간에 있는, 거센 바람이 몰아치는 이 동굴을 탐험했다. 그는 땅 밑으로 수백 미터를 내려가 칠흑 같은 어둠의 세계를 여행한 최초의 탐험가 중 한 명이었다. 루벤스는 나흘 동안 차가운 암석 위를 정신없이 뛰어다니고 기어 다니느라 지쳐 있었다. 윈치(winch, 원통형의 드럼에 와이어 로프를 감아 짐을 오르내리게 하거나 끌어당겨서 이동시키는 기계)를 이용해 암석 표면을 기어오르던 중에 그의 벨트에 달린 클립이 뚝 부러졌고, 그 즉시 루벤스는 동굴 바닥으로 떨어졌다.

(반대쪽) 위
피에르 세인트마틴의 동굴에 처음 도착한 탐험가들은 그 거대한 규모에 놀라움을 금치 못했다.

아래
가장 인상적인 동굴 중 하나인 '라 베르나'의 모습.

부상은 심각했다. 동료 동굴탐험가들은 어떻게든 도움을 주려고 했지만, 루벤스는 이미 혼수상태였다. 루벤스를 구하기 위해 파견된 의사는 필사적으로 노력했다. 심지어 동굴의 비좁은 곳에서 수혈을 감행했지만 소용없었다. 그는 결국 1952년 8월 13일에 세상을 떠났다.

동료의 무덤으로 돌아오다

그 당시 탐험대를 이끌었던 노버트 카스트레(Norbert Casteret)는 2년 후에 깊은 골짜기 입구에 또다시 섰다. 그에게는 두 가지 목표가 있었다. 우선 루벤스의 유해를 찾아서 가족들이 기독교 관습에 맞게 장례식을 치르게 해주고 싶었다. 그리고 미지의 어둠 속인 동굴로 더 깊이 파고들어 동료의 목숨을 앗아간 동굴의 신비를 꼭 풀고 싶었다.

나무 십자가에 새겨진 "동굴학의 전장에서 쓰러지다"라는 비문은 카스트레가 동굴탐사에 접근하는 방식을 한마디로 요약한 것이었다. 그는 제1차 대전이 일어났을 때, 3년 동안 서부 전선의 참호에서 싸우면서 전쟁의 공포를 경험했다. 그러므로 카스트레가 지하공간을 연구하는 동굴학을 '전투'로 묘사한 것은 결코 가벼운 의미가 아니었다.

어린 시절부터 무모하고 고집이 셌던 그는 1923년에 몽테스판 동굴(Grotte de Montespan) 탐험에서 두각을 나타냈다. 새로운 것을 발견할 때 카스트레는 거침이 없었고, 말수가 줄어들었다. 그는 더 깊은 동굴로 이어지는 길이 물속에 있을 것이라고 확신했다. 그리고 망설임 없이 지하 호수의 둑으로 내려가 얼음장 같은 물속으로 뛰어들었고, 알 수 없는 세계를 향해 나갔다. 카스트레의 이러한 도박은 동굴의 벽에 새겨진 선사 시대의 그림들을 찾아내는 성공으로 이어졌다.

지하동굴에 들어갈 준비를 하는 노버트 카스트레.

독이 된 열정

동굴학은 잔인한 학문이었다. 시간이 지나도 탐험에 대한 카스트레의 열정은 줄어들지 않았지만, 인명피해는 어마어마했다. 루벤스는 그가 지하에서 잃은 동료 중 한 명이었다. 제한된 공간과 계속되는 낙마의 위험은 늘 위협이 됐다. 동굴을 탐험하다가 다치면 몸을 움직일 수 없게 되어 동굴 밖으로 올라오기가 어려울 뿐더러 부상자를 구조하기 위한 도구를 동굴로 내려보내는 일도 불가능했다.

하지만 카스트레는 늘 더 깊은 곳으로 나아갔고, 그곳에서 새로운 발견을 했다. 그의 이러한 발견들은 동굴과 싸워서 얻어낸 승리와 같았다. 그는 아내 엘리자베스와 함께 시갈레르(Cigalere)의 동굴들을 400

미터 넘는 깊이까지 탐험했고, 446미터 깊이의 헨느 모르테(Henne Morte)까지 내려갔다.

특히 피에르 세인트마틴(Pierre Saint-Martin)은 이전에 탐험한 그 어떤 동굴보다 복잡했다. 피레네 산등성이로 좁은 길이 나 있었고, 동굴 속 깊은 틈은 수백 미터에 달했다. 그다음에는 미로 같은 복잡한 동굴과 깊은 물웅덩이로 이어졌다. 그중에서 라 베르나(La Verna)라고 알려진 동굴은 지름이 250미터에 높이가 194미터로 지구상에서 가장 큰 지하동굴 중 하나로 손꼽혔다. 카스트레나 루벤스 같은 동굴학자에게 저항하기 어려운 승부욕을 자극하는 대상이었다.

1954년 8월 10일

카스트레와 다섯 동료는 지칠 대로 지친 상태였지만 루벤스의 유해를 찾아 관에 넣어 수백 미터 위로 들어 올릴 수 있도록 준비를 마쳤다.

8월에 동료들은 루벤스를 찾아서 마지막 휴식처로 데려가 영면하도록 해주겠다는 목표를 세웠다. 하지만 카스트레에게는 다시 한 번 동굴과 싸워보겠다는 목표도 있었다. 그것은 카스트레에게 있어 명예가 달린 문제였다. 그는 일지에 이렇게 적었다.

> 더 이상의 탐험은 허용되지 않았고, 루벤스의 몸을 찾는 것 외에는 활동이 제한됐다. 처음부터 이 명령은 정당화될 수 없는 권위의 남용이라고 생각했다. 탐사하지 않겠다고 서명했지만, 이를 무시하기로 했다. 피에르 세인트마틴은 '우리 것'이었다. 상류를 탐사하지 않고 집으로 돌아가는 것은 권리의 비참한 포기였을 것이다.

지하에서의 밤

카스트레는 동료 3명이 주변을 확인하는 동안 루벤스의 관을 지켰다. 동료들이 돌아와서 동굴 깊숙이 이어지는 또 다른 길이 있다고 알려줬다. 카스트레와 일행은 다음 날 이 길을 확인하기로 했다.

탐험은 오전 8시에 시작됐다. 진행은 더뎠다. 이들은 가파른 절벽의 면을 탐사하기 위해 사다리와 등반 장비를 사용했고, 밧줄에 매달려 유속이 빠른 동굴 속 강을 건넜다. 캄캄한 어둠 속에서 좁은 공간을 헤치고 걷다 보니 격렬한 돌풍이 불기 시작했다. 이것은 점점 넓은 공간으로 향하고 있음을 확신시켜줬다. 몇 시간에 걸친 노력 끝에 탐험대는 원하는 것을 발견할 수 있었다.

카스트레는 다음과 같이 기록했다.

우리는 정상에 올랐다. 그곳에서는 전자 사다리의 도움으로 아래로 내려가야 했다. 덕분에 동굴을 빠져나가 개방된 큰 공간을 찾을 수 있었다. 너무나 크고 복잡해서 크기나 모양을 짐작하기 어려웠다. 인간이 만든 어떤 건축물도 따를 수 없고, 모든 상상을 벗어난 위대한 것이었다.

망자에 대한 애도

루벤스를 데리고 다시 밖으로 나오기 전까지 며칠 동안 카스트레 일행은 자연이 빚어낸 피에르 세인트마틴의 경이로움을 계속 탐사했다. 동굴로 내려온 목사는 인류 역사상 가장 깊은 곳에서 열리는 미사를 진행했다.

이 일로 카스트레는 역사상 가장 위대한 지하 탐험가 중 한 사람으로서 위치를 굳혔다. 그가 공개한 피에르 세인트마틴 동굴의 구조는 현재 지구상에서 가장 큰 것 중 하나로 알려져 있는

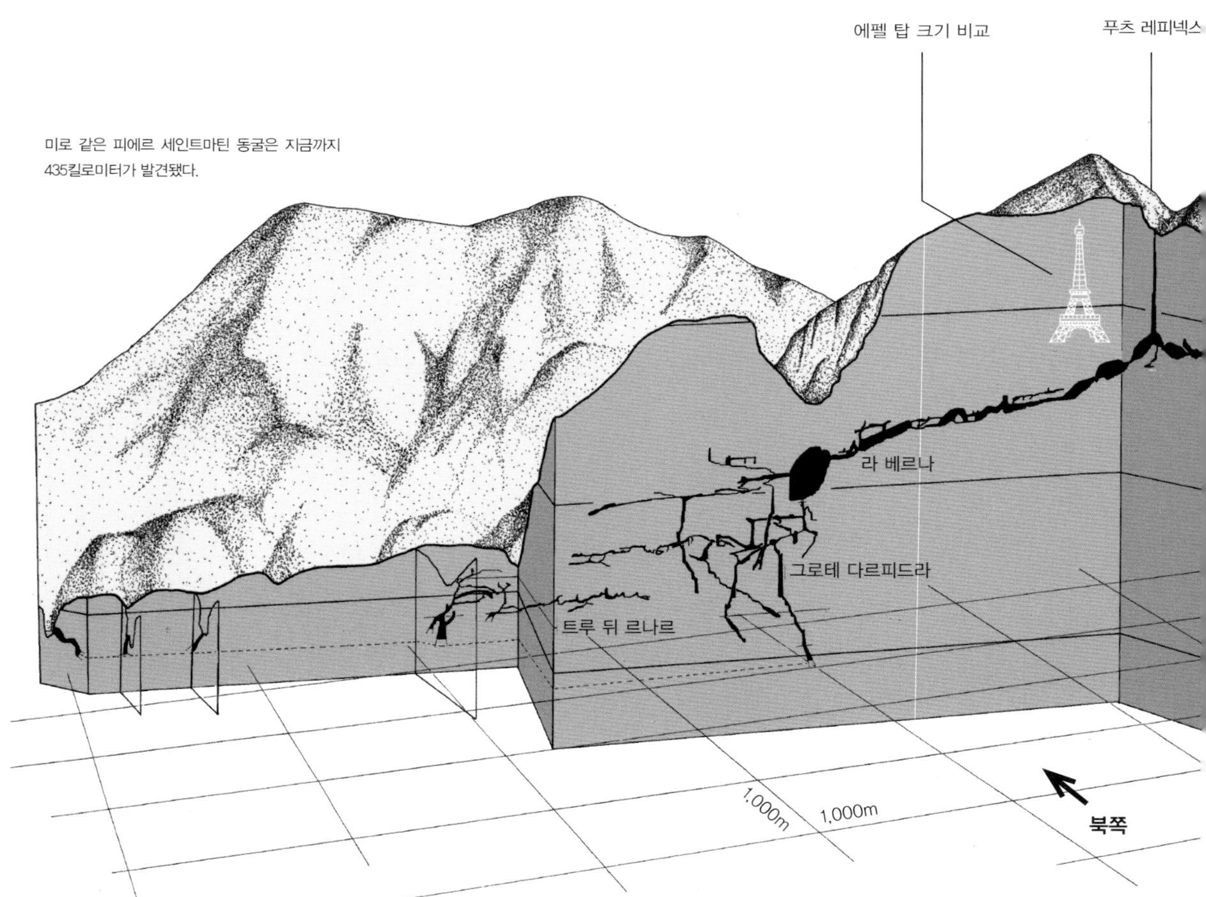

미로 같은 피에르 세인트마틴 동굴은 지금까지 435킬로미터가 발견됐다.

데, 동굴의 터널은 435킬로미터가 넘고 강은 최소 13개 이상인 것으로 확인된다. 카스트레는 그 이후로도 33년간 꾸준히 탐사하고 그 결과를 보고했다.

카스트레가 남긴 글들은 새로운 세대의 동굴탐험가들에게 영감을 줬다. 이제 지구의 표면은 우리에게 그 어느 때보다 더 익숙해졌다. 하지만 아직도 지하에는 전혀 새로운 모험의 세계가 숨어 있다.

> *캔버스로 얼기설기 만든 텐트 안에 배낭으로 몸을 감싸고 완벽한 어둠 속에 누워 있노라면, 지금의 나약하기 그지없는 나를 깨닫고 겸손함을 배우게 된다.*

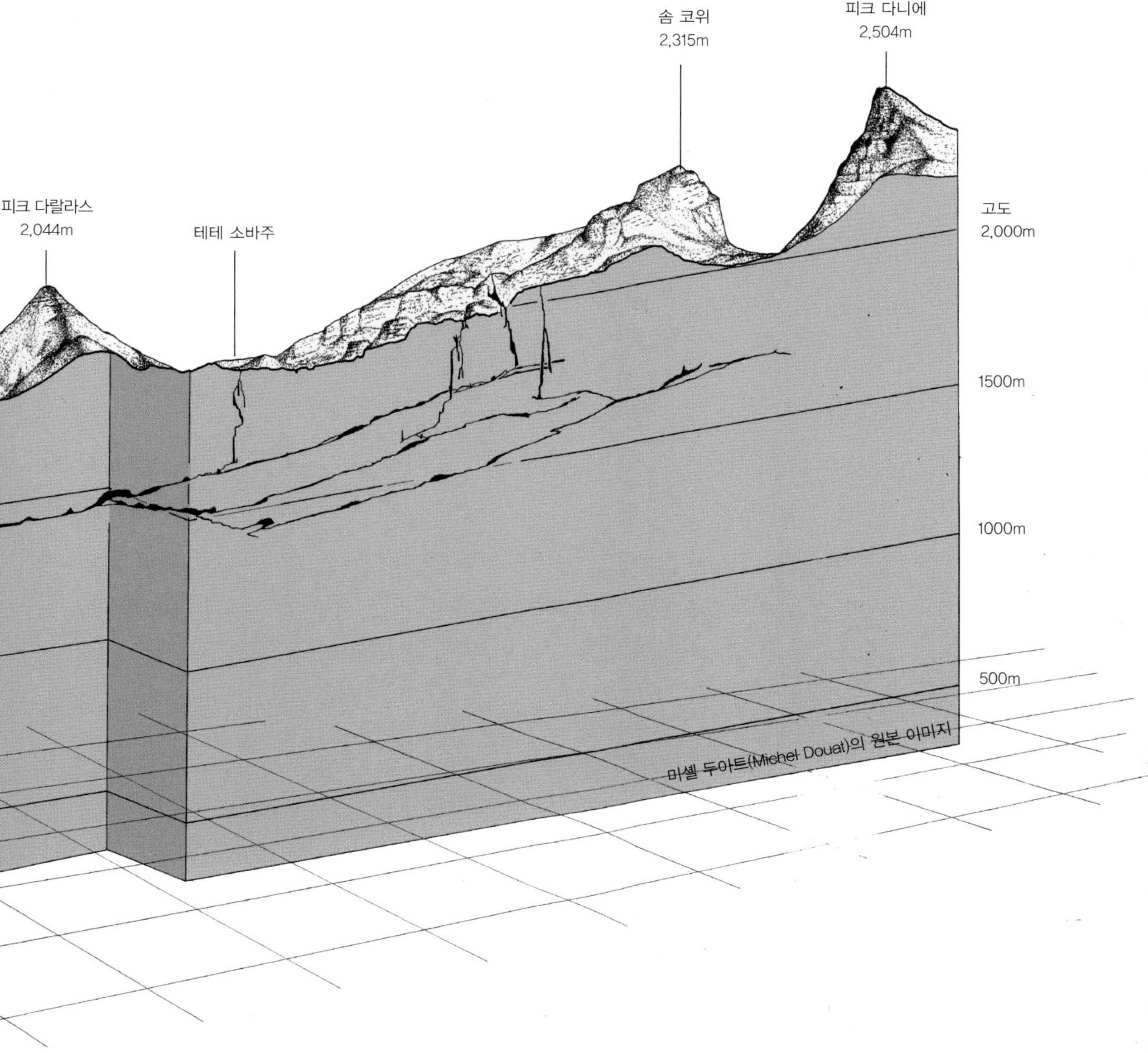

마셸 두아트(Michel Douat)의 원본 이미지

25 자연의 위대함 속으로

: 존 뮤어, 자연을 구하기 위한 수천 마일

"나는 밖으로 나갔다. 해가 질 때까지 걸으려고 했다. 밖으로 나간 것이지만, 안으로 들어온 것이나 마찬가지였다."

존 뮤어

기간 1867년~1914년.

시도 뮤어는 인디애나폴리스(Indianapolis)에서 플로리다까지 1.6킬로미터를 포함해 북미 전역을 홀로 몇 번이나 탐험했다. 또한 오랜 시간을 황야에서 혼자 보냈다.

난관 아무 장비도 없이 홀로 험악한 지형을 등반하며 지독한 외로움과 싸웠다. 또한 식량부족은 뮤어에게 있어 커다란 위협이었다.

업적 뮤어는 미국 토지의 활용과 보존에 관한 새로운 개념을 정립했다. 그의 글은 대통령, 의원, 대중의 마음을 움직였다.

(반대쪽) 상단 왼쪽
존 뮤어가 1916년에 선택한 경로. 그가 집필한 《멕시코만까지 1,000마일(A Thousand Mile Walk to the Gulf)》에서 발췌했다.

상단 오른쪽
지금까지 생존한 세계에서 가장 큰 나무인 제너럴 셔먼(General Sherman). 세쿼이아나무로, 현재 캘리포니아에 있다.

하단
1906년, 요세미티 국립공원에서 시어도어 루스벨트 대통령과 함께한 뮤어의 모습. 사진의 배경은 요세미티 폭포다.

젊은 남자는 손을 절도 있게 움직이면서 나무를 깎아 곡선을 만들고 매끄럽게 다듬었다. 그가 작업을 마칠 때쯤이면 단순한 나무가 우아한 마차 바퀴로 변신했다. 그는 일에 능숙했고 보수도 좋았지만, 자신의 직업을 그다지 좋아하지 않았다. 늘 그의 마음은 나무토막보다 사랑하는 숲에 가 있었다.

그날도 잠깐 다른 곳에 정신을 팔고 있었다. 바로 그 순간이었다. 사용하고 있던 도구가 손에서 미끄러지고 말았다. 도구의 날카로운 끝은 나무 표면에서 미끄러졌고, 그는 체중이 앞으로 실리면서 넘어졌다. 날카로운 금속 칼날이 쓰러지는 남자의 눈을 찔렀고, 눈에서는 피가 흘렀다. 그 후 그는 시력을 잃었다.

결국 그는 트라우마로 두 눈의 시력을 모두 잃었다. 사고 후 6주 동안 남자는 어두운 방에 앉아 사랑하는 숲과 산을 다시는 볼 수 없을까봐 괴로워했다. 다행스럽게도 고통스러울 정도로 천천히 시력이 돌아왔다. 그는 시력이 회복된 것을 소중한 선물이라고 생각하고, 식물을 탐구하고 연구하겠다는 자신의 꿈을 좇으리라고 다짐했다. 그는 이 일에 대해서 "고통은 나를 달콤한 들

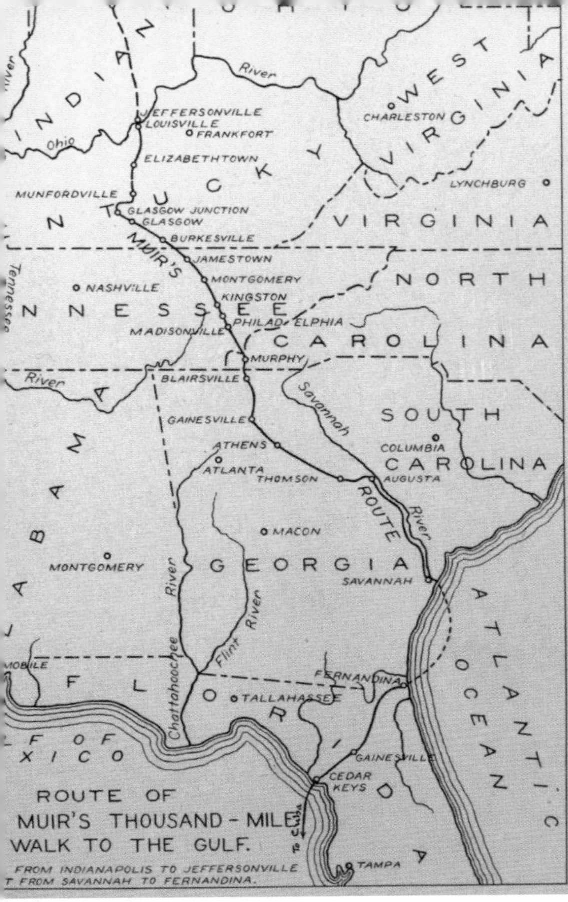
WEST VIRGINIA
CHARLESTON
VIRGINIA
LYNCHBURG
JEFFERSONVILLE
LOUISVILLE
FRANKFORT
ELIZABETHTOWN
MUNFORDVILLE
GLASGOW JUNCTION
GLASGOW
BURKESVILLE
JAMESTOWN
MONTGOMERY
KINGSTON
PHILADELPHIA
MADISONVILLE
MURPHY
BLAIRSVILLE
GAINESVILLE
ATHENS
ATLANTA
THOMSON
AUGUSTA
COLUMBIA
NASHVILLE
NORTH CAROLINA
SOUTH CAROLINA
GEORGIA
MACON
MONTGOMERY
SAVANNAH
MUIR'S ROUTE
Savannah River
Ohio
River
Tennessee
Chattahoochee River
Flint River
MOBILE
FERNANDINA
TALLAHASSEE
GAINESVILLE
CEDAR KEYS
TAMPA
ATLANTIC OCEAN
ROUTE OF
MUIR'S THOUSAND - MILE
WALK TO THE GULF.
FROM INDIANAPOLIS TO JEFFERSONVILLE
FROM SAVANNAH TO FERNANDINA.

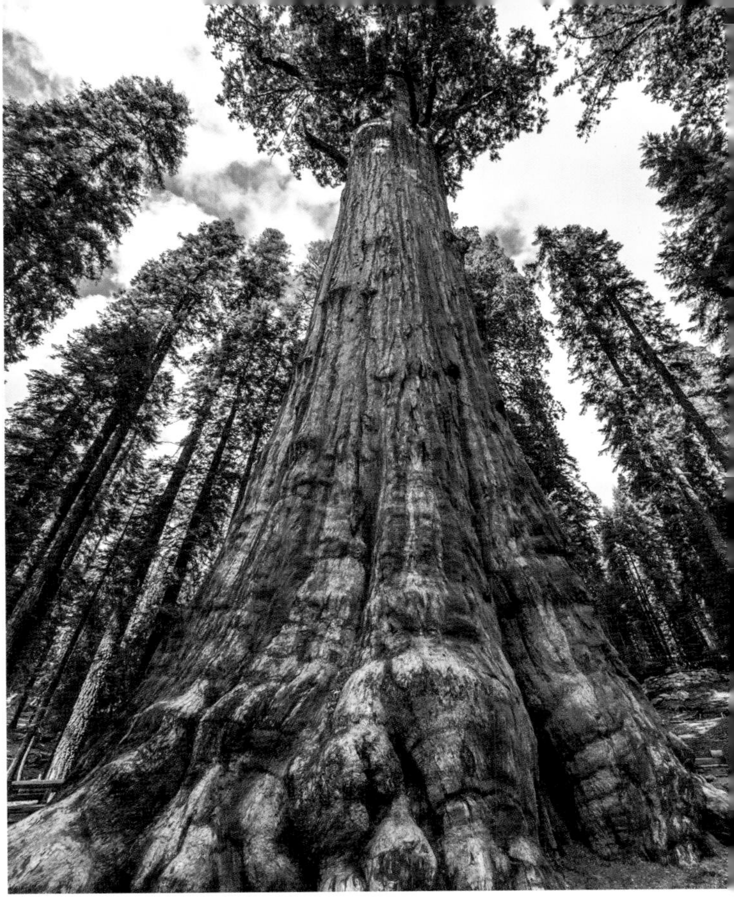

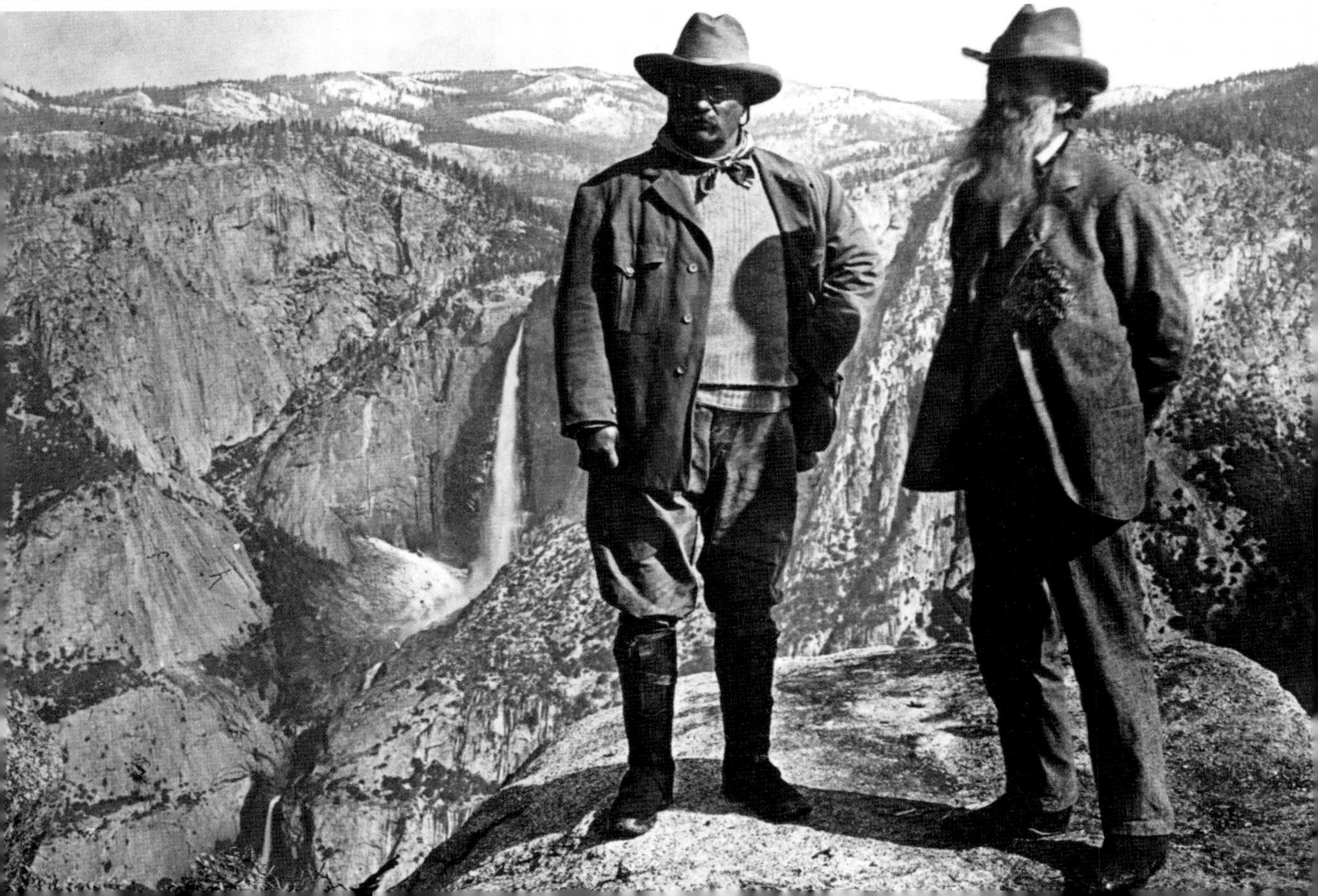

판으로 끌고 갔다. 신은 때때로 가르침을 주기 위해 죽음과 같은 고통을 느끼게 한다"고 적었다.

이 남자의 이름은 존 뮤어(John Muir)다. 1867년 뮤어는 자신의 삶뿐만 아니라 수백만 명의 미국인들의 삶과 먼 미래를 변화시키기 위한 탐험을 시작했다.

뮤어의 첫 여행

스코틀랜드 던바(Dunbar)의 작은 해안 마을에서 태어난 존 뮤어는 11세가 되던 해인 1849년에 가족과 함께 미국 위스콘신(Wisconsin)으로 이사했다. 그의 아버지는 신앙심이 매우 깊었고, 엄격하게 규율을 지켰다. 이러한 양육 방식은 아들에게 평생 큰 영향을 미쳤다. 어렸을 때부터 그는 자연에 매료됐고, 미국의 동·식물에 특별한 관심이 있었다.

뮤어는 농장에서 아버지와 함께 일을 하면서, 독학으로 수학, 기하학, 문학, 철학을 배웠다. 대학을 졸업한 후에는 산업 발명가로 일하게 됐지만, 1867년 3월에 29세의 나이로 끔찍한 사고를 당하고 말았다. 몸을 회복하는 동안 그는 '가능한 많은 자연을 보겠다'는 계획을 세웠다. 그리고 1867년 9월에 뮤어는 드디어 켄터키(Kentucky)에서 플로리다까지 1,600킬로미터의 여행을 떠났다.

최소한을 위한 계획

먼 여정이었지만 준비는 단출하기 그지없었다. 그가 가진 것은 나침반과 스코틀랜드 시인인 로버트 번스(Robert Burns)의 시집과 성경, 식물에 관한 교과서 한 권이 전부였다. 심지어 어디로 가야 할지도 정하지 않았다. 가능한 잎이 많고, 사람들이 다닌 흔적이 없는 야생으로 가보자는 생각이 전부였다. 이렇게 시작된 여행은 컴벌랜드 산맥(Cumberland Mountains)과 조지아(Georgia), 플로리다로 이어졌고 마침내 그가 도착한 곳은 멕시코만이었다.

뮤어는 총을 가지고 다니지 않았고, 사냥도 하지 않았으며, 오직 빵과 야생열매에만 의존했다. 제대로 먹지 않고 며칠을 보내는 일은 뮤어에게 별반 새로운 것이 아니었다. 어렸을 적에도 먹을 음식이 충분치 않아 배를 곯는 일이 잦았기 때문이다.

그의 여행은 단순히 새로운 장소를 발견하고 지도를 채우려는 목적이 아니었다. 종교적인 성장환경에서 벗어나 마음을 자유롭게 만들고, 새로운 방식으로 세상을 바라보기 위한 일종의 순례였다. 걷고 또 걸으면서, 뮤어는 인간이 지구의 다른 어떤 생물들보다 우월하지 않다는 사실을

절실하게 깨닫게 됐다.

뮤어가 없었다면 요세미티 계곡은 벌목과 개발로 인해 흔적도 없이 사라졌을 것이다.

인간은 자연의 중심이 아니라, 거대한 퍼즐의 작은 조각에 불과했다. 더 중요한 것은, 그렇다고 두려워하거나 낙담할 필요는 없다는 것이었다.

서쪽의 매력

다음 행선지는 서쪽 캘리포니아였다. 1868년 3월, 뮤어는 배를 타고 샌프란시스코에 도착해서 가장 처음 만난 목수에게 혼란스러운 도시를 벗어나는 가장 빠른 방법이 무엇인지 물었다. 목수가 "어딜 가기를 바라느냐"고 묻자, 뮤어는 "야생이면 어디든 좋다"고 답했다. 그는 시에라네바다 산맥(Sierra Nevada Mountains)을 향해 동쪽으로 걷기 시작했다. 그 길에서 야생화가 만발한 초원을 지나 난생처음 고원에 도착했다.

6월에 뮤어는 요세미티(Yosemite)에 도착했다. 그는 우레 같은 소리를 내는 폭포, 우뚝 솟은 절벽, 고대 세쿼이아나무가 자라난 위대한 협곡을 보고 경외감을 느낀 동시에, 그곳과 사랑에 빠졌다. 당시 12킬로미터 가량의 계곡은 주 정부의 보호를 받았지만, 다른 곳에서는 이미 경제활동이 이뤄지고 있었다.

뮤어는 제재소에서 일자리를 찾았고, 직접 오두막을 지었다. 여가시간에는 가능한 계곡을 넓게 탐험했다. 이후 그는 미국 최고의 산악인으로 손꼽히게 됐다. 뮤어는 늘 자신의 안전을 중요하게 생각하지 않았다. 제대로 된 장비도 없이 산을 오르면서 항상 위험을 감수했다. 한번은 요세미티 계곡에서 가장 규모가 크며 전체 길이가 에펠탑의 높이와 맞먹는 요세미티 폭포(Yosemite Falls)를 거꾸로 오른 적이 있었다. 폭포에 떨어지는 물줄기 사이로 달을 보기 위해서였다. 그런데 폭포에 오르는 동안 갑자기 풍향이 바뀌어 물이 그를 덮쳤다. 다행히도 뮤어는 안간힘을 다해 안전한 곳으로 기어나갈 수 있었다. 최초로 리터 산(Mount Ritter)을 등반하는 기록을 세울 때도 아슬아슬한 위기에서 탈출해 목숨을 건졌다. 4,006미터나 되는 산봉우리에서 뮤어는 그만 공포에 질려 몸이 얼어버린 것이다. 그는 이후 다음과 같은 기록을 남겼다.

> 정상이 얼마 남지 않았을 때, 내가 협곡에서 눈사태의 바닥 부분에 서 있다는 사실을 알게 됐다. 더는 앞으로 나갈 수 없었다. 갑작스러운 위기였다. 나는 팔을 벌려 바위에 매달렸다. 팔과 다리를 조금도 움직일 수 없었다. 죽음이 코앞에 닥쳐 있었다. 여기에서 떨어져 죽을 운명이라고 생각했다. 진땀 흐르는 순간이 지났고, 아슬아슬하게 빗겨나간 굉음이 들렸다.

다행히 뮤어는 떨어지지 않고 바위 끝에 위태롭게 매달려 있었다. 마치 수호천사의 보호를 받은 것처럼 이 잠깐 동안 뮤어는 정신을 차리고, 힘을 되찾아 안전하게 산을 오를 수 있었다.

뮤어는 대학 은사의 아내이자 오랜 친구인 진 카(Jeanne Carr)에게 편지를 쓰기 시작했다. 경치와 야생에 대해 수려하게 묘사했고, 특히 4,000년이나 된 것으로 추정되는 거대한 세쿼이아나

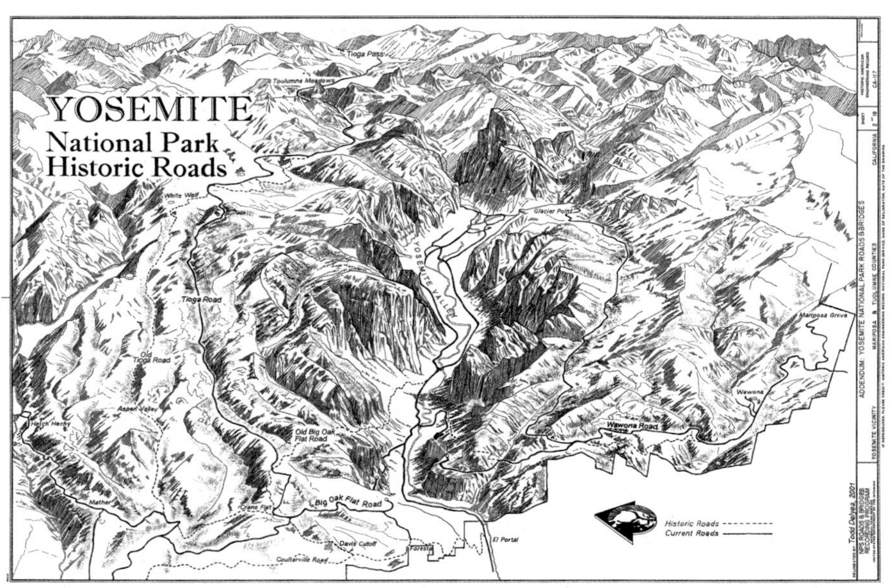

요세미티 국립공원의 옛길을 나타낸 지도.

무에 관해 자세하게 적었다. 그는 나무의 나이가 4,000년이라면, 그 종은 대체 몇 년이 됐을 것 같으냐고 묻고는, 아마 수백만 년일 것으로 추정했다. 뮤어는 계곡에 있는 바위들을 연구했고, 이 시기에 빙하에 대해 알게 됐다.

미국이 귀를 기울이다

1871년, 뮤어는 하이 시에라(High Sierra)의 매력에 완전히 빠져버렸고, 더 멀리, 더 오래 야생을 여행하게 됐다. 그해에 그는 계곡 동쪽 끝에서 계속 활동하고 있는 빙하를 발견했다. 그래서 뉴욕의 한 신문에 '이전에 생각했던 것처럼 지진이 아니라 빙하가 오랜 시간에 걸쳐 요세미티 계곡을 만들었다'는 내용의 기사를 썼다.

이를 계기로 뮤어에게 사명감 하나가 생겼다. 그는 미국인들이 자연을 바라보는 시각을 근본적으로 바꾸고 싶었다. 미국인들이 일에 몰두하고 경제적 성장에만 몰두하는 대신, 자연을 경험하기를 원했다. 1873년, 뮤어는 오클랜드로 이사해 지역 신문을 비롯한 여러 출판물에 글을 쓰기 시작했고, 느린 속도였지만 상당한 명성을 얻기 시작했다. 또한 미국에서 가장 높은 산인 휘트니 산(Mount Whitney)을 단독으로 등반하는 데 성공했다. 동쪽 경로를 이용해서 휘트니 산에 오른 사람은 뮤어가 처음이었다.

1875년이 되자, 뮤어는 전국적으로 출판되는 정기 간행물에 글을 게재하게 됐다. 이 와중에 하이 시에라의 세쿼이아나무가 위협을 당하고 있었다. 한 벌목 회사에서 이 거대한 나무를 호시탐탐 노리고 있었다. 뮤어는 의회에 나무를 보호해야 한다고 주장하는 편지를 수없이 써보냈다. 이후 4년 동안, 뮤어는 글쓰기를 게을리 하지 않으면서 여행과 탐험을 계속했다. 심지어 멀리 알래스카까지 탐험의 영역을 확대했다. 마지막 알래스카 탐험에서는 열흘 동안 개썰매를 끌고 '뮤어 빙하(Muir Glacier)'라고 불리는 곳을 홀로 여행했다.

1880년, 뮤어는 부유한 과일 농부의 딸과 결혼했다. 몇 해 전 그가 만든 뗏목을 타고 머세드강(Merced River)과 샌호아킨강(San Joaquin River)을 따라 내려가, 샌프란시스코 근처에 있는 마르티네즈(Martinez)까지 400킬로미터를 여행했을 때 만났던 여인이었다. 뮤어는 이후 그녀에게 이렇게 편지를 썼다.

> *짐도 없이 혼자 조용히 여행하면 진정으로 야생의 중심으로 들어갈 수 있습니다. 다른 모든 여행은 신기루와 같으며, 호텔, 짐, 수다에 불과합니다.*

두 사람은 결혼해서 아이들을 낳았고, 뮤어는 마르티네즈 농장에서 과일 관리를 도왔다. 이때 약 10년 동안 그는 글을 쓰지 않았다.

캘리포니아 리터 산. 뮤어는 이곳을 오른 최초의 사람이었고, 이곳에서 극심한 공포를 느꼈다.

그는 가족을 사랑했지만, 자연을 잊을 수 없었다. 1889년, 독자 수가 약 100만 명에 달하는 인기 잡지인 〈센추리(Century)〉의 편집자인 로버트 언더우드 존슨(Robert Underwood Johnson)은 뮤어에게 다시 글을 써달라고 설득했다. 두 사람은 계약에 관한 이야기를 하며 요세미티를 방문했다가 계곡이 개발 중인 것을 보고 깜짝 놀랐다. 경지는 개간되고, 거대한 돼지 농장이 들어서 있었으며, 폭포를 우회시키기 위한 논의가 진행되고 있었다. 이 사실을 알게 된 뮤어는 경악했다. 주 정부 차원의 보호만으로는 부족하다는 사실을 뼈저리게 느끼는 계기가 됐다.

자연보호 활동의 시작

16년 전, 옐로스톤에 세계 최초의 국립공원이 만들어졌다. 이를 보고 뮤어와 존슨은 요세미티에도 국립공원을 조성하려고 했다. 뮤어는 유려한 글솜씨로 어느 작가에게서도 느낄 수 없는 감동을 선사했고, 이러한 노력으로 1890년 요세미티가 국립공원으로 지정됐다. 또한 그는 계곡

주변에 있는 총 3,100제곱킬로미터의 땅도 보호해달라고 요구했고, 의회는 한 달도 지나지 않아서 법안을 통과시켰다.

여기서 멈추지 않고 그는 하이 시에라의 거대한 세쿼이아에 대해서도 보호를 요청했다. 그의 영향력은 상당해서 벤자민 해리슨(Benjamin Harrison) 대통령이 직접 5만 3,000제곱킬로미터의 땅을 산림보호구역으로 지정했다. 세콰이아 국립공원이 설립된 것도 이때였다. 이후 뮤어는 시에라 클럽(Sierra Club)을 공동 설립했고 평생 회장이 됐다. 현재 시에라 클럽은 250만 명의 회원을 보유하고 있으며, 미국에서 가장 중요한 풀뿌리 환경단체로 활동하고 있다.

세기가 바뀐 후, 대통령 재선을 꿈꾸던 시어도어 루스벨트(Theodore Roosevelt) 대통령이 요세미티로 뮤어를 방문했다. 두 사람은 사흘 동안 캠핑하고, 하이킹하며 이야기를 나눴다. 루스벨트 대통령은 1904년 재선에 성공한 후, 미 전역에 80만 제곱킬로미터가 넘는 국토를 국립공원으로 제정하고 18개가 넘는 보호구역을 선포했다. 1905년에 드디어 요세미티 주요 계곡이 연방 정부의 통제를 받는 국립공원에 포함됐다.

뮤어의 목표는 미국이 야생을 활용할 자원으로서가 아니라, 후세를 위해 소중히 간직해야 할 유산으로 인식하도록 만드는 것이었다. 1914년에 그가 사망한 후에도 시에라 클럽은 새로운 국립공원과 국립 야생동물 보호구역을 제정하기 위해 노력했다.

뮤어는 오늘날 전세계의 환경운동가들에게 영감을 주는 존재로 남아 있으며, '국립공원 체계의 아버지'로 기억되고 있다.

> 사람들은 세상 속에서가 아니라 지구 위에서 살아간다. 그래서 자신과 관계된 것들에 공감하거나 연대를 느끼지 못할 때가 많다. 주변과 교류하면서도, 동시에 홀로 살아간다.
>
> *_뮤어의 일기에서 발췌*

26 공정한 무역

: 정화의 보물 함대

"우리는 십만 리가 넘는 방대한 바다를 여행했고, 하늘 높이 치솟는 집채만 한 거대한 파도를 봤으며, 멀리 떨어진 그곳을 목표로 삼았다. 우리는 마치 일반 도로를 횡단하는 것처럼 거친 파도를 헤치고 나아갔다."

정화가 세운 기념비에서 발췌

기간 1405년~1433년.

시도 정화는 300척이나 되는 함대를 이끌고 중국을 떠나 동아프리카 해안까지 항해했다.

난관 항해는 어려웠지만, 함대의 규모, 지도, 나침반 덕분에 그나마 위험을 줄일 수 있었다.

업적 정화의 함대가 아프리카 동쪽까지 진출했지만, 마지막 항해 후 중국이 고립되면서 그 업적이 알려지지 않았다. 정화의 업적이 다시 주목받기 시작한 것은 21세기에 들어서부터다.

정화(鄭和)는 1405년부터 1433년까지 중국의 보물 함대의 항해를 일곱 번이나 이끈 제독이었다. 그의 함대는 케냐의 말린디(Malindi)까지 여행했으며, 홍해, 멕시코만, 남부 인도, 스리랑카, 동남아시아 등을 방문했다.

정화의 함대는 전례를 찾기 어려울 정도로 포부가 큰 문화적 탐험이었다. 하지만 당시 중국은 세계에서 고립돼 있던 탓에 거대한 규모에도 불구하고 그 놀라운 업적이 널리 알려지지 않았다.

(반대쪽) 위
인도네시아 자바 섬 중부인 세마랑(Semarang)의 삼보공(Sam Poo Kong) 사원에 있는 정화의 동상. 이 절은 원래 정화가 자바를 방문했을 때 세운 것이며, 몇몇 선원들은 이후 항해에 동참하지 않고 절에 남았다.

아래
정화 600주년을 기념하는 중국 우표. 중앙에 보물선이 있으며, 전체 함대의 규모를 보여준다.

잔인한 포로 생활

정화의 원래 이름은 '마화(馬和)'였다. 그는 1371년경 중국 윈난(雲南)의 소수 민족인 후이족 가정에서 태어났다. 당시는 몽골 원왕조가 몰락하고 명왕조가 탄생한 중국 역사의 격동기였다. 그의 부친은 1381년까지도 원왕조에 충성하던 윈난이 정복될 때 사망했다. 정화는 포로로 잡혀 거세당한 후, 홍무제(洪武帝)의 아들인 연왕(燕王)의 집으로 보내졌다.

이후 정화는 영향력 있는 인물로 성장했다. 9척 장신이라고 불릴 만큼 대단한 풍채는 아니었

6元
中国邮政
CHINA
郑和下西洋600周年
2005-13
郑和下西洋600周年

지만, 목소리는 아주 우렁찼다. 그는 왕자를 섬기며 성장했고, 군사적·외교적 수완으로 유명해졌다. 1398년에 홍무제가 사망한 후 조카인 건문제(建文帝)가 즉위하면서, 역심을 품은 연왕은 건문제를 축출하고 1402년에 영락제(永樂帝)로 즉위했다. 정화는 북경 일대의 전투에서 큰 승리를 거두면서 황제의 측근으로 부상했고, 영락제는 그에게 '정화'라는 칭호를 줬다.

영락제는 명왕조의 권력을 확립하기 위한 계획의 일환으로, 소위 말하는 '서쪽 바다'에서 입지를 다지길 바랐다. 이 거대한 계획을 이끌게 된 정화는 서쪽 바다의 통치자들에게 도자기, 비단, 금, 은 선물과 함께 황실의 편지를 전하고 방문한 땅에서 공물을 가지고 돌아오라는 지시를 받았다.

세상 최대 규모의 함대

정화의 함대가 정점에 있을 때는 무려 300척의 배로 구성돼 있었는데, 선원과 항해사뿐만 아니라 군인, 점성술사, 통역사, 무역상, 의사 등 2만 8천 명 정도의 여러 전문가들이 포함돼 있었다. 개중 가장 큰 배는 보물이었는데, 총 60척이 만들어졌다. 이 배는 돛대 9개와 갑판 5개 또는 6개가 있었고, 길이는 122미터 이상에, 무게는 1,500톤이나 됐다(콜럼버스의 산타마리아 호는 26미터 길이에, 무게가 100톤이었다). 배에는 또 19세기까지 서양의 배에서는 찾아볼 수 없던 방수 칸막이가 있어, 배가 파손되면 수리할 수 있었다.

1405년 가을, 정화는 난징(南京)을 떠나 첫 번째 항해를 시작했다가 1407년에 돌아왔다. 그는 중국 해안을 따라 항해했고, 베트남 남부에 있는 참파 왕국의 주요 항구인 비자야(Vijaya) 항에 처음으로 정박했다. 그곳에서 자바, 말라카(Malacca, 지금의 믈라카), 스리랑카로 이동했으며, 해안 근처의 벵골만(Bay of Bengal)을 가로질러 인도 남쪽의 캘리컷(Calicut)으로 항해했다. 정화의 함대 중 일부는 니코바르 제도(Nicobar Islands)와 안다만 제도(Andaman Islands)를 방문했다. 대부분의 활동은 통치자들과 선물을 교환하고 함대의 상인들이 교역하도록 하는 등 외교적인 것이었다.

두 번째 항해(1407년~1409년)에서는 코친(Cochin)에서 열린 새로운 왕의 취임식에 참석하고자 비슷한 경로를 이용했다. 세 번째 항해(1409년~1400년)도 목적지는 비슷했다. 다만 이번에는 그를 반대하는 스리랑카의 한 지방 통치자를 제압하고 지지자를 처단한 뒤 영토를 다시 탈환하는 것이 목적이었다. 네 번째 항해(1413년~1415년)는 항해의 범위를 넓혀서 페르시아만의 호르무즈에 도착하는 성과를 기록했다. 다섯 번째 항해(1417년~14199년)는 아프리카 동쪽과 남쪽으로 말린디까지 영역을 넓혔다. 마지막인 여섯 번째 항해(1421년~1423년)에서는 비슷한 경로로 항해했다.

상상을 초월하는 이국적인 보물

항해가 서쪽으로 갈수록 정화가 황제에게 가져다주는 선물들은 더욱 이국적이 됐다. 호르무

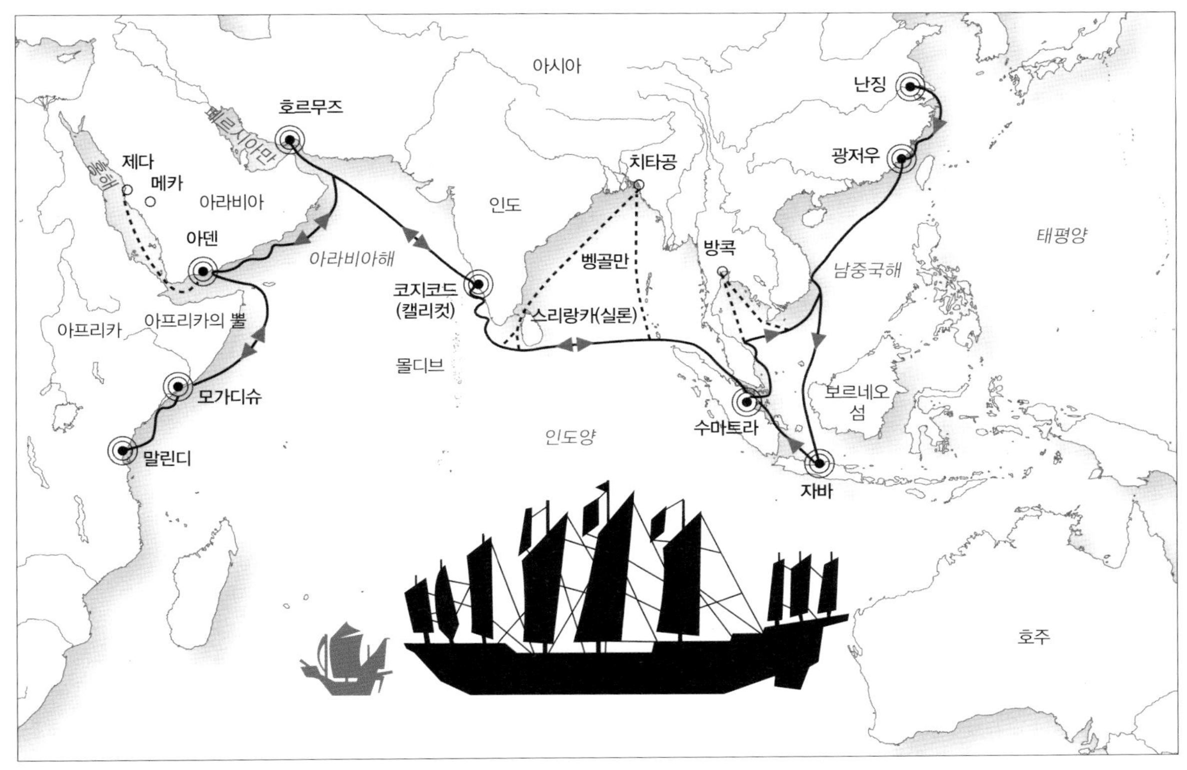

지도 아래의 배는 정화의 300척 배 중 하나를 형상화한 그림이다. 왼쪽은 콜럼버스의 산타마리아 호로, 배의 크기를 비교한 것이다.

즈 항해에서는 사자, 황금 반점이 찍힌 표범, 덩치가 큰 서양의 말을 선물로 가져왔다. 아덴(Aden)에서는 쿨라파(culafa), 다시 말해서 중국에서 행운을 가져다준다고 믿었던 상상 속의 동물인 기린과 긴 뿔이 달린 마하(maha, 영양)를 가져왔다. 모가디슈(Mogadishu)에서는 후아풀루(huafulu, 얼룩말)와 사자를 진상했다. 바라와(Barawa, 지금의 소말리아)에서는 천 리를 달리는 낙타와 타조를 선물했다.

정기적으로 도착하는 정화의 보물선은 조금씩 지방의 통치자들에게 부담이 되기 시작했다. 선물과 진상품은 더욱 사치스러워져서, 통치자들은 산과 바다에 숨은 물건들이나, 모래와 해안에 숨겨진 경탄할 만한 물건들을 내놓기도 했다.

정화는 계속 이슬람교를 믿었다. 또한 선원들 다수가 믿고 있던 바다의 여신이자 보호자인 마조신(媽祖)을 숭상했다. 그는 1433년 창러(昌樂)에서 함대를 대기시키고 마조신에게 감사를 표하면서, 자신의 항해를 자세하게 설명한 기념비를 세웠다.

1424년에 영락제가 사망하고 그 후계자로 즉위한 홍희제(洪熙帝)는 중국이 국경 너머로 눈을 돌릴 필요가 없다며, 더 이상의 항해는 하지 말라고 명령했다. 하지만 그의 통치는 짧게 끝이 났

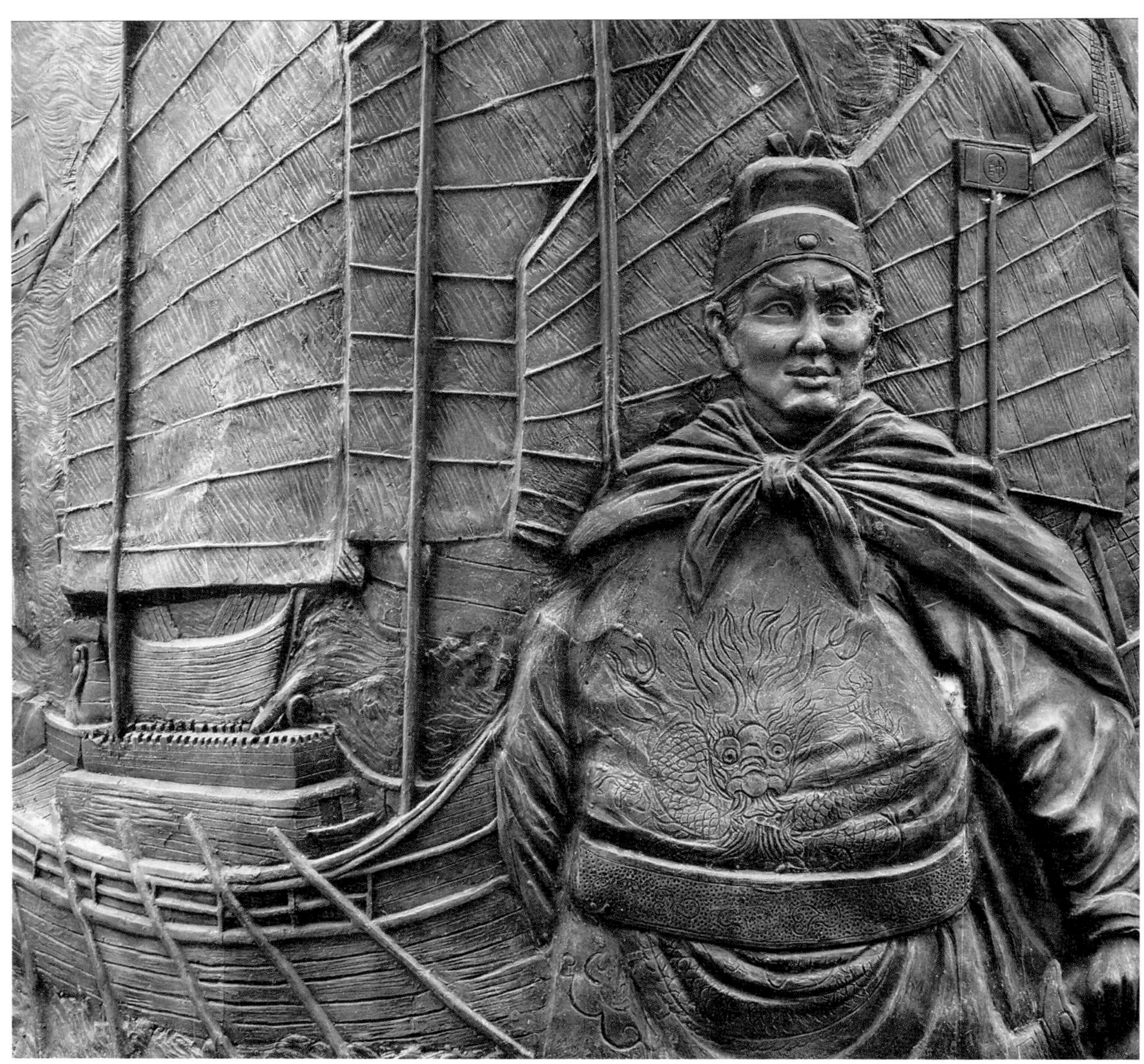

말레이시아 말라카에 있는 정화와 그의 함대를 새긴 동상. 정화가 항해 중 자주 방문했던 곳이다.

다. 아들인 선덕제(宣德帝)는 1431년 정화에게 다시 항해를 허락했다. 이때 정화의 함대는 호르무즈로 향했다. 또 다른 함대는 몰디브(Maldives)와 제다(Jeddah)에 도착했는데, 이슬람 최고의 성지인 메카(Mecca)로 가기 위해서였다.

고립된 중국

정화는 1433년 캘리컷에 도착해서 사망했고, 육지나 바다에 묻힌 것으로 알려져 있다. 그의 주 함대는 그 후 중국으로 돌아갔으며, 이후 중국인들은 먼 바다를 항해하지 않았다. 15세기 후반에 들어서는 행정가들이 항해 기록을 파기하기 시작했고, 정화의 위업은 20세기 후반까지 잊혔다.

정화는 지금도 중국에서 상당한 존경을 받고 있다. 만약 중국이 항해를 계속했더라면 희망봉을 지나 아메리카 대륙과 마젤란 해협을 발견하고, 태평양을 건너 호주에 도착할 수도 있었을 것이라는 추측이 난무한다. 하지만 그게 아니더라도 정화의 항해는 대단한 업적이었다. 15세기 후반에 정화가 먼저 항해했던 지역을 무자비하게 착취했던 유럽인들과 전혀 달랐다는 점도 높이 평가된다.

27 가진 것은 낙타와 나침반뿐

: 거트루드 벨과 하일

"텐트 위의 작은 바위에서 나는 그 땅을 봤고, 하일의 탑과 정원을 봤다. 마치 내가 성지를 순례하고 있는 듯한 기분이 들었다. 이 땅을 보면 볼수록 여행의 성과가 무엇이었는지 깨닫게 된다."

1914년 2월 24일, 거트루드 벨

기간 1913년~1914년.

시도 4년 반 동안 다마스쿠스와 사막을 거쳐 지금의 사우디아라비아 북부에 있는 하일에 도착했으며, 바그다드를 통해 귀환했다.

난관 벨은 분쟁 중인 부족들이 지배하는 사막을 가이드와 낙타만 데리고 여행했다.

업적 아랍과 그곳 사람들에 대한 해박한 지식 덕분에 제1차 대전 이후 건립된 이라크에서 정치인으로 권력을 얻어 중요한 역할을 담당했다.

거트루드 벨(Gertrude Bell)은 여행자이자 산악인이었고, 고고학자이자 중동 전문가였다. 벨은 다마스쿠스(Damascus)에서 사막을 거쳐 지금은 사우디아라비아 북부에 있는 하일(Ha'il)까지 여행했고, 그 공로를 인정받아 1918년에 왕립지리학회에서 금메달을 받았다. 1916년부터 아랍국(Arab Bureau)에서 일하면서 이라크의 건립을 도왔고, 이라크 초대 국왕인 파이살 1세(King Faisal I)의 고문 역할을 담당했다.

벨은 1868년 영국 북동부 지역의 부유한 가정에서 태어났다. 그녀의 가족은 철강과 화학 공업에 주력하는 가족기업으로 상당한 돈을 모았다. 항상 밝은 성격이었던 벨은 옥스퍼드대학에서 공부했고, 2년 만에 현대역사학위를 최고 성적으로 얻어냈다. 이후 벨은 전세계를 여행했고, 1899년부터 1904년까지 몽블랑 산(Mont Blanc)과 마터호른 산(Matterhorn)을 비롯해 여러 곳을 등반하는 데 성공했다.

(반대쪽) 위
1922년, 거트루드 벨(가운데 여성)이 이라크의 파이살 왕과 소풍을 즐기고 있는 모습. 왕이 벨을 전적으로 신뢰했음을 짐작할 수 있다.

아래
독일 화가 오이겐 브라흐트(Eugen Bracht)의 1833년 작품 〈시리안 사막에서의 휴식(Rest in the Syrian Desert)〉.

벨이 고고학 작업을 했던 팔미라의 항공사진이 찍힌 오래된 엽서. 벨은 1914년 여행 막바지에 바그다드에서 다마스쿠스로 돌아오는 길에 팔미라 근처를 지났다.

모래로 덮인 아랍 땅

하지만 벨이 진심으로 흥미를 느낀 곳은 아랍이었다. 1892년 페르시아를 방문한 후 벨은 줄곧 아랍에 가고 싶어 했다. 1900년, 드디어 페트라(Petra), 팔미라(Palmyra), 바알베크(Baalbek)로 이어지는 첫 번째 사막 여행을 하게 됐다. 또한 20세기 초반 10년 동안에는 아나톨리아(Anatolia)와 메소포타미아(Mesopotamia)에서 고고학자로 시간을 보냈다. 한편 벨은 아랍 지역의 정치에도 정통했기 때문에 영국 정부에 비공식적으로 정보를 제공했다.

벨은 1913년 영국에서 잠깐 시간을 보낸 후, 11월에 중동으로 돌아와 아라비아 사막으로 여행을 갈 계획을 세웠다. 그녀는 11월 21일 베이루트(Beirut)에 도착했고, 짐도 무리 없이 세관을 통과했다(벨의 말에 따르면, 무언가를 부츠에 숨겨서 들어올 필요는 없었다고 한다). 11월 25일, 마침내 벨은 다마스쿠스에 도착했고, 그곳에서 나즈드(Najd)라는 조용한 사막을 여행했다. 그곳의 부족들은 서로 평화를 지키며 살고 있었다.

벨은 그곳에서 경험 많은 가이드와 여행에 적합한 낙타 17마리를 구했다. 그리고 가이드와 낙타만 데리고 12월 16일에 비를 맞으며 여행을 나섰다. 사막에서의 추운 겨울밤과 이른 아침의 서리로 고통받았지만, 그녀는 곧 사막이 집처럼 편하게 느껴졌다.

> *사막은 우리 집처럼 편안했다. 침묵과 고독은 뚫을 수 없는 베일처럼 주변을 막아줬다.*

사막에서는 고대의 폐허를 심심치 않게 볼 수 있었다. 여행 중에 드루즈(Druze) 양치기들의 공격을 받기도 했지만, 그곳의 성직자 두 사람이 벨의 일행 중 한 사람을 알아보고 총과 소지품을 돌려줬다. 1월 초에 만난 터키 관리인은 벨 일행의 여행을 막으려고 했다. 그래서 벨은 암만(Amman)으로 여행하겠다는 약속을 하며, 자신의 영향력을 발휘해 문제를 해결했다.

불타는 모래 언덕을 넘어서

일행은 다시 끝없는 모래 언덕으로 이어진 사막으로 돌아왔다. 벨의 설명에 따르면, 낙타 행렬을 관리하는 것 외에 어려운 일은 없었다고 한다. 2월 중순에 일행은 나즈드 사막에 도착했다. 그곳은 모래 언덕을 넘는 데만 일주일이 넘게 걸릴 정도였고, 그곳을 횡단하는 데 좋은 시기가 1월이라는 것도 알고 있었다. 벨은 다음과 같은 일지를 남겼다.

> *식물은 생산하는 방법을 알고 있다는 듯이 하나같이 녹색을 띠고 꽃을 피운다. 덕분에 낙타는 걷는 내내 풀을 먹느라 정신없었고, 걸음도 아주 느렸다. 낙타를 타고 아주 옅은 노란색의 부드러운 모래 위를 걷다 보면, 몸은 위아래로 계속 흔들렸다.*

2월 25일, 벨은 하일에 도착했다. 도착하고 보니 아미르(Amir. 중동의 지도자를 뜻한다)는 사냥을 떠난 뒤였다. 책임자로 남아 있던 그의 삼촌이 벨을 아미르의 여름 궁전에 감금했다. 그곳에서 벨은 삼촌의 소유인 체르케스 여인 투르키예(Turkiyyeh)와 많은 시간을 보내게 됐다. 벨의 설명에 따르면, 투르키예는 짙은 자주색 망토 속에 화려한 붉은 색과 자주색의 드레스를 입었고, 목에는 진주로 된 목걸이를 둘렀다고 한다. 나중에 벨은 그 여인이 몸무게만큼의 금과 교환됐다는 사실을 알게 됐다.

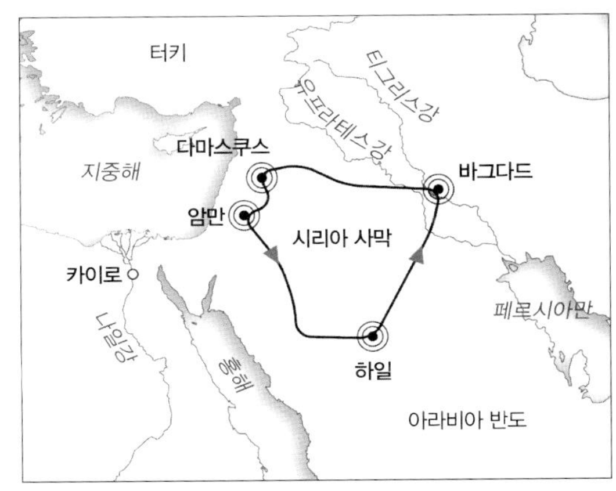

몇 달 동안이나 설득한 끝에 벨은 3월 8일에 드디어 바그다드로 떠날 수 있게 됐다. 하일의 궁궐과 여자들이 생활하는 공간에서 그녀는 일상을 기록하고 사진을 찍었다. 그곳에는 벨을 제외한 모든 것이 중세 아시아의 것이었다고 한다.

궁의 사람들은 남쪽으로 여행하는 것이 안전하지 않다는 것

벨은 바알베크에 있는 로마 사원에서 고고학 작업을 시작했다. 사진은 로마 시대에 지어진 것 중 가장 큰 신전인 주피터 신전(Temple of Jupiter) 앞에 있는 그레이트 코트야드(Great Courtyard)다.

을 알고, 벨에게 서쪽으로 가서 아미르를 만나도록 설득했다. 그러나 벨은 아미르와의 만남이 허용되지 않을 거라고 생각했고, 그녀의 판단은 정확했다. 벨은 서쪽 대신 나자프(Najaf)로 향했고, 그곳에서 다시 바그다드로 이동했다. 벨이 바그다드에 도착한 것은 3월 29일이었다.

바그다드에서 다마스쿠스로

벨은 바그다드 여러 곳을 방문한 후, 팔루자(Fallujah)로 가서 낙타와 하인을 구했다. 이들은 시리아 사막(Syria Desert)을 지나 다마스쿠스로 향했는데, 출발했을 때보다 날씨가 훨씬 더워지는 바람에 하루 9시간에서 10시간을 이동했다. 벨은 팔미라 근처를 지나 5월 1일에 다마스쿠스에 도착했다. 벨의 일기에는 다음과 같이 적혀 있다.

> 오늘 포도원과 과수원을 지나 다마스쿠스에 왔다. 사막 횡단으로 지친 내 눈에 다마스쿠스의 맑은 아침이 어떻게 비췄는지 설명하기 어렵다. 단지 모두의 상상에 맡길 뿐이다. 물과 짙은 녹색의 옥수수, 올리브나무의 회색 그늘, 달콤한 밤나무 잎과 다마스쿠스 장미의 향기를 상상해보라.

벨은 짧은 휴식 후 낙타를 팔았다. 그런 다음 베이루트와 콘스탄티노플에 들렀고, 그달 말에 영국으로 돌아왔다. 원래는 여행을 책으로 기록할 계획이었지만, 제1차 대전이 닥치는 바람에 포기했다. 벨의 일기와 편지는 오스만 제국이 멸망하기 전 사막의 생활에 대한 귀중한 정보와 지도를 제공했고, 그것들은 영국 군사 계획에 유용하게 활용됐다.

나라를 세운 여행작가

제1차 대전이 시작될 무렵에 벨은 적십자에서 일했지만, 1915년 11월 영국 군대의 정보활동을 돕기 위해 카이로로 돌아왔다. 그녀는 아랍국에 들어가게 됐고, 1916년에는 메소포타미아 탐험 부대(Mesopotamian Expeditionary Force)의 부정치관으로서 바스라(Basra)로 향했다. 1917년에는 영국이 점령한 바그다드로 이동해 그곳 주민들과 접촉하는 막중한 책임을 맡게 됐다.

벨은 이라크의 새로운 정부 형태에 대한 논의에서 중요한 역할을 했으며, 1921년 이라크의 초대왕인 된 파이살 이븐 후세인(Faisal ibn Hussein)의 고문이 되어 이라크의 발전을 위해 일했다(요르단, 사우디아라비아, 터키의 국경을 정하는 합의를 끌어내는 데도 상당한 공헌을 했다). 하지만 1924년 헌법 개정 이후 벨의 영향력은 서서히 약해지면서, 그녀는 고대 유물 박물관을 세우고 관장이 됐다.

1926년 7월 11일 밤, 벨은 바그다드에서 수면제를 과다복용한 후 잠을 자다가 사망했다.

28 잉카를 정복하다

: 제국을 종결시킨 침입자, 프란시스코 피자로

"이곳은 인도의 어느 곳에서도 볼 수 없었던 위대하고 훌륭한 도시입니다. 폐하께 감히 말씀드리건대, 스페인에서조차 놀랄 정도로 건물이 아름답고 훌륭합니다."

프란시스코 피자로

기간 1531년~1533년.

시도 페루를 탐험하고 그곳의 엄청난 부를 빼앗았다.

난관 탐험대는 대서양을 건너 긴 여행과 낯선 외국 땅에서 물리적으로 힘든 환경을 견뎌야 했다. 게다가 수적으로 적보다 훨씬 열세였다.

업적 피자로는 잉카 제국의 추락으로 이어진 원정을 이끌었다. 잉카의 황제인 아타우알파를 생포해 처형했고, 잉카를 스페인의 영토로 삼았다.

1532년 11월 16일이었다. 예식에 맞는 복장을 갖춘 한 남자가 화려하게 장식된 깔개를 가지고 카하마르카(Cajamarca)에 있는 페루의 마을로 들어갔다. 이윽고 수천 명의 신하가 찬양하며 금과 보석으로 화려하게 장식한 그의 곁으로 몰려들었다.

이 남자는 잉카 황제인 아타우알파(Atahualpa)다. 아타우알파는 얼마 전 잔인한 내전을 치르면서 형을 패배시켰고, 아버지를 계승하고 왕국을 통치할 권한을 얻어냈다. 그는 고대 도시 쿠스코(Cuzco)로 가는 길에 왕위에 올랐고, 스페인 탐험가들을 만나기 위해 잠시 카하마르카에 들른 것이었다.

잉카인들을 죽음으로 내몰다

아타우알파에게는 일말의 걱정도 없었다. 그가 거느린 수천 명의 강한 군대가 성벽 바로 밖에 진을 치고 있었기 때문에 올가미와 의식용 단도 외에는 아무런 무장도 하지 않았다. 그는 그저 마을의 중앙 광장에 자리를 잡고 스페인 방문객들이 오기만을 기다렸다.

마침 스페인 신부인 빈센테 드 발베르데(Friar Vincente de Valverde)가 광장의 가장자리에 있는 석조 건물 끝에서 모습을 드러냈다. 신부는 통역사를 통해 설명하면서, 아타우알파에게 가톨릭 신앙의 교리를 담긴 책을 건넸다. 하지만 아타우알파는 이를 무시하고 책을 바닥에 던져버렸다. 이게 마치 신호라도 된다는 듯이 그에게 지옥문이 열렸다.

광장 주변에 숨겨져 있던 4개의 작은 대포가 전진 배치된 후 점화됐고, 동시에 무거운 갑옷을 입은 기병대가 소총을 들고 돌격했다. 갑작스런 상황에 아타우알파 일행은 꼼짝없이 카하마르카 광장에 갇혀버리고 말았다. 이들이 가진 가죽 갑옷은 총알과 강철로 된 무기, 대포를 막아내지 못했다. 결국 모든 잉카인은 살해됐고, 아타우알파는 생포됐다.

1532년 11월 16일에 카하마르카에서 160명의 정복자가 학살한 잉카인의 수는 5,000명에 달했다. 늦은 오후에 시작된 학살은 해가 질 때까지 잔인하게 계속됐고, 고대 잉카 제국은 기억에서 잊혔다.

Ad Cap. VI. 13

Prælium inter Hispanos & Indos cõmissum ad vrbem Cuzco.

Mango Guaynacapæ filius, Atabalibæ frater, cuius capiti Franciscus Pizarrus diadema imposuerat, clam suos ad rebellionem sollicitat, armaque aduersus Hispanos comparat, cuius rei causa in vincula fuit coniectus, & in arce vrbis Cuzco custoditus. Aliquanto post familiaritatem maiorem cum Ferdinando & Ioanne Pizarris contrahit, ipsosque orat, permittant ad solenne quoddam festum, quod in Hircay celebrabatur, se conferre, fidelem enim inposterum se futurum, & inde solidam ex auro statuam allaturum, patris sui Guaynacapæ vultum & magnitudinem referentem. Dimissus, multos illico satrapas Indos ad se euocat, & ad rebellionem aduersus Hispanos faciendam concitat: Horum plerosque, simulque etiam Indos qui ipsorum causa in metallicis laborabant, occidi curat. Mittit deinde è suis Prefectis vnum cum iusto exercitu, qui vrbem Cuzco occupet: ille adueniens, Hispanis arcem adimit, eamq; per sex aut septem dierum spatium inuitis Hispanis retinet. Hispani tamen acriter & strenue pugnando, desideratis aliquot è suorum numero, & inter eos Ioanne Pizarro, recipiunt. Superueniens porro Mango cum centum millibus Indorum, vrbem obsidione cingit, eamq; singulis pleniluniis impugnat. Marchionem Franciscum Pizarrum, intellecta Mangonis Ingæ rebellione, magna incessit solicitudo, eam ob causam per interualla quosdam è suis Tribunis Cuzco mittit, qui videant quo in statu sint eius vrbis res: omnes ab Indis intercepti cæduntur. Cum autem nemo ex iis quos emiserat, ad ipsum reuerteretur, magis anxius esse cœpit: itaque Tribunum Franciscum Godoy ablegat cum quadraginta equitibus, qui certi quidpiam perdisceret: is in angustijs quibusdam viarum in Indorum insidias incidit, & vndique ab illis cinctus, omnes suos amittit, ipse solus generosi & pernicis equi, cui insidebat, auxilio periculum euadit: atque ad Pizarrum reuertens, Hispanos quosdam, ex eorum numero qui ante cum aliis Tribunis missi effugerant, in itinere offendit, à quibus edoctus quæ in Cuzco accidissent, Limam redut. Pizarrus, his auditis, vndequaque auxilia accersit. Huic primus omnium adfuit Alphonsus Aluaradus, quem trecentis Hispanis, maxima ex parte equitibus præficit, iubetque nusquam consistat, quin debellatis Indis Cuzco obsidione liberet. Ille profectus, in itinere Gomezium de Tordoya inuenit, qui se cum ducentis militibus Hispanis ipsi adiunxit: Cuzco vicini facti, impetu facto Indos adgrediuntur: tanta autem contentione vtrinque pugnatum est, quanta nunquam postea. Indi tandem, plurimis suorum amissis, in fugam se coniciunt.

D 2 Iacobus

네덜란드 예술가인 테오도르 드 브리(Theodore de Bry)의 작품으로, 쿠스코에서 40명의 정복자들이 잉카 군대를 격파하는 순간을 그린 삽화다.

프란시스코 피자로

이 파괴적인 공격을 설계한 프란시스코 피자로(Francisco Pizarro)는 미천한 출신이었다. 군인의 사생아로 태어나 공공교육이라고는 거의 받지 못한 사람이었다. 그는 정복을 위한 전쟁에서 이름을 날렸고, 덕분에 전무후무한 부를 거머쥘 수 있었다.

피자로는 에스트레마두라(Extremadura)의 카스틸리안(Castilian)에서 태어났다. 그의 출생 연도에 관한 의견은 분분하지만, 1502년 아메리카 대륙을 정복하기 위한 군인으로 처음 나타났을 때 20대였던 것은 확실하다. 그 후 20년 동안 피자로는 스페인 국왕을 위해 중앙아메리카와 라틴아메리카에서 정복자로 활약한 이베리아 반도 출신의 병사들 사이에서 이름을 날렸다.

정복자들은 사실 탐험가라기보다는 식민지 개척자로 묘사하는 것이 더 정확할 것이다. 16세기 초 카리브해에 공동체를 설립한 스페인 정착민들은 중앙아메리카의 본토까지 퍼져나갔다.

피자로의 먼 친척인 에르난 코르테스(Hernan Cortes)는 멕시코 정복에서 빠질 수 없는 주역이었다. 그가 만난 그곳의 토착 문명인들은 정복자들이 가진 현대식 무기의 상대가 되지 않았다. 코르테스는 지역 부족들과 영리하게 힘을 합치고, 한편으로는 잔인하게 완력을 행사하며 스페인의 재산을 불려 나갔다.

피자로 역시 멕시코에서의 정복 활동에 참여했고, 스페인 정착민들은 멕시코 남쪽으로 퍼져 나갔다. 피자로는 지금의 파나마 시티(Panama City)를 토대로 삼았고, 정착지가 인기 항구로 발전하면서 부유한 삶을 누릴 수 있었다. 하지만 그는 여기에서 만족하지 않았다. 개척자들은 파나마로 돌아와 남쪽 땅에 더 부유한 문화가 존재한다는 이야기를 전했다. 그곳은 지금의 페루인 비루(Viru)였다. 피자로는 새로운 정복을 준비했다.

정복을 위한 모험

그는 남아메리카 대륙을 공략하기 위해서 2명의 조력자를 구했다. 한 명은 같은 정복자인 디에고 데 알마그로(Diego de Almagro)였다. 알마그로가 맡은 일은 파나마에서 원정을 위한 탄탄한 보급품과 군인을 준비하는 것이었다. 또 다른 사람은 에르난도 데 루케(Hernando de Luque)라는 이름의 성직자였다. 루케는 성직자였지만 남아메리카 원정에서 상당히 세속적인 역할을 담당했다. 그는 투자자들이 제공한 돈이 생산적으로 사용되도록 확인하는 대리인 역할이었다.

1524년에 시작된 첫 번째 모험은 처참하게 실패하고 말았다. 첫 시도에서 콜롬비아 해안을 이용하려고 했지만, 그곳의 갯벌과 맹그로브 습지 때문에 상륙할 수 없었다. 보급품은 부족했고, 공격적인 원주민 부족들과 무력 충돌도 발생했다. 알마그로는 이때의 전투로 한쪽 눈을 잃었다.

정복에 참여한 사람들은 파나마로 돌아왔지만, 피자로의 결심은 흔들리지 않았다. 그는 지방 당국에 청원을 넣어 1526년에 두 번째 원정에 나섰는데, 몇 달 동안 남아메리카의 서쪽 해안을 탐방하면서 시간을 보내야 했다. 상황은 녹록치 않았다. 피자로는 줄어드는 보급품을 채우느라 고전했고, 배를 탄 사람들은 병으로 고생했다.

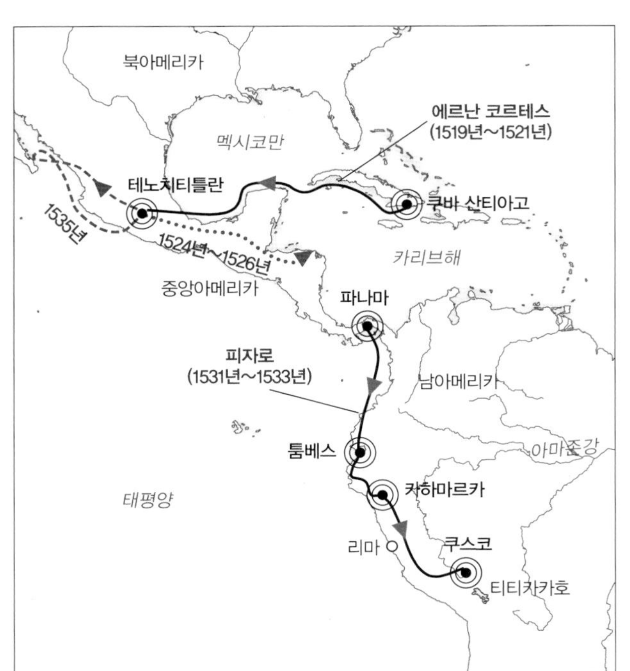

제자리걸음이던 원정은 잉카 선원들이 탄 배를 포획하면서 새로운 계기를 맞았다. 배에 있던 각종 금, 은, 보석은 주변 어딘가에 부유한 문명이 있다는 사실을 알려줬다. 이를 계기로 해안을 자세히 조사한 결과 규모가 큰 도시와 발달한 문화를 찾아낼 수 있었다. 피자로는 계속 원정을 추진하려고 했지만 파나마에 그의 처지가 알려지면서 집정관은 원정 중단을 명령했다. 그러나 피자로는 명령을 거부했다. 그는 해변의 모래 위에 선을 그으면서 이렇게 말했다.

쿠스코 산악 도시의 현재 모습. 피자로는 이곳에서 잉카를 정복했다.

> 선을 넘으면 페루의 부가 있다. 선을 넘지 않은 곳에는 파나마의 빈곤이 있다. 용감한 카스틸리안이 되기 위한 최고의 선택을 하길 바란다. 나는 남쪽으로 간다.

그의 말은 별 효과가 없었다. 함께 있겠다고 한 사람은 단 13명뿐이었고, 나머지는 집으로 향했다. 피자로는 몇 달 만에 파나마로 돌아갔다. 하지만 이때는 피자로의 주장에 설득력이 더해져서 스페인의 카를로스 1세(Carlos I)는 페루로 가는 세 번째 탐험을 허가했다.

카하마르카에서의 대학살

피자로와 정복자들은 1532년 5월에 잉카 본토에 도착했다. 이번에는 전쟁이 예고된 셈이나 마찬가지였다. 잉카의 강력한 통치자인 와이나 카파크(Huayna Capac)가 질병으로 사망했고, 아들인 아타우알파와 와스카르(Huascar)는 왕국의 지배권을 차지하기 위해 싸우는 중이었다. 승자는 아타우알파였다. 그때는 잘 몰랐겠지만, 승리의 기쁨은 그리 오래 가지 않았다.

아타우알파가 활용할 수 있는 군대에 비하면 스페인의 정복자들은 웃음거리나 마찬가지였다. 잉카 문명 정복을 위해 페루로 따라온 정복자는 60명의 기수를 포함해 단 160여 명에 불과했다.

이들은 아타우알파의 부하와 접촉해 카하마르카에서 회담을 가지기로 했다. 피자로는 대담하게도 피비린내 나는 도박을 계획하고, 학살을 명령했다.

카하마르카에서의 대학살은 피자로의 극단적인 도박인 동시에 합리적인 계획이었다. 아타우알파의 군대와 비교하면, 그의 군대는 터무니없이 수적으로 열세였다. 전면전이나 장기전은 더더욱 승산이 없었다. 그나마 다행인 것은 잉카인들이 정복자의 무기나 군사력, 기마군과 같은 혁신적인 전쟁기술에 대해 전혀 모른다는 것이었다. 매복 공격은 꽤 효과적이었고, 피자로의 도박은 성공했다. 놀랍게도 스페인 정복자들은 단 한 명도 다치지 않았다. 아타우알파는 대학살에서 홀로 살아남아 피자로의 군대에 포로로 생포됐다.

아타우알파, 처형당하다

아타우알파는 스페인 정복자들에게 길이 6.7미터, 폭 5.2미터의 방을 보여주며, 만약 자신을 풀어준다면 2.4미터 높이까지 금으로 채우겠다고 제안했다. 심지어 은은 그 두 배를 주겠다고 했다. 피자로는 아타우알파가 제안한 막대한 돈의 값어치에 놀라 거래에 동의했다.

잉카가 아타우알파의 몸값을 준비하는 데는 자그마치 8개월이 걸렸다. 피자로와 그의 부하들은 아타우알파가 방을 보물로 채우겠다는 약속을 지킬 때까지 기다렸다. 그가 약속한 값을 치르

마추픽추(Machu Picchu)는 당시 안데스 산맥 고원에 위치한 잉카 제국의 영토였다.

1535년, 피자로가 세운 리마 항구의 풍경. 리마는 남아메리카에서 진행된 스페인 영토 확장의 요새로 사용됐다. 존 오길비(John Ogilby)가 1671년에 그린 이 그림은, 1624년 헤르미테스(Hermites) 제독이 이끄는 네덜란드 함대가 리마에 주둔한 스페인군을 포위하는 데 성공한 장면을 표현한 것이다.

자 정복자들은 받은 금과 은을 녹였는데, 총 15톤에 달했다.

이제 아타우알파는 쓸모없는 존재가 돼버렸다. 그는 자신을 구하기 위해 군대를 동원하려 했다는 혐의를 받고 반역죄로 기소됐고, 짧은 재판 후 처형됐다.

> 아타우알파의 죽음은 기쁜 일입니다. 그가 이곳의 왕인데다가, 정의에 따라 심판됐기 때문입니다.
>
> _찰스 왕에게 보낸 피자로의 서신

잉카가 값을 치르는 데 걸린 8개월은 피자로에게는 행운이었다. 덕분에 파나마에서 더 많은 병력이 도착했고, 정복자들이 잉카 내전에서 패배한 세력들과 동맹을 맺을 시간을 벌 수 있었다.

피로 얻어낸 쿠스코

정복자들은 지도자를 잃어버린 잉카의 수도 쿠스코로 향했다. 피자로는 저항을 진압하기 위해 그의 동생 후안이 대장으로 있는 40명의 기마병을 데리고 앞서나갔다. 도시의 문밖에서 이들을 기다리고 있던 잉카 군대를 진압하는 데는 그다지 오랜 시간이 걸리지 않았다.

찾아낸 금과 은은 녹여서 배편으로 파나마에 전달했다. 잉카인들은 힘을 모아 맞서 싸우려고 했지만, 스페인 군대에 쉽게 제압됐고 잉카 제국은 결국 멸망했다.

피로 얼룩진 운 좋은 승리는 자연스럽게 분열로 이어졌다. 모든 계획을 이끌었던 피자로는 당연히 가장 큰 몫을 차지하려고 했다. 이 과정에서 오랜 동료인 알마그로의 감정이 상하게 됐다. 피자로는 리마(Lima) 해안의 식민지에 수립된 정부의 요직을 차지하고, 수도인 쿠스코는 동생 헥터에게 맡겼다.

실망한 알마그로는 새롭게 정복할 문명지를 찾아서 칠레 남쪽으로 여행했지만 페루의 부와 비교할 만한 것을 찾지 못했다. 그러다 잉카의 젊은 지도자인 만코(Manco)와 힘을 합쳐 쿠스코를 장악할 계획을 세운 뒤 공격에 나섰지만, 결국 실패로 끝났다. 알마그로는 1538년 헥터에 의해 체포돼 처형됐다. 하지만 그 죽음은 복수로 이어졌다. 1541년 6월 26일에 무장한 병사 한 무리가 알마그로 아들의 명령에 따라 리마에 있는 피자로의 집에 난입했고, 그를 칼로 살해했다.

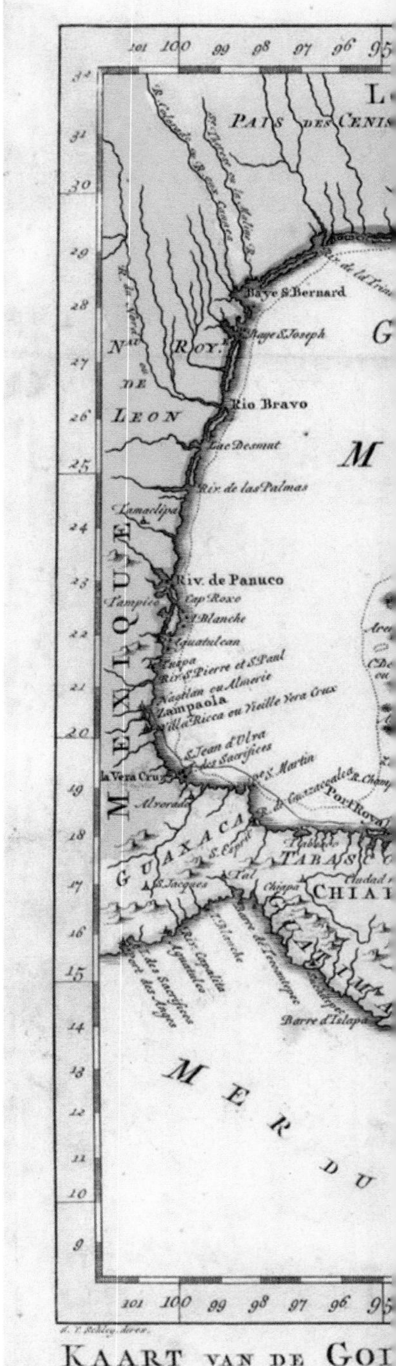

오른쪽
1764년에 J.V. 슬라이(J.V. Schley)가 제작한 지도. 아메리카에서의 초기 스페인 탐험 경로를 보여준다.

CARTE DU
GOLPHE DU MEXIQUE
ET DES
ISLES DE L' AMERIQUE
Par M. Bellin Ingr. de la Marine
Lieues Marines de France.
Franse Zee-Mylen.
FLORIDE
GEORGIE
PRESQU'ISLE DE LA FLORIDE
St. Augustin
Cap Canaveral
Cap des Courans
CANAL DE BAHAMA
ISLES LUCAYES
ISLE DE CUBA
Cap Catoche
Isle de Cozumel
St. YAGO auj. ISLE DE LA JAMAIQUE
Port Royal
ISLE St. DOMINGUE
I. de Portorico
les Vierges
HONDURAS
Cap Gratias a Dios
NICARAGUA
COSTA RICA
VERAGUA
PANAMA
DARIEN
Cartagene
St. MARTHE
VENEZUELA
CARACAS
COMANA
PARIA
I. de la Trinité
la Guadeloupe
la Martinique
la Barbade
la Grenade
Tabago
ISLES ANTILLES
l'Orinoque
XICO, EN VAN DE AMERIKAANSE EILANDEN. Door den Hr. Bellin, Ingr. der Zee-vaard.

29 라싸로의 여행

: 히말라야를 가로지른 알렉산드라 데이비드 닐

"백인 여성이 최초로 금지영역이던 라싸로 들어가 길을 안내했다. 불교 경전에 적힌 것처럼, 많은 이들이 사랑하는 마음으로 수많은 사람과 그들의 행복을 위해 놀라운 세계의 문을 열게 될 것이다."

1927년에 출판된 《라싸로의 여행》의 마지막 부분

기간 1923년~1924년.

시도 알렉산드라 데이비드 닐은 유럽 여성으로서 최초로 불교 순례자로 변장해 라싸에 들어갔다.

난관 추운 겨울에 장비도 없이 도보로 4개월간 여행해야 했다. 언제 얼굴을 가린 베일이 벗겨질지 늘 두려움에 떨었다.

업적 티베트와 티베트 내 불교에 관한 정보를 세계에 알렸다.

서양에서 티베트에 관한 소문이 퍼지기 시작한 것은 17세기에 들어서였다. 중국을 여행한 사람들이 티베트에 관한 이야기를 전달했고, 몇 안 되는 소수의 기독교 선교사들은 그곳에서 짧은 기간 동안 종교 활동을 했다. 19세기 중반이 되면서 티베트를 방문하려고 했던 소수의 여행자들은 그곳에 출입이 금지됐다는 사실을 알게 됐다.

티베트는 원치 않게 중앙아시아에서 벌어진 러시아와 영국 사이의 알력 싸움에 휘말렸다. 1900년경 러시아는 라싸(Lhasa)를 손에 넣은 듯 보였고, 영국은 이를 막기 위해서 1903년 12월에 프란시스 영허스번드(Francis Younghusband) 대령과 군인 1,000여 명을 티베트로 보냈다. 영국의 도움을 받은 티베트는 외부 세계로부터 효과적으로 차단됐다.

(반대쪽)
라싸에 있는 달라이 라마의 겨울 저택인 '포탈라'. 알렉산드라 데이비드 닐은 4개월의 여정을 마치고 1924년에 이곳을 방문했다.

동양의 유혹

알렉산드라 데이비드 닐은 19세기 말에 티베트에 관한 호기심에 사로잡혀 있었다. 그녀는 1868년 파리에서 프랑스 개신교 교사인 루이 데이비드(Louis David)와 그의 아내 알렉산드린

(Alexandrine)의 딸로 태어났다. 1873년, 이들 가족은 벨기에로 이주했고, 닐은 그곳에서 자랐다. 자유롭고 관습에 얽매이지 않는 10대 소녀로 자란 그녀는 애정이라고는 눈곱만큼도 느낄 수 없는 가족의 품에서 벗어나 새로운 곳을 여행하고, 남들과 다른 생각을 꿈꾸려 했다. 닐은 일기에 "나는 야생의 언덕, 거대한 초원, 접근하기 어려운 빙하를 꿈꾼다"라고 적었다.

알렉산드라 데이비드 닐이 티베트 수녀의 예복을 입은 모습. 라싸에서 돌아온 지 몇 년이 지나서 촬영한 것이다.

멋진 소프라노 목소리를 가지고 있던 닐은 브뤼셀왕립음악원에서 공부했고, 그 당시로서는 일반적이지 않은 아이디어에 푹 빠졌다. 1890년대에는 인도와 동남아시아를 여행했고, 1900년 튀니지 오페라 하우스에서 노래를 부르던 시절에는 프랑스인 엔지니어 필립 닐(Philippe Neel)을 만났다. 이후 두 사람은 1904년에 결혼했다.

그러나 닐은 전통적인 결혼 생활에서 행복을 찾기에는 너무 독립적이었다. 부부는 평생 가까운 사이로 지냈지만, 결혼 후 얼마 되지 않아서 따로 살게 됐다. 닐은 1911년에 인도로 떠나 1925년까지 유럽으로 돌아오지 않았다.

성자에게 배운 겸손함

닐은 1912년에 시킴(Sikkim)의 한 불교 수도원에서 공부하던 중에 달라이 라마(Dalai Lama)를 만났다. 라마는 인도 북부의 칼림퐁(Kalimpong)에서 망명 생활을 하고 있었다. 닐은 달라이 라마를 처음 만난 서양 여성 중 하나였는데, 그와의 만남에서 깊은 인상을 받았다. 그때부터 닐은 티베트어를 배우는 데 집중했고, 이후 공부는 더욱 진지해졌다.

젊은 수도사인 아푸르 용덴(Aphur Yongden)과도 친구가 됐는데, 나중에 그를 양아들로 입양하게 됐다. 1916년, 두 사람은 몰래 티베트의 시가체(Shigatse)까지 들어가 라마를 만났다(영국 정부는 티베트에 들어가는 것을 불법으로 간주했다). 하지만 돌아오는 길에 영국인들에게 발각돼 시킴과 인도에서 추방됐다.

티베트 근처의 칭하이 성에 있는 컴범(Kumbum) 수도원에서 3년을 지내는 등, 이후 닐은 오랜 시간을 중국에서 보냈다. 그러던 중 용덴과 라싸로 몰래 잠입할 계획을 세우게 됐다. 닐의 일기에는 "내가 라싸에 가려는 이유는 티베트 출입이 어이없게 막혔기 때문이다"라고 적혀 있었다.

비밀스러운 순례

1923년 가을, 닐과 용덴은 중국 북서부 윈난의 리장(麗江)에 있는 프랑스 선교 단체에서 티베트로 출발했다. 그곳을 선택한 이유는 티베트에서 가깝기 때문이었다. 처음에는 하인 2명과 함께 식물을 연구하기 위해 여행하는 것이라고 사람들을 안심시켰다. 하지만 이틀 만에 하인을 따돌리고, 변장한 상태로 티베트 입구인 도카르 고개(Dokar Pass)를 지나 라싸로 향했다.

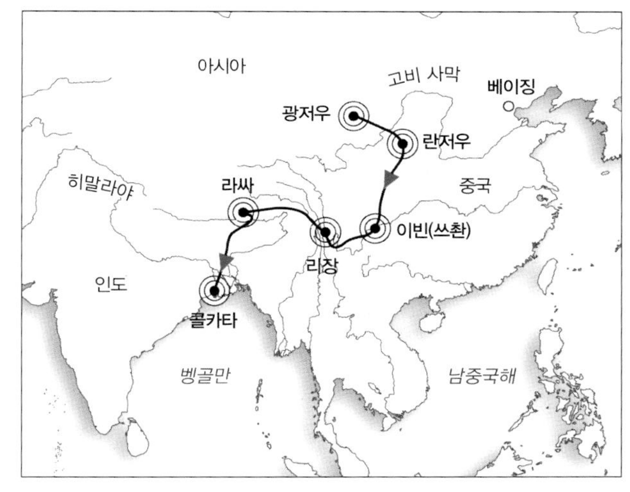

두 사람은 순례자로 변장했다. 용덴은 순교자로, 닐은 그의 어머니로 변장했다. 모자 간의 헌신적인 순례는 그곳에서 흔한 광경이었고, 가난한 순례자로 분장했기 때문에 다른 동행자가 있거나 돈을 가지고 여행하고 있을 거라고 생각하기 어려웠을 것이다. 또 닐은 티베트 옷과 모자를 썼을 뿐 아니라, 갈색 머리에 먹을 바르고 큰 귀걸이를 걸어 모습을 완전히 바꿨다. 얼굴에는 코코아와 숯을 섞어 분처럼 발랐다. 옷 속에는 나침반과 권총 두 자루, 돈을 담은 전대가 숨겨져 있었다.

닐의 기록에 따르면, 두 사람이 도카르 고개를 넘자 한 줄기 바람이 이들을 반겨줬다고 한다. 그녀는 이 바람을 "검소한 국가의 난폭하면서도 얼음 같은 키스였다. 오랫동안 날 유혹하고, 늘 다시 돌아오도록 만드는 잔인한 매력을 지녔다"라고 묘사했다.

닐은 《라싸로의 여행(My Journey to Lhasa)》에 자신의 여행을 기록했다. 기록에는 표범이 잠을 깨운 이야기, 겨울 동안의 극심한 추위와 눈보라, 권총을 쏘거나 불교 저주로 도적들을 쫓는 사연, 가면이 벗겨져 쫓겨날지 모른다는 두려움에 대해 적혀 있다.

여행이 계속되면서 두 사람은 순례자의 모습에 익숙해졌다. 주로 낮에 여행했으며, 용덴은 농부나 여러 사람을 위해 종교의식을 치러주고는 잠잘 곳을 구했다. 가끔은 선물을 받을 때도 있었다.

금지된 나라로

1924년 2월, 두 사람은 4개월간의 도보여행 끝에 라싸에 무사히 도착했다. 닐은 이날을 이렇게 기록했다.

> 날씨는 맑고 건조했으며 추웠다. 하늘은 밝게 빛났다. 떠오르는 장밋빛 햇볕 속에서 멀리 라마 통치자의 거대한 궁전인 포탈라(Potala)가 보였다. 멀리서 보기에도 웅장하고 인상적이었다. 가까워질수록 포탈라는 점점 더 크게 보였다. 황금빛 지붕의 우아한 윤곽이 분명하게

눈에 들어왔다. 푸른 하늘을 배경으로 반짝이는 지붕은 날카롭게 상승 곡선을 그리다가 튀어 올라갈 것처럼 보였다. 마치 성 전체가 불꽃으로 된 왕관을 쓴, 티베트의 영광과 같은 모습이었다.

두 사람은 라싸에서 두 달 동안 사원을 답사한 다음 포탈라를 방문했다(그곳에서 모자를 벗었다가 머리카락 색깔 때문에 변장을 들킬 뻔했다). 새해를 기념하는 티베트의 축제와 행사도 즐길 수 있었다. 원래 닐은 조용히 그곳을 떠나려고 했지만, 사람들이 자신의 여행에 궁금해할지도 모른다는 생각에 티베트 남부에 있는 영국 전초기지인 갼체(Gyantse)로 향했다. 그리고 기꺼이 주민들이 기거하는 방갈로로 갔다. 그녀는 다음과 같이 기록했다.

내가 처음 만난 남자는 티베트 여성으로 보이는 내가 영어로 말하는 것을 보고 깜짝 놀랐다. 내가 중국에서 왔고, 8개월 동안 티베트의 이름 모를 곳을 돌아다녔으며, 2개월 동안 금지된 도시인 라싸에서 새해 축제를 즐겼다고 하자 그는 어떤 말도 하지 못했다.

인도로 돌아간 닐은 1925년 5월에 프랑스로 돌아갔다. 이후 프랑스 남부에 정착해 티베트 여행과 불교, 용덴의 도움으로 알게 된 모든 것을 책으로 쓰기 시작했다.

1936년부터 1945년까지 닐과 용덴은 티베트의 동쪽을 여행하면서 시간을 보냈다. 용덴은 1955년에 사망했고, 닐은 1969년에 101세 생일을 앞두고 죽음을 맞이했다. 두 사람의 유골은 갠지스강(Ganges)에 뿌려졌다.

(반대쪽)
라싸 남쪽에 있는 야룽 장보강(Yarlung Zangbo). 닐은 라싸를 떠난 직후 이곳 근처에 있는 삼예(Samye) 수도원에 들렀다.

30 죽음과 가장 가까운 곳으로

: 최초의 아이거 북벽 등반

"우리가 생각했던 것보다 훨씬 좋지 않았다. 고도, 어려움, 눈, 폭풍, 모든 것을 간과했다."

하인리히 하러

기간 1938년.

시도 아이거의 치명적인 북벽을 최초로 등반했다.

난관 사흘 동안 눈사태, 바위, 얼음의 끊임없는 위협을 받았다. 얼어붙을 듯한 폭풍우를 만나 바닥으로 떨어질 뻔한 일도 몇 번이나 있었다.

업적 이들의 등반은 대중에게 감동을 준 뛰어난 기술적·운동적 성과였다. 북벽을 최초로 등반한 이들은 대단한 용기와 기술을 인정받아 영웅 대접을 받게 됐다.

산에 대해 전혀 모르는 사람도 쉐터드 필러(Shattered Pillar, 무너지는 기둥), 디피컬트 크랙(Difficult Crack, 위험한 균열), 브리틀 레지(Brittle Ledge, 바스러지는 바위), 화이트 스파이더(White Spider, 흰 거미), 데스 비브악(Death Bivouac, 죽음의 야영지)과 같은 단어를 들으면 두려움과 공포의 기운을 느낀다. 특히 아이거(Eiger)에 대해 아는 사람이라면 이런 단어를 들으면, 극단적이다 못해 원초적인 두려움과 경외심을 느낄 것이다.

죽음의 봉우리

스위스에 있는 아이거봉의 높이는 3,970미터에 달한다. 특히 북벽(North Wall)은 알프스에서도 가장 크고, 세계적으로도 가장 악명 높다. 부서지는 석회암과 거친 얼음이 1,800미터나 수직으로 이어지고, 독일어로 북벽이라는 뜻의 노르트반트(Nordwand)라고 불리는 세찬 바람이 휘몰아친다. 1935년부터 64명이 넘는 등반가들이 이곳에서 목숨을 잃는 바람에 살인 벽이라는 뜻의 모르트반트(Mordwand)라는 별명이 붙었다.

(반대쪽)
구름 사이로 잠깐 모습을 보인 아이거 북벽.

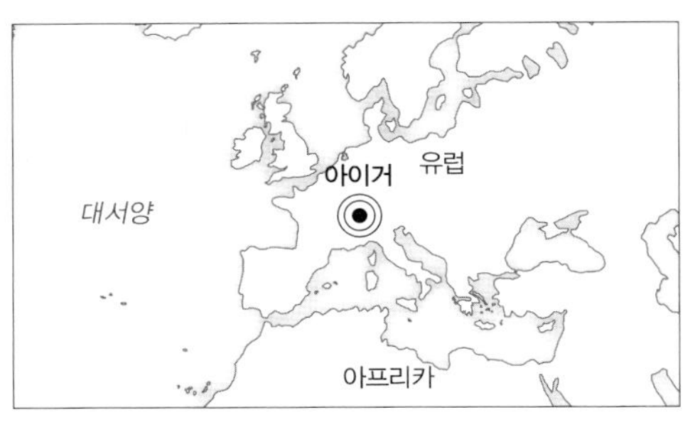

산의 정상은 날카로운 등성이를 따라가면 오히려 쉽게 오를 수 있다. 1858년에 아일랜드의 찰스 배링턴(Charles Barrington)은 이 지역의 가이드인 크리스티안 알머(Christian Almer), 피터 보렌(Peter Bohren)과 함께 정상 등반에 성공했다. 하지만 북벽은 사정이 완전히 달랐다. 아이거 북벽은 완전히 북쪽을 향해 있어서 늘 그늘이 져 있다. 게다가 안으로 움푹 들어간 탓에 나쁜 날씨를 가둬두는 역할을 한다. 그래서 북벽에는 항상 폭풍이 분다. 지리적으로 북서쪽에서 진입하는 모든 기후 조건이 이곳을 지난다는 뜻이다. 골짜기에 날씨가 맑을 때도 아이거는 폭풍이 불거나 짙은 구름에 싸여 있다.

봄이 되면 아이거에서는 허물을 벗듯 얼음, 눈, 바위들로 사태가 일어난다. 폭포처럼 내리는 눈사태와 산사태는 공기가 따뜻해지는 여름 오후가 되면 흔히 나타나는 현상이다. 살인적인 바위와 거대한 얼음 조각이 우레와 같은 소리를 내며 떨어질 때는 산이 일그러지는 사람의 얼굴처럼 보인다.

그 가장 밑부분에는 클라이네 샤이데크(Kleine Scheidegg) 리조트가 있다. 그곳의 카페테라스에서는 스키를 타는 사람들이나 여행객들이 음식을 먹으면서 망원경으로 위험천만한 암벽을 등반하는 등반가들을 지켜보곤 한다.

> *아이거는 절벽마다 오랜 침전물로 덮여 있어서 특별하다고 생각한다. 그래서 경외심을 갖게 한다. 특히 힌터스토이저 트래버스(Hinterstoisser Traverse)에 가면 무시무시한 광경이 펼쳐진다. 그 모습을 보고 있노라면 불안과 긴장감이 저절로 생긴다.*
>
> *_스티븐 베너블스(Stephen Venables), 산악인*

최초의 등반가

19세기와 20세기 초에 영국은 알프스 등반에 사로잡혀 있었다. 1930년대 초까지 모든 주요 봉우리들은 고전적인 방법으로 정복됐고, 서서히 영국인들은 히말라야 정상에 관심을 돌렸다. 잃을 것도 없고 갑작스러운 명예도 바라지도 않는 이 지역 노동자 계층의 청년들은 대담하면서도 숨 막히는 등반활동에 관심 갖기 시작했다. 그리고 이전까지 불가능하다고 생각했던 것들을 행동으로 옮겼다. 이들은 북벽에 눈을 돌렸고, 그중에서도 특히 어려운 아이거가 주목을 받았다.

가장 먼저 시도한 사람들은 독일 등반가 2명이었다. 1935년 8월 21일 새벽 2시, 이들의 모험이 시작됐다. 이전까지 아무도 시도해본 적이 없었기 때문에, 얼마나 위험하고 어려운 일인지 전혀 알 수 없었다. 이틀 동안 오른 끝에 두 사람은 거대한 만년설의 꼭대기 바로 아래에 도착했다.

그러나 다음 날 밤, 엄청난 뇌우가 이들을 삼켜버렸다. 닷샛날이 지나 구름이 걷힌 후, 카페테라스에서 식사하는 사람들은 여전히 암벽에서 악전고투하는 두 사람의 모습을 볼 수 있었다. 하지만 폭풍우가 다시 봉우리를 삼킨 후 걷힌 다음에는 더 이상 이들의 모습을 볼 수 없었다. 3,300미터 높이에 있는 바위 턱에서 동사하고 만 것이다. 이곳이 바로 '데스 비보막'이었다.

비극은 사람들의 상상력을 자극했다. 가장 위대한 무대 위에서 죽음과 영광이 생생하게 펼쳐졌기 때문이다. 그곳은 콜로세움이 뒤집힌 것과 비슷했다. 콜로세움에서는 비극적인 광경을 내려다보지만, 리조트의 카페에서는 비극을 올려다봐야 한다. 한편 등반가들에게 아이거는 거부할 수 없는 유혹이었다.

그 다음 해, 12명의 청년이 등반 조건을 확인하면서 계곡에서 대기하고 있었다. 7월 21일, 4명은 선발대로 출발했고, 안드레 힌터스토이저(Andreas Hinterstoisser)는 나머지 대원들이 아이거를 등반할 수 있도록 바위 사이를 연결했다. 그는 깨지지 않을 만한 바위 위로 올라가, 반대편 바위를 밧줄로 연결해 동료들이 건널 수 있게 만들었다. 이 연결통로에는 훗날 그의 이름이 붙여졌다. 둘째 날에는 안타깝게도 날씨가 좋지 않아 끊임없이 얼음과 바위가 떨어졌다. 사흘째 되는 날에 등반을 포기하고 내려가는 모습이 보였다. 한 사람은 심한 부상을 입은 상태였다. 일행이 힌터스토이저가 만든 통로를 건너지 못하고 있는데, 갑자기 눈사태가 일어나 이들을 휩쓸고 지나갔다. 돌출된 바위에 매달린 토니 쿠르츠(Toni Kurz)만 유일하게 살아남았다.

미텔레기 허트(Mittellegi Hutte) 오두막에서 바라본 북벽. 이 오두막은 아이거 산 정상 아래에 있어서 캠프로 사용된다.

아이거 내부에는 다행히 경치를 감상하기 위해 연결된 산악 철도가 있었다. 구조대원들은 철도의 창문과 문을 이용해서 쿠르츠에게 밧줄을 건넸다. 하지만 밤사이 혹독한 추위에 시달린 바람에 손이 완전히 얼어버려 밧줄을 잡을 수가 없었다. 그는 서서히 얼어 죽었다.

1938년에 세계에서 가장 오래되고 가장 권위 있는 등반 잡지인 〈알파인저널(Alpine Journal)〉의 편집자는 아이거 북벽이 "정신적으로 미친 사람의 집착"과 "등반이 처음 시작된 이후 가장 멍청한 변종"이라는 기사를 실었다.

힘을 합친 맞수

오스트리아 출신의 하인리히 하러(Heinrich Harrer)와 친구 프리츠 카스파레크(Fritz Kasparek)는 〈알파인저널〉지의 편집자와 생각이 달랐다.

두 사람은 1938년 대학 결승전에 참가 후 알프스로 향했고, 7월 21일에 등반을 시작했다. 이들의 시도는 처음부터 난항에 부딪혔다. 하러는 아이젠(eisen, 등산화 밑창에 부착하여 미끄러짐을 방지하는 금속제 장비)을 잊었고, 북벽에서는 얼음과 바위가 대거 떨어지기 시작했다. 이후 하러는 "오후에는 절대 오르지 않겠다고 약속했다. 오후가 되면 얼음벽은 지옥과 같아서 좀처럼 얼음과 돌을 피할 수 없었다"고 회상했다.

다음 날, 독일 등반가인 안데를 헤크마이어(Anderl Heckmair)와 루트비히 뵈르그(Ludwig Vorg)가 등반을 시작했다. 둘은 경험도 더 많았고, '12포인트 아이젠'과 같은 최신 장비도 갖추고 있었다. 곧 독일 등반가들은 오스트리아 등반가를 따라잡았다. 네 사람은 한 팀으로 합치기로 결정했다.

피하기 어려운 죽음

잠시도 쉬지 않고 눈사태와 돌사태가 일어났다. 눈과 돌이 떨어질 때면 등반가들은 절벽에 몸을 밀어붙이고 희망을 바랄 뿐이었다. 눈사태와 돌사태가 멈추면, 다시 시작되기 전에 서둘러 등반했다. 사흘째 되는 날에는 폭풍이 몰아쳐 추위와 강풍마저 엄습했다. 바람에 흔들리는 탓에 제대로 된 등반로를 찾기는 매우 어려웠다.

네 사람이 화이트 스파이더에 오를 때는 심각한 눈사태로 가파른 암벽에 금이 가기도 했다. 하러는 당시를 회상하며 이렇게 말했다.

> *카스파레크는 날 보면서 "눈사태야!"라고 소리쳤다. 나는 몸을 얼음판에 밀어붙이고, 머리 위에 배낭을 밀어 넣어 가까스로 목숨을 건졌다.*

왼쪽부터 안데를 헤크마이어, 하인리히 하러, 프리츠 카스파레크, 루트비히 뵈르크.

4명은 모두 살아남았다. 하지만 이들의 앞날에는 더 큰 위험이 도사리고 있었다.

수많은 역경을 뚫고

목표물은 바로 눈앞에 있었다. 4명은 작은 틈을 통과하기만 하면 정상에 오를 수 있었다. 그러나 가장 노련한 등반가이자 등반에서 가장 어려운 일을 담당했던 헤크마이어가 갑자기 미끄러졌다. 만약 뵈르그가 손을 위로 내밀어 수직으로 미끄러지는 그의 발을 제때 잡지 않았다면 그대로 떨어졌을 것이다.

뵈르그 바로 위로 헤크마이어가 떨어지는 바람에, 그가 가지고 있던 아이젠이 뵈르그의 장갑과 생살을 뚫어버렸다. 그로 인해 피가 흩뿌려지고 근육과 힘줄이 그대로 드러나게 됐다.

> *나는 번개처럼 빠르게 미끄러져서 뵈르그 위로 떨어졌다. 뵈르그는 밧줄을 놓고 나를 잡았다. 내 아이젠 끝이 그의 손바닥을 관통했다. 내가 위에서 떨어졌기 때문에, 손으로 버티다간 같이 떨어질 수도 있었다. 하지만 그가 손을 놓지 않은 덕분에 우리는 함께 목숨을 건졌다. 바로 1미터 아래에는 가파른 얼음 절벽이었고, 우리가 떨어지지 않도록 발을 지탱해줄 것도 없었다. 심지어 친구들은 무슨 일이 일어났는지조차 알아채지 못했다.*

뵈르그의 용기 덕분에 일행은 죽음으로부터 목숨을 구했다. 그로부터 얼마 지나지 않은 1938년 7월 24일 오후 4시, 네 사람은 거대한 북벽의 가장자리를 타고 올라가 칼로 잘라낸 듯한 정상에 올라섰다. 정상에 올랐다는 기쁨도 잠시, 완전히 지친 네 사람은 맹렬한 눈보라를 뚫고 다시 산등성이를 내려갔다.

이들은 순식간에 세계적인 유명인사가 됐다. 등반 역사상 가장 치명적인 도전인 아이거 북벽은 그렇게 정복됐다.

아이거의 북벽 등반 성공
하켄(haken, 등반에 쓰이는 쇠못) 사용은 아쉬워

1938년 7월 25일, 제네바 특파원 보고

비엔나 출신의 하러와 카스파레크, 뮌헨의 뵈르그와 헤크마이어가 아이거의 북벽 등반에 성공한 것과 관련해 상세한 정보가 확인되고 있다. 이 용감무쌍한 산악인들은 수요일부터 암벽에 오르기 시작해 바위들 사이에서 밤을 보냈지만, 다음 날 날씨가 점점 나빠지면서 알피글렌(Alpiglen)으로 내려가 밤을 보내게 됐다. 금요일 오전 2시 30분에 날씨가 좋아 보이자 다시 출발했고, 오전 11시 30분에는 목요일에 출발한 오스트리아인 2명을 따라잡았다. 결국 함께 라우퍼 침니(Lauper Chimney)로 등반을 계속했다.

토요일 아침 7시에 캠핑 장소를 떠났는데, 북벽의 10미터를 오르는 데만도 오랜 시간이 걸렸다. 곧 폭풍우를 만나 등반을 멈춰야 했고, 떨어지는 돌 때문에 카스파레크는 손을 다치고 말았다. 그 후 네 사람은 얼음 기둥을 타고 올라가 좁은 골짜기에서 하룻밤을 보냈다. 덕분에 그날 밤에 이들의 머리 위로 지나간 눈사태를 피할 수 있었다.

일요일에는 눈이 많이 내렸다. 등반가들은 또 다른 얼음 기둥에 올랐고, 오후 12시에 헤크마이어가 처음으로 아이거 정상에 도착했다. 그리고 오후 2시에는 모두 함께 정상에 올랐다. 모두 너무나 지쳤고 폭풍도 심해서 눈에 구멍을 만들어 침낭을 넣고, 그 속에 들어가 휴식을 취했다고 한다. 저녁이 돼서야 아이거글레처(Eigergletscher)로 돌아올 수 있었다. 그곳에서는 친구들의 열렬한 환영을 받았다.

그들의 업적은 확실히 대담한 것이었다. 어떻게 보면 이들이 평범하지 않기 때문에 얻을 수 있었던 당연한 성과라 할 수 있다. 정상에 오를 수 있었던 데는 경험과 훈련, 훌륭한 장비와 불굴의 에너지가 분명 중요한 역할을 했지만, 만약 하켄이 없었다면 이번 등반은 불가능했을 것이다. 이는 전통적인 등반가의 관점에서 참으로 아쉬운 일이다.

아이거 북벽 등반 성공을 보도한 〈타임스〉 신문. 하켄 사용을 아쉬워했는데, 동시에 하켄이 없었다면 등반이 불가능했을 것이라고 평가했다.

헤크마이어 일행이 사용한 경로와 여러 비극적인 사건이 벌어진 악명 높은 지점.

10
9
7
8
6
5
E
D
C
B
4
3
2
1
A

31 연료 없이 하늘을 날다

: 파카르와 보쉬버그의 태양을 이용한 비행 시도

"이제 쥘 베른(Jules Verne)의 꿈은 알려지지 않은 것과 선을 행하는 힘을 탐구하고 싶은 충동을 의미하며, 이것은 계속해서 인간에게 영감을 줘야 한다. 우리 조부인 쥘 베른은 인내심과 단호함이 있어야 한다고 했다. 지금까지 성취된 모든 위대한 것들은 탐험가의 엄청난 야망에서 비롯됐기 때문이다. 베르트랑 피카르의 정신은 이 점에서 빛을 발한다. 그의 목표는 야심 차고, 인류에게 보편적인 이익이 되는 것이었다."

장 베른(Jean Verne)

기간 2015년~2016년.

시도 태양열 비행기를 이용해 최초로 세계 일주를 비행했다.

난관 좁은 조종실, 실험적인 항공기를 타고 개방된 바다를 횡단했다. 횡단 중 폭풍과 기술적 문제가 발생했다.

업적 솔라 임펄스는 한때 불가능하다고 생각했던 공학적 성과를 달성하게 만들어주는 청정에너지라는 사실이 입증됐다.

하와이는 방대한 태평양에 있는 섬으로, 안식처, 따뜻함, 폭풍으로부터 휴식을 약속하는 반가운 장소다. 하지만 베르트랑 피카르(Bertrand Piccard)와 앙드레 보쉬버그(Andre Borschberg)에게는 실망과 좌절의 땅이었다.

이들의 시대를 앞선 꿈은 이 멋진 곳에서 사라질 운명이었던 걸까? 지금까지 겪은 어려움과 이들이 치른 희생을 고려한다면, 더욱 아이러니한 일이 아닐 수 없다.

타고난 모험가

피카르의 혈통에는 남 못지않은 모험의 피가 흘렀다. 그의 아버지 자크 피카르(Jacques Piccard)는 전세계 바다에서 가장 깊은 심연인 마리아나 해구(Mariana Trench)를 탐험한 첫 번째 탐험대의 일원이었다. 할아버지인 오귀스트 피카르(Auguste Piccard)는 풍선 비행 기록을 가지고 있었다.

(반대쪽) 아래
하와이 상공에서 훈련비행을 하고 있는 베르트랑 피카르의 모습을 찍은 사진.

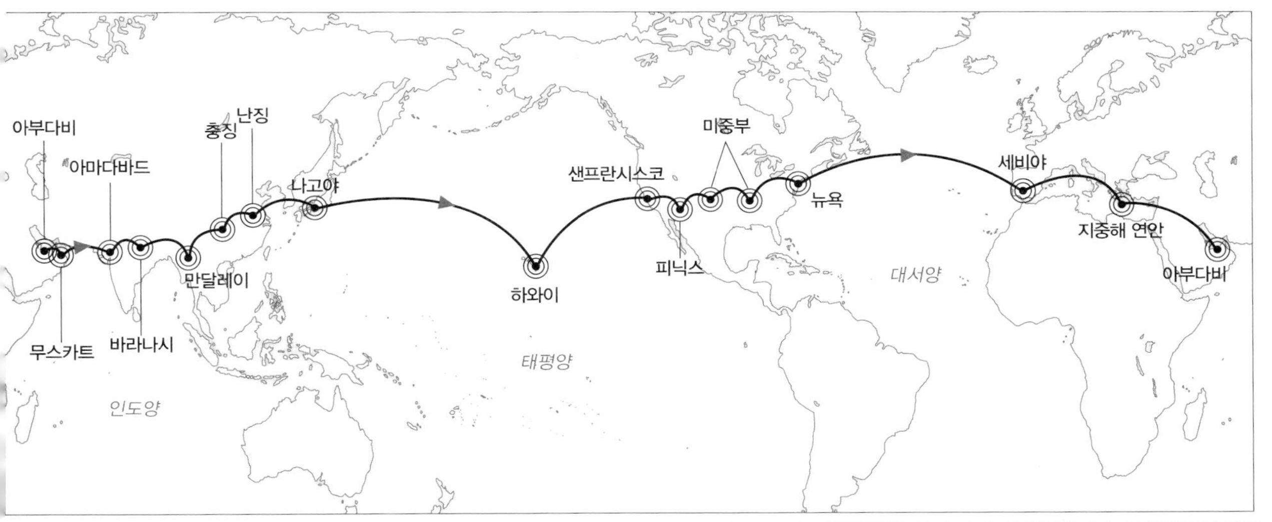

아부다비
아마다바드
충칭
난징
나고야
샌프란시스코
미중부
뉴욕
세비야
지중해 연안
아부다비
무스카트
바라나시
만달레이
하와이
피닉스
대서양
태평양
인도양

MoëtHennessy
Solvay
#FUTUREISCLEAN
ABB
SOLARIMPULSE
AROUND THE WORLD

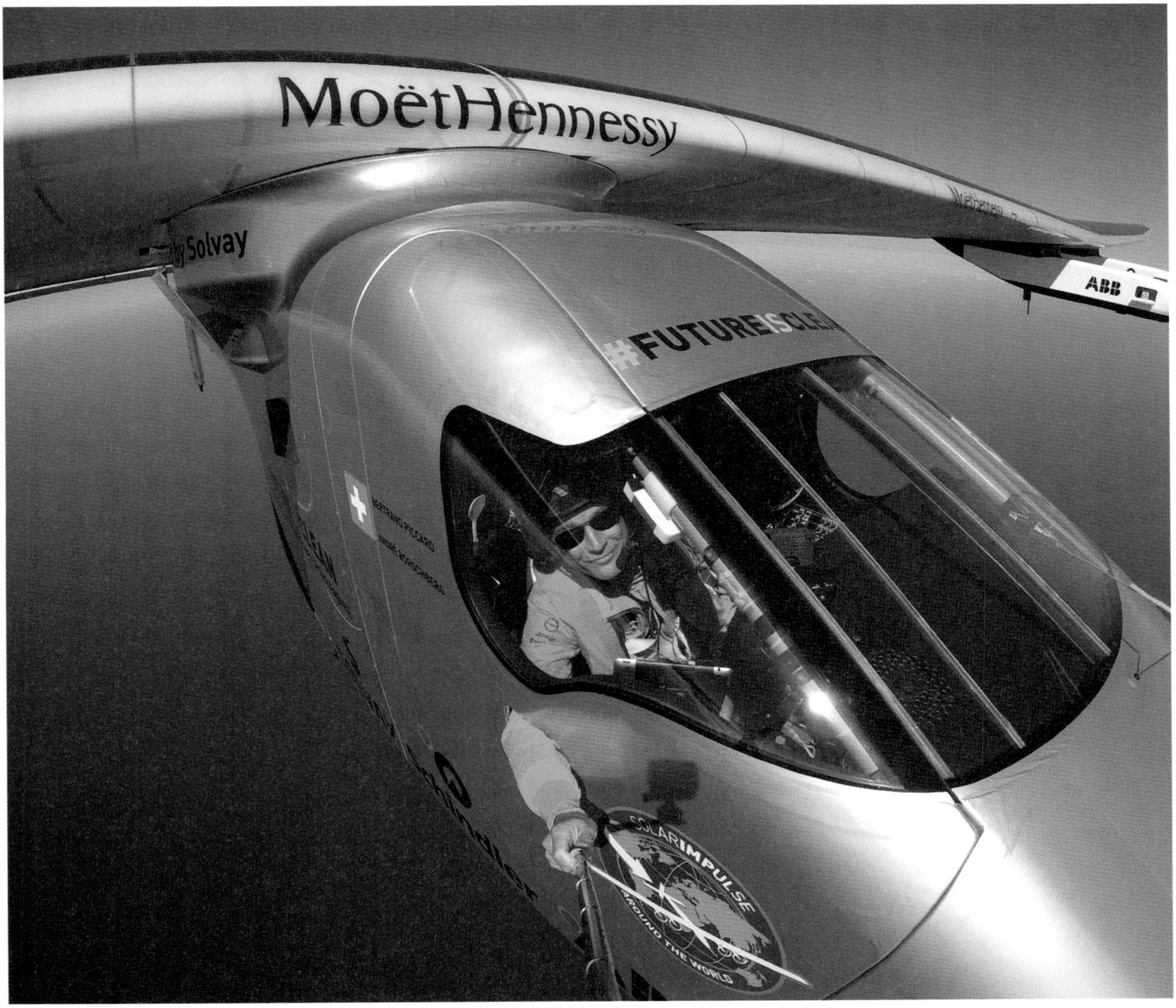

아부다비 상공을 비행 중인 솔라 임펄스 2호. 첫 번째 시험항공 장면을 찍은 것이다.

이제 문제는 인간이 먼 행성으로 가서 사는 게 아니라, 지구에서의 삶을 좀 더 가치 있게 구성하는 것이다.

_1931년, 오귀스트 피카르

대중은 오염 문제의 심각성과 정도에 대해 아직 깨닫지 못했다.

_1972년, 자크 피카르

피카르는 이런 가문의 일원답게 열기구와 다이빙 세계 기록을 모두 가지고 있었다. 피카르의 첫 번째 모험은 대서양을 횡단하는 열기구 경주에서 우승하는 것이었다. 그래서 1999년에 브라이언 존스(Brian Jones)와 함께 열기구를 타고 세계를 일주하기 위한 브레이틀링 오비터(Breitling

Orbiter) 프로젝트에 착수했다. 덕분에 그는 가장 긴 시간 동안 가장 먼 거리를 비행하는 기록을 세웠다.

2009년, 피카르는 동료 조종사 보쉬버그와 함께 연료 없이 세계를 일주하는 새롭지만 아주 단출한 탐험을 생각해냈다. 성공한다면 과감하고 선구적인 업적으로 사람들의 이목을 사로잡을 것이며, 청정 기술로 달성할 수 있는 접점을 늘리게 될 것이다. 하지만 이 목표를 달성하기 위해서는 과거에는 생각지도 못했던 기술적·인적, 운영상의 문제를 극복해야 했다.

> 21세기 모험은 현재와 미래 세대가 기대하는 삶의 질을 개발하는 데 인간의 창의력과 개척 정신을 적용하는 것이다.
>
> _2004년, 베르트랑 피카르

새로운 비행

뛰어난 최초의 물건이 모두 그렇듯, 기준은 없었다. 피카르 이전에 태양열 비행기를 타고 바다를 건너려고 시도한 사람은 없었다. 피카르 팀은 연료가 없는 비행기를 타고 닷새 밤낮 동안 태평양을 횡단하기 위한 전략을 생각해야 했다. 먼저 최대 36시간을 공중에 떠 있을 수 있는 솔라 임펄스 1호(Solar Impulse 1)의 최초 모델을 만들었다. 하지만 궁극적인 목표는 '영원히' 떠 있을 수 있는 비행기를 만드는 것이었다.

솔라 임펄스 2호(Solar Impulse 2)는 2014년에 완성됐는데, 태양 전지와 더 강력한 모터가 장착됐다. 이번 비행기에는 보잉 747기에 장착되는 72미터의 날개보다 더 긴 날개가 사용됐다. 덕분에 폭이 길어졌지만, 항공기의 무게는 2,300킬로그램에 불과해서 짐을 싣지 않은 일반 승용차 무게와 비슷했다. 날개의 표면에는 38.5킬로와트 용량의 배터리 4개가 장착됐다. 날개 표면은 전기를 공급하는 1만 7,248개의 태양 전지로 채워졌고, 이 전지는 38.5킬로와트 전력을 이용해서 배터리 4개를 충전시켰다. 전지는 각각 13.5킬로와트의 전력으로 엔진 4개에 동력을 공급해 프로펠러를 지속해서 회전시키는 역할을 했다. 낮에 채운 배터리는 밤 비행에도 사용됐다.

이론적으로 솔라 임펄스 2호는 연료를 사용하지 않기 때문에 영원히 비행할 수 있었지만, 조종사는 혹시 모를 가능성을 걱정했다. 조종석의 크기는 3.8세제곱미터에 불과했고, 압력이나 열이 가해지지 않았다. 내부 온도는 낮을 때는 영하 20도였고, 높을 때는 35도였다. 이런 악조건에서 조종하는 것은 매우 어려운 일이었다. 심지어 조종을 도울 부조종사가 탈 수 있는 공간조차 없어, 5일 동안 조종사 단독으로 비행해야 했다. 조종사가 쉬고 싶을 때는 자리를 뒤로 젖히고 눕거나 20분간 낮잠을 잘 수 있었고, 틈틈이 다리를 한쪽씩 들어 올리고 상체는 팔다리에 피가 통하도록 스트레칭을 해야 했다.

솔라 임펄스 2호는 토끼가 아닌 거북이였다. 최고 속도는 시속 100킬로미터가 조금 넘지만, 평균 순항 속도는 시속 75킬로미터 정도였다. 밤에는 동력을 절약하기 위해 더 천천히 비행했다. 조종사들은 낮 동안에 고도를 높여서 에너지를 더 많이 비축해 비행거리를 늘리는 전략을 사용했다.

비행의 12단계

솔라 임펄스 2호의 팀원들은 기상 자료와 햇빛의 이용 가능성, 항공로 제한을 고려하면서 기상학자와 수학자들과 함께 비행 매개변수를 계산했다.

항공 경로를 꼼꼼히 검사해서 조종사를 교체하고, 폭풍우를 피할 장소 12곳을 찾아냈다. 처음 6개 구간은 계획대로 진행됐다. 비행기는 아부다비(Abu Dhabi)에서 출발해 오만의 무스카트(Muscat), 인도의 아마다바드(Ahmedabad)와 바라나시(Varanasi), 미얀마의 만달레이(Mandalay), 중

최신 보잉 747 항공기(아래)와 비교한 솔라 임펄스 2호의 측면과 전면.

국 충칭(重慶)을 거쳐 중국의 난징까지 비행했다. 그다음 7개 구간은 난징에서 하와이까지 9,132킬로미터를 여행할 예정이었다. 하지만 끔찍한 기상 조건 때문에 조종사들은 일본 나고야(名古屋)로 우회해야 했다.

태평양 너머

일본에서 한 달간 기다린 다음에야 하와이로 날아갈 두 번째 기회가 생겼다. 보쉬버그는 가족들과 인사한 뒤 조종석으로 올랐다.

솔라 임펄스 2호는 천천히 활주로를 벗어나 일본의 밤하늘 속으로 날아올랐다. 7,000킬로미터에 달하는 여행이 시작되는 시점이었다. 하지만 솔라 임펄스 2호가 이륙하고 단 몇 시간 만에

2016년 4월 23일, 안드레 보쉬버그(왼쪽)와 베르트랑 피카르(오른쪽)는 캘리포니아 마운틴뷰에 착륙해 태평양 횡단을 축하했다.

보쉬버그는 모나코(Monaco) 탐험 본부에 있던 엔지니어들에게 비행기에 문제가 있다는 무선을 보냈다. 비행기의 배터리는 추위로부터 보호하기 위해 완전히 절연돼 있었는데, 단열재가 너무 많아서 배터리가 과열되고 만 것이다. 배터리가 타버릴 위험천만한 위기였다. 너무 늦기 전에 기술팀은 가까스로 배터리의 심각성을 깨달았다. 한 시간만 늦었어도 수습할 수 없었을 것이다.

엔지니어들은 보쉬버그에게 일본으로 돌아가라고 권했다. 기술팀은 더 이상의 비행을 위해 할 수 있는 것이 거의 없었기 때문이다. 게다가 보쉬버그는 배에 통증을 느끼고 있었다. 만약 항공기가 동력을 잃는다면 바다로 추락하게 될 상황이었다. 죽을지도 모르는 절체절명의 위기였지만 그는 조용히 결심을 굳혔다. 다행히 날씨가 너무 좋아서 비행기 동력은 필요치 않았고, 결국 그는 비행을 계속하기로 결정했다.

보쉬버그는 닷새 밤낮을 비행한 끝에 2016년 7월 2일 하와이에 착륙했다. 그전까지의 비행 기록보다 3배나 긴 세계 신기록이었다. 시간(117시간 52분 비행)과 거리(7,212킬로미터) 면에서 모두 신기록이었다. 하지만 기쁨은 오래가지 못했다. 비행기의 배터리는 사용할 수 없을 정도로 손상

됐다. 수리는 불가능했고, 새 배터리를 다시 만들어야 했다. 폭풍이 치는 겨울이 오기 전에 해결할 방법이 없어, 끝내 비행기는 격납고로 이동돼 겨울 동안 보관됐다. 크리스마스 시즌이 지났지만 팀원들은 축제 분위기를 만끽할 수 없었다.

마침내 2016년 2월에 새로운 배터리가 설치됐다. 시험 비행도 몇 번이나 진행됐다. 하지만 북반구의 겨울은 야간 비행에 필요한 태양에너지를 충분히 공급할 수 없었다. 미국 본토에서 여전히 멀리 떨어져 있었기 때문에, 피카르와 보쉬버그는 초조하게 날씨를 확인하며 기다릴 수밖에 없었다.

2016년 4월, 날씨가 꽤 좋아 보였다. 마라톤 비행을 재개하기에 좋을 만큼 해가 길었다. 비행기는 하와이의 아스팔트 활주로로 떠나 부드럽게 흔들리며 조용히 동쪽으로 상승해 광활한 태평양으로 향했다.

솔라 임펄스 2호가 2016년 4월 23일 샌프란시스코의 마운틴뷰(Mountain View)에 있는 모펫필드(Moffett Field)에 부드럽게 착륙했다. 드디어 태평양 횡단에 성공한 것이다. 이른 여름에 솔라 임펄스 2호는 뉴욕에 도착했고, 6월 23일 대서양 횡단을 마치고 스페인 세비야(Seville)에 착륙했다. 연료 없이 하늘을 나는 꿈이 이뤄지는 순간이었다.

32 편도 배편의 세계 일주

: 끝내 돌아오지 못한 진정한 지도자, 페르디난드 마젤란

"우리는 기적적으로 '만 천 명의 동정녀의 만(Cape of the Eleven Thousand Virgins)'이라고 불리는 해협을 발견했다. 해협의 길이는 110리그로, 즉 700킬로미터가 넘고, 폭은 그의 절반 정도였다. 해협의 한쪽은 다른 바다로 이어져 있었다."

안토니오 피가페타의 여행일지에서 발췌

기간 1519년~1522년.

시도 최초로 세계 일주에 성공했다.

난관 배 5척과 선원 270명을 데리고 항해를 시작했지만, 18명이 살아남아 한 척의 배에 타고 돌아왔다. 항해 중에는 폭동, 탈주, 질병, 기아, 폭력을 겪었고, 마젤란 자신도 필리핀에서 살해됐다.

업적 항해는 세상의 크기와 모양을 알려줬고, 유럽이 모르던 세상의 방대함을 일깨워줬다.

(반대쪽) 아래
벨기에 지리학자인 아브라함 오르텔리우스(Abraham Ortelius)의 태평양 지도에 그려진 빅토리아 호. 이 배는 1595년 앤트워프(Antwerp)에서 제작됐으며, 마젤란 함대 중 유일하게 세계를 일주했다. 배 아래에 라틴어로 쓰인 글은 다음과 같다. "나는 돛을 이용해 함대의 우두머리인 마젤란을 태우고 세계 최초로 세계를 일주하고 새로운 해협을 지났다. 내 이름은 빅토리아이며, 내 돛은 날개요, 내 보상은 영광이며, 나의 전투는 바다를 상대로 한다."

페르디난드 마젤란(Ferdinand Magellan)은 세계 최초로 세계 일주에 성공했다. 그는 1519년에 함대 5척과 약 선원 270명을 거느리고 스페인을 떠났지만, 1522년에는 단 한 척의 보트와 18명의 선원을 데리고 돌아왔다.

마젤란은 1521년에 필리핀에서 사망했다. 그의 여행은 지구가 둥글다는 사실을 확인해줬고, 크기를 알 수 있도록 도왔으며(예상보다 컸다), 스페인의 식민지를 확장시킨 장본인이었다.

왕족에서 평민으로

마젤란은 1480년에 포르투갈 귀족들 사이에서 태어나 왕족의 일원이 됐다. 1505년, 그는 인도에 가서 포르투갈이 향료 섬으로 가는 해상 항로를 확보할 때 프란시스쿠 드 알메이다(Francisco de Almeida)를 설립하는 데 도움을 줬다. 또한, 말레이 반도의 말라카를 손에 넣는 데 일조했으며, 1511년에는 향신료 무역의 중심지인 몰루카(Moluccas)까지 항해한 것으로 보인다.

마젤란은 생각이 확실한 사람이었다. 다음 해에는 명령을 어긴 채 포르투갈로 돌아가야 했다.

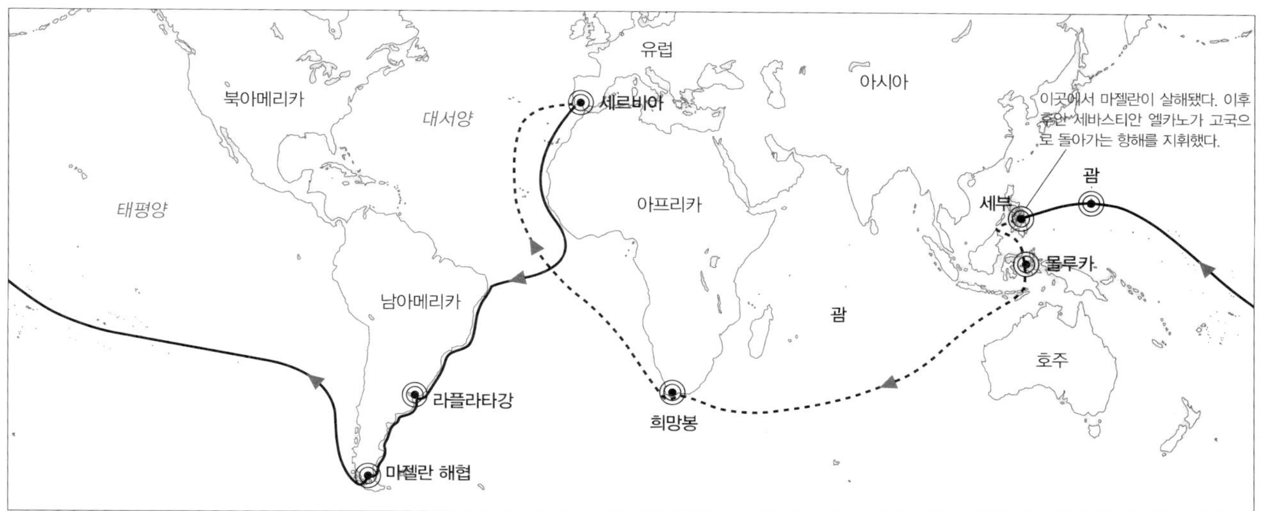
유럽
아시아
북아메리카
대서양
세르비아
이곳에서 마젤란이 살해됐다. 이후 후안 세바스티안 엘카노가 고국으로 돌아가는 항해를 지휘했다.
태평양
아프리카
괌
세부
몰루카
남아메리카
괌
호주
라플라타강
희망봉
마젤란 해협

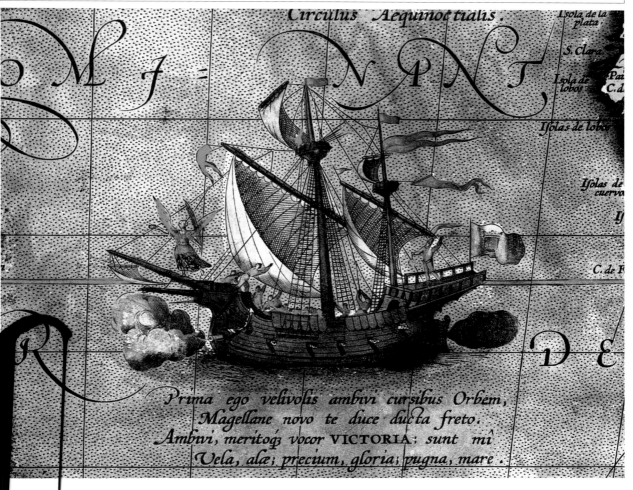

Circulus Aequinoctialis.
Isola de la plata
S. Clara
Isola de lobos
Isolas de lobos
Isolas de cuervo
C. de F
Prima ego velivolis ambivi cursibus Orbem,
Magellane novo te duce ducta freto.
Ambivi, meritoq; vocor VICTORIA: sunt mî
Vela, alæ; precium, gloria; pugna, mare.

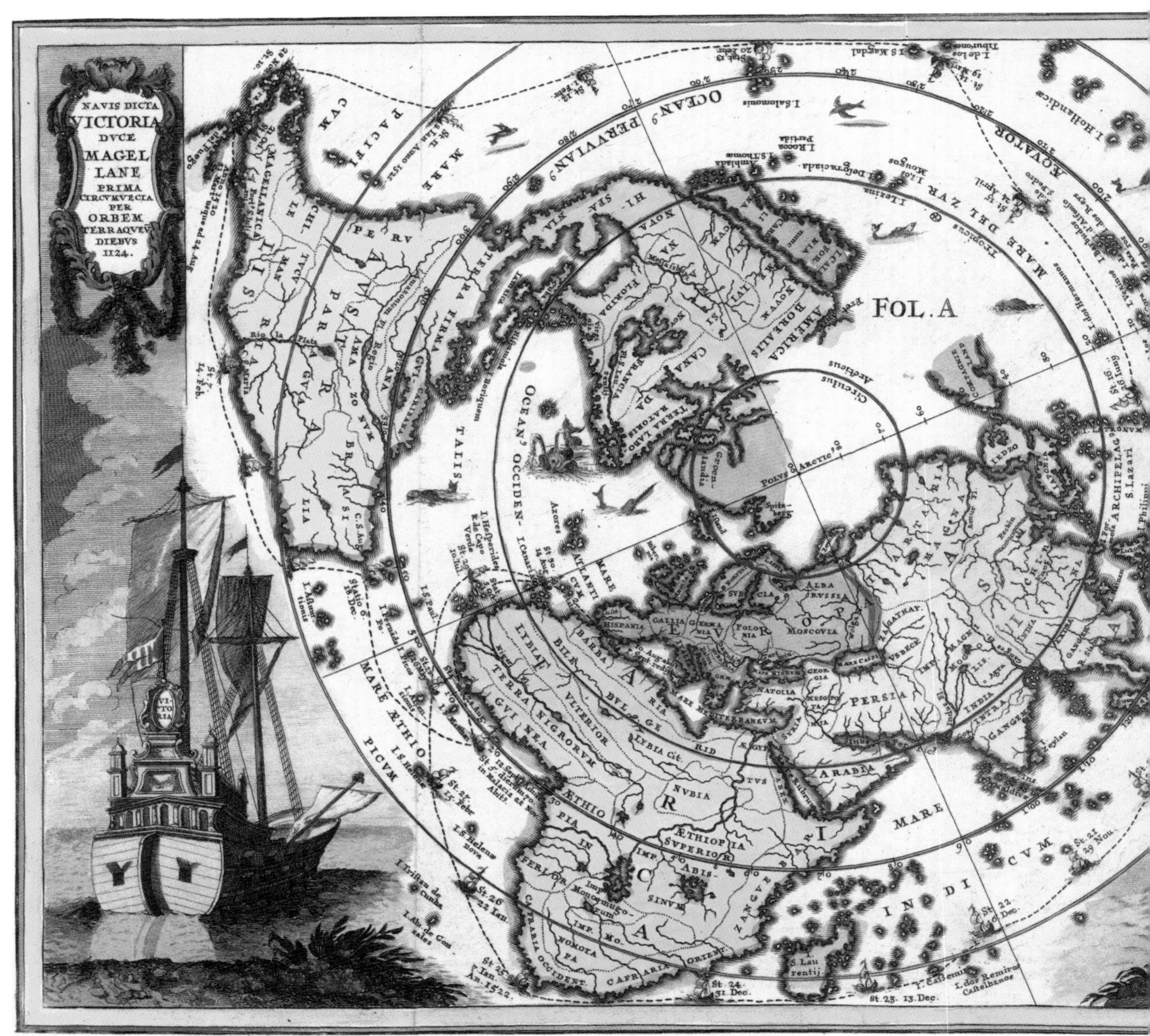

1700년경 하인리히 셰러(Heinrich Scherer)가 묘사한 빅토리아의 항해. 지도 왼쪽에 있는 빅토리아 호의 모습은 실제와 다른 것으로 추정된다. 오른쪽에는 항해의 생존자들이 세비야에서 산타 마리아 드 라 빅토리아 교회(The Church of Santa Maria de la Victoria)로 들어가는 모습이 그려져 있다.

이후 모로코로 항해했고, 1513년에 아자모르(Azamor)에서 무어인들과 벌어진 전투에서 다리를 다쳐 절름발이가 됐다. 그는 부상에 대한 연금을 기대하며 리스본으로 돌아왔지만, 마누엘 1세(Manuel I)는 오히려 포획한 전리품을 무어인에게 팔았다며 마젤란을 기소했다. 억울한 그는 혐의를 반박했지만 소용없었다. 1516년에 왕은 마젤란에게 포르투갈을 위해서 일할 필요가 없다고 명령했다.

대담하고 새로운 목표

마젤란은 이후 스페인으로 이주했고, 무역을 위한 항로를 효율적으로 통제하기 위해서 계속 편 가르기를 했다. 동부 항로를 포르투갈이 지배한다는 것을 너무나 잘 알고 있던 마젤란은 1518년에 카를로스 1세에게 서쪽으로 라틴아메리카를 우회해 중국으로 가는 항로를 찾겠다고 제안했다. 왕은 그를 돕기로 하고 트리니다드, 빅토리아, 콘셉시온, 산티아고(Santiago), 샌안토니오(San Antonio) 등 낡은 배 5척을 준비하는 한편, 스페인과 포르투갈을 비롯해 다양한 국적의 선원들을 모집했다. 이탈리아인 안토니오 피가페타(Antonio Pigafetta)는 항해를 일지로 기록하는 일을 맡았다.

첫 번째 반란

이들은 1519년 9월 20일 카디스 근처의 산루카르데바라메다(Sanlucar de Barrameda) 항구를 떠나 카나리아 제도로 향했다. 그곳에서 서쪽으로 항해를 시작했고, 12월 중순에는 리우데자네이루 근처에 도착했다. 마젤란 일행은 해안을 따라 내려갔고, 플레이트강(River Plate) 하구로부터 남아메리카의 반대편으로 통하는 길을 찾기 위해 중요한 지류는 모두 조사했다.

1520년 3월 말에는 아르헨티나의 남쪽 끝에 있는 산줄리안(San Julian)에 도착했다. 일부 선장들과 선원들은 마젤란이 주는 적은 배급에 만족하지 않았고, 결국 반란을 일으켰다. 마젤란은 이들을 철저하게 응징했다. 선장 한 명은 처형하고, 한 명은 8월에 함대가 이동할 때 그곳에 버렸다. 남아메리카의 끝에 도달하기 직전에 산티아고 호가 연구를 위한 임무를 수행하다 난파되는 사고가 있었다.

우여곡절 끝에 마젤란은 10월 21일에 남아메리카 본토와 티에라델푸에고 사이에 있는 해협에 도착했다(지금은 이곳을 마젤란 해협이라고 부른다). 항해 중에 샌안토니오 호는 함대를 떠나서 대서양으로 돌아갔다. 1520년 11월 28일, 나머지 3척의 배가 해협을 떠나 태평양으로 항해를 나섰다. 약 3주 동안 함대는 해안을 따라 북서 태평양으로 향했다. 마젤란은 '폭풍을 만나지 않았다'는 의미에서 바다 이름을 '태평양'으로 정했다.

최근 복원된 빅토리아 호의 내부와 외부.

바다 한가운데서의 굶주림

마젤란 해협을 떠나고 괌에 도착할 때까지 일행은 99일 동안 땅을 밟지 않았다(사람이 살 수 없는 두 개의 작은 섬에 도착한 적은 있었다). 이 역사적인 항해는 마젤란이 예상했던 것보다 훨씬 길었고, 그로 인해 선원들은 매우 고통스러워했다. 이때 처음으로 괴혈병이 기록됐다. 기록에는 이렇게 적혀 있다.

> *내가 말하려는 불행은 최악 중에 최악이다. 사람들의 위와 아랫잇몸이 너무 부어올라서 먹을 수도 없었다. 다들 아팠고, 19명이 사망했다. 먹을 만한 음식은 없었고, 배급 역시 절망적이었다. 우리는 가루가 돼버린 오래된 비스킷을 먹었다. 음식에는 벌레가 가득했고, 좋은 비스킷을 골라 먹는 쥐가 만든 오물로 얼룩져 고약한 냄새를 풍겼다. 식수는 노란색으로 변해 악취가 풍겼다. 먹을 게 없어서 배의 갑판에 놓인 황소 가죽도 먹었다.*

신대륙에서의 죽음

1521년 3월 6일, 마침내 이들은 지금의 괌에 도착해서 보급품을 채울 수 있었다. 이후 일행은 필리핀 남서쪽으로 항해했고, 마젤란은 이곳을 스페인 영토로 선언했다. 일행은 세부(Cebu)의 지도자로부터 열렬한 환영을 받으면서 고단한 여독을 풀었다. 기독교로 개종한 이 지도자를 돕기 위해서 마젤란은 막탄 섬(Mactan Island)에 사는 한 경쟁 부족을 진압하는 데 힘을 보태기로 동의했다. 하지만 공격은 계획한 대로 진행되지 않았다. 당시 기록에는 "인디언들은 마젤란에게 달려들어 창과 칼, 각종 무기로 공격했다. 우리는 거울, 빛, 편안함, 진정한 안내자를 빼앗겼다"고 적혀 있다.

콘셉시온 호마저 잃게 된 일행은 이제 빅토리아와 트리니다드 호밖에 남지 않았다. 이들은 몰루카로 항해해 향신료를 싣기 시작했지만, 배의 상태가 영 좋지 않았다. 트리니다드 호는 태평양을 건너 항해를 시작했지만 곧 돌아와야 했다. 더 이상의 항해가 불가능했기 때문이다. 게다가 배에 탄 선원들은 포르투갈에 포획되는 상황이 벌어졌다.

빅토리아 호의 선장이 된 후안 세바스티안 엘카노(Juan Sebastian Elcano)는 서쪽으로 돌아가야 더 안전하다고 판단했고, 자바(Java) 남쪽의 몰루카에서 곧장 희망봉으로 향하면서 포르투갈 배를 피할 수 있었다. 아프리카 서부 해안을 지날 때는 보급품이 너무 절실해서, 포르투갈의 카보베르데 제도에 들러야만 했다. 빅토리아 호는 포르투갈인들에게 납치될까봐 서두르느라 선원 몇 명을 남겨두고 출발했다.

1698년, 맬릿(Mallet)이 그린 세계 지도 초판본에서 마젤란 해협 주변을 발췌한 모습.

운 좋은 생존자

살아남은 사람들은 무사히 스페인으로 돌아왔다. 기록에는 "1522년 9월 6일 토요일에 드디어 산루카만(Bay of San Lucar)으로 귀환했다. 이곳을 떠나 돌아올 때까지 우리는 1만 4,400리그를 항해했고, 동쪽에서 서쪽으로 지구 한 바퀴를 돌았다"고 적혀 있다.

기록의 마지막 부분에 피가페타는 마젤란의 업적을 다음과 같이 요약했다.

> 가장 불행한 순간에도 마젤란의 미덕은 계속됐다. 바다 한가운데에서 그는 누구보다 굶주림을 잘 견뎌냈다. 항해도에 밝아 항해술 역시 뛰어났다. 누군가에게 배운 적은 없다고 했다. 그것은 그의 천재성과 대담함을 보여주는 증거라 할 수 있다. 덕분에 세계를 일주하려고 했고, 목표를 달성했다.

33 아메리카 대륙에서의 과학적 탐험

: 지리학의 아버지, 알렉산더 폰 훔볼트

"사람들은 내가 너무 많은 것을 궁금해 한다고 말한다. 나는 식물학, 천문학, 비교 해부학, 모든 것이 궁금하다. 주변을 둘러싸고 있는 모든 것을 알고 싶다는 욕망을 감히 금할 수 있을까?"

알렉산더 폰 훔볼트

기간 1799년~1804년.

시도 과학적 발견을 위해서 아메리카 대륙을 5년 동안 여행했다.

난관 훔볼트는 대자연이 안겨주는 모든 어려움을 겪었다. 정글은 습했고, 추웠다. 그는 5,500미터의 산꼭대기에서 그대로 자연에 노출됐다. 사막의 더위와 싸워야 했고, 질병과 동물 포식자들의 위협을 받았다.

업적 훔볼트는 많은 새로운 종을 발견했고, 엄격한 과학적 방법으로 다양한 연구 분야를 조명했다. 찰스 다윈을 포함한 많은 위대한 과학자들에게 영감을 줬으며, 세계에서 가장 높은 곳에 오른 등반가로 몇 년이나 기록을 유지했다.

18세기가 끝나갈 무렵, 구대륙과 신대륙은 좋든 나쁘든 서로에게 더 친숙해졌다. 대항해시대 동안 유럽인들은 전세계를 휩쓸었기 때문이다. 그중에는 부나 명예를 얻고 싶은 욕망에 사로잡힌 탐험가들도 있었다. 손쓸 수 없는 방랑벽 때문에 여행하는 사람도 있었고, 왕의 명령에 따라 여행하는 사람도 있었다. 박해를 피하려고 어쩔 수 없이 도망친 사람도 있었다.

(반대쪽) 위
훔볼트 등반 당시 침보라소 산은 세계에서 가장 높은 봉우리로 여겨졌다.

아래
미국 지리학자인 윌리엄 채닝 우드브리지(William Channing Woodbridge)가 개발한 방사성 동위원소 지도는 훔볼트의 연구에서 얻은 데이터로 만들어졌다.

세상의 경이로움을 알리기 위한 모험

탐험이 인기를 끌면서 이미 신대륙에 살던 사람들은 과거와는 전혀 다른 새로운 생활 방식을 갖게 됐다. 구대륙의 사람들이 천연두와 같은 전에는 몰랐던 질병을 옮기는 바람에 목숨을 잃었고, 몇 세기 동안 가지고 있던 문명과 문화적 관행이 바뀌었으며, 보물과 천연자원은 약탈당했다. 16세기 말까지 미국에서 가져간 은은 스페인 총예산의 20퍼센트를 차지했다.

하지만 알렉산더 폰 훔볼트(Alexander von Humboldt)는 전혀 다른 부류의 탐험가였다. 그는 주

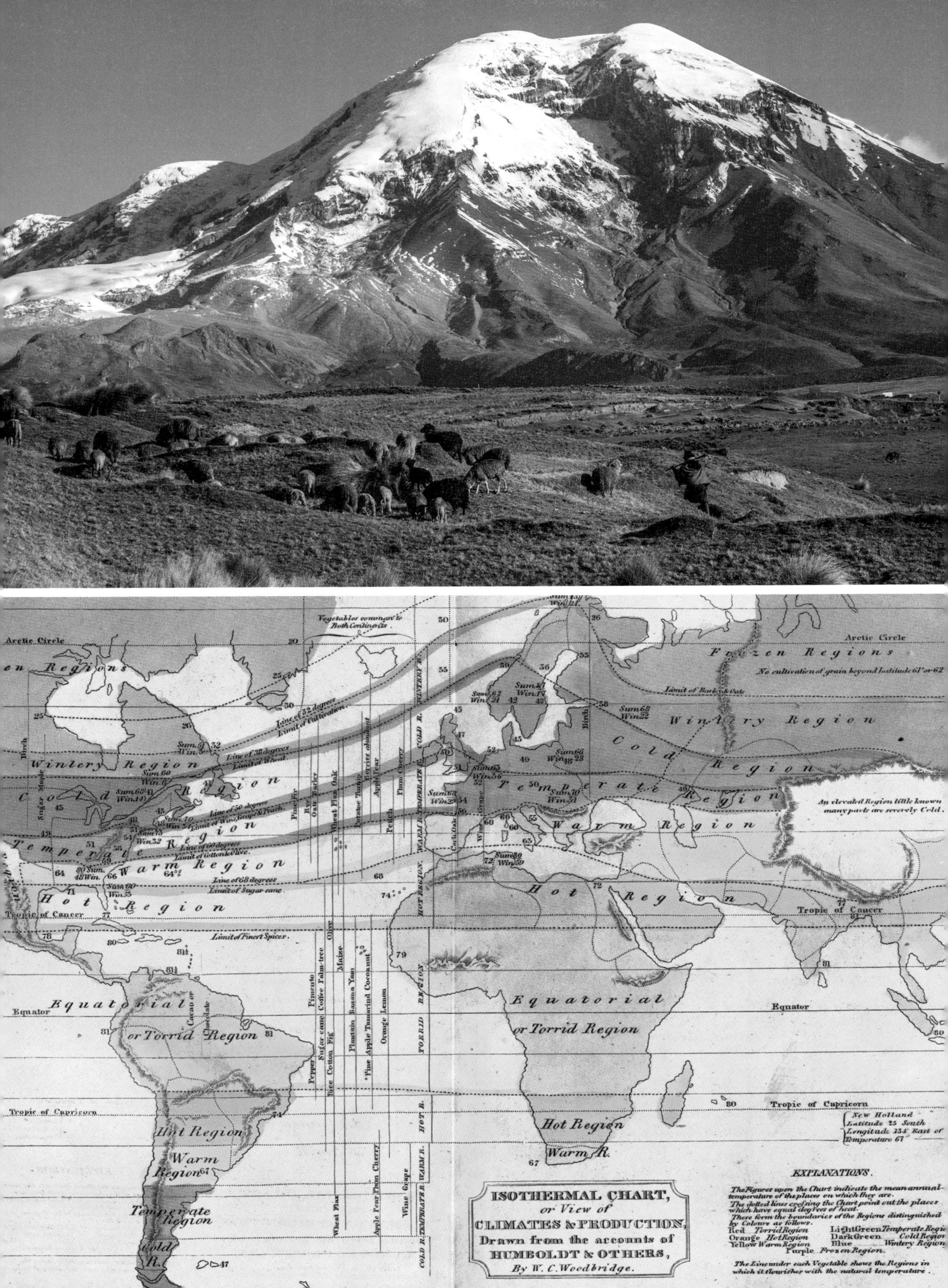

Arctic Circle
Frozen Regions
No cultivation of grain beyond Latitude 61° or 62
Limit of Barley & Oats
Vegetables common to Both Continents
Line of 32 degrees
Limit of Cultivation
Line of 38 degrees
Limit of Wheat
Line of 50 degrees
Limit of Wine, Grape & Peach
Line of 60 degrees
Limit of Cotton & Olive
Line of 68 degrees
Limit of Sugar cane
Limit of Finest Spices
Wintery Region
Cold Region
Temperate Region
Warm Region
Hot Region
Tropic of Cancer
An elevated Region little known many parts are severely Cold.
Equatorial or Torrid Region
Equator
Tropic of Capricorn
New Holland
Latitude 25 South
Longitude 134 East of
Temperature 67
Warm R.
Cold R.
Sugar Maple
Birch
Pine Fir
Rye Oats Barley
Wheat Flax Oak
Potatoe Turnip
Berries abundant
Apple Pear
Peach
Plum Cherry
Cork Oak
Wine Grape
Olive
Pimento
Pepper
Sugar cane
Coffee Palm-tree
Rice Cotton Fig
Maize
Plantain Banana Yam
Pine Apple Tamarind Cocoanut
Orange Lemon
Cacao or Chocolate
Wheat Flax
Apple Pear Plum Cherry
Wine Grape
ISOTHERMAL CHART,
or View of
CLIMATES & PRODUCTION,
Drawn from the accounts of
HUMBOLDT & OTHERS,
By W. C. Woodbridge.
EXPLANATIONS.
The Figures upon the Chart indicate the mean annual temperature of the places on which they are.
The dotted lines crossing the Chart point out the places which have equal degrees of heat.
These form the boundaries of the Regions distinguished by Colours as follows.
Red Torrid Region
Orange Hot Region
Yellow Warm Region
Light Green Temperate Region
Dark Green Cold Region
Blue Wintery Region
Purple Frozen Region.
The Line under each Vegetable shows the Regions in which it flourishes with the natural temperature.

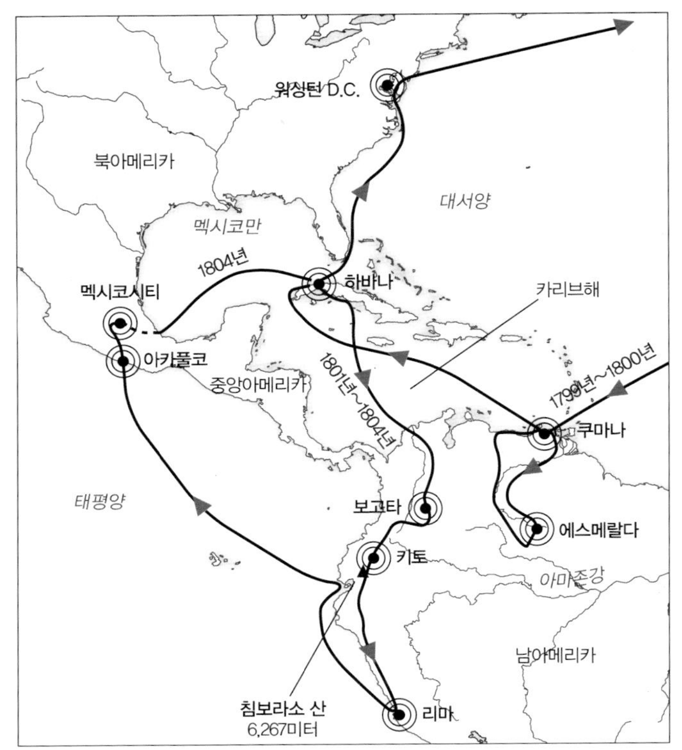

위의 세상에 매료됐고, 더 많은 것을 알고 싶어 했다. 1799년, 훔볼트는 아메리카 대륙을 5년간 여행하면서 인류 역사상 가장 위대한 탐험 중 하나를 시작하게 됐다. 그는 지칠 줄 모르는 호기심과 열의를 가지고 있었다. 덕분에 계속해서 중요한 과학적 발견을 이뤘고, 획기적인 인류학적 연구를 수행했다. 그의 성과는 상당히 폭이 넓었고, 대단했다. 덕분에 인류는 다른 시각으로 지구를 바라보게 됐다.

훔볼트를 기리기 위해 이름이 붙여진 동물종은 오징어에서 스컹크에 이르기까지 100종 이상이며, 식물은 300종 이상이다. 그의 이름은 산맥, 소금 습지, 강, 빙하, 국립공원에서도 찾을 수 있다. 다른 탐험가들은 부와 영향력으로 자신의 성공을 가늠했으나, 훔볼트에게는 지식을 얻고 이를 알리는 것이 가장 큰 보상이었다.

발견에 대한 열정

훔볼트는 1789년에 프러시아(Prussia)의 부유한 가정에서 태어났다. 그의 아버지는 그가 9세 때 세상을 떠났고, 그의 형 빌헬름과 그는 어머니의 엄격한 감독 아래에서 개인교습을 받으며 외로운 어린 시절을 보냈다. 초기에 훔볼트의 학력은 이후 그가 현대 과학에 미친 놀라운 영향을 생각하면 그다지 주목할 만한 사실은 아니었다. 그는 프랑크푸르트대학과 괴팅겐대학에서 잠시 공부했지만, 어느 대학도 졸업하지 못했다. 그다음에는 신설된 광업 학교에서 2년을 보냈지만, 역시 공식적인 자격을 얻지는 못했다.

훔볼트의 배경에서 보면 당시 젊은이들의 전통적인 진로는 분명했다. 법, 회계, 의학을 공부하거나, 공무원이 적절하다고 생각됐다. 하지만 훔볼트는 남들과는 다른 것을 바랐다. 그는 자연에 진심 어린 열정을 가지고 있었고, 괴팅겐대학에서 공부할 때는 광물학과 지질학 분야에 두각을 나타냈다. 이 기술들이 과학적인 탐험에 사용될 수 있다는 게 훔볼트의 믿음이었다. 영국 탐사선인 레졸루션(Resolution) 호를 타고 제임스 쿡 선장의 두 번째 항해에 참여했던 박물학자인 게오르크 포르스터(Georg Forster)와 이야기를 나누면서 이 믿음은 더욱 강해졌다. 그는 젊은 훔볼트에게 시야를 넓히라고 격려했다.

훔볼트는 프러시아 정부에서 광산 조사관으로 근무하며 탐험에 필요한 기술을 열심히 공부했다. 외국어, 천문학, 해부학, 지질학을 공부했고, 과학 장비를 사들여 사용법과 관리방법에 대한 훈련을 받았다. 훔볼트가 친구에게 보낸 편지에서 그 열정을 엿볼 수 있다.

지구상 가장 큰 조류인 안데스 독수리를 묘사한 그림. 훔볼트의 여행 일지에서 발췌.

가끔 정신을 잃은 것 같을 정도로 열정을 느낀다네.

새로운 것을 찾겠다는 각오

1796년, 어머니가 돌아가시면서 훔볼트는 상당한 유산을 물려받았다. 그는 이제 하던 일을 그만두고, 탐험에 필요한 금전적인 여유를 갖게 됐다.

스페인 카를로스 2세(Carlos II)의 동의를 얻어 미국의 스페인 영토를 방문하는 데 필요한 장비와 허가를 받는 데만 3년이 걸렸다. 그는 드디어 1799년 6월 15일에 스페인의 라코루냐(La Coruna)에서 온 피자로(Pizzaro) 호에 승선했다.

탐험 중에 식물 수집을 담당할 프랑스인 아이메 봉플랑(Aime Bonpland)이 그의 여행에 합류했다. 이 두 사람은 자연주의에 새로운 국면을 맞이하게 됐다. 그들은 몸이 힘들 때도 모든 것을 꼼꼼하게 기록했다. 누군가의 명령을 받은 것은 아니었다. 훔볼트는 자비로 탐험의 비용을 감당했다. 새로운 것을 찾아내겠다는 생각이 그가 가지고 있던 유일한 책임감이었다.

세상에 대한 다른 시각

탐험은 생각대로 진행됐다. 테네리페 섬(Tenerife)에 예정보다 일찍 도착한 훔볼트는 새로운 장비를 사용해서 산타크루즈(Santa Cruz) 항구와, 고도가 가장 높은 지점이었던 티에드 산(Mount Tiede)의 경도를 측정했다.

또 그가 방문했던 곳의 식물군을 5가지 구역으로 나눴다. 이 마지막 작업은 훔볼트가 활용한 비정통적인 접근법의 정점이었다. 그는 식물을 종의 분류 체계가 아니라 식물이 발견된 장소의 기후에 따라 분류한 최초의 박물학자였고, 덕분에 지역의 생태계 속에 동·식물군이 공존하며 서로에게 의존해 생존하고 성장한다는 이론을 개발할 수 있었다. 훔볼트와 봉플랑은 서쪽으로 대서양을 가로질러 이동했고, 이후 수년 동안 혹독한 탐험에 몰두했다.

베네수엘라에 도착한 두 사람은 웅장한 오리노코강의 근원을 추적하고, 카시키아레강(Casiquiare River)을 따라 깊은 정글 속으로 들어갔다. 그 속에서 봉플랑과 훔볼트는 강의 지류가 아마존의 지류와 만나는 지점을 찾아냈다. 두 사람은 아메리카 대륙의 중요한 강 2개가 이어지는 천연 연결고리를 찾아냈다.

과학이 모험으로

탐험은 계속됐고, 끈적끈적한 열기와 습기는 안데스 산맥의 차갑고 희박한 공기로 바뀌었다. 이들은 콜롬비아 보고타(Bogota)에서 페루의 트루히요(Trujillo)까지 약 2,300킬로미터 거리의 방대한 산맥을 탐험했다. 탐험 중에는 흙의 색깔부터 잎의 모양까지 관심 가는 모든 것을 기록했다. 침보라소 산(Chimborazo)은 그때만 해도 세계에서 가장 높은 산으로 생각됐는데, 마침 그곳을 훔볼트가 오르기로 결심했다.

침보라소 산은 숙련된 산악인이라도 오르기 어려운 산이었다. 훔볼트는 산이 낯설었지만, 과학 장비를 가지고 등반해야 한다고 우겼다. 등반은 위험천만했다. 어떤 지점에서는 손과 발로 기어서 올라가야 했고, 냉혹한 바람이 불어오는 길 아래로 수백 미터 낭떠러지가 이어져 있었다. 등반로는 주로 몇 센티미터 폭밖에 되지 않았다. 눈이 쌓이고 짙은 안개가 낀 지점에 다다르자, 같이 간 짐꾼들은 더 올라가는 것은 무모하다고 설명하며, 고집 센 훔볼트와 그의 일행들을 포기했다. 결국 훔볼트, 봉플랑, 그리고 또 다른 2명의 용감한 동행인만 정상에 오르게 됐다.

고도 5,500미터에서 훔볼트의 노트에 적힌 마지막 식물 기록은 노출된 바위에 끼어 있는 이

훔볼트가 만든 침보라소 산 지도는 지질학적 정보와 식물학적 정보를 결합한 것이다.

끼에 관한 것이었다. 그는 또 과거와는 전혀 다른 방식으로 고산병의 영향을 기록했다. 안개가 걷히자 침보라소 산의 정상이 모습을 드러냈다. 하지만 빙하 속으로 20미터나 깊이 파인 골짜기가 정상까지 가는 길을 막고 있었다. 실망한 훔볼트는 그곳에서 마지막으로 고도를 기록했는데, 5,917미터였다. 당시만 해도 그만큼 높은 곳에 오른 사람은 없었다. 이후 훔볼트의 기록이 깨질 때까지는 30년도 넘는 시간이 걸렸다.

원시 부족에 관한 이해

탐험대는 멕시코로 이동했고, 그곳에서 훔볼트는 아즈텍(Aztec)과 잉카 문명에 관심을 갖게 됐다. 그는 두 문명의 언어와 관습을 연구했고, 고대 문명 시대의 삶이 어땠는지를 이해하려 했다. 특히 기후가 농업에 미치는 영향과 이러한 공동체들이 유럽 정착민들이 도착하기 전에 어떻게 문명을 발전시켰는지에 관심을 보였다.

훔볼트는 피자로 호를 타고 스페인을 떠난 지 5년 후인 1804년에 마침내 유럽으로 돌아올 준비를 하고 있었다. 하지만 돌아오는 길에 필라델피아(Philadelphia)와 워싱턴 D.C.(Washington D.C.)에 들러 미국 토머스 제퍼슨 대통령과 청중들을 만났다.

훔볼트의 놀라운 여행은 1804년 8월 3일 프랑스 보르도(Bordeaux) 항에서 끝났다. 훔볼트가 탐험을 시작한 이유는 세상에 대해 알고 싶었기 때문이었다. 그는 아마존 우림과 안데스의 화산, 멕시코의 고원에서 원하던 해답을 찾았다.

최초의 환경주의자

훔볼트는 구대륙과 신대륙의 닮은 점에 주목했다. 안데스 산맥의 고원에서 발견한 식물의 잎 구조는 스위스 알프스에서 수년 전에 봤던 것과 흡사했다. 페루의 초원은 북유럽과 닮았고, 에콰도르의 이끼는 그의 고향에 있는 숲에서 발견됐다. 훔볼트는 또한 인간 활동이 자연 세계에 미치는 영향을 고려하기 시작했다. 그는 과도한 벌채가 기후에 영향을 미칠 수 있다는 사실을 최초로 알아냈다.

영감 가득한 성과

훔볼트는 파리에서 기록을 정리하는 방대한 작업에 착수했다. 30권으로 늘어난 기록은 이후 세대의 과학자들에게 상당한 영향을 미쳤다. 찰스 다윈은 훔볼트의 업적을 두고 "내게 자연과학의 숭고한 세계에 조금이나마 보탬이 되겠다는 불타는 열정을 갖게 해줬다"고 썼다.

훔볼트는 1829년에 러시아를 여행하며 또 다른 연구를 진행했고, 베를린대학에서 강의하기 위해 프러시아로 돌아왔다. 그곳에서는 왕실 자문으로 일했으며, 자연과 그 속에서 인간의 위치에 관한 신념이 담긴 논문을 쓰기 시작했다. 그가 집필한 《코스모스(Kosmos)》는 총 다섯 권으로, 훔볼트가 평생 연구한 이론을 연결한 것이다. 그는 세계가 하나로 연결된 유기체라고 생각했고, 그 속에서 하나의 종이 일으킨 행동은 그 주변의 다른 종들에게 연쇄적인 영향을 미친다고 생각했다. "모든 것은 서로 연결돼 있고 상호적이다"라는 게 그의 생각이었다.

《코스모스》는 성공적이었고, 다섯 번째 책은 사후에 출판됐다. 훔볼트는 1859년 5월 6일에 89세의 나이로 세상을 떠났다.

세상에서 가장 위험한 시각은 세상을 보지 않는 시선이다.

_알렉산더 폰 훔볼트

34 물살을 따라서

: 존 웨슬리 파웰의 콜로라도강 탐험

"콜로라도강의 협곡을 처음 답사하고 돌아왔을 때, 우리 여행이 많은 신문 기사의 주제였다는 것을 알았다. 우리가 당한 재난에 관한 이야기가 신문에 보도됐고, 어려운 역경과 비극에 관한 세부적인 이야기가 퍼졌다. 미국 전역에서는 우리 일행이 한 사람을 제외하고 모두 사망했다고 믿고 있었다. 훌륭한 친구 하나가 수많은 부고 기사를 모아줬다. 내가 이처럼 높이 평가를 받고 있다는 사실이 흥미로우면서도 자랑스러웠다."

존 웨슬리 파웰, 회고록에서 발췌

기간 1869년.

시도 그랜드캐년을 포함해 콜로라도강을 처음으로 탐험했다.

난관 굶주림과 탈진, 더위는 탐험에 있어 위협적인 요소였으며, 원주민의 공격과 익사의 위험까지 경험했다.

업적 그린강과 콜로라도강을 대상으로 과학적 탐험을 진행했고, 그랜드캐년을 통과하는 길을 최초로 기록해 지도로 만들었다.

콜로라도강(Colorado River)의 길이는 2,330킬로미터이며, 높이는 로키 산맥을 따라 3킬로미터나 된다. 이 강은 미국의 7개 지역, 멕시코의 2개 지역을 가로질러 바다로 이어지며, 최종적으로 캘리포니아만(Gulf of California)으로 흘러간다.

콜로라도강은 탁월한 천연 장벽이다. 수백 년 동안 수백 킬로미터 거리를 흘러가면서, 강의 양쪽에 그랜드캐년(Grand Canyon)을 포함해 깎아지는 듯한 절벽을 만들어놓았다. 절벽 말고도 주변과 강에는 야생화, 무시무시한 급류, 폭포, 소용돌이가 존재한다.

1869년에는 이 콜로라도강의 대부분이 미스터리에 싸여 있었지만, 탐험가들은 감히 배를 타고 강을 따라 내려갈 생각을 하지 못했다. 아메리카 원주민들조차도 신이 일부러 강을 건너지 못하게 만들었으며, 큰 협곡을 지나려고 하는 사람은 모두 죽게 된다고 믿었다. 하지만 존 웨슬리 파웰(John Wesley Powell)에게 콜로라도강은 거부할 수 없는 매력을 가진 존재였다.

상류에서 시작된 모험

파웰은 카리스마 있는 지도자였다. 젊었을 때 그는 미시시피강에서 뗏목을 타고 위스콘신 산을 탐험하면서 행복한 시간을 보냈다. 입대 후에는 유니언(Union) 군에서 혜성처럼 부상했다. 하지만 총에 맞아 오른팔이 산산조각 나는 바람에 팔꿈치부터 절단하는 사고를 겪었다.

남북전쟁이 끝난 후에 파웰은 일리노이에서 지질학 교수와 박물관 큐레이터로 일했다. 그는 또한 식물학, 생리학, 동물학, 지질학, 광물학을 강의했다. 그는 열정적으로 자연과학을 공부했고, 아버지의 기질을 물려받아 웅변술이 뛰어났다. 덕분에 후원자들로부터 당시 개척되지 않았던 콜로라도강을 탐험하는 데 필요한 경제적 지원을 쉽게 받아낼 수 있었다. 심지어 철도 회사에 자신의 팀과 장비를 출발지점까지 무료로 운송해주는 대가로 홍보 효과가 있을 것이라고 설득하기도 했다.

파웰의 팀은 전쟁 참전 용사와 강인한 산악인 10명으로 구성돼 있었으며, 그중에는 그의 형도 포함돼 있었다. 탐험대에게는 메이드 오브 캐년(Maid of the Canyon), 키티 클라이드 시스터(Kitty Clyde's Sister), 노 네임(No Name)이라는 이름의 큰 배 3척이 있었다. 배에는 각 1톤 이상의 식량과 보급품을 담았다. 이 정도면 10개월 정도 버틸 수 있는 양이었다. 그 외에 파웰의 직접 지휘하는 작은 보트인 엠마 딘(Emma Dean)도 있었다. 이들은 소총으로 무장했고, 육분의 2대, 크로노미터 4대, 온도계, 나침반, 그리고 몇 대의 기압계를 포함한 과학 장비를 가지고 있었다. 기압계는 고도를 측정하는 데 사용됐으며, 지도 제작에 꼭 필요한 측정 장치였다.

이들은 1869년 5월 24일 와이오밍 그린강(Green River)에서 출발했다. 강을 따라 내려가서 장대한 콜로라도강와 합류하고, 5개 주를 거쳐 콜로라도강과 버진강(Virgin River)이 합류되는 곳에 도착하는 것이 목적이었다. 강의 합류지점은 지금의 라스베이거스(Las Vegas) 바로 동쪽에 있었다. 하지만 목적지까지 얼마나 걸릴지는 알 수 없었다. 그 강에 협곡이 얼마나 많고, 협곡의 깊이가 얼마나 되는지 알고 있는 사람이 단 한 명도 없었기 때문이다.

괴물 같은 폭포

출발하고 단 2주 만에 그린강 하류에서 끔찍한 재난이 닥쳤다.

6월 9일, 일행은 평화롭게 배를 타고 강을 지나고 있었다. 그러던 중 갑자기 파웰은 앞쪽 물의 색깔이 흰색이라는 것을 알아차렸다. 그는 강가에 배를 대고, 다른 배들도 자신과 똑같이 하라고 명령했다. 하지만 노 네임 호에 탄 탐험대원들은 그의 경고를 놓치고 말았다. 이들이 파웰의 고함 소리를 들었을 때는 이미 늦은 뒤였고, 배는 급류를 타고 빠르게 하강했다.

배에 탄 세 사람은 배 밖으로 튕겨져 소용돌이 속으로 빨려 들어갔다. 배가 바위에 부딪혀 파손됐지만, 잠시 바위에 걸리는 통에 이들은 가까스로 다시 배를 잡을 수 있었다. 하지만 곧 빠른

(반대쪽)
콜로라도강의 곡류인 호스슈 벤드(Horseshoe Bend).

콜로라도강의 항공사진.

물살에 배가 다시 휩쓸려 폭포 아래로 떨어졌고, 결국 배는 두 동강이 났다. 파웰과 남은 일행은 공포에 휩싸여 협곡을 돌아 노 네임 호를 따랐다. 처음에 강에 빠진 세 사람은 어디에서도 보이지 않았다. 남은 사람들은 최악의 상황을 생각하며 절망하고 있는데, 다행히도 한 명씩 강둑에 모습을 드러냈다. 세 사람은 익사 직전의 상황에서 살아남았지만, 탐험대의 옷, 총, 개인 소지품, 상당한 양의 식량이 강바닥으로 침몰했고 기압계는 모조리 물에 빠졌다.

파웰은 다음 날 하류에서 망가진 난파선을 찾았다. 탐험대 중 2명이 나서서 귀중한 기압계와 일부 식량을 건져냈다. 탐험대가 파웰 몰래 담아놓았던 16리터짜리 위스키 통도 찾아냈다. 파웰은 지친 일행이 위스키를 마시면서 긴장을 풀도록 해줬다. 그리고 이곳 폭포에 디재스터 폭포(Disaster Falls), 배를 찾은 육지에는 디재스터 섬(Disaster Island)이라는 이름을 붙였다.

그곳의 물살은 탐험대가 늘 겪는 문제 중 하나였다. 절벽에는 야영할 수 있는 평평한 장소가 없어서 일행은 부서지는 강물에 흠뻑 젖은 채 추위에 떨면서 밤을 보냈다. 아침이 돼서야 정확하게 상황을 파악하고, 이후 며칠 동안은 육로로 이동했다.

일주일 후 일행은 계속 육로를 이용해 조류를 피했다. 그러던 중 메이드 오브 캐년이 조류에 휩쓸려 멀리 사라져버렸다. 일행은 상황이 심각하다고 생각했지만, 다행히 행운의 여신은 이들의 편이었다. 조금 더 멀리 내려가자 강가로 밀려와 유유히 떠 있는 배를 발견할 수 있었다.

6월 28일에 탐험대는 유타(Utah)에 있는 유인타강(Uinta River)의 합류지점에 도착했다. 탐험대의 유일한 영국인 남자 한 명은 이곳에서 "더는 위험한 건 못 참는다"면서 일행을 떠났다.

몇 주가 지나도록 파웰 일행이 소식도 없고 나타나지도 않자, 언론은 한 사냥꾼이 배 4척 모두 폭포에 떨어지는 모습을 목격했다는 오보를 내보냈다. 이 와중에 존 리스든(John Risdon)이라는 사기꾼이 나타나, 자신이 일행 중 유일한 생존자라고 주장했다. 신문은 그의 비통한 이야기를 온 나라에 보도했고, 모두들 파웰 일행이 죽었다고 믿었다.

바지를 잡고 구조되다

탐험하는 동안 파웰은 엠마 딘의 뱃머리에 서서 물이 흰색으로 변하지는 않는지, 폭포 소리가 들리는지를 확인했다. 위험이 감지되면 배를 강가로 돌리고 절벽을 기어올라 위험 정도를 조사

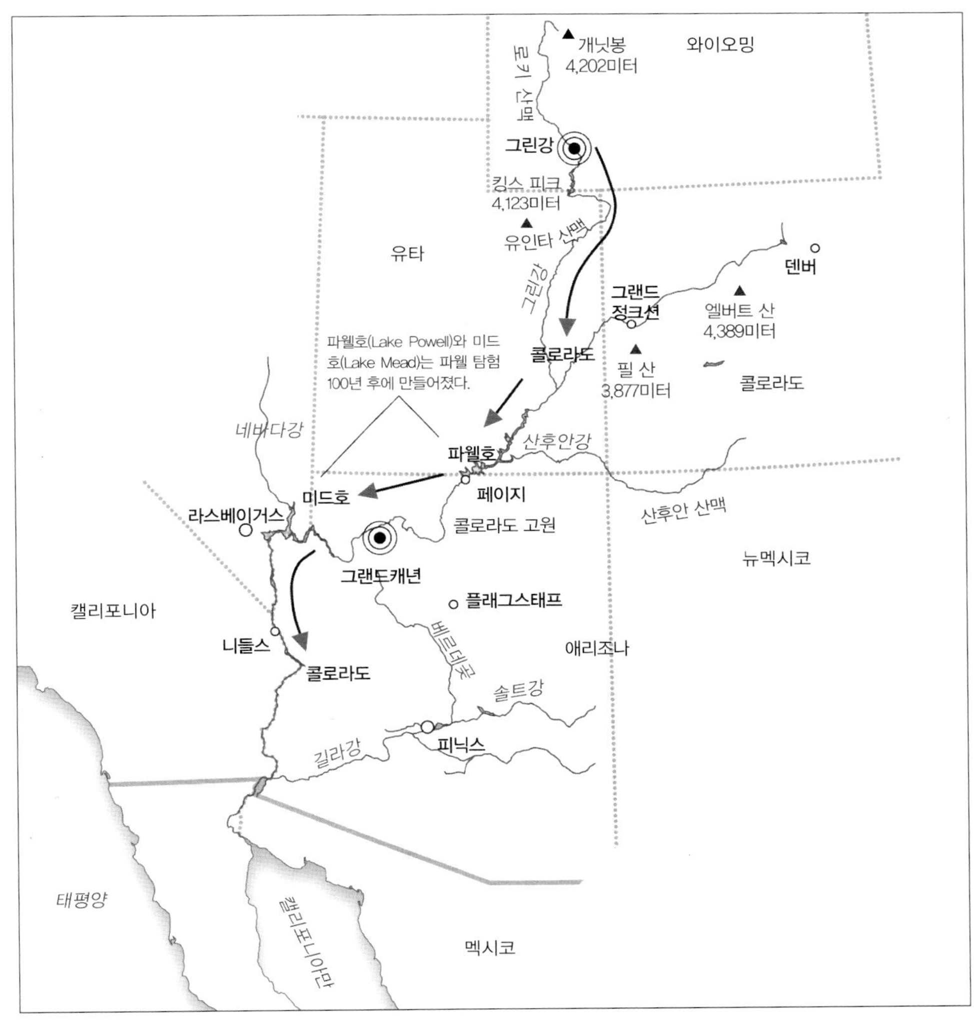

했다(그때마다 사고로 잘린 팔 때문에 고역을 치렀다). 조사가 끝나면 계속 배로 갈지, 배를 들고 힘들게 육로로 갈지를 결정했다.

한번은 바위를 기어오르다가 걸려 위로도 아래로도 움직일 수 없게 됐다. 브래들리(Bradley)라는 탐험대 일원은 재빨리 파웰 위에 있는 평평한 바위 위에 기어올랐다. 그때 바위 위에서 파웰의 발이 미끄러지고 있는 것을 보게 됐다. 밧줄을 가져올 시간도 없는데다, 주변에는 나뭇가지마저 없었다. 심지어 파웰이 있는 곳까지 손도 닿지 않았다. 브래들리는 재빨리 바지를 벗어서 파웰에게 전했다. 파웰의 기록에 따르면, "나는 바위를 안다시피 하면서 팔을 벌려 브래들리의 바지를 잡았다. 덕분에 바위에 오를 수 있었다"고 설명했다.

일행은 급류와 싸우고, 낮에는 38도의 열기 속에서 배를 들고 이동하고, 좁은 암벽에서 흠뻑 젖어 추위에 떨면서 밤을 지새우는 일에 점점 지쳐갔다.

> 이제 위대한 미지의 세계를 향해 출발할 준비가 됐다. 우리 배들은 말뚝 하나에 묶여 있어 강물에 서로 부딪혔다가 밀려났다. 밀가루는 모기장으로 만든 체로 걸러야 했고, 상한 베이컨은 말려놓았다. 가장 상태가 좋지 않은 베이컨은 물에 끓였다. 아직도 얼마나 멀리 가야 할지 모르고, 어떤 강을 탐험해야 할지 모른다. 강에 어떤 바위가 있을지, 어떤 절벽이 솟아 있을지조차 모른다. 예측할 수 있는 것은 아무것도 없다.
>
> *_8월 13일, 파웰의 일기*

캐년에서의 반란

해가 비치지 않는 구불구불한 절벽 아래 깊은 곳을 지날 때는 마치 거대한 뱀의 뱃속을 통과하는 듯한 기분이었다. 급류가 계속되고 식량 배급이 줄면서, 탐험대에서 조금씩 심기가 불편한 사람들이 생겼다. 파웰의 기록에 따르면, "대원들 중 3명이 강을 포기했다. 더는 배를 타지 않겠다는 의지가 강하다"고 적혀 있다. 파웰은 남은 일행들에게 계속 함께 남겠느냐고 물었다. 모두 탐험을 계속하겠다고 했지만, 앞에서 말한 3명은 고원으로 떠나겠다고 했다. 세 사람은 총을 나눠 가졌지만, 식량은 받지 않았다. 이후로 탐험대는 다시는 서로를 보지 못했다.

이때 즈음 파웰은 망가진 엠마 딘을 버려두고 떠나야 했다. 그 뒤로는 과학적 관찰은 시도하지 않았다. 일단 관찰에 필요한 도구가 모두 망가지기도 했지만, 이때부터는 단순히 살아남는 것이 목적이 됐기 때문이었다.

우뚝 솟은 절벽 사이를 몇 달 동안 계속 이동했는지 모른다. 어느 순간 양쪽으로 보이던 절벽이 사라졌다. 이제 강의 양쪽은 모두 개방된 공간이었다. 수평선으로 태양이 떠오르고 지는 것을 볼 수 있었다. 강의 폭은 넓어졌고, 유속도 느려졌다. 한쪽에는 무언가를 그물로 낚고 있는 백인

(반대쪽) 상단
1871년, 와이오밍 그린강에서 두 번째 탐험 때 찍은 존 웨슬리 파웰의 첫 캠프 사진. 1869년에 찍은 사진은 없다.

하단 왼쪽
1871년경 두 번째 탐험에서는 로도르캐년의 헬스 하프 마일(Hell's Half Mile) 길을 이용해 배를 이동했다.

하단 오른쪽
파웰과 파이우트족인 타우구(Tau-gu).

그랜드캐년과 그 위로 솟아오르는 해.

(반대쪽)
그랜드캐년의 북쪽 지도. 파웰이 제공한 자료를 바탕으로 만들어졌다.

3명과 원주민 1명이 있었다. 이들 네 사람은 그물로 물고기가 아니라 이미 사망한 것으로 알려진 파웰 탐험대의 잔해를 몇 주 동안 찾으려고 노력했다고 설명했다.

곧 파웰 탐험대를 찾았다는 소식을 알리는 전보가 전달되기 시작했다. 이들은 13주 동안 1,500킬로미터에 이르는 야생의 강을 이동했고, 마침내 콜로라도강을 정복했다.

위대한 업적

그린강에서 출발한 대원 10명 중 여정을 모두 마친 사람은 6명이었다. 맨 처음 탐험을 포기한 영국인 남자는 살아남아 평화로운 여생을 보냈고, 중간에 일행을 떠나 산으로 갔던 3명은 원주민들에 의해 살해됐다. 파웰은 귀환해 영웅 대접을 받게 됐다. 그러나 문명 세계로 돌아가자마자 콜로라도강 하류로 두 번째 탐험을 계획하기 시작했다. 두 번째 여정은 1871년에 끝났다.

파웰의 탐험대는 콜로라도 고원에 있는 미지의 협곡에 대해 상세한 기록을 남겼고, 플래밍 협곡(Flaming Gorge), 로도르캐년(Lodore Canyon), 글렌캐년(Glen Canyon) 등 그린강과 콜로라도강에 있는 유명 지형에 이름을 지어줬다. '그랜드캐년'이라는 단어를 처음 사용한 것도 파웰이었다. 그전에는 빅캐년(Big Canyon)이라는 이름으로 불렸었다.

DEPARTMENT OF THE INTERIOR
U.S. GEOLOGICAL AND GEOGRAPHICAL SURVEY of the TERRITORIES.
SECOND DIVISION.
J.W. POWELL, Geologist in charge.
PRELIMINARY MAP N
[Transcript of Field Notes]
OF THE COUNTRY SURVEYED IN 1872
A.H. THOMPSON.
F.M. BISHOP
F.S. DELLENBAUGH
SAND-DUNE PLATEAU
VERMILION CLIFFS
HURRICANE LEDGE
Wonsits Tiravu
Kanab
Plateau
UINKARET PLATEAU
SHIVWITS PLATEAU
DIAMOND BUTTE
SOLITAIRE BUTTE
MT. TRUMBULL
MT. LOGAN
MT. DELLENBAUGH
ST. GEORGE
SANTA CLARA
WASHINGTON
HARRISBURG
LEEDS
VIRGIN
TEMPLE OF THE VIRGIN
SPRINGDALE
GRAFTON
ROCKVILLE
SHUNESBURG
MT. CARMEL
RIO VIRGEN
BEAVER DAM MTS

35 지구 최북단에 도달하다

: 프리드쇼프 난센의 북극 탐험

"난센은 19세기의 모든 항해를 다 합친 것보다 더 위대한 업적을 이뤘다."

에드워드 휨퍼(Edward Whymper), 영국 유명 산악인

기간 1893년~1896년.

시도 난센은 최초로 북극의 얼음을 뚫고 천연 해류를 이용해 북극에 가장 가깝게 접근했다.

난관 난센과 그 일행은 혹독한 북극의 조건에 시달려야 했으며, 동상, 저체온증, 굶주림을 견뎌내야 했다. 얼음 때문에 배가 동강 날 가능성도 있었다.

업적 비록 난센의 이례적인 시도는 성공하지 못했지만, 그의 업적은 로알 아문센과 로버트 스코트와 같은 극지 탐험가들에게 영감을 줬다. 게다가 북극 해안에 대해 장기간 조사를 진행하면서 해양학의 큰 도약을 이뤘다.

프리드쇼프 난센은 탐험가로서 매우 대담한 계획을 세웠다. 1890년 당시 북극에 도착한 사람은 아직 아무도 없었다. 난센은 배로 얼음을 뚫고 천연 해류를 이용해 북쪽으로 이동하는 계획을 제안했다. 그의 이론에는 과학적 근거가 있었다. 1881년 6월, 미국의 북극 탐사선 자네트(Jeannette)는 시베리아(Siberian) 해안에서 난파돼 침몰했다. 그런데 난파선의 잔해가 이후 그린란드에서 발견됐다.

노르웨이의 저명한 기상학자인 헨릭 몬(Henrik Mohn)은 극지방에 동쪽에서 서쪽으로 흐르는 조류가 존재한다고 추정했다. 배만 튼튼하다면, 이론상으로는 시베리아로 들어가서 극지방을 지나 그린란드로 이동할 수 있다는 뜻이었다. 난센은 당장 탐험하고 싶었지만, 몇 년 동안 마음속으로만 꿈을 키웠다. 이후 그린란드 탐험에 성공했고, 본격적으로 극지 탐험을 위한 계획을 진지하게 세우기 시작했다.

(반대쪽)
얼어붙은 북극에서 벌어지는 난센의 탐험은 폭넓은 언론의 관심을 끌었다.

1890년 2월, 그는 노르웨이지리학회(Norwegian Geographical Society)에서 계획을 발표했다. 계획을 실행하려면 작고, 조종이 쉬우며, 엄청나게 강한 배가 필요했다. 또 12명의 사람이 5년 동

Le Petit Journal

Le Petit Journal
CHAQUE JOUR 5 CENTIMES
Le Supplément illustré
CHAQUE SEMAINE 5 CENTIMES

SUPPLÉMENT ILLUSTRÉ
Huit pages : CINQ centimes

ABONNEMENTS

	SIX MOIS	UN AN
SEINE ET SEINE-ET-OISE	2 fr.	3 fr. 50
DÉPARTEMENTS	2 fr.	4 fr.
ÉTRANGER	2 50	5 fr.

Huitième année — DIMANCHE 11 AVRIL 1897 — Numéro 334

L'EXPLORATEUR NORVÉGIEN NANSEN

프리드쇼프 난센.

(반대쪽)
예상 경로와 실제 경로를 비교한 지도.

안 사용할 연료와 보급품을 운반하기에 넉넉한 크기여야 했다. 난센은 북동항로에서 진입해 얼음을 이용할 생각이었다. 그러면 배는 얼음의 자연스러운 흐름에 따라서 서쪽으로 이동하고, 결국에는 그린란드와 스피츠베르겐(Spitsbergen) 사이의 바다에 도착하게 된다는 이론이 성립된다.

아돌푸스 그릴리(Adolphus Greely), 앨런 영(Allen Young), 조지프 후커(Joseph Hooker)를 비롯한 여러 노련한 탐험가들은 난센을 비웃었다. 하지만 난센은 의욕이 넘치고, 열정적이며, 능변가였다. 그는 노르웨이 의회를 설득해서 보조금을 받아냈고 개인 투자자와 일반 대중도 그에게 투자했다. 미친 생각이라는 비난에도 난센은 실행에 옮기려고 했다.

비논리적인 계획은 모두 파괴적이다.

_난센의 계획에 관한 아돌푸스 그릴리의 평가

항해를 시작하다

난센은 노르웨이 최고의 조선공인 콜린 아처(Colin Archer)에게 북극을 탐험하는 데 필요한 특별한 배를 만들어 달라고 주문했다. 아처는 얼음에 갇힐 일이 없는 뭉툭하고 둥근 배를 만들어 문제를 해결했다. 그는 남아메리카에서 사용할 수 있는 목재 중 가장 단단한 녹심목을 사용했다. 선체는 60센티미터에서 70센티미터 정도의 두께였고, 뱃머리까지 길이는 1.25미터였다. 배는 1892년 10월 6일 라르비크(Larvik)에 있는 아처의 뜰에서 난센의 아내인 에바에 의해 진수됐고, '프람(Fram, 영어로 '전진'이라는 뜻)'이라는 이름이 붙여졌다.

수천 명이 난센의 탐험에 참여하겠다고 지원했고, 그중 12명이 선택됐다. 뽑힌 12명 중에서도 임무를 두고 경쟁이 치열했는데, 개를 전문적으로 다루는 얄마르 요한센(Hjalmar Johansen)은 배의 기수가, 오토 스베르드루프(Otto Sverdrup)는 그린란드 원정의 부대장이 됐다.

프람 호는 1893년 6월 24일 크리스티아나(Christiania, 지금의 오슬로)를 떠나 수천 명의 환호를 받으며 노르웨이 해안을 따라 북쪽으로 향했다. 배는 바르되(Vardø)에서 마지막으로 정박한 후 시베리아 북동 해안을 따라 북동항로를 이동하는 탐험을 시작했다. 이곳 바다는 대부분 미지의 영역이어서, 일행은 위험한 안개와 얼음, 파도를 뚫고 천천히 전진했다. 게다가 사수(死水)로 며칠을 낭비했다. 사수란 무거운 소금물 위에 생긴 담수층이 마찰을 일으켜서 배가 전진하지 못하는 상황을 말한다.

일행은 유라시아 대륙의 가장 북쪽 지점인 케이프 첼류스킨(Cape Chelyuskin)을 지나, 9월 20일에 자네트 호가 난파된 지점에 도착했다. 난센은 북위 78도 49분, 동위 132도 53분에 위치를

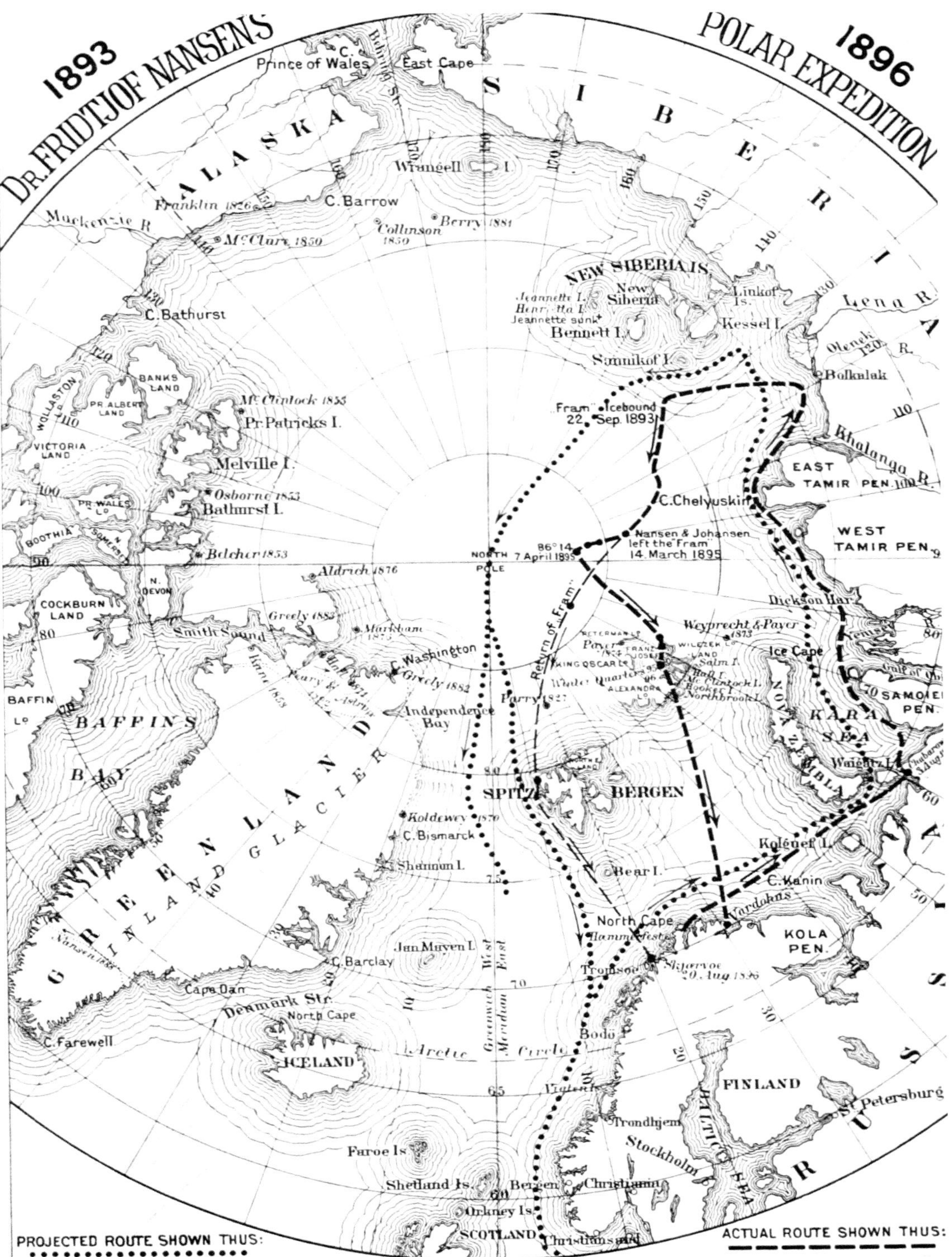
1893 Dr. FRIDTJOF NANSENS POLAR EXPEDITION 1896
PROJECTED ROUTE SHOWN THUS:
ACTUAL ROUTE SHOWN THUS:
"Fram" Icebound 22. Sep. 1893
Nansen & Johansen left the "Fram" 14. March 1895
86°14' 7 April 1895
NORTH POLE
Return of Fram
ALASKA
SIBERIA
GREENLAND
INLAND GLACIER
BAFFINS BAY
ICELAND
FINLAND
SPITZBERGEN
NEW SIBERIA IS.
KARA SEA
KOLA PEN.
EAST TAMIR PEN.
WEST TAMIR PEN.
C. Chelyuskin
Franz Josef Land
North Cape
Hammerfest
Tromsö
Vardöhus
Skjærvöe 20. Aug 1896
Christiania
Stockholm
St. Petersburg
Arctic Circle

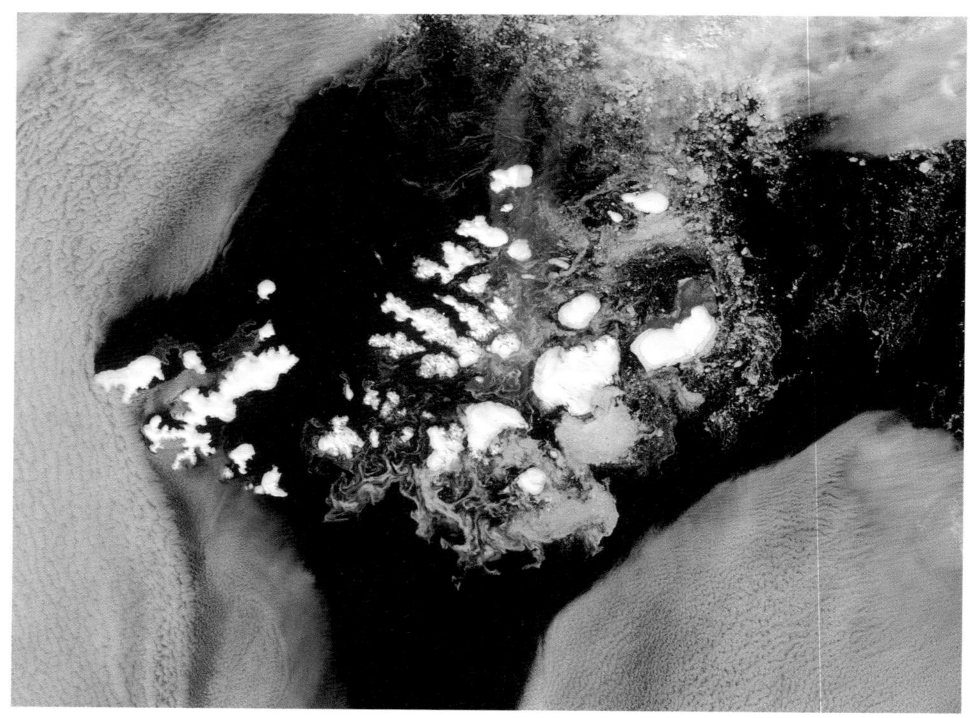

프란츠요제프 제도를 위성으로 찍은 사진.

설정한 후, 북쪽을 향해 엔진을 끄고 키를 올린 채 항해를 시작했다. 이때부터 일행이 다시 바다로 나올 때까지는 2년 반의 시간이 걸렸다.

북쪽으로

난센의 생각과 달리 몇 주 동안 배는 북극을 향해 움직이지 않고 지그재그로 나갔다. 11월 19일에 프람 호는 들어갔던 지점보다 오히려 남쪽으로 와 있었다.

1894년 1월이 돼서야 배는 북쪽으로 꾸준히 전진하기 시작했다. 3월 22일에 일행은 위도 80도를 지났지만, 항해 속도가 너무 느렸다. 하루에 1.6킬로미터를 이동하는 게 전부였다. 북극에 도착하는 데 5년이 걸릴 정도의 속도였다. 그래서 난센은 새로운 계획을 생각해냈다. 위도 83도에서 요한센과 함께 배에서 내려 썰매를 타고 북극까지 가는 것이었다. 그러고 나서 최근 발견된 프란츠요제프 제도(Franz Josef Land)를 거쳐 스피츠베르겐으로 건너간 다음, 돌아오는 길에 배를 타는 것이었다. 그러면 프람 호는 북쪽의 얼음에서 튀어나올 때까지 계속 표류하게 될 것으로 생각했다. 1994년과 1995년 겨울 내내 이 계획을 실행하기 위한 옷과 장비를 준비했다. 선원들은 돌아오는 길에 개방된 바다에서 사용할 카약을 만들었다. 난센은 또한 얼음 위에서 사용할 개썰매 운전을 익혀야 했다.

북극으로의 이동

1895년 3월 14일, 배의 위치는 그릴리가 이전에 기록한 83도 24분보다 더 북쪽인 84도 4분이었다. 난센과 요한센은 이 지점에서 출발했다. 이들과 북극의 거리는 356해리(660킬로미터)였고, 그 사이에는 얼음이 가로막고 있었다. 보급품은 50일간을 버틸 수 있는 양이었다. 즉 매일 7해리(13킬로미터)를 가야 한다는 뜻이었다.

처음에는 하루 평균 9해리(17킬로미터)의 속도로 전진했다. 그러나 얼음이 험해지면서, 이동 속도가 느려졌다. 게다가 전에 배를 이동시켰던 바로 그 조류와 싸워야 했다. 사실상 그들이 세 걸음 전진하면 두 걸음 밀려나는 식이었다.

북극과 프란츠요제프 제도까지 가기에 식량이 점점 부족해지고 있었다. 4월 7일에 각종 얼음이 들쭉날쭉하게 수평선까지 뻗어 있는 모습을 본 난센의 마음은 산산조각이 나는 듯했다. 이것이 마지막 결정타였다. 결국 두 사람은 남쪽으로 방향을 돌렸다. 하지만 이들의 위치는 북위 86도 13.6분으로, 이전의 최북단 기록보다 3도 더 북쪽이었다.

육지를 발견하다

일주일 동안 남쪽으로의 이동에는 무리가 없었다. 하지만 4월 13일, 두 사람의 시계가 모두 멈추면서 경도를 계산하고 프란츠요제프 제도로 가는 길을 찾는 것이 불가능해졌다.

2주 후, 두 사람은 북극여우의 발자국을 발견했다. 프람 호를 떠난 후로 살아있는 동물의 흔적을 본 것은 그때가 처음이었다. 몇 주 후에는 곰 발자국을 발견했고, 곧 물개, 갈매기, 고래를 보게 됐다. 하지만 아무런 동물도 잡지 못해 식량은 여전히 부족했다. 어쩔 수 없이 가장 약한 개부터 잡아먹을 수밖에 없었다. 남은 고기는 다른 개에게 주면서 식량을 최대한 절약했다.

5월 말에, 난센은 프란츠요제프 제도의 최북단인 케이프 플리즐리(Cape Fligely)가 50해리(93킬로미터)밖에 떨어져 있지 않다는 것을 알게 됐다. 게다가 이들에게 행운이 다시 찾아오고 있었다. 날씨는 따뜻해지고, 얼음이 녹기 시작했다. 6월 22일부터 두 사람은 안정된 얼음 위에 캠프를 만들고 한 달 동안 휴식을 취했다. 그곳을 떠난 다음 날에는 멀리 떨어져 있는 육지를 확인할 수 있었다. 프란츠요제프 제도인지, 아니면 새로운 육지의 발견인지는 알 수 없었지만 그곳이 유일한 희망이었다. 8월 6일, 얼음은 모두 사라졌고 두 사람은 직접 만든 카약에 목숨을 의존해야 했다. 이들은 마지막 개를 잡아먹은 후, 2개의 카약을 한데 묶은 다음 육지로 향했다.

> 드디어 놀라운 일이 벌어졌다. 모든 믿음을 버렸는데 눈앞에 육지가 나타났다!
>
> *_프란츠요제프 제도를 본 후에 적은 난센의 일기*

왼쪽 위
프란츠요제프 제도에서 난센과 또 다른 탐험가 프레더릭 잭슨이 함께 사진을 찍기 위해 포즈를 취하고 있다.

오른쪽 위
난센(왼쪽에서 두 번째)과 탐험대가 얼음에 배를 띄울 준비를 하고 있다.

왼쪽 아래
프람 호는 얼음 사이 좁은 바다를 항해했다.

오른쪽 아래
프람 호는 1893년 7월 2일에 베르겐(Bergen) 항구를 떠나 북극으로 향했다.

난센은 프란츠요제프 제도의 서쪽 가장자리에 있는 케이프 펠더(Cape Felder)를 한눈에 알아봤다. 하지만 시간이 없었다. 때는 8월 말쯤이어서 날씨가 다시 추워지고 있었다. 잘못하면 추운 북쪽에서 겨울을 한 번 더 나게 될지도 몰랐다.

두 사람은 외부로부터 보호할 수 있는 작은 만을 발견하고 돌과 이끼로 오두막을 지었다. 이후 8개월 동안 이들의 집이 되어줄 공간이었다. 보급품은 오래전에 사라졌지만, 탄약은 여전히 남아 있었다. 다행히 곰과 바다코끼리, 물개가 풍부해서 배를 곯지는 않겠지만 작은 오두막에서 북극의 긴 겨울을 또 한 번 지낼 생각에 아득했을 것이다. 크리스마스와 새해가 지나고, 1896년 초까지 악천후가 계속됐다. 마침내 5월 19일에 두 사람은 남쪽으로 다시 이동하기 시작했다.

안전한 귀환

6월 중순에 바다코끼리가 두 사람의 카약을 공격했다. 난센과 요한센은 바다코끼리를 쫓은 후 배를 수리하기 위해 항해를 멈췄다. 운도 지지리 없다고 생각하고 있는데, 갑자기 개 짖는 소리와 사람의 목소리가 들렸다. 언덕을 돌자 놀랍게도 사람이 다가오고 있었다.

그 사람은 프란츠요제프 제도 탐험대를 이끌고 있었던 영국 탐험가 프레더릭 잭슨(Frederick

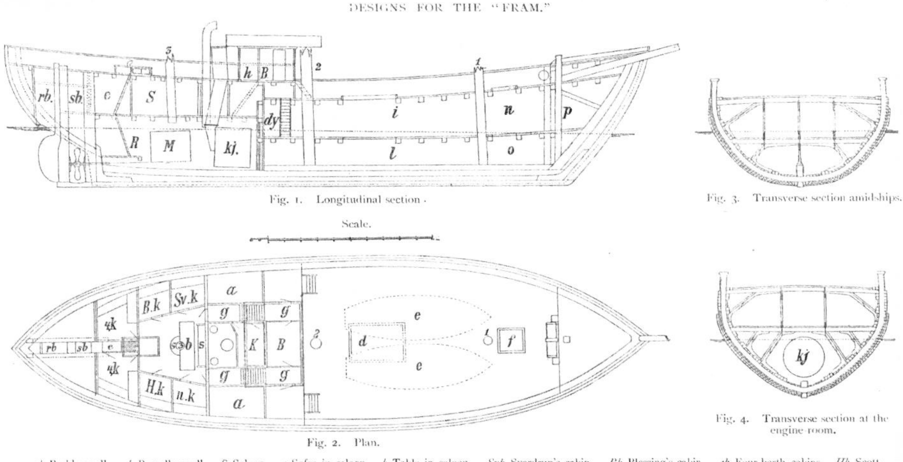

DESIGNS FOR THE "FRAM."
Fig. 1. Longitudinal section.
Fig. 3. Transverse section amidships.
Scale.
Fig. 2. Plan.
Fig. 4. Transverse section at the engine-room.
rb Rudder-well. sb Propeller-well. S Saloon. s Sofas in saloon. b Table in saloon. Svk Sverdrup's cabin. Bk Blessing's cabin. 4k Four-berth cabins. Hk Scott-Hansen's cabin. nk Nansen's cabin. c Way down to engine-room. R Engine-room. M Engine. kj Boiler. g Companions leading from saloon. K Cook's galley. B Chart-room. h Work-room. dy Place for the dynamo. d Main hatch. e Long boats. i Main-hold. l Under-hold. f Fore-hatch. n Fore-hold. o Under fore-hold. p Pawl-bit. 1 Foremast. 2 Mainmast. 3 Mizzenmast.

콜린 아처의 프람 호 디자인 스케치.

Jackson)이었다. 난센만큼이나 놀란 잭슨은 한동안 침묵 후 그에게 난센인지 물었고, 난센은 그렇다고 답했다. 잭슨은 두 사람을 케이프 플로라(Cape Flora) 근처에 있는 자신들의 캠프로 데려갔다. 난센은 당시를 떠올리면서, 바다코끼리가 아니었다면 잭슨을 결코 만나지 못했을 것이라며 감사했다.

난센과 요한센은 8월 7일 잭슨의 보급선인 윈드워드(Windward)에 올랐고 일주일 후 바르되에 도착했다. 놀랍게도 그곳에 있던 극지방 전문가 한스 몬(Hans Mohn)이 이들을 반겼고, 난센의 안전한 귀환을 알리는 전보가 전세계로 발송됐다.

난센과 요한센은 남쪽으로 향하는 우편선에 올랐고, 8월 18일 함메르페스트(Hammerfest)에 도착했다. 난센이 예측했던 대로 프람 호는 북극과 스피츠베르겐의 서쪽 사이에서 발견됐다. 두 사람은 즉시 트롬쇠(Tromsø)로 가서 배를 확인했다.

1896년 9월 9일, 프람 호는 크리스티아나 항구로 들어왔다. 부두에는 일찍이 본 적 없을 만큼 많은 인파가 모여들었다. 난센은 비록 북극에 도착하지 않았지만, 생존만으로도 유명인사가 됐다.

난센의 탐험을 보도한 〈타임스〉 신문.

난센의 성과

1896년 2월 14일 금요일

역사상 가장 위험한 탐험을 시도했던 난센 박사가 안전하게 귀환했다. 난센은 의도했던 방법으로 예상을 뛰어넘는 성공을 거뒀다. 그는 불후의 명성과 문명 세계의 찬사를 동시에 얻었다. 난센과 용감한 동료들이 북극에 도착하지 못한 것은 유감이지만, 여전히 놀라운 기록을 남겼다. 난센이 직접 〈데일리크로니클(Daily Chronicle)〉 신문으로 보낸 전보에 따르면, 탐험대는 흥미로운 과학적 가치를 지닌 사실을 관찰했다고 한다. 또한 공식적으로 북극에서 400킬로미터 내로 접근하는 데 성공했는데, 이는 이전 최고 기록보다 북극에서 320킬로미터 더 가까워진 것이다.

36 평범함 속에 숨겨진 비범함

: 세계를 일주한 첫 여성, 잔 바렛

"바렛은 여정에서 현실적으로 예측할 수 있는 스트레스, 위험, 그리고 모든 것에 맞설 용기가 있었다. 그녀의 모험은 유명한 여성들의 역사에 포함돼야 한다고 생각한다."

카를 하인리히 폰 나사오엔

기간 1766년~1776년.

시도 남자로 변장한 뒤 세계를 일주했다.

난관 바다에서 배고픔, 질병, 해적에게 생포, 정체가 탄로 나는 등의 다양한 위험에 직면했다.

업적 살아있는 동안에는 인정받지 못했지만, 선구적인 과학자이자 대담한 탐험가, 그리고 현재는 페미니스트로 인정받고 있다.

1784년, 프랑스 해군은 이전까지 거의 알려지지 않았던 놀라운 업적을 발표했다. 또한 부르고뉴(Bourgogne) 농민의 딸인 잔 바렛(Jeanne Baret)의 공로를 인정해, 매년 프랑스 정부에서 200리브르(livre, 프랑스의 옛 화폐 단위)를 지급한다고 밝혔다.

프랑스 해군은 "바렛은 뱃사람으로 유명한 루이 앙트완 드 부갱빌(Louis Antoine de Bougainville)이 이끄는 원정의 일원으로 활동하면서 대단한 용기를 보여준 비범한 여성"이라고 설명했다. 바렛은 이전에 기록되지 않은 태평양 섬들의 지도를 만드는 탐험에서 중요한 역할을 했고, 유럽에서 알려지지 않았던 수백 종의 식물들의 목록을 만드는 것을 도왔다.

여성에게 금지된 영역

무엇보다 바렛은 최초로 세계를 일주한 여성이었다. 하지만 여행은 전혀 간단하지 않았다. 세계 일주를 마치고 프랑스로 돌아가는 데 10년이 걸렸으며, 돌아가는 동안 많은 슬픔과 도전을 견뎌야 했다. 장대한 여정 그 자체였다.

Navig. di Cook-Bougainville T.II.

Dall' Ac

MAD.LLA BARÈ.

상단
부갱빌의 여행 경로를 보여주는 1771년 지도.

하단 왼쪽
부겐빌레아. 바렛과 커머슨이 브라질에서 발견하고 대장의 이름을 따서 지었다.

하단 오른쪽
잔 바렛의 그린 몇 안 되는 그림 중 하나.

바렛은 1740년 농장 노동자 집안에서 태어났다. 어린 시절에 대해서는 알려진 것이 없으며, 1764년에, 열두 해 전 아내를 잃은 필버트 커머슨(Philibert Commerson)의 가정부로 고용됐다. 같은 해, 바렛은 출산을 앞둔 미혼모에게 법적으로 요구되던 임신 증명서를 제출했다. 증명서 제출 직후에 바렛과 커머슨은 함께 파리로 가서 아들 장 피에르(Jean-Pierre)를 낳았는데, 이후 아이를 병원 보육원에 보냈다.

바렛과 커머슨은 자연에 상당한 관심을 보였고, 시골에 살면서 함께 식물원을 만들고 관리했다. 식물원이 성공을 거두면서 스웨덴의 유명한 식물학자 칼 폰 린네(Carl von Linne)를 포함한 저명한 자연주의자들이 커머슨을 주목했다. 그가 파리에 오면서 인지도는 더욱 높아졌다. 1766년, 프랑스 정부로부터 세계적인 원정을 허락받은 부갱빌은 커머슨에게 식물학자로서 동행해달라고 부탁했다.

이 과정에서 약간의 속임수가 필요했다. 바렛도 이 탐험에 참여하게 됐지만, 프랑스 해군 함정에서 여성이 일하는 것은 허용되지 않아 정체를 드러낼 순 없었다. 그래서 그녀는 여행을 위해 남장을 해야 했다.

남장을 한 뒤 배에 오르다

바렛과 커머슨은 왜 프랑스 정부에 들킬 위험을 감수하고 바렛이 여행하게 됐는지는 분명하게 밝혀지지 않았다. 다만 몇 가지 이유를 짐작할 수 있다.

커머슨은 파리로 이사 온 이후 늑막염을 앓았는데, 원정을 제의받았을 때도 완전히 병에서 회복하지 못한 상황이었다. 커머슨은 또 식물학에 관련된 책을 집필 중이었다. 현장에서 이뤄지는 견본 수집과 기록, 이후 이들을 분류하고 문서로 남기는 과정에서 바렛이 얼마나 도움을 줬는지는 분명치 않지만, 단순한 가정부와 고용주 사이보다 더 가까운 동반자였던 것만은 분명하다.

바렛의 승선을 위한 계획은 아주 간단했다. 커머슨에게는 항해 중에 보조원을 한 명 동행하도록 허용됐고, 그에 대한 비용을 지원받았다. 커머슨은 탐험대가 낭트(Nantes) 항구를 떠나는 날이 며칠밖에 남지 않을 때까지 적합한 후보자를 찾지 못한 척했다. 그즈음 잔 바렛이라는 이름에, 예산에 적절하게 맞는 젊은 남자가 부두에 나타나도록 일러뒀다. 이런 방법으로 바렛은 탐험에 동행할 수 있었다.

부갱빌의 탐험은 1766년 11월 15일에 낭트에서 시작됐다. 탐험대는 프랑스 해군 호위함인 부데우스(Boudeuse)와 이전까지 무역선이었던 에투알(Etoile)로 구성됐다. 프랑스보다 먼저 세계일주에 성공한 국가는 많았다. 하지만 프랑스 탐험대는 다른 국가와 달리 학술적인 목적이 있었다. 그래서 식물학자인 커머슨, 천문학자인 피에르 앙트완 베론(Pierre Antoine Veron), 역사학자 루이 앙트완 스타로 드 생제르만(Louis-Antoine Starot de Saint-Germain)이 합류했다. 다른 나라들이 최초로 전세계 미지의 영역을 탐험했다면, 부갱빌의 탐험대는 새로운 세계를 더 많이 알아내고 배우겠다는 목표를 표방했다. 또 루이 15세(Louis XV)에게는 새로운 땅을 발견하면 프랑스 영토로 선언하겠다고 약속했다.

타히티 섬 사람들은 놀랍게도 바렛이 여자라는 사실을 단박에 알아차렸다.

평범함 속에 숨은 보석

커머슨과 바렛은 에투알 호에 탑승했는데, 운 좋게 편안하게 지낼 수 있었다. 커머슨이 가져온 과학 장비의 부피가 너무 커서 선장실에서 생활하게 된 것이다. 선장실은 공간이 넓어 보조원도 개인 화장실과 침실을 사용할 수 있었다. 덕분에 바렛은 다른 선원들과 공간이나 화장실을 함께 사용하는 수고로움을 덜게 됐다.

바렛의 변장이 처음 위기를 맞은 것은 오랜 바다의 전통 의식을 할 때였다. 선원들은 처음 적도를 건널 때 해왕성에 경의를 표하기 위해 허리까지 옷을 벗고 바닷물이 담긴 통에 들어가 동료들에게 일종의 세례를 받아야 했다. 바렛에게는 당연히 불가능한 일이었다. 커머슨의 일지에는 "세례를 거절하기 싫어서 준비했다"는 말이 적혀 있다. 상황을 모면하기 위해 뇌물을 줬다는 뜻으로 풀이된다.

일행은 브라질에 상륙했고, 그곳에서 카머슨과 바렛은 새로 발견한 식물에 탐험대 지도자의 이름을 따서 '부겐빌레아(Bougainvillea)'라는 이름을 짓고, 표본을 채취했다. 브라질을 떠나 마젤란 해협을 통과해 태평양의 타히티로 항해했는데, 그곳에서 바렛의 변장이 들통나고 말았다.

타히티에서 커머슨과 바렛은 해안에 상륙해 현지 작업을 진행하고 있었다. 이때 섬 원주민들이 접근했고, 바렛을 가리키며 정확하게 여성이라고 지목했다. 사실 전부터 배에서는 바렛의 성별에 관한 의혹이 있었다. 부갱빌은 바렛의 성별이 공공연하게 지목되자, 더 이상 두 사람의 속임수를 그저 속아 넘어갈 수 없게 됐다. 그는 에투알의 선장인 프랑수아 체나르 드 라 기라데(Francois Chenard de la Giraudais)와 이 상황에 대해 논의했지만, 프랑스로 돌아오기 전까지는 달리 뾰족한 도리가 없었다. 부갱빌은 이 일에 대해 이렇게 설명했다.

> 바렛의 결단력에 감탄한다. 나는 바렛이 불쾌한 일을 당하지 않도록 조치를 취했다. 법정은 그녀가 법령을 위반한 사실을 용서할 것이며, 이번 일이 다른 사례로 번지는 일은 거의 없을 것이다.

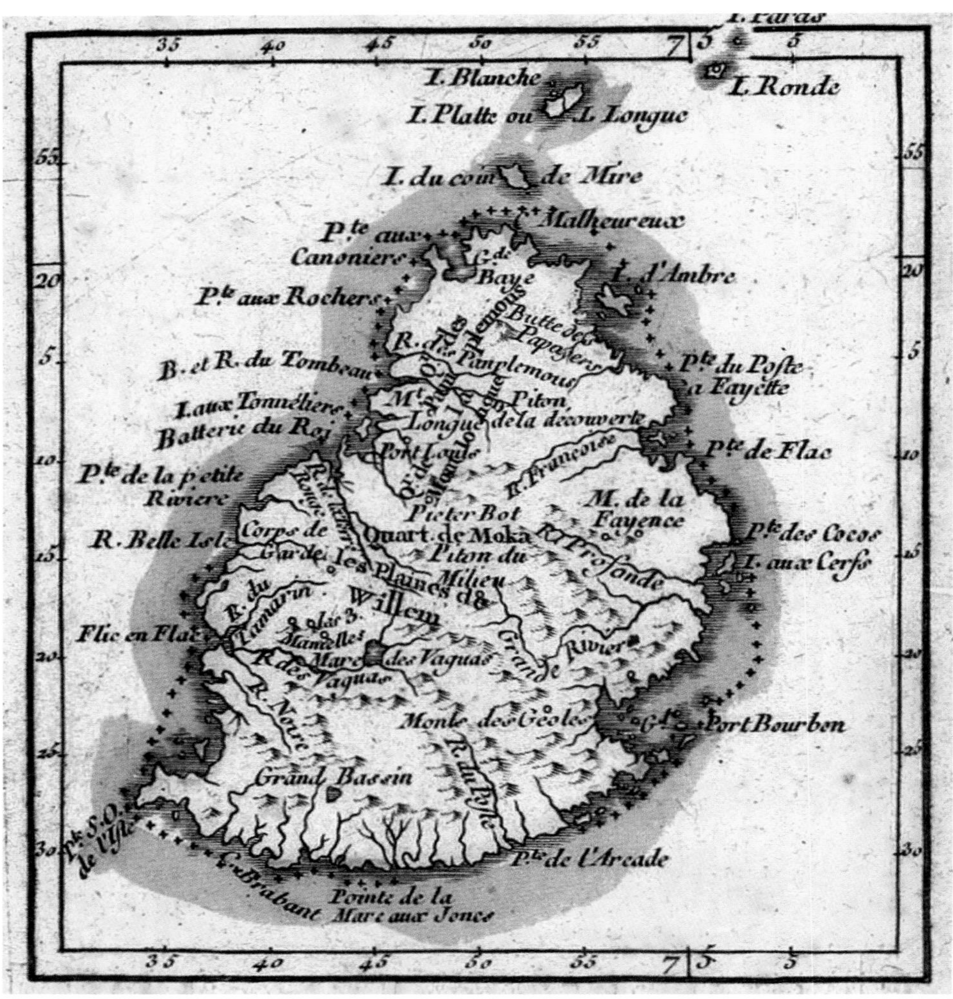

모리셔스는 1715년부터 1810년까지 프랑스의 섬으로 알려져 있었다.

태평양 탐험이 계속되면서, 바렛의 위장보다 더 중요한 문제가 불거졌다. 보급품이 계속 줄어들어, 식량부족이 심각해진 것이다. 선원들은 배에서 쥐를 찾아 잡아먹어야 할 지경이 됐고, 베론은 결국 티모르 섬(Timor)에서 병으로 사망했다.

커머슨 역시 건강이 악화되고 있었다. 1768년 말, 일행이 프랑스령이던 모리셔스 섬(Mauritius)에 도착했을 때 바렛과 커머슨은 그곳에 남아 식물 연구를 돕기로 했다. 덕분에 부갱빌은 프랑스로 돌아왔을 때 책임져야 할 문제를 해결한 셈이었고, 커머슨은 건강을 추스를 기회를 얻었다. 그러나 바렛에게 모리셔스에서 지내는 시간은 마냥 쉽지 않았다.

잃어버린 사랑과 새로 찾은 사랑

커머슨은 모리셔스에서 건강을 회복하지 못하고 1773년 45세의 나이로 사망했다. 바렛은 계속 가정부로 일하면서 여관을 운영하다가, 1774년 5월에 프랑스 병사인 장 두베르낭(Jean Dubernat)을 만나 결혼했다. 부부가 된 두 사람은 결혼 직후에 함께 프랑스로 돌아왔다.

여성 최초로 세계 일주에 성공한 바렛이 정확하게 언제 프랑스에 돌아왔는지에 관한 기록은 없지만, 1776년 봄이 되기 전인 것만은 확실하다. 그해 4월에 커머슨이 바렛에게 남긴 600리브르와, 함께 살던 파리 아파트의 내용물에 대한 상속권을 주장했기 때문이다.

바렛은 바다에서 겪은 모험이나 고충에 관한 기록을 남기지 않았다. 부갱빌이 바렛의 연금을 제안한 것 이외에, 그녀의 노후 생활에 대해서는 거의 알려진 바가 없다. 비록 기록은 없지만, 함께 항해했던 남성들은 바렛을 존중했다는 것만은 확실하다.

돈을 내고 부갱빌의 탐험대에 합류했던 프랑스 귀족 카를 하인리히 폰 나사오엔(Karl Heinrich von Nassau-Siegen)은 바렛을 두고 "그녀의 용맹함에 깊은 찬사를 보낸다. 스트레스, 위험, 항해에서 현실적으로 예측할 수 있는 모든 것에 맞서 싸웠다. 바렛의 모험은 유명한 여성의 역사로 기록돼야 한다"고 평가했다.

바렛은 모리셔스 섬에서 몇 년을 보낸 후에야 프랑스로 돌아올 수 있었다.

37 집으로 돌아가기 위해

: 토끼 울타리를 따라 집까지 1,600킬로미터를 걸은 3명의 소녀

"토끼 울타리를 따라 지갈롱에 있는 집까지 계속 걸었다. 긴 여행이었다. 오랫동안 나무 덤불 속에 숨어 있었다."

도리스 필킹턴, 《롱 워크 홈(The Long Walk Home)》의 저자

기간 1931년.

시도 가족과 강제로 떨어져 보호기관에 있게 된 호주 원주민 소녀 3명이 당국의 수색을 벗어나 수백 킬로미터를 걸어서 집으로 다시 돌아갔다.

업적 소녀들은 호주 아웃백의 잔인한 황무지에서 탈진, 기아, 일사병의 위험에 직면했다.

업적 이 아이들의 이야기는 호주에서 자행된 '빼앗긴 세대(Stolen Generation, 10만 명 이상의 혼혈 원주민 아이들이 가족과 강제로 떨어진 사건)'의 부당함을 알렸다.

토끼는 호주 고유종이 아니다. 1859년, 영국인 정착민인 토머스 오스틴(Thomas Austin)이 호주 남동부의 빅토리아 야생에 토끼 20마리를 풀어줬다. '토끼 몇 마리 풀어준다고 큰일 나는 것도 아니잖아. 분위기도 좋아지고, 사냥에 사용될 수 있을지도 몰라' 하는 생각에서였다. 아마도 오스틴은 토끼의 강점이 번식이라는 사실을 잊었던 것 같다. 곧 그 토끼는 전염병처럼 호주 전역으로 퍼졌다.

1901년부터 1907년까지 호주 정부는 세계 역사상 가장 야심 찬 '야생동물 제한 계획'을 세웠다. 계획은 간단했다. 호주 서쪽 전체에 울타리를 만들어 토끼가 들어가지 못하게 하는 것이었다. 울타리의 높이는 1미터였고, 나무 기둥으로 지지대를 만들었다. 1번 울타리는 왈랄 다운즈(Wallal Downs)에서 제다커텁(Jerdacuttup)까지 1,833킬로미터에 달했고, 울타리 3개의 총 길이는 3,256킬로미터였다.

(반대쪽)
소녀 3명이 토끼 울타리를 따라 호주의 험난한 아웃백을 거쳐 집으로 돌아왔다.

꽤나 대담했지만 실패할 수밖에 없는 계획이었다. 토끼는 이미 울타리를 넘은 뒤였다. 게다가 자전거, 자동차, 심지어 낙타를 이용한 정기적인 순찰에도 불구하고, 서부 호주 사막의 혹독한

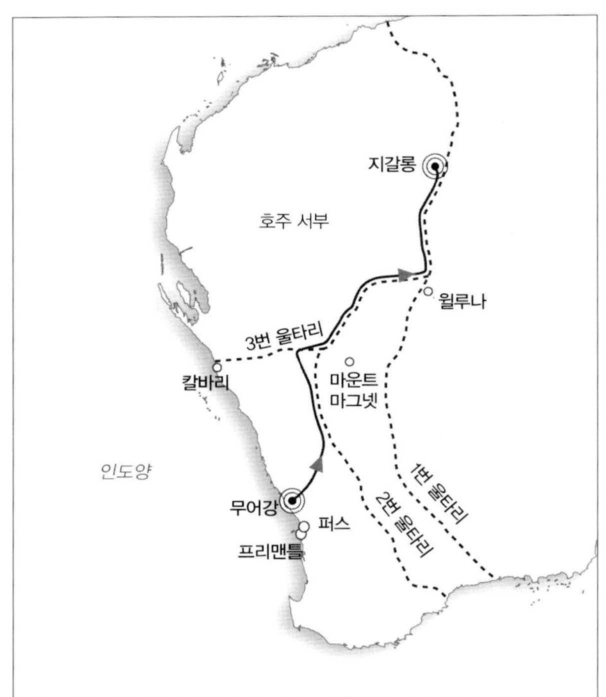

조건 속에서 울타리가 온전할 리 없었다.

빼앗긴 세대

울타리는 그 당시 정부가 실시한 또 다른 차별 행위를 나타내는 상징물이기도 했다.

원주민을 대하는 호주의 백인 정착민들의 태도는 가지각색이었다. 어떤 백인들에게 그들은 그저 열등한 민족이었다. 다른 이들은 그들이 백인 사회에 동화돼 그들의 유산을 물려받을 수 있다고 믿었다. 어떤 이들은 관대함과 이해력을 보였고, 물론 혼혈아들도 많았다. 어쨌거나 원주민에 관한 정책은 호주 역사상 가장 분열을 초래하는 문제였다.

1920년부터 1930년까지 정부는 10만 명이 넘는 혼혈 원주민 아이들을 농장 노동자나 가정부로서 사회에 보탬이 되는 삶을 살도록 교육받아야 한다는 목표에 따라 가족과 강제로 분리시켰다.

정부는 찰스 디킨스(Charles Dickens) 소설에나 나오는 열악한 조건의 주거지를 건설했다. 3세짜리 어린아이들마저 창문에 창살을 설치한 감옥 같은 기숙사에 살아야 했다. 얇은 담요는 밤의 추위를 막아주지 못했고, 아이들에게는 가장 기본적인 음식만 제공됐다. 이 무시무시한 교육 기관은 '원주민 정착지(Native Settlement)'라고 불렸고, 아이들 집에서 수백 킬로미터나 떨어져 있었다. 탈출하다가 걸리는 아이들은 누구나 머리를 깎고, 가죽 끈으로 매를 맞고, 독방에 감금당했다. 일터의 음식도 끔찍하기는 마찬가지였다. 아이들은 옷도 신발도 없었다.

14세의 몰리 크레이그(Molly Craig)와 배다른 여동생인 11세의 데이지 카디빌(Daisy Kadibil), 사촌인 8세의 그레이시 필즈(Gracie Fields)는 1931년 8월에 퍼스(Perth) 북쪽에 있는 무어강 정착지(Moore River Settlement)에 도착했다. 이들은 약 1,600킬로미터 떨어진 지갈롱(Jiggalong)의 가족과 강제로 떨어져 정착지로 보내졌고, 오자마자 집으로 돌아가겠다고 결심했다. 계획은 간단했다. 토끼 울타리를 따라가는 것이었다.

집을 향해 걷다

소녀들이 가진 것이라고는, 각자에게 나눠준 소박한 드레스 두 벌과 속바지 두 벌뿐이었다. 발은 맨발이었고, 음식은 작은 빵이 전부였다. 하지만 아이들은 이틀째 되는 날 하루 종일 기숙사 남쪽 콘디닌(Kondinin)의 유명한 토끼 울타리를 통해 당시 소녀들이 겪은 고초를 엿볼 수 있다.

에 숨어 있다가 아무도 보지 않을 때 용감하게 밖으로 빠져나와 덤불 속에 몸을 숨겼다. 아이들에게는 위험천만한 탈출보다 정착지가 더 무서웠다.

울타리까지 가는 데만도 며칠을 걸어야 했다. 울타리에서 지갈롱까지 가려면 잡목으로 덮인 흙길을 몇 주나 걸어가야 할지 몰랐다. 그러나 정착지에서 더는 살 수 없었다. 아이들에게 가장 무서운 건 수색대에 잡히는 것이었다. 전에 탈출한 아이들은 모두 원주민 추적자들을 피하지 못했다. 추적을 피하려면 눈에 띄지 않게 숨어서 빨리 움직여야 했기 때문에 크레이그는 하루 32킬로미터씩 이동하기로 했다.

처음에는 이동이 빨랐다. 아이들은 토끼굴에서 토끼를 잡아 요리해 먹었다. 습기가 많아서 물을 얻기도 쉬웠고 발자국도 쉽게 지워졌다. 가는 길에 다른 원주민을 만나 음식과 성냥을 얻기도 했다. 또한 아이들은 농가를 보면 문을 두드리고 도움을 요청했다. 아이들의 탈출이 보도됐지만, 백인 농부들은 차마 신고하지 못했다. 간혹 음식과 따뜻한 옷을 주는 사람도 있었다. 추적하던 경찰마저 아이들의 안전이 걱정돼 무어강 정착지로 돌아가길 바랐다.

9월 셋째 주가 되면서 덤불 속의 도주 행각에 문제가 생겼다. 막내인 필즈가 탈진하는 바람에 언니들이 번갈아가면서 안고 걸어야 했다. 더군다나 필즈는 덤불 가시에 다리가 베어 감염돼 있는 상태였다. 그러던 중 필즈는 또 다른 원주민 여성에게 자신의 어머니가 윌루나(Wiluna)로 이사했다는 소식을 전해 듣고 몰래 기차에 올랐다.

크레이그와 카디빌은 계속 지갈롱을 향해 걸어갔다. 안고 걸어야 할 어린 사촌도 없어 이동속도는 전보다 빨라졌지만, 도보 이동은 여전히 힘들었다. 여름이 가까워지면서 비가 그치고 날씨는 매일 점점 더워졌다. 하지만 아이들은 집에 조금이라도 빨리 도착하기 위해 쉬지 않고 부지런히 걸었다.

먼지를 뒤집어쓰고 누더기를 입은 두 소녀가 지갈롱에 도착한 것은 10월 초였다. 아이들은 집으로 돌아오기 위해서 당국의 수배를 받으며 지구상에서 가장 척박한 땅을 1,600킬로미터 이상 걸어야 했다. 결국 두 사람은 집에 돌아올 수 있었다.

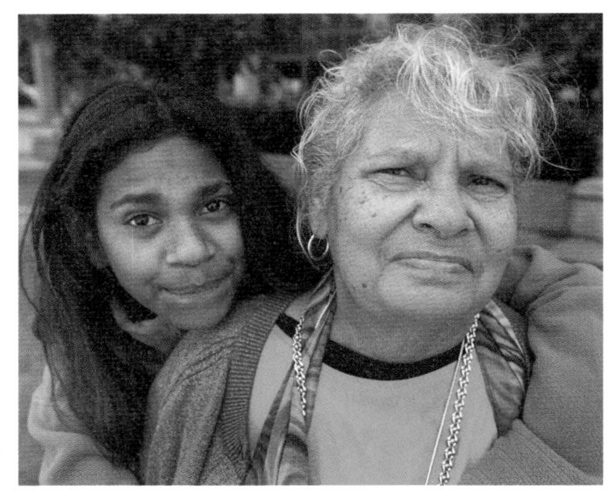

몰리 크레이그의 딸인 도리스 필킹턴(사진의 오른쪽). 도리스는 어머니의 여정에 관한 책인 《토끼 울타리》를 집필했다. 왼쪽 아이는 영화에서 크레이그 역할을 맡았던 에블린 샘피(Everlyn Sampi)다.

끝나지 않은 이야기

가족들은 아이들을 또 빼앗기지 않으려고 서둘러 이사했다. 그러나 두 소녀의 여행이 얼마나 대단한지를 깨달은 정부는 몇 주 후에 추격을 중단했다.

소녀들의 탈출은 인내심과 불굴의 정신을 나타내는 인간 승리였다. 하지만 그렇다고 행복을 가져다주지는 못했다. 호주는 계속해서 법적으로 원주민을 차별했다.

필즈의 어머니는 윌루나에 없었고, 필즈는 무어강 정착지로 다시 돌려보내졌다. 아이는 하인이 되어 1983년에 사망했다. 크레이그 역시 가정부로 일했고, 결혼 후 두 딸을 낳았다. 그러던 중 정부는 1940년에 맹장염을 치료하기 위해 퍼스로 이송된 그녀를 무어강 정착지로 돌려보냈다. 놀랍게도 크레이그는 또 한 번 정착지를 탈출해 걸어서 지갈롱으로 돌아갔다. 하지만 두 딸 중 한 명밖에 데려갈 수 없었고, 세 살배기 도리스 필킹턴(Doris Pilkington)은 정착지에 남았다. 도리스는 이후 어머니의 여정에 관한 책인《토끼 울타리(Rabbit-Proof Fence)》를 집필했고, 책은 2002년에 영화로 만들어졌다.

가장 행복했던 사람은 카디빌이었다. 그녀는 평생을 지갈롱에 살았으며, 가정부로 일하다가 결혼해 딸 4명을 낳았다.

비밀의 도시 페트라 38

: 요한 부르크하르트가 찾은 우화 속 도시

"나는 지금까지 어떤 여행자도 본 적 없는 사막 한가운데에 보호 장비 하나 없이 있었다. 이교도라고 불리는 이들의 작품들을 살펴보면서, 마치 내가 보물을 찾는 마술사라도 된 듯했다."

요한 부르크하르트

기간 1809년~1812년.

시도 잃어버린 도시 페트라를 찾았다.

난관 부르크하르트는 강도를 당하고, 몇 번이나 구타를 당했으며, 여행 중 질병, 갈증, 배고픔 등 여러 어려움을 겪었다.

업적 부르크하르트는 잃어버린 도시 페트라의 경이로움을 목격한 최초의 유럽인이었다. 아부심벨 사원을 재발견하고, 메카에서 이슬람교도로 변장해 몇 달간 지냈다.

고대 나바테아(Nabataeans)인은 지금의 요르단에 살았으며, 기원전 4세기에 처음 기록됐다. 로마가 중동을 정복하면서 이들의 영향력은 줄어들었고, 서기 106년에는 다른 사막 부족이 부상하면서 나바테아 문화는 희석되고 흡수됐다. 하지만 나바테아의 놀라운 문명을 절벽 속에 화려하게 조각해놓은 덕분에 사막 도시 페트라는 고대부터 여행객들을 사로잡았다.

절벽을 깎아서 만든 도시

페트라는 경이로움 그 자체다. 아라비아 사막의 우뚝 솟은 절벽 사이에 숨어 있는 나바테아인들은 빗물을 모으고 댐과 도관을 이용해 인공 오아시스를 만들었다. 페트라는 중동 무역의 중심지였으며, 믿을 수 없을 정도로 아름다웠다. 입구 쪽에 있는 사암 절벽의 복잡한 조각은 종교 건물, 회의실, 무역을 위한 건물, 정교한 무덤으로 이어졌다.

페트라는 나바테아인의 몰락과 함께 쇠락했다. 게다가 서기 4세기에 강한 지진이 발생해 그나마 남아 있던 사람들마저 도시를 빠져나왔다. 이후 1,400년 동안 페트라는 베두인족과 가축

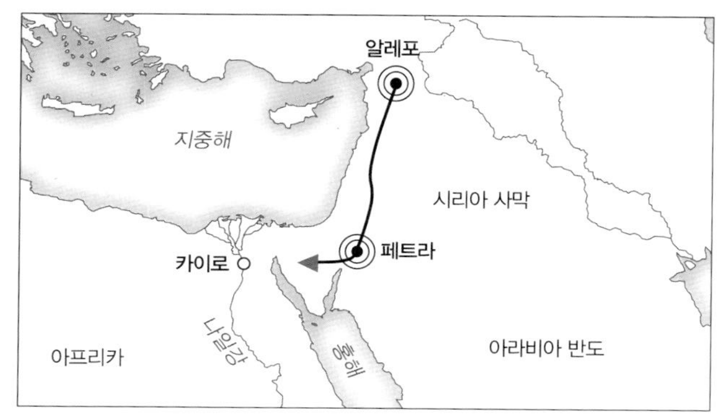

이 오고 갈 때 잠깐씩 몸을 피하는 용도로 쓰는 유령 도시에 지나지 않았다. 그러나 페트라는 사라지지 않고 남아서 누군가에 의해서 다시 발견되기를 기다렸다.

세계적으로 위대한 고고학 보물 중 하나인 페트라가 부활하게 된 것은 어떤 야심에 찬 젊은 모험가가 이집트로 가는 길에 여행자에게 우연히 들은 이야기에서 시작됐다.

망자의 발자취를 따라서

1809년, 런던에 본부를 둔 아프리카 협회(African Association)에서 일하던 스위스인 요한 부르크하르트(Johann Burckhardt)는 카이로로 가던 중에 몰타(Malta)에 들르게 됐다. 그는 나이저강으로 가서 무역 경로로 사용할 수 있는지 확인하고자 했다. 그리고 카이로에서 서쪽으로 간 뒤 사하라 사막을 지나 팀북투에 갈 예정이었다.

몰타에서 부르크하르트는 울리히 시첸(Ulrich Seetzen) 박사라는 독일 탐험가가 산속에 오랫동안 숨겨진 도시를 찾기 위해 카이로에서 아라비아 사막으로 떠난 후 실종됐으며, 살해된 것 같다는 소문을 들었다. 그 도시의 이름은 '페트라'였다. 소문은 부르크하르트의 흥미를 자극했고, 그 지역을 여행하는 것이 얼마나 위험한지도 상기시켜줬다. 알고 보니 시첸은 이슬람 지도자와 불화를 겪었고, 이후 자신의 가이드에게 독살 당했다고 했다.

부르크하르트는 시리아의 알레포(Aleppo) 항구에서 숙소도 구하고, 위장할 신분도 얻었다. 그는 도시에서 영국 영사인 존 바커(John Barker)와 접촉했으며, 여행 동안에는 이브라힘 이븐 압달라(Ibrahim Ibn Abdallah)라는 신분으로 변장했다. 그는 알레포에서 3년을 보내면서 남쪽 사막의 지도들을 연구하고 이슬람의 방식을 배우며 지역 관습을 익혔다. 알레포에 있는 동안 근처의 유적지에서 고대 상형문자를 기록하는 소규모 탐사를 진행하기도 했지만, 그곳에서의 2년은 주로 앞으로의 안전을 위해서 투자했다. 얼마나 믿을 만하게 변장하느냐에 따라 탐험의 성패와 목숨이 달려 있었다.

(반대쪽) 위
고대 페트라의 보물인 알 카즈네(Al Khazneh).

아래
와디 럼(Wadi Rum)의 거친 사막 덕분에 페트라의 위치는 몇 세기 동안 감춰져 있었다.

부르크하르트의 변장이 믿을 만한지 시험할 수 있는 효과적인 방법은 단 한 가지뿐이었다. 그는 유목민 상인들과 시리아, 레바논(Lebanon), 팔레스타인(Palestine)에서 세 번의 짧은 여행을 떠났다. 여행에서 그는 절반의 성공을 거뒀다. 다마스쿠스 근처에서 베두인족을 연구하던 중에 공격을 받아 재산을 강탈당했고, 바커는 부르크하르트가 유프라테스강(Euphrates River)으로 가는 도중 만나게 된 강도에게 구타를 당하고 옷을 빼앗기기도 했다.

변장 속에서

부르크하르트는 온갖 고초를 겪었지만 변장이 들키지 않을 것이라고 확신했다. 그가 아프리카 협회에 보낸 편지에는 "나는 아랍 최고 작가의 글과 시를 읽었고, 이슬람교의 경전인 코란(Koran)은 두 번이나 정독했으며, 코란의 여러 챕터들과 문장 다수를 외웠다"라고 적혀 있었다.

1812년 봄, 부르크하르트는 드디어 알레포를 떠나 남쪽으로 향했다. 당시 그의 나이는 겨우 26세였다. 여행 내내 그는 불행하게도 목숨을 잃은 시첸 박사의 경로를 그대로 답습했다. 심지어 트랜스요르단(Transjordan, 요르단의 옛 이름)에 잠깐 들렀을 때는 시첸 박사와 같은 숙소에 묵기도 했다. 사해 근처에 있는 케라크(Kerak)에서는 강도를 또 한 번 만나게 됐다. 케라크의 지도자는 그를 보호해주겠다고 약속했지만 약속을 저버리고 돈만 빼앗아갔다. 지도자가 붙여준 가이드 또한 부르크하르트가 준 얼마 되지 않는 돈을 받자마자 사라졌다.

잃어버려서 아쉬운 건 시계와 나침반뿐이었다. 주머니에 돈이라곤 한 푼도 없었다.

역경에 굴하지 않다

부르크하르트는 무일푼이 됐지만 굴하지 않았다. 그는 우연히 만난 베두인 여행객에게 카이로로 안내하는 가이드 역할을 해달라고 설득했다. 몇 번이나 강도를 만난 그가 증오감에 싸여 카이로로 향했다고 하더라도 이상하지 않았을 테지만, 부르크하르트는 근처 산속 어딘가에 있을지 모르는 멋진 유적과 시첸의 잃어버린 도시에 관한 이야기로 인해 대신 멀리 황무지로 돌아가는 길을 선택했다. 베두인 여행객은 부르크하르트가 정말 시리아 상인인지 의심했지만, 폐허로 안내해주는 데 동의했다.

두 사람은 사막의 모래를 가로질러, 가파르고 메마른 협곡의 입구로 들어갔다. 그들은 30분 동안 서쪽으로 걸어갔다. 걸어가는 길옆으로 보이는 골짜기의 양쪽은 금방이라도 덮칠 듯이 가까웠다. 갑자기 절벽이 갈라지면서 공간이 나타났고, 그곳에는 그때까지 보지 못했던 장관이 펼쳐졌다. 그곳이 바로 페트라였다.

계곡의 정반대에 있는 수직 형태의 바위 쪽에 땅에서 발굴해낸 것처럼 보이는 왕릉과 같은 형태가 한눈에 들어왔다. 그것의 존재와 아름다움은 지금까지 그곳에 들어가기 위해서 30분 정도 걸어야 했던 컴컴한 통로와 놀라운 대비를 이뤘다. 시리아에서 본 것들 중 가장 우아한 고대 유물이며, 보존 상태도 좋아서 마치 얼마 전에 완성된 것처럼 보였다. 자세히 살펴보니 엄청난 노동력의 결과물이라는 것을 알 수 있었다.

좁은 골짜기를 따라 들어가자 페트라가 처음으로 멋진 모습을 드러냈다.

베두인 여행객의 의심

페트라 탐험은 쉽지 않았다. 베두인 여행객은 노골적으로 의심하기 시작했다. 그는 "당신은 분명 고대 도시의 유물을 찾으려는 첩자가 분명해. 이곳에 있는 우리 보물들 중 동전 하나라도 가져간다면 당신은 큰 고통을 맛보게 될 것이오"라고 말했다. 페트라에서 지나치게 오래 시간을 끄는 것은 현명치 못한 행동이라는 것을 여실히 보여주는 말이었다. 부르크하르트는 하루 동안 가능한 스케치와 메모를 많이 남겼고, 틈틈이 측정하는 일도 잊지 않았다. 그리고 다음 날 아침에 그곳을 떠나 다시 카이로 남쪽으로 향했다.

그는 북아프리카와 아라비아 탐험에서 더 많은 성과를 얻으려고 했다. 나일강 아래 수단까지 2,400킬로미터를 여행했고, 거지 행세를 하며 메카와 메디나(Medina)의 폐쇄된 성지에서 몇 주를 보냈다. 1813년에는 아부심벨(Abu Simbel)에서 모래로 뒤덮인 람세스 2세의 사원(Great Temple of Ramesses II)을 발견하고 경이로운 유적을 더 많이 찾아냈다. 하지만 나이저강을 여행하겠다는 원래의 목표는 이루지 못했다. 하필이면 그때 이집트의 시나이 사막(Sinai Desert)을 여행하는 동안 심한 갈증을 느껴 우물에서 노란색과 녹색을 띠는 썩은 물을 마신 탓에 배탈이 났다고 한다. 1817년 10월 15일, 부르크하르트는 결국 이질에 걸려 카이로에서 사망했다.

39 눈물의 길

: 미국 원주민 부족의 강제 이주

"원주민들은 평온했고, 침울하면서도 과묵했다. 영어를 할 줄 아는 사람이 한 명 있었는데, 내가 샤크타스족이 왜 자신들의 땅에서 떠나기로 했는지를 묻자, 그는 '자유를 위해서'라고 답했다. 우리는 미국 내 가장 훌륭하고 오래된 민족이 추방당하는 모습을 그저 바라봤다."

알렉시 드 토크빌(Alexis de Tocqueville), 테네시 멤피스에서 샤크타스족의 추방을 목격한 프랑스 철학자

기간 1830년~1838년.

시도 미국 원주민 수천 명을 원래 살던 곳에서 수천 킬로미터 떨어진 곳으로 이동시켰다.

난관 이동 중에 혹독한 기상 조건을 견뎌야 했다. 겨울에는 영하의 기온을, 여름에는 타는 듯한 햇볕을 감내했다. 또한 병, 굶주림, 학대의 위협을 받았다.

업적 인디언 이주정책(Indian Removals)으로 백인은 미국의 서쪽을 차지할 수 있는 기회를 얻었다. 하지만 사회적인 분열과 불평등은 더욱 심해졌다.

승리와 용기로 이뤄낸 역사적으로 중요한 탐험도 있지만, 역사를 바꾼 비극적인 여행도 있다. 1830년대에 미국 원주민들은 계속되는 집단 이주로 수천 명이 생명을 잃고 헤아릴 수 없는 고통을 겪었다. 시험적인 시도라고 할 수 있을지 모르겠지만, 많은 수가 약속된 땅에 도착하지 못하고 사망했기 때문에 매우 비극적인 사건이라 할 수 있다.

'눈물의 길(Trail of Tears)'이라고 알려진 긴 여행에서 원주민은 배고픔, 질병, 탈진, 또는 지독한 추위로 사망했다. 체로키족의 경우만 봤을 때, 이동을 시작한 1만 5,000명 중 4,000명 이상이 사망했다.

분쟁 속의 국가

19세기 초 미국은 빠른 성장을 보였다. 1803년에 루이지애나를 매입하면서 갑자기 영토가 2배 넘게 늘어났다. 원래 동쪽의 13개 주를 점령했던 백인 정착민들은 이 계기로 남쪽과 서쪽으로 대거 이동하기 시작했다.

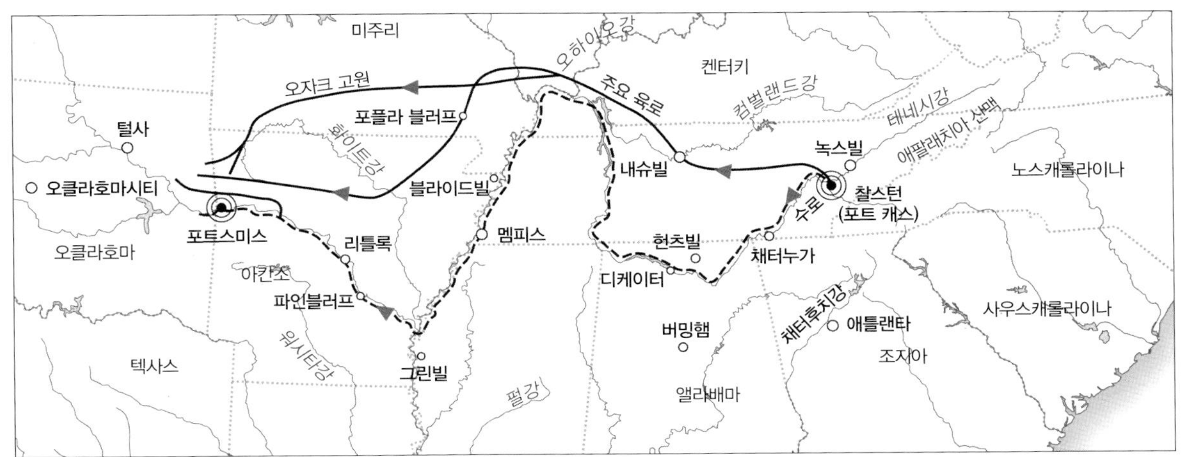

1793년, 목화와 씨를 분리하는 조면기의 발명으로 문화 산업에 혁명을 일어나면서 정착민들은 목화를 재배하기 위한 땅을 찾아다녔고, 특히 남부에서 목화가 잘 자란다는 사실을 알아냈다. 그런데 한 가지 문제가 있었다. 체로키, 치카소, 샤크타스, 크리크, 세미놀 부족들은 미국 남부를 고향이자 '자신들의 국가'라고 여긴다는 것이었다. 곧 정착민들은 연방 정부에 원주민들을 축출하고 그들의 영토를 병합해야 한다고 압력을 넣기 시작했다. 자신들의 국가 하나를 건설하기 위해 5개의 부족국가를 파괴하라는 말이었다.

1823년, 미국 대법원은 미국의 '발견을 위한 권리'가 원주민의 '점유권'보다 우선한다면서, 원주민들이 미국 내에서 땅을 점유하는 것은 허용되지만, 땅에 대한 소유권을 가질 수 없다고 판결했다. 체로키, 치카소, 크리크족은 각자의 고향이 위협받고 있다는 것을 알고 정부에 땅을 매각하지 않았다.

체로키족은 맞불전략으로 법에 의존하려고 했다. 1827년에 이들은 성문 헌법을 만들어 자신들을 주권 국가라고 선언했고, 미국 대법원은 체로키족의 손을 들어줬다. 하지만 조지아주와 앤드루 잭슨(Andrew Jackson) 대통령은 판결을 인정하지 않아 결국 체로키족은 국가의 지위를 인정받지 못했다.

1830년, 잭슨 대통령은 서둘러서 인디언 이주정책을 상원과 하원에 통과시켰다. 그는 미국 원주민 추방에 개인적인 사명감을 느꼈고, 1814년에는 크리크족과의 전투를 지휘해 승리했다. 전투에서 진 크리크족은 8만 9,000제곱킬로미터의 땅을 빼앗겼다.

잭슨 대통령의 군대는 1818년에 스페인 주민들이 거주하던 플로리다를 공격해 더 넓은 영토를 빼앗았다. 1824년까지 10년 동안 잭슨은 남부에 살던 원주민 부족과 9개의 조약을 체결하고, 동쪽과 남쪽 지역의 땅을 내어주는 대가로 서부에 새로운 땅을 약속했다. 대통령은 이 모두

미국 화가인 로버트 린드노(Robert Lindneux)가 1942년에 그린 〈눈물의 길〉. 1838년 체로키 원주민이 서쪽으로 추방되는 모습이다.

가 원주민들이 백인의 괴롭힘에서 벗어날 수 있도록 자치구역을 제공하기 위해서라며, 원주민을 위한 정책이라고 주장했다. 그러나 사실상 절도, 박해, 사기를 위한 지속적이고 야만적인 정책에 대한 변명이었다.

인디언 이주법안 덕분에 잭슨 대통령은 미시시피 동쪽에 있던 원주민들의 땅과 서쪽의 땅을 바꾸는 조약을 협상할 수 있는 권한을 얻었다. 원주민의 이주는 평화롭고 자발적이어야 했다. 그래서 동쪽을 선택하는 원주민들은 주 정부의 시민이 될 것이고, 따라서 정부의 보호를 받을 수 있다고 했다.

지켜지지 않은 약속

1830년 9월, 샤크타스족은 정부와 조약을 체결해 최초로 국가의 지위를 얻었다. 하지만 처음부터 약속은 제대로 이행되지 않았다. 정착민들은 그저 가능한 모든 속임수를 이용해 원주민의 땅과 소유권을 빼앗기 바빴다. 샤크타스족은 환멸에 차서 서쪽으로 향했고, 샤크타스족의 지도자들은 "집이 헐리고, 불에 타고, 울타리가 파괴되고, 소는 들판으로 돌아갔다. 사람들은 괴롭힘을 당하거나 구금되고 학대를 받았다. 우리 부족에서 가장 훌륭했던 사람들의 목숨까지 빼앗았다"고 호소했다. 1만 7,000명의 샤크타스족은 서쪽으로 이동했으며, '눈물의 길'에서 6,000명이 사망했다. 샤크타스족의 사례는 향후 모든 원주민 이주의 모델이 됐다.

1832년에는 치카소족이 정부와 합의했다. 그들은 이주는 더 이상 피할 수 없는 문제라고 생각하고 서쪽의 땅과 이주 과정에서 보호를 받기 위해 계속 협상했다. 그러나 정착민들은 무자비했고, 박해는 계속됐다. 정부는 약속 이행을 거부했고, 결국 치카소족은 샤크타스족의 영토를 임대해서 생활하는 처지가 됐다.

한편 크리크족은 정부에 땅을 내어주고 나머지 땅의 소유권을 보장받길 바랐다. 하지만 정부는 이번에도 원주민을 보호하지 않았고, 땅 투기꾼들이 크리크족의 영토를 점령해버려 크리크족은 1836년에 서쪽으로 이전해야 했다.

체로키족의 눈물

1833년에 체로키족 지도자들은 자신들의 땅을 떠나겠다고 동의하는 조약을 맺었다. 하지만 서명을 한 사람은 체로키족의 진짜 지도자가 아니었으며, 조약 자체도 조작된 것이었다. 이에 1만 5,000명이 넘는 체로키족은 항의의 표시로 청원에 서명했다. 이들의 노력에도 불구하고 대법원은 청원을 무시했으며, 조약은 1836년에 비준됐다.

체로키족은 자발적인 이주를 위한 2년의 기한을 얻었다. 이 불법 조약으로 많은 체로키족의 분노를 샀고, 마감 기간이 지날 때까지 이주한 체로키족은 총 1만 8,000명 중 단 2,000명뿐이었다. 미국 정부는 약속대로 7,000명의 병력을 파견해 이들을 강제로 퇴거시켰다.

> *우리 샤크타스족은 우리의 목소리가 묻히는 타락된 법의 영향 속에서 살기보다는 고난과 자유를 선택했다.*
>
> _조지 W. 하킨스(George W. Harkins), 샤크타스족 변호사이자 족장

죽음의 여정

병력의 총검에 밀린 체로키족은 중요한 소지품조차 챙기지 못한 채 집을 떠나야 했다. 원주민의 집은 정착민들의 약탈에 무방비로 노출됐기 때문이다.

여정은 시작부터 위험했다. 수용소는 초만원이었고, 비위생적이었으며, 보급품도 부족했다. 노약자는 질병의 속수무책이어서 떠나기도 전에 수백 명이 사망했다. 체로키족은 11월에 서쪽으로 이동하기 위해 1,000명씩 나눠서 길을 떠났다. 겨울 날씨는 폭우, 눈, 영하의 추위로 최악이었다. 지금의 오클라호마(Oklahoma)까지 1,930킬로미터를 이동하는 중에 4,000명이 넘는 사람들이 굶주림, 추위, 질병으로 사망했다.

포트 스미스(Port Smith)와 아칸소강(Arkansas River) 전망. 1860년에 발표된 그림이며, 원주민들 다수가 이곳에 정착했다.

(반대쪽)
테네시 스모키 산맥 국립공원에 있는 뉴파운드 갭(Newfound Gap)의 가을 풍경. 원주민 강제 이전 전에는 체로키족의 고향이었다.

분열의 역사

이후 1837년까지 4만 6,000명이 넘는 미국 원주민이 고향에서 쫓겨났다. 이들이 빼앗긴 땅은 10만 제곱킬로미터로 포르투갈보다 더 넓었다. 정착민에게 개방된 이 넓은 땅은 대부분 목화 농장으로 활용되면서 수많은 노예를 양산해, 결국 미국 남북전쟁의 불씨가 된 경제와 문화를 만들어냈다.

40 사회적 관습을 깬 사이클리스트

: 애니 런던데리의 자전거 세계 일주

"런던데리는 1894년부터 1895년까지 자전거로 용기를 고취하고 자기계발을 이뤘으며, 스포츠 정신을 보여주며 세계를 일주했다. 그는 능숙한 재담가였고 자신을 홍보하는 데 뛰어났다. 아름다운 장식을 사랑하고, 신기한 이야기를 좋아했으며, 자전거로 수천 킬로미터를 여행한 뛰어난 사이클리스트였다."

피터 쥬틀린(Peter Zheutlin), 《1894년, 애니 런던데리, 발칙한 자전거 세계 일주》의 저자

기간 1894년~1895년.

시도 런던데리는 최초로 자전거를 이용해 세계 일주를 하기로 했다.

난관 런던데리는 장비를 제대로 갖추지 못했고, 준비도 부족했으며, 운동선수도 아니었다. 처음에는 매 순간이 힘들었다. 곧 자전거를 완벽하게 숙지했지만, 좋지 않은 날씨, 나쁜 도로 사정, 탈수, 탈진, 부상을 겪었고, 도로에서 강도를 만나기도 했다.

업적 런던데리는 직선거리로만 생각해도 상당한 거리를 이동했다. 하지만 더 중요한 성과는 자전거를 이용해서 여성에 대한 인식에 도전한 것이었다.

애니 런던데리(Annie Londonderry)의 목표는 자전거로 세계를 일주한 최초의 여성이 되는 것이었다. 그녀는 1894년 6월 25일 매사추세츠주 의사당(Massachusetts State House) 밖에서 여정을 시작했고, 500명이 넘는 군중이 마중을 나왔다. 런던데리는 미국, 태평양, 아시아와 유럽을 거쳐 대서양을 건너 보스턴(Boston)으로 갈 계획이었다. 원래는 15개월 이내에 여행을 마치고 보스턴 사업가 2명이 내기에 걸어놓은 1만 달러를 차지하려고 했다.

전국의 언론은 이 대담한 모험에 관심을 보였다. 하지만 런던데리를 마중하던 관중들이나 기자들이 몰랐던 사실 몇 가지가 있었다.

사이클리스트의 비밀

런던데리는 사실 보스턴 웨스트엔드(West End)의 가난한 동네 출신인 24세의 라트비아(Latvian) 이민자였다. 남편과 3명의 자녀들도 있었다. 런던데리의 진짜 이름은 애니 코프초브스키(Annie Kopchovsky)였고, 스폰서인 런던데리 리티아 스프링 워터(Londonderry Lithia Spring Water)

의 요구에 따라 이름을 바꾼 것이었다. 그녀는 세계 일주에 나서기 전에는 자전거 수업을 몇 번 받은 게 고작인 초보였다. 런던데리는 자전거에 별 소질이 없었다. 그나마 몇 킬로미터 연습한 후 자전거를 타는 모양이 제법 나아진 게 다행이었다.

그의 가장 큰 재능은 언론의 관심을 불러일으키는 능력이었다. 런던데리는 여행을 준비하면서 상당한 말솜씨와 잦은 언론 노출로 상당한 인기를 얻었다. 가끔 의심스러운 말을 할 때도 있었지만, 말솜씨가 워낙 좋아서 훌륭한 기삿거리가 됐다.

예를 들어, 앞서 설명한 내기의 진짜 원인은 정확하게 알려지지 않았다. 그녀가 언론사에 밝힌 내용에 따르면, 보스턴의 상류층 성직자 2명이 여성은 세계 일주를 할 수 없다면서 각자 1만 달러와 2만 달러를 걸었고, 런던데리가 15개월 이내에 돌아오면 5,000달러를 주기로 약속했다고 한다. 런던데리가 이 내기에 왜 끼어들었는지는 확실치 않으며, 내기가 실제로 존재했는지도 분명치 않다. 하지만 런던데리가 두 손으로 기회를 거머쥐었다는 것만은 사실이었다.

애니 런던데리는 여행 내내 엽서를 파는 것을 포함해 돈벌이가 되는 일을 쉬지 않고 계속했다.

드라마를 만들어내는 재주

런던데리는 여행 전에 기자들이 반색할 만한 말을 남겼다. "저는 15개월 안에 지구를 일주할 것입니다. 비록 지금은 입고 있는 옷밖에 없지만, 돌아올 때는 5,000달러를 가지고 있을 것입니다. 누구에게서도 공짜로 도움을 받지 않겠습니다." 그러고는 아무것도 들어 있지 않은 주머니를 보여주면서 분위기를 더욱 고조시켰다. 또한 왜 자신이 사회적 관습을 깨고, 가족을 두고 떠나려고 하는지에 관한 이유를 알려줬다.

집에서 앞치마를 두르고 아기를 돌보며 살고 싶지 않았습니다.

런던데리는 여행 내내 신문사의 칼럼에 기사를 싣고 인터뷰를 하면서, 자전거와 옷을 지원해 줄 스폰서를 구해 돈을 벌 계획이었다. 자전거와 옷에 광고 문구를 붙이는 것은 지금은 흔한 일이지만, 19세기 말에는 혁신적인 아이디어였다.

런던데리의 여행은 사람들의 상상력을 폭발시켰고, 유럽과 미국에서 여성의 인권 신장을 위한 운동이 시작되는 상황에서 여성의 힘을 보여주는 강력한 예였다.

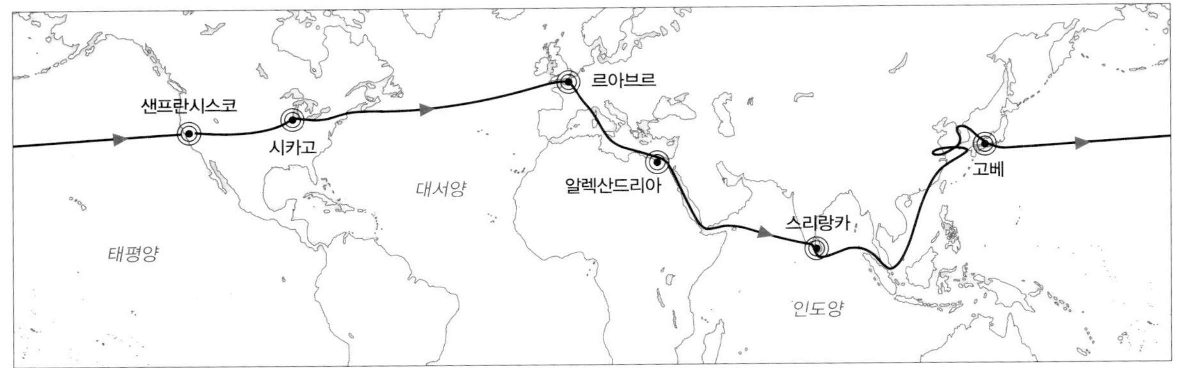

신여성으로서

1894년 여름, 런던데리는 가족과 친구들에게 작별인사를 하고 서쪽의 시카고를 향해 떠났다. 그때 런던데리는 겨우 24세였다. 여행은 속도가 더뎠지만 꾸준했다. 다만 두 가지 방해요인이 있었다. 런던데리의 자전거와 복장이었다. 자전거는 런던데리 체중의 5분의 2에 달하는 20킬로그램이나 되는 콜롬비아 모델이었다. 한편, 당시 여자라면 의무적으로 입어야 했던 옷과 코르셋 때문에 행동도 제한적이었다. 특히 긴 치마는 언제 바퀴에 낄지 몰랐다.

런던데리는 시카고에 도착해 무게가 9킬로그램밖에 나가지 않는 스털링(Sterling)의 신사용 자전거로 바꿨다. 하지만 남자용 자전거였기 때문에 치마를 입고 타기 불편했다. 그래서 문제가 될 수 있다는 것을 알면서도, 훨씬 더 실용적인 블루머 바지로 바꿔 입었고, 머지 않아 코르셋도 포기했다. 시간이 지날수록 런던데리는 당시의 사회적인 관습에 도전하게 됐다.

> *나는 저널리스트이자 신여성이다. 만약 남자가 하는 일을 나도 할 수 있다는 뜻이라면 그렇다.*

〈오마하월드헤럴드(Omaha World Herald)〉 신문은 "런던데리는 자전거의 발전이 여성 의류에 유익한 개혁을 가져올 것이라는 의견을 피력했다. 그녀는 가까운 미래에 지위를 막론하고 모든 여성이 자전거 페달을 밟을 것이라고 믿는다. 하지만 편협하고, 긴 치마를 입고, 마르고, 호리호리한 여성은 예외다"라고 보도했다.

유럽을 목표로

시카고에서 런던데리는 과감한 결정을 내렸다. 서쪽으로 가려는 계획을 포기하고, 자전거를 타고 뉴욕으로 돌아가 유람선을 타고 프랑스로 가기로 했다.

런던데리는 홍보의 대가였다. 이 그림은 캘리포니아에서 강도를 만났을 때의 장면을 재현한 것이다.

안정적이던 런던데리의 탐험은 프랑스에서 갑자기 휘청거리기 시작했다. 정확한 상황은 알 수 없으나, 런던데리의 설명에 따르면 르아브르(Le Havre) 항구에서 프랑스 세관원들과 마찰이 생겨 그때까지 번 돈의 상당 부분을 잃었다고 한다. 하지만 다행히 파리에서부터는 운이 따랐다. 스털링 사이클의 판매 대리점이 숙소를 제공하고 강연 기회를 줬으며, 언론 인터뷰를 섭외하고, 대중 앞에 노출될 수 있도록 도왔다. 덕분에 런던데리를 향한 사람들의 관심이 점차 늘어났다.

남쪽으로 이동하면서 런던데리는 더 큰 인기를 얻게 됐다. 마르세유(Marseille) 항구에 도착할 즈음에는 인기 연예인처럼 되어 강연과 인터뷰가 쇄도했다. 그가 이집트로 가기 위해 '시드니'라는 이름의 여객선을 탔을 때는 관중 수백 명이 나와 손을 흔들어줬다.

이후 몇 달 동안 런던데리는 이집트, 실론, 싱가포르, 홍콩, 상하이, 일본 고베 항구로 이동했다. 이때 자전거를 탈 기회는 그다지 많지 않았다. 고작 콜롬보(Colombo)의 수도인 실론에서 그녀는 지역 자전거 동호회 회원들과 함께 '35킬로미터 자전거 달리기' 행사를 진행하는 정도였다. 그러나 매번 여객선이 멈출 때마다 런던데리는 사람들의 관심을 유도하는 재능을 여실히 보여줬다. 런던데리는 자전거를 타고 세계를 일주하며, 사회적 관습을 깨기 위해 노력하고 있는 젊고 무일푼인 여성의 이야기를 창조해냈다.

1895년 3월, 드디어 미국으로 돌아간 런던데리는 탐험의 마지막 구간에 샌프란시스코에서 출발할 준비를 마쳤다. 샌프란시스코에서 시작해 자전거를 타고 캘리포니아, 애리조나, 텍사스, 뉴멕시코(New Mexico), 덴버(Denver)를 돌면서 인터뷰를 하고 후원자를 얻었다.

자전거 바퀴가 굴러갈수록 높아지는 인기

인도에서 유럽의 귀족들과 함께 사냥하고 일본에서 총상을 입었다는 등 런던데리의 이야기를 모두 확인하기는 어려웠지만, 책으로 읽기에는 매우 매력적인 스토리였다.

미국의 광활한 초원에서 런던데리의 모험이 주목받을 가능성은 적었다(돈벌이 가능성도 거의 희박했다). 그래서 런던데리는 마지막으로 자전거 여행을 위해 기차로 네브라스카(Nebraska)를 가로질러 여행하기로 했다. 이 과정에서 심하게 넘어지면서 팔에 깁스를 한 채로 시카고에 도착했지만 절대 굴하지 않았다. 그녀는 계속 동쪽으로 이동했고, 1895년 9월 24일에 보스턴에 도착하면서 일주를 마쳤다.

자전거를 타고 미국을 가로질러 동쪽으로 이동하면서, 이 포스터를 통해 런던데리의 도착을 알렸다.

일부에서는 런던데리의 성과를 비웃었다. 특히 자전거를 타고 이동한 거리가 너무 짧다고 비판했지만, 런던데리는 손쉽게 비판을 털어냈다. 그래서 사람들의 관심이 줄어들 때까지 〈뉴욕월드(New York World)〉 신문에 자신의 모험에 관한 세심하면서도 약간은 과장 섞인 이야기를 연재할 계획이었으나, 1947년에 런던데리는 뉴욕에서 사망했다.

이슬람 세상의 개방 41

: 이븐 바투타의 위대한 여정

"나는 혼자 출발했다. 마음속에는 충동과 영광스러운 성전(메카와 메디나)을 방문하고 싶은 염원으로 가득했다. 친구들과 헤어진 뒤, 눈물을 흘리며 집을 떠나기로 했다."

이븐 바투타가 여행을 막 시작했을 무렵

기간 1325년~1352년.

시도 바투타는 12만 킬로미터가 넘는 거리를 이동하면서 중세 이슬람 세계를 여행했다.

난관 그는 여행자들이 흔히 겪는 위험에 직면했다. 도둑과 군인의 위협을 받고, 야생동물에게 공격당했으며, 위험한 항해를 견뎌야 했다. 하지만 이슬람교 학자로서의 그의 지위 덕분에 보호를 받았다.

업적 바투타의 여행기에는 일상생활의 사소한 것들을 포함해 세계의 많은 부분에 대해서 타의 추종을 불허하는 묘사가 담겨 있다.

이븐 바투타(Ibn Battuta)는 중세시대에 가장 위대한 여행자였다. 그는 30년 동안 서쪽의 마라케시(Marrakesh)에서부터 동양의 중국 해안인 취안저우(泉州), 북쪽의 크림 반도에서 남쪽으로는 지금의 탄자니아에 있는 킬와(Kilwa)까지, 이슬람 세계에서 잘 알려진 장소 대부분을 방문했고, 자신의 여행을 기록한《여행기(Rihla)》를 책으로 펴냈다. 바투타는 12만 킬로미터 이상을 여행한 것으로 추정된다.

대장정을 위한 첫 발걸음

바투타는 1304년 탕헤르에서 법률학자 가족으로 태어났다. 그 역시 처음에 법률학자로 훈련을 받았지만, 젊은 시절에 메카와 메디나로 순례를 가고 싶어 했다. 그리고 1325년에 그토록 바라던 18개월 일정의 성지순례를 떠나게 됐다. 그러나 그가 다시 모로코에 돌아온 것은 24년 후였다. 그다음에도 그라나다와 팀북투로 두 번의 여행을 떠났다.

동시대 인물인 마르코 폴로와는 달리, 그의 여행은 무역이 목적이 아니었다. 바투타가 여행한

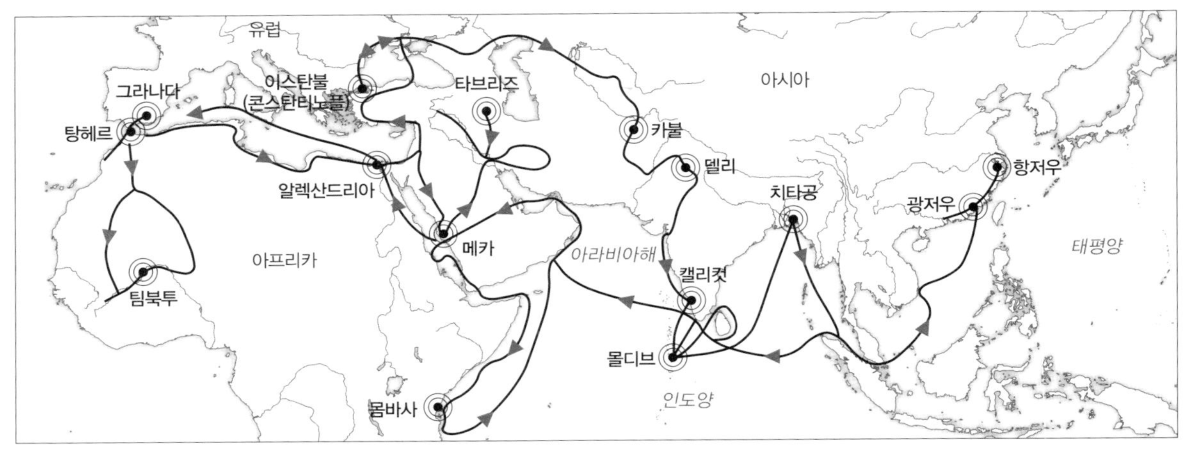

이유는 세계에 대해 더 많이 알고, 학자들과 스승을 만나고 싶다는 소망에 의한 것이었다. 그는 또한 같은 길을 두 번 이상 이용하지 않고자 했다. 하지만 현실적으로 그의 바람이 실현되기란 불가능했고, 메카까지 같은 길을 일곱 번도 넘게 순례하기도 했다.

그렇다고 특별한 여행로를 선호한 적도 없었다. 단순히 기회가 있어서, 편리해서, 또는 인내심이 부족해서라는 이유로 여행 경로를 선택했다. 가장 대표적으로 홍해에서 인도까지 배를 타고 가는 것이 약간 지연됐을 때를 예로 들 수 있다. 바투타는 이를 참지 못하고 육로로 여행했다.

지칠 줄 모르는 학자

처음 바투타는 탕헤르에서 출발해 북아프리카 해안을 따라 카이로로 갔다. 콘스탄틴(Constantine)에서는 도시의 대표가 학자인 그에게 새 옷을 주고 여행을 지원해줬다. 이후로도 바투타는 많은 이들에게 지원을 받았다. 그는 카이로로 향하는 순례자의 마차에 합류했다(여행 중 바투타는 첫 결혼식을 올렸다). 카이로는 바투타가 처음 방문한 유명 이슬람 도시였고, 깊은 인상을 심어줬다. 그는 카이로를 "건물이 끝도 없이 이어지고, 아름다움과 화려함에 비길 데 없으며, 오고 가는 사람들이 만나고 약함과 강함이 어우러지는 곳"이라고 묘사했다.

카이로에서는 나일강을 거슬러 올라갔다. 바투타는 메카로 가는 가장 빠른 방법인 홍해를 건너려고 했지만 홍해 해안에서 내전이 발생해 어쩔 수 없이 나일강을 거슬러 다시 내려와야 했다. 이때가 여행에서의 수없이 수정된 계획의 첫 번째다. 그는 시나이 사막을 건너서 예루살렘으로 갔는데, 그곳에서는 이슬람교의 예언자인 무함마드(Muhammad)가 하늘로 승천한 장소로 알려진 바위사원(Dome of the Rock)과 성묘교회(Church of the Holy Sepulchre)를 비롯한 기독교 장소들을 방문했다. 다마스쿠스에서는 우마이야 모스크(Umayyad Mosque)를 보고, "세계에서 가장 웅장하며 건축미가 가장 뛰어나고, 우아하기까지 하다. 완성도 또한 매우 높아서 다른 사원이 따

(반대쪽) 위
13세기 초에 만들어진 뾰족한 벽돌 탑이 인상적인 쿠트브 미나르(Qutb Minar)와 14세기 초에 만들어진 알라이 게이트(Alai Gate)는 이븐 바투타가 술탄인 무함마드 빈 투글라크(Muhammad bin Tughlaq)를 위해서 일할 때, 그의 집이 있던 델리에서 가까운 곳에 있었다.

아래
바위사원.

를 수 없다"면서 감탄했다.

그곳에서는 메디나와 메카로 가면서, 순례의 전통과 메카의 건축을 상세히 기술했다. 하지만 보통 순례자와 달리 고향으로 돌아오지 않고, 동쪽의 바스라와 바그다드, 페르시아로 향했다.

쥘 베른의 저서 《지구 속 여행(Découverte de la Terre)》 속에 삽입된 이븐 바투타의 일러스트.

무례한 사람들

바투타는 타브리즈(Tabriz)를 거쳐 메카로 돌아왔고, 홍해를 건너 예멘(Yemen)으로 향했다. 예멘의 수도인 타시스(Taxis)에서는 "왕이 있는 도시가 흔히 그렇듯, 사람들이 오만하고 무례하다"고 묘사했다. 그는 곧 아프리카 동쪽 해안을 따라 지부티(Djibouti), 모가디슈(Mogadishu), 몸바사(Mombasa), 킬와를 방문했다. 어떤 곳에서는 항구의 불결함에 당황했고, 또 다른 곳에서는 깊은 인상을 받았다. 킬와가 그중 하나였는데, 아랍 지도자인 술탄(Sultan)의 배려 역시 감탄하기에 충분했다. 킬와는 금과 노예를 거래하고, 부유한 상인들이 중국산 도자기에 음식을 담아서 먹고, 비단으로 된 옷을 입는 번영한 도시였다.

메카를 다시 방문한 그는 델리(Delhi)에 있는 술탄의 법정에서 이슬람교 학자로서 약간의 돈을 벌게 됐다. 이후 인도로 가는 배를 기다리는 것에 마음이 내키지 않아, 먼 길을 돌아 터키를 거쳐 흑해를 건넌 다음, 중앙아시아를 거쳐 아프가니스탄과 인도로 갔다. 여행 도중에 바투타는 우즈베크 칸(Uzbek Khan)이 보낸 공식적인 일행의 일원으로 콘스탄티노플을 방문했다. 그곳에서는 기독교 지도자로부터 귀빈 대접을 받았는데, 특히 그가 예루살렘 성지를 방문한 적이 있었기 때문이다. 당시 바투타는 "종교가 다른데도 자신의 영역에 들어온 외부인에 대해 훌륭하게 평가해 줘서 놀랐다"라고 기록했다.

인도에서는 음식, 향신료, 과일, 사치스러운 복장, 힌두교 문화의 화려함, 술탄의 호화스러운 생활에 압도당했다. 술탄은 그에게 후한 상을 주고 중국에 대사로 파견했다. 또한 중국에 보내는 선물로 순종의 말과 무녀들을 내줬다. 하지만 캘리컷 외곽에 불어 닥친 폭풍 때문에 중국에 보내는 선물을 잃어버리고 말았다. 바투타는 술탄의 반응이 두려워 몰디브로 도망쳤는데, 그곳에서 그의 법적 지식 덕분에 상당한 환영을 받았다. 하지만 2년 만에 바투타는 스리랑카, 벵골, 아삼(Assam), 수마트라를 방문하고 최종적으로 중국 남부에 있는 취안저우에 도착했다.

중국에 대한 그의 설명은 제한적이며, 베이징을 여행한 적은 없는 것으로 추정된다(다만 그의 책에는 베이징에 대한 설명이 포함돼 있다). 그의 책에 "중국은 웅장했지만 즐겁지가 않았다. 숙소를 떠날 때마다 불쾌한 것을 너무 많이 봐서 필요할 때만 숙소 밖으로 나갔다"고 적혀 있었던 것처럼, 중국에 머무르는 시간을 그다지 즐기지 않은 것 같다. 물론 지폐 사용법에 관해 언급하거나, 마르코 폴로와 달리 만리장성에 대해 설명한 부분은 있다.

《여행기》에는 모로코로 돌아가는 그의 여정에 대한 기록이 거의 없다. 돌아가는 길에 1348년에는 흑사병이 돌던 다마스쿠스와 알레포를 탈출했고, 1349년에는 페즈(Fez)로 돌아왔다. 4년 후에는 안달루시아(Andalusia)로 여행하다가 그라나다에 깊은 인상을 받았다. "여기와 같은 곳은 어디에도 없다"는 게 그의 평가였다. 하지만 말리에 대해서는 그보다 덜한 반응을 보였다.

만족스러운 인생

바투타가 모로코로 돌아오자, 술탄은 그의 여행을 기록해야 한다고 강하게 주장했다. 그래서 이븐 주자이(Ibn Juzayy)에게 바투타의 여행에 관한 책을 집필하도록 지시했다. 그렇게 해서 완성된 책이 바로《여행기》다.

1355년에 완성된 이 책에는 바투타의 놀라운 여행이 기록돼 있으며, 메카와 베이징에 관한 상세한 묘사도 포함돼 있다. 바투타는 전통적인 이슬람교 신앙에 위배되는 행동은 삼갔고, 여행을 사실적으로 묘사했다. 바스라에서 그는 문법적 오류가 있는 설교에 대해 당국에 불평을 제기했고, 말리에서는 하인과 노예 소녀들이 벌거벗고 돌아다닌다며 비난했다.

바투타의 말년에 대해서는 알려진 바가 없으며, 1369년 65세의 나이로 세상을 떠났다.

42 아마존강을 따라서

: 에드 스태포드의 아마존 오디세이

"지금까지의 그 어떤 정글 탐험보다 대범하다."

베어 그릴스(Bear Grylls)

"정말 말도 안 되는, 그야말로 미친 짓이다."

마이클 폴린(Michael Palin)

기간 2008년~2010년.

시도 안데스 산맥을 포함해 라틴아메리카 대륙을 서쪽에서 동쪽으로 횡단하고, 아마존강 전체를 따라 걸었다.

난관 스태포드는 기아, 질병, 동물 포식자, 익사의 위험, 무기를 휘두르는 공격적인 원주민의 위험 속에서 2년이 넘는 시간을 보냈다.

업적 오늘날 탐험을 위한 긴 여정은 더 이상 없을 것이라고 생각할 수 있다. 하지만 스태포드는 의지와 상상력만 있다면 지금도 대담한 도전이 가능하다는 사실을 몸소 증명했다.

아마존강은 안데스 산맥에 있는 수원에서 대서양까지 6,400킬로미터나 된다. 또한 아마존강의 구불거리는 협곡은 지구상에서 가장 살기 힘든 지역을 따라 흐른다.

2008년, 에드 스태포드(Ed Stafford)라는 이름의 전직 군인이 남아메리카 대륙을 서쪽에서 동쪽으로 횡단하는, 현대에 들어 가장 위대하다고 손꼽을 수 있는 탐험에 착수했다. 그는 세계 최초로 아마존강을 처음부터 끝까지 따라 걸었으며 놀라운 인내력을 보여줬다.

당시 여행의 이유는 두 가지였다. 첫 번째는 자선기금을 모으기 위해서였다. 아버지가 암 진단을 받은 후, 그는 환경이 질병에 미치는 원인과 암 연구를 위해 모금을 하려 했다. 두 번째는 오래전 위대한 탐험가들의 방식으로 자신의 흔적을 남기고 싶었기 때문이다. 특히 세계에서 가장 긴 강인 아마존강을 따라 걷는 것은 인류가 아직 이루지 못한 몇 안 되는 도전 중 하나였다.

스태포드는 자신의 여행일지에 이렇게 기록했다.

나는 아마존에 가본 적이 없다. 내게 정글 경험은 중앙아메리카에 있는 보르네오(Borneo)

를 잠깐 여행한 게 전부다. 아마존은 확실히 신비롭다. 나무는 훨씬 더 크고, 야생은 더 풍부하고 다양하다. 사람들은 더 거칠며 바깥세상과 단절된 채 살아간다. 아마존의 지리를 상세하게 알지 못하기에, 목표는 알고 있는 곳으로 제한됐다. 서쪽에서 동쪽으로 대륙 전체를 가로질러 흐르는 큰 강이 있다는 게 내가 아는 전부였다.

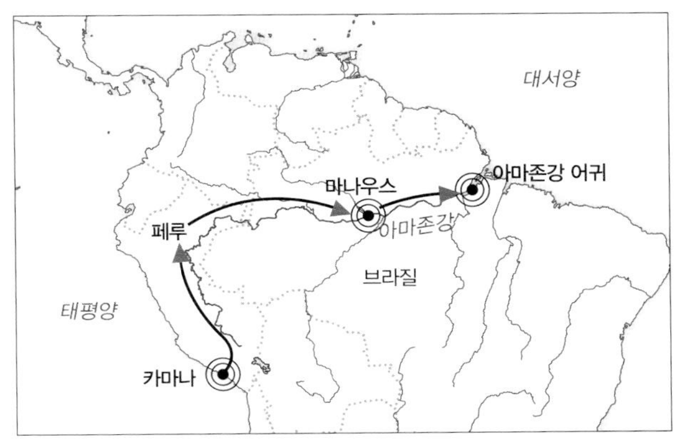

정글을 맛보다

스태포드는 탐험 초보자가 아니었다. 그는 영국 육군에서 4년간 복무했고, 대장의 위치까지 올랐으며, 아프가니스탄, 보르네오, 과테말라, 구야나를 경험하고 벨리즈 열대우림에서 관광단을 통솔한 경험이 있었다. 그렇다고 하더라도 아마존 탐험을 성공할 가능성은 매우 적었다. 혼자라면 힘들 수 있겠지만, 다행히 그는 혼자가 아니었다. 영국 출신인 37세의 아웃도어 전문가 루크 콜리어(Luke Collyer)가 바로 그의 동료였다.

두 사람의 목표는 페루 해안 마을 카마나(Canama)에서 출발해, 페루 사막을 건너 안데스 고원에 올랐다가 아마존의 수원을 찾은 다음, 강을 따라 대서양까지 동쪽으로 이동하는 것이었다. 이들이 이동할 경로는 일찍이 사람이 한 번도 발을 들인 적이 없는 울창한 산림이었다. 아마존에서의 경험이 부족한 두 사람에게는 결코 쉽지 않은 일이었고, 21세기 최고의 탐험 프로젝트였다. 스태포드와 콜리어는 블로그에 진행 상황을 지속적으로 올리기 위해 각자 디지털 장비를 갖췄다. 그뿐만 아니라 TV 프로그램 제작진도 이들의 여행 일부에 동행할 계획이었다.

한 사람이 쓰러지고

불행하게도 콜리어의 여행은 일찍 끝나고 말았다. 그것도 생각보다 너무 일찍 끝이 났다. 여행 90일 만에 두 사람의 관계가 틀어졌고, 콜리어는 영국으로 돌아왔다. 아마존 분지에 도착하지도 않았을 때였다. 스태포드는 그 즉시 블로그에 구인 광고를 올렸다.

> 유머 감각 있는 분을 찾습니다. 뱀과 총을 무서워하지 않아야 합니다. 3개월 여유 시간이 있는 분이어야 하고요, 환경에 관심이 많아야 합니다. 무엇보다 오래 걸어도 "아직이야?"라고 묻지 않으실 분을 찾습니다.

유쾌한 광고였지만 사실 상황은 심각했다. 파트너가 없다는 것은 스태포드에게 큰 타격이었다. 두 사람이 힘을 합해도 쉽지 않은 모험이었는데, 스태포드 혼자 긴 여정을 떠나는 것은 불가능에 가까웠다. 야생의 생태계에서 오랫동안 걸으며 궁핍과 위험에 기꺼이 대처하는 사람을 구하는 일은 쉽지 않았다. 거기다 의지, 능력, 육체적 인내력을 공유한 사람을 찾는 것은 더더욱 어려웠다.

새로운 파트너

이때 그나마 다행한 일이 일어났다. 페루 산림에서 일했던 경험이 있고, '조'라는 별명으로 불리는 가디엘 산체스 리베라(Gadiel Sanchez Rivera)가 특히 까다로운 지역을 탐험할 때 합류하기로 동의한 것이다.

리베라는 "탐험에 합류한 이유는 무모하기 짝이 없어 보이는 스태포드가 마약 밀매상과 적대적인 부족이 출몰하는 위험 지역을 지나도록 도와줘야겠다는 책임감을 느꼈기 때문"이라고 설명했다. 하지만 날이 갈수록 정글에서의 삶에 재미를 느낀 그는 에드와 좋은 친구가 됐고, 얼마 지나지 않아 여행 전체를 함께하기로 결정했다.

2010년, 에드 스태포드 이전에 아마존을 걸어서 탐험한 사람은 없었다.

두 사람은 대서양에 갈 계획이었지만, 정글을 걷는 것은 그리 간단하지 않았다. 더군다나 이곳에 심한 홍수가 발생하는 바람에 계획했던 경로를 벗어나 범죄자가 우글대는 콜롬비아와 브라

질의 국경을 통과해야 했다. 이 길은 수천 킬로미터나 돌아가는 것이었다.

야생에서 먹을 것을 구하다

두 사람은 늘 식량이 부족했다. 원래 스태포드는 정글 식물 사이에서 동물을 사냥하는 것만은 피하고 싶어 했다. 하지만 배를 곯기 시작하자, 아마존의 야생동물을 사냥해 먹어야 생존할 수 있다는 사실을 깨달았다. 두 사람은 거북이, 문어, 피라냐 등 먹을 수 있는 것은 모두 먹었지만, 탐험을 계속할 수 있을 정도의 영양을 보충받는 게 고작이었다.

가장 위험천만한 상황은 페루와 브라질 국경 근처에서 총을 든 원주민을 만났을 때였다. 스태포드의 지원 인력이 미리 원주민에게 두 사람이 원주민의 영토를 통과해 강 아래로 갈 것이라고 설명했지만, 원주민들은 분명하게 "이곳에 온 모든 백인은 살해당할 것"이라고 공언했다.

스태포드와 리베라는 눈에 띄지 않으면서 원주민 영토를 통과하려고 노력했다. 하지만 긴장된 하루가 저물어갈 때 즈음에 이들은 조용한 강둑에서 활과 화살, 총, 칼을 들고 다가오는 아사닌칸족을 속수무책으로 바라봤다.

목숨이 위태로운 순간이었지만, 두 사람은 족장과 형제를 가이드로 고용하겠다고 제안해 아사닌칸을 달랠 수 있었다.

열대우림의 빽빽한 나무를 헤치고 걷는 것은 스태포드가 극복해야 했던 도전 중 하나에 불과했다.

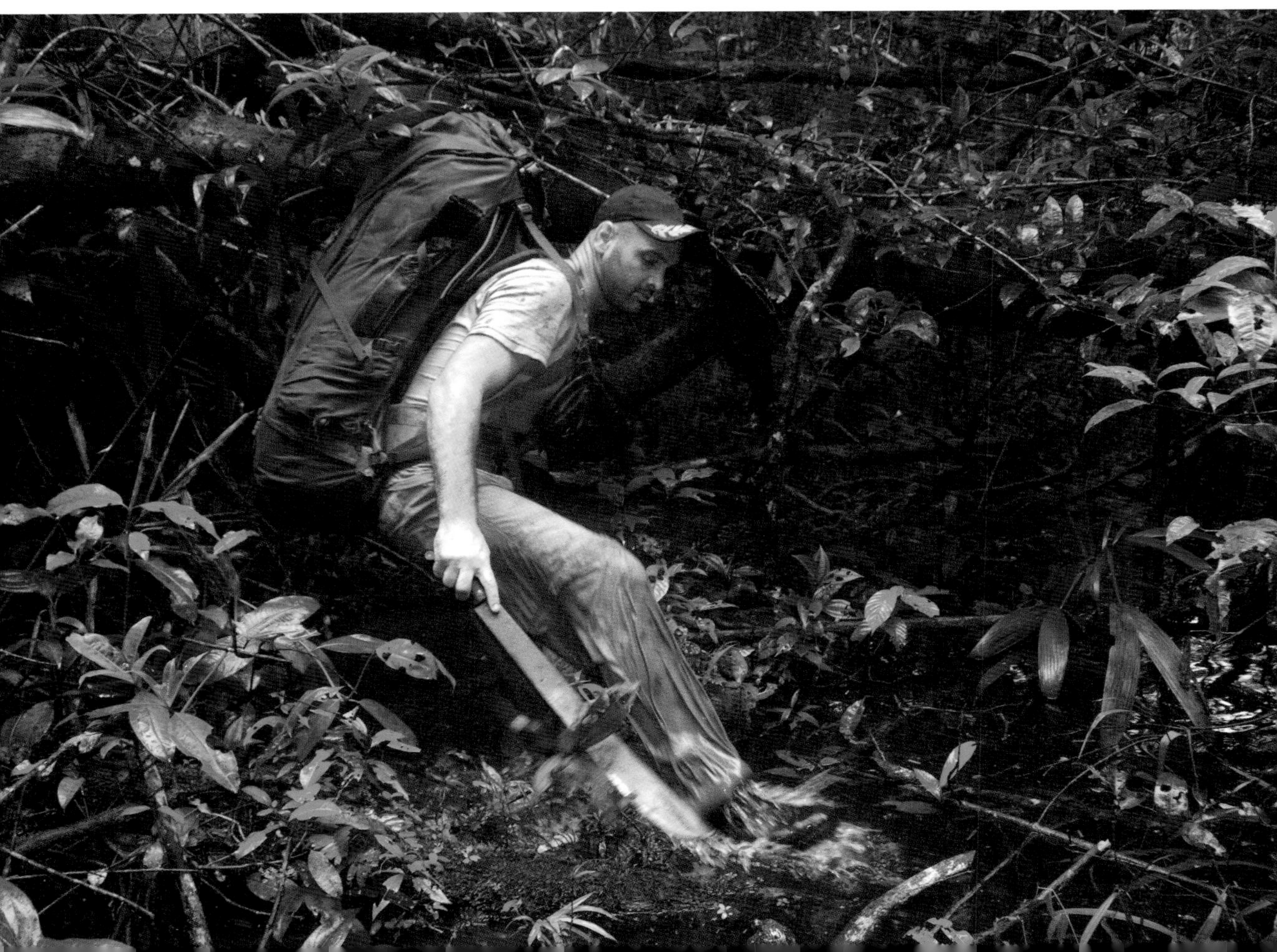

드디어 도착한 바다

두 사람은 2010년 8월 9일 마루다(Mauda) 근처 대서양에 도착했다. 스태포드는 860일 동안 도보로 9,500킬로미터가 넘는 거리를 이동했다.

그가 성공할 수 있었던 것은 21세기 기술 덕분이었다. 그는 이동하는 내내 위성 내비게이션 장치를 사용했고, 블로그에 여행 과정을 모두 기록했다. 하지만 그 정신만큼은 새로운 지평을 열기 위해 노력했던 이전 세대의 탐험가 메리 킹슬리와 요한 부르크하르트에 못지않았다. 현대 시대의 위대한 탐험가로 알려진 라눌프 파인즈(Ranulph Fiennes)는 "과거와 현재를 아울러서 최고의 탐험이다"라는 평가로 그의 정신을 훌륭하게 설명했다.

스태포드는 대서양 바다에서 이렇게 외쳤다.

> *냉소주의자들은 침묵해야 한다. 아마존을 따라 걷는 것은 가능하다. 우리가 방금 그것을 해냈다.*

43 전설이 된 타고난 탐험가

: 우에무라 나오미의 데날리 산 단독 등반

"고독 속에서 나는 나 자신을 시험했다. 내가 가장 싫어하는 것은 남들 앞에서 나를 시험하는 것이다."

우에무라 나오미

기간 1984년.

시도 북아메리카 대륙에서 가장 높은 데날리 산에서 겨울 동안 최초로 단독 등반에 시도했다.

난관 추위에 노출돼 동상을 입고, 배고픔과 고산병, 추락의 위험에 시달렸다.

업적 최초의 단독 등반은 결국 '목숨'이라는 큰 대가를 요구했다. 나오미의 이름은 모험가들 사이에서 전설로 남아 있다.

넓고 하얀 벽 위에 빨간 점 하나가 있었다. 조종사 로웰 토머스 주니어(Lowell Thomas Jr.)는 얼굴을 확인하기 어려운 먼 거리에서도 그 빨간 점이 일본인 등반가 우에무라 나오미(植村直己)라는 것을 단박에 알아챘다. 높은 산에 다른 등반가는 없었다. 이 시기에 단독 등반을 시도한 사람은 오직 나오미뿐이었다.

토머스는 자신이 타고 있던 작은 비행기를 착륙시켰다. 나오미는 비행기가 가까이 다가오자 조종사에게 손을 흔들었고, 그의 명랑한 목소리가 조종실 라디오보다 더 크게 들렸다. 정상에서 600미터 떨어진 곳이었고, 2시간 후면 나오미가 정상에 오를 수 있을 거라고 생각했다. 산에서 해가 떨어지고 긴 겨울밤이 시작되기 전에 눈 덮인 동굴로 대피하기에도 충분한 시간이었다.

그 순간 구름이 소용돌이치더니 나오미의 모습이 시야에서 사라졌다. 그것이 당대의 가장 위대한 모험가인 나오미의 마지막 모습이었다.

잔인한 추위

그보다 11일 전인 1984년 2월 1일, 나오미는 어깨에 짐을 메고 거대한 카힐트나(Kahiltna) 빙하 위에 있는 베이스캠프에서 나왔다. 그의 앞에 놓인 과제는 무시무시했다. 한겨울에 북아메리카에서 가장 높은 데날리 산(Monut Denali)을 단독 등반하는 것이었다. 데날리 산의 높이는 해발 6,190미터이고, 산꼭대기는 5개의 거대한 빙하로 이어져 있었다. 빙하에는 깊은 낭떠러지가 여기저기 포진돼 있는데, 쌓인 눈 때문에 잘 보이지 않을 뿐더러 동료 산악인의 도움 없이는 건너기도 쉽지 않았다. 이곳에서 나오미는 얼음 들판과 바위에 직접 밧줄을 쳐야 했다.

데날리 산은 매우 추운 산으로 알려져 있다. 심지어 7월에도 찬바람이 불 때는 기온이 영하 30.5도까지 떨어지며, 바람의 온도는 영하 50.7도로 얼음장 같았다. 겨울에는 상상할 수 없는 만큼 추워서 기온이 영하 60도 이하로 낮은 경우가 무수히 많고, 영하 73도까지 떨어진 적도 한 번 이상이었다. 해발 5,700미터에서는 찬바람의 기온이 영하 83.4도까지 떨어진다.

데날리 산이 무서운 건 추위 때문만은 아니다. 데날리 산은 매우 높기 때문에 오르는 데만 적어도 2주, 길면 4주가 걸린다. 그 혹독한 추위 속에서 이렇게나 긴 구간은 지구상에서 가장 무시무시한 등반로가 될 수밖에 없다. 그러니 겨울에 데날리의 단독 등반이 시도되지 않은 것은 그다지 놀라운 일이 아니었다.

대부분은 위험한 데날리 탐험은 포기하라고 말한다. 하지만 나오미는 그런 대부분의 사람과는 달랐다. 그는 경험이 정말 많았고 당대에 다른 탐험가들은 시도하지 않은 놀라운 업적을 홀로 몇 번이나 이뤄낸 유명인이자 살아있는 전설이었다. 최초로 혼자 뗏목을 타고 아마존강을 탐험했으며, 북극에 단독으로 도착한 최초의 사람이었다. 이 과정에서 거대한 북극곰을 쏘아 죽이기도 했다.

그는 또한 에베레스트 등반에 성공한 최초의 일본인이었다. 1976년에는 일본의 영토 길의 전체에 맞먹는 그린란드에서 알래스카까지 1만 2,000킬로미터를 홀로 개썰매를 타고 이동해 장거리 세계 기록을 세우기도 했다. 킬리만자로(Kilimanjaro), 몽블랑, 마터호른, 서반구에서 가장 높은 산인 아콩카과(Aconcagua)에서 단독 등반에 성공했으며, 1970년에 이미 데날리 산 단독 등반에 최초로 성공했다. 당시는 여름이었지만, 나오미는 산에 대해서 잘 알고 있었고 준비에도 많은 노력을 쏟았다.

(반대쪽)
1978년 9월 1일, 남극 캠프에서 인사하는 우에무라 나오미의 모습.

다재다능함과 독립성

나오미는 절벽으로 떨어지지 않도록 자체구조(self-rescue) 장치라는 것을 발명했다. 정확하게는 어깨에 대나무 막대기를 묶은 것으로, 골짜기로 떨어지면 장치 끝부분이 골짜기 양쪽에 걸려서 사람이 떨어지지 않도록 지탱해주는 장치다. 만약 떨어진다고 해도 이 장치가 있으면 혼자서 기어오를 수 있다.

나오미는 최대한 빨리 움직일 수 있도록 장비의 양을 줄였다. 눈 덮인 동굴에서 자면 텐트를 굳이 가지고 다닐 필요가 없었다. 북극에서 찾은 고단백 음식인 순록을 날것으로 먹음으로써 연료도 줄였다. 이렇게 해서 그는 가지고 다닐 장비의 무게를 18킬로그램으로 줄일 수 있었다.

처음 이틀은 비교적 순조롭게 지나갔다. 유일한 사건은 나오미가 골짜기에 빠진 것이었지만, 구조장치가 효과를 발휘해 목숨을 건질 수 있었다. 가장 위험한 골짜기가 있는 높이 2,900미터를 지나면서, 우에무라는 더 빨리 이동하기 위해 구조장치를 버렸다.

셋째 날, 그는 윈디코너(Windy Corner)에 도착했다. 이름에 맞게 바람이 강한 곳이었다. 높은 바위와 강한 바람 때문에 빨리 이동하지 않으면 위험했지만, 문제가 한둘이 아니었다. 살을 에는 듯한 돌풍은 너무 차가워서 얼굴의 감각도 느껴지지 않았고, 설상가상으로 아이젠이 말을 듣지 않아 몇 번이나 발을 헛디뎌 절벽 아래로 떨어질 뻔했다. 만약 그대로 미끄러졌다면 나오미의 흔적도 찾기 어려웠을 것이다. 우여곡절 끝에 그곳을 빠져나갔지만, 이후 열흘 동안에도 무시무시한 위협이 계속됐다.

2월 6일에는 기온이 영하 40도까지 떨어졌다. 바람이 너무 심해 몸을 피할 곳을 찾아야 했다. 나오미는 겨우 바람을 막을 수 있는 얕은 구덩이를 팔 수 있었지만, 갑작스런 폭풍우 때문에 구덩이에 숨어 있는 동안 아이스 팩과 도끼를 놓치고 말았다. 겨우 밖으로 나와 장비를 찾아냈지만, 몸을 피하려고 파놓은 구덩이의 위치를 찾을 수가 없었다. 이때 처음으로 이 산에서 죽을지도 모른다는 생각이 그의 뇌리를 스쳤다고 한다.

동상과 얼음 위의 잠자리

나오미는 4,300미터 높이에서 깊은 웅덩이를 파고 장비를 넣었다. 짐을 가볍게 하고 정상에 도전하기 위해서였다. 웅덩이 속에 그의 일기도 넣었다. 그중 어떤 날의 일기는 "동상으로 얼굴 피부가 벗겨졌다. 날씨가 도와주지 않는다"라는 말로 시작된다. 침낭은 물에 젖고 얼어서 몸을 따뜻하게 해주지 못했다고 한다.

4,600미터에서 4,950미터 사이에 쌓인 눈은 정말 위험했다. 가파른 경사 위를 덮은 딱딱한 얼음 위에 새로 내린 눈이 얇게 언 탓에 매우 미끄러웠다. 우에무라의 아이젠을 생각하면 매 걸음이 죽음을 건 사투였을 것이다.

(반대쪽) 위
데날리 산의 높이는 6,190미터로, 북아메리카에서 가장 높다.

아래
데날리 국립공원에 있는 빙하를 바라본 항공사진. 위험한 골짜기가 선명하게 보인다.

데날리 산은 나오미의 초인적인 힘과 경쟁하는 듯했다. 정상 근처에 다다르니 바람은 점점 더 거세졌고, 기온도 영하 46도까지 떨어졌다. 그는 마지막 정상까지 2시간 정도 걸릴 것으로 추정했지만 실제로는 5시간이 걸렸다. 그래도 나오미는 굴하지 않고 정상을 정복했고, 43번째 생일인 2월 12일에 최초로 겨울에 데날리 산에 오르는 기록을 세웠다.

다음 날 그는 무선으로 해발 5,500미터 지점이며, 이틀 후에 베이스캠프에 있겠다고 전했다. 폭풍 예보가 있었지만 나오미가 워낙 뛰어난 등반가였기 때문에 베이스캠프에서는 크게 걱정하지 않았다.

산에 잡아먹히다

이틀이 지나도 나오미는 나타나지 않았다. 기상은 더욱 악화됐다. 사람들은 그가 눈 동굴 어딘가에서 날씨를 피하고 있을 것이라고 믿었다. 그렇지만 시간이 지날수록 음식과 눈으로 식수를 만들 때 사용하는 연료가 부족해질 것이기 때문에 가능한 빨리 구조해야 했다.

구조를 위해서라도 날씨가 빨리 개기를 바랐지만 불행하게도 악천후는 계속됐다. 일주일이 지난 후인 2월 20일이 돼서야 날씨가 개었고, 구조대는 드디어 시야를 확보할 수 있었다. 그러나 나오미는 나타나지 않았다. 아니, 이후로 그의 모습을 다시는 볼 수 없었다. 구조대원들이 눈 동굴에서 그의 장비와 일기장, 개인 물품들을 발견했지만 시신은 끝내 찾지 못했다.

나오미에게 무슨 일이 일어났는지는 아무도 모른다. 아이젠이 얼음에 걸려 넘어졌는지도 모르고, 어쩌면 강풍에 날아갔을 수도 있다. 가장 가능성이 큰 것은 지친 나오미가 가파른 경사 어딘가에서 미끄러져 계곡으로 떨어졌고, 눈이 그 위를 덮은 것이다.

> *따뜻한 침낭에서 자고 싶다. 어떤 일이 있든지 맥킨리 산 등반을 포기하지 않을 것이다.*
>
> *_우에무라 나오미의 마지막 일기*

나오미는 목표를 달성했지만 큰 대가를 치러야 했다. 일본에서는 그의 용기, 야심, 놀라운 모험심, 겸손함, 소박한 성격을 높이 사서 영웅으로 기리고 있다.

캐나다 횡단을 목표로 44

: 신체적 한계에 맞선 테리 폭스

"사람들은 내가 지옥을 겪고 있다고 생각했다. 아마도 어느 정도는 그랬을 것이다. 그러나 여전히 내가 원하는 것을 하고 있었고, 꿈이 실현되고 있었다. 그것만으로도 충분한 가치가 있었다."

테리 폭스

기간 1980년.

시도 인공 다리로 캐나다를 달려서 횡단하려고 했다.

난관 계속되는 고통, 피로, 부상으로 건강이 악화됐다.

업적 폭스는 암 연구를 위해서 수백만 달러를 모금했고, 용기, 희망, 의지를 상징하는 국가적인 상징이 됐다.

경기 중 부상은 가장 불행한 사고 중 하나다. 테리 폭스(Terry Fox)가 대학 농구팀 자리를 약속받고 나서 일어난 사고도 마찬가지였다. 경기장 안이 관중의 열기로 끓어오를 때 폭스의 무릎이 움찔거렸다. '인대가 늘어났구나. 농구를 하다 보면 늘 있는 일이지.' 그는 그렇게 생각했다.

하지만 무슨 일이 있어도 대학을 포기하지 않을 생각이었다. 시즌을 잘 끝낸 뒤 의사에게 가서 치료를 받으면 될 줄 알았다. '이번 여름은 골프를 치면서 보내겠구나'라고 중얼거렸다. 그러나 알고 보니 인대가 늘어난 것이 아니라 악성 종양이 생긴 것이었다. 의사를 방문하고 나흘 후, 폭스의 오른쪽 다리 전체가 잘려나갔다. 당시 그의 나이는 겨우 18세였다.

이후 16개월 동안 폭스는 화학 요법 치료를 받으며 병원에 있었다. 그에게 일어난 일뿐만 아니라, 그가 본 환자들이 겪는 고통, 희망과 고통이 교차하는 그들의 얼굴 모두가 충격이었다. 이 일로 폭스는 완전히 다른 사람이 됐다. 암 환자 연구에 사용되는 돈이 너무 적다는 사실에 화가 난 그는 그 사람들을 돕기 위해 무엇이든 하려고 했다.

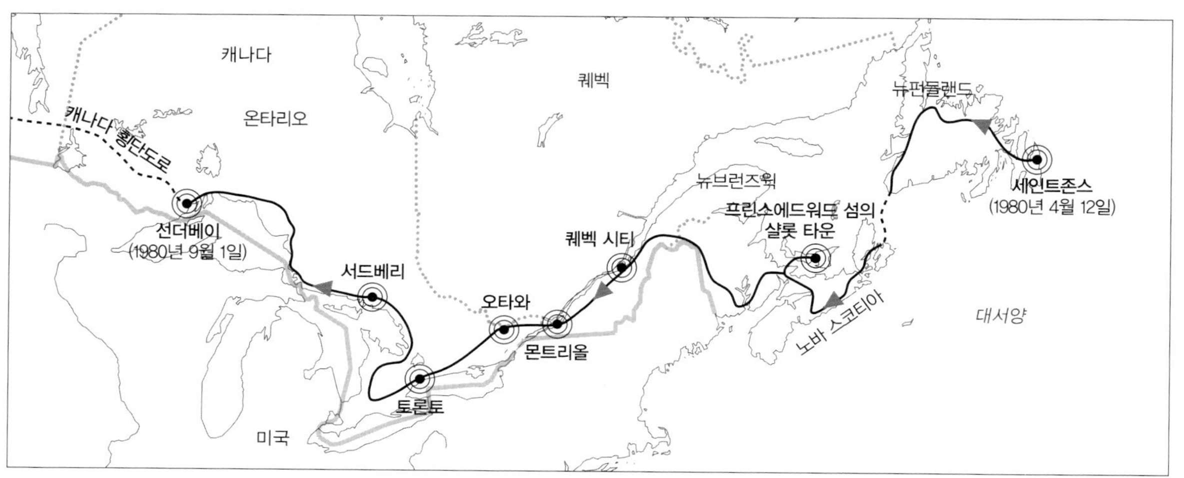

다리 절단 수술을 받고 난 뒤 뉴욕 마라톤에 참가한 사람에 관한 기사를 읽고는, 폭스의 마음 깊은 곳에 불이 붙었다. 그는 단순하면서도 야심 찬 도전을 생각해냈다. 바로 자신의 다리로 캐나다를 횡단하는 것이었다.

두 다리로 서다

폭스는 단호했다. 다리가 절단된 지 3주 만에 그는 의족을 사용해 걷기 시작했다. 곧 그는 골프를 치게 됐고, 가족들에게 마라톤을 하겠다고 말했다. 하지만 자신의 진짜 계획은 알리지 않았다. 그는 15개월간의 훈련에 착수했다. 처음에는 잠깐 달려도 고통스러워했지만, 달릴 수 있는 거리를 점차 늘리면서 하루에 30킬로미터까지 달릴 수 있게 됐다.

그의 걸음걸이는 어색하고 고통스러워 보였는데, 실제로도 그랬다. 먼저 의족으로 발을 뗀 다음, 성한 다리를 한 번 더 뛰어서 인공 다리 속 스프링이 다시 자리를 잡도록 해야 했다. 이 행동 때문에 뼈 근처에 온통 멍이 들었고 물집이 잡혔으며, 다리가 잘린 부분은 의족에 쓸리는 바람에 상처가 자꾸 덧났다. 하지만 고통은 잠시뿐이었다. 그는 달리기 시작하고 20분 정도가 지나면 고통에 익숙해져서 계속 달릴 수 있게 됐다고 말했다.

폭스는 1979년 크리스마스까지 101일동안 쉬지 않고 훈련했다. 1980년 4월이 되자 그는 더 이상 가만히 기다리고만 있을 수 없었다.

매순간이 쉽지 않은 도전이었다. 대서양에서 태평양까지 8,000킬로미터를 달리기 위해서는 213일 동안 매일 42킬로미터의 거리를 달려야 했다. 폭스는 암 연구에 대한 대중의 인식을 높이고, 캐나다의 2,400만 명의 사람들에게 각 1달러씩 모아 2,400만 달러를 모금할 계획이었다. 4월 12일, 폭스는 상징적인 의미에서 의족으로 뉴펀들랜드 세인트존스 근처 대서양 바닷물을 밟은 후 태평양을 향해 달리기 시작했다. 그곳에서는 수영으로 횡단할 계획이었다.

1980년 8월 26일, 목표 지점을 통과하기 6일 전의 테리 폭스.

희망을 좇아서

여행 첫날부터 폭스는 냉혹한 현실에 맞서야 했다. 강풍, 폭우, 눈보라가 처음 며칠 동안 그를 강타했다. 폭스에 대해 아는 사람은 거의 없었고, 도로변에서 그를 응원하는 사람도 없었다. 폭스는 철저히 혼자였다. 그나마 뉴펀들랜드의 포트오 바스크(Port aux Basques)에서 마을 주민 1만 명이 1만 달러를 모아주면서 심리적·경제적으로 위안이 됐다.

하지만 퀘벡(Quebec)을 달릴 때도 그는 여전히 힘들어하고 있었다. 육체적 고통은 감정적인 폭발로 이어졌다. 운전으로 그를 돕던 더그 앨워드(Doug Alward)와 폭스는 걸핏하면 싸웠다. 앨워드는 폭스가 부주의하게 달려오는 차에 치이지 않을까 늘 조심해야 했다. 원래 예정된 거리의 3분의 1지점인 몬트리올(Montreal)에 도착했을 때는 기부금으로 20만 달러가 모였다. 상당한 돈이었지만 폭스의 목표를 달성하기에는 턱없이 부족했다.

캐나다를 사로잡다

그러고 나서 정말 놀라운 일이 일어났다. 파도가 해변을 덮듯이 폭스의 사연이 캐나다 전역에 퍼졌다. 어딜 가든 사람들이 줄을 서서 환호성을 지르고 격려와 기부, 사랑과 눈물을 쏟아냈다. 폭스가 도착하면 학교는 문을 닫았고, 학교 아이들은 폭스와 함께 달리며 응원하고 말을 걸었다.

폭스의 놀라운 의지는 포시즌스(Four Seasons) 호텔 체인 설립자인 이자도어 샤프(Isadore Sharp)의 시선을 끌게 됐다. 암으로 아들을 잃은 아픔이 있던 샤프는 1만 달러를 기부했고, 999개 기업에 돈을 기부하도록 호소했다.

7월 11일, 토론토(Toronto)에 도착한 폭스는 1만 명이나 되는 시민들의 환영을 받고 깜짝 놀랐다. 그날 하루 암 학회(Cancer Society)는 10만 달러의 기부금을 모았다.

폭스는 사람들 앞에서 연설했고, 언론의 환영을 받았다. 오타와(Ottawa)에서는 피에르 트뤼도(Pierre Trudeau) 총리를 만났으며, 1만 6,000명의 팬 앞에서 시축도 했다. 군중들은 그에게 기립박수를 보냈다. 폭스는 자신이 얼마나 많은 사람들에게 깊은 감동을 줬는지 깨닫고는 더욱 힘을 얻었다.

마지막 질주

6월 초가 되자 기온은 40도까지 올랐다. 찌는 듯한 더위에도 폭스는 매일 42킬로미터를 달렸다. 6월 7일에는 자신의 최고 거리인 48킬로미터를 달렸다.

강행군에 몸은 엉망이 됐다. 정강이는 부어올랐고, 심지어 성한 다리의 무릎도 부어올랐다. 물집은 계속 심해졌고, 어지럼증에 시달려 자주 앉아야 했다. 그러나 폭스는 달리기를 멈추지 않았다. 심지어 22번째 생일날에도 쉬지 않고 달렸다.

> *꿈이 아니다. 이것이 암에 대한 답이나 치료제가 될 것이라고 생각하지도 않는다. 다만 기적을 믿을 뿐이다. 그래야 한다.*

8월이 되자 폭스는 너무 지쳐서 아침마다 달리기를 시작하기도 어려웠다. 9월 1일, 선더베이(Thunder Bay)에 거의 다 도착했을 때 그는 갑자기 발작적인 기침에 몸을 숙였다. 사람들의 응원을 받으면서 몇 킬로미터를 더 달렸지만, 가슴의 통증이 점점 심해지면서 더는 달릴 수 없게 됐다. 폭스는 병원에 데려다달라고 요청했다.

진단 결과 암이 재발해 폐로 전이된 상태였다. 그날이 폭스의 달리는 모습을 본 마지막 날이었다. 그는 143일 동안 5,342킬로미터를 달렸다.

계속되는 노력

폭스는 1981년 6월 28일 22세의 나이로 세상을 떠났다. 원래 계획대로 밴쿠버까지 달리지는 못했지만 상관없었다. 그는 캐나다와 전세계의 수백만 명의 마음을 흔들어놓았으며, 캐나다에서 가장 존경받는 영웅 중 하나로 손꼽힌다. 지금까지 그를 기리기 위한 동상이 7개가 세워졌으며, 마라톤 코스가 9개, 거리가 32개, 학교는 14개에 달한다.

폭스가 사망한 후, 그의 이름을 딴 마라톤 대회인 테리 폭스 런(Terry Fox Run)은 암 환자를 위한 모금 운동을 위해 현재까지도 열리고 있다. 60개 이상의 국가에서 수백만 명이 참여하고 있으며, 일일 규모로 세계에서 가장 많은 암 연구기금을 모았다.

폭스는 2,400만 달러를 모금하려고 했지만, 지금까지 모금된 금액은 총 6억 5,000만 달러가 넘는다. 이제 그를 막을 사람은 없다.

(반대쪽) 위
1980년에 북부 온타리오(Northern Ontario) 도로를 달리는 폭스의 고통스러움이 느껴지는 장면.

아래
2011년, 밴쿠버에서는 폭스의 달리는 모습을 형상화한 청동 조각상 4개가 전시돼 있다.

> *한 사람의 용기 때문에 국가 전체가 축하하고 애도하는 일은 흔치 않다. 그는 불행한 병으로 목숨을 잃은 사람이 아니라, 역경을 이겨낸 '정신적 승리'의 귀감이 된 사람이었다.*
>
> *_피에르 트뤼도, 전 캐나다 총리*

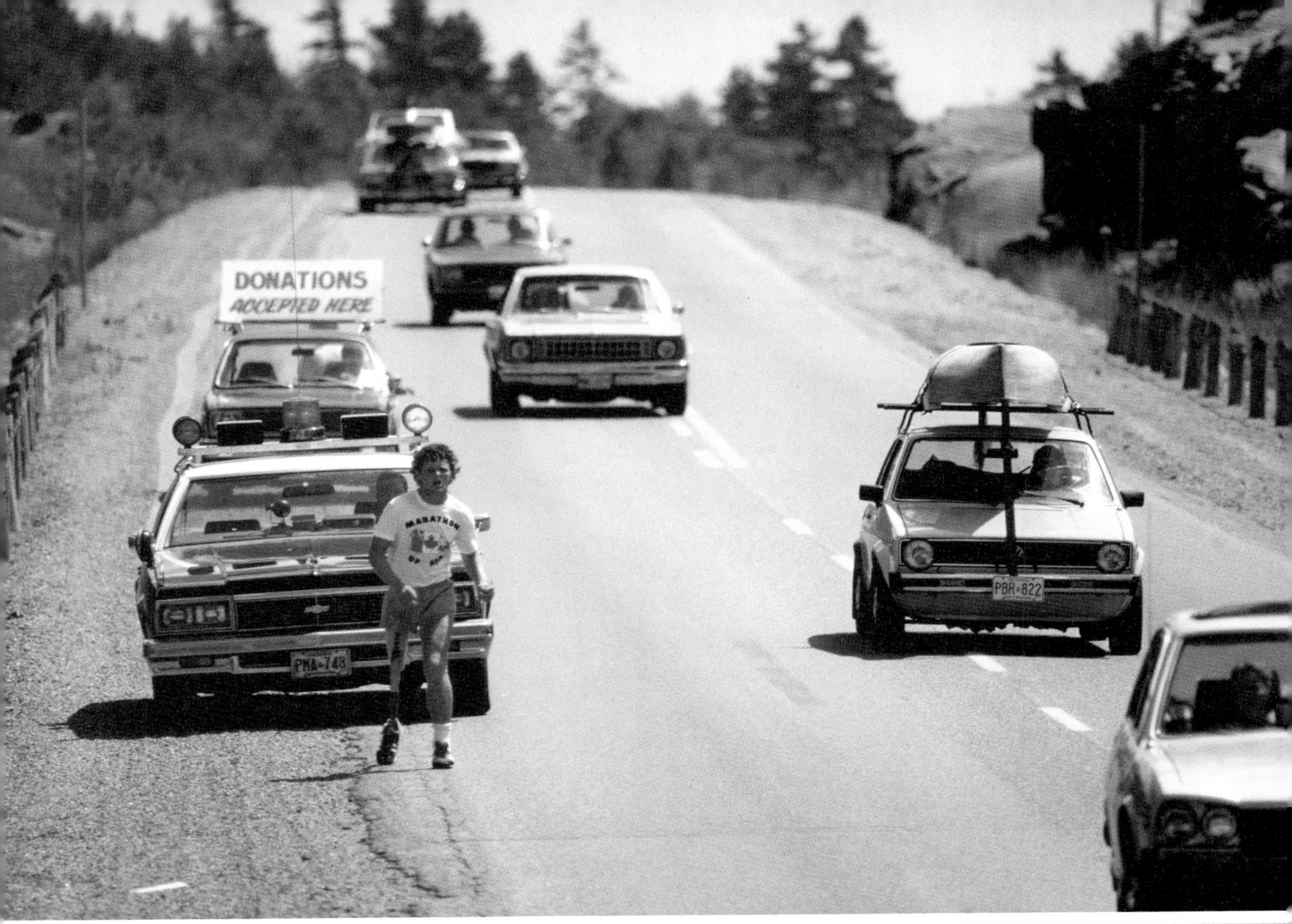
DONATIONS
ACCEPTED HERE
MARATHON
PMA-748
PBR-822

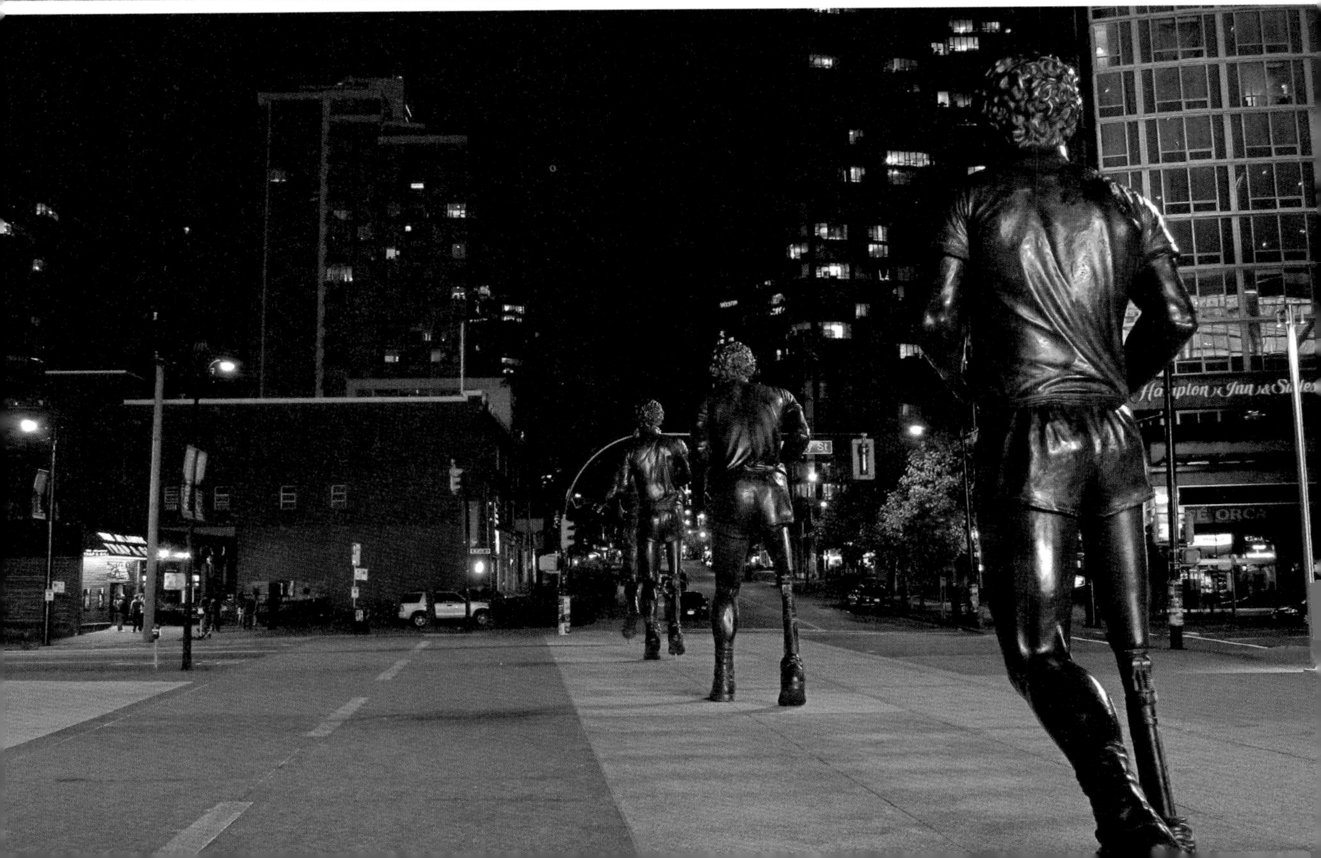
Hampton Inn & Suites
CAFÉ ORCA

45 지구의 가장 깊은 곳으로

: 챌린저 딥과 트리에스테 호

"사람들은 내게 두려웠느냐고 묻는다. 만약 두려웠다면 이 일을 하지 못했을 것이다. 그것은 새로운 항공기를 시험 운항하는 것과 같다. 전혀 두려운 일이 아니다."

돈 월시

기간 1960년.

시도 최초로 지구의 가장 깊은 해저로 하강했다.

난관 기계 결함이 발생할 경우, 당장 목숨을 잃거나 바다에서 미아가 될 위험이 있었다.

업적 유인과 무인을 막론하고 가장 해저까지 하강했다. 그 이후 챌린저 딥까지 하강한 배는 고작 3척뿐이다.

1875년 이전에는 바다가 얼마나 깊은지 아무도 몰랐다. 하지만 같은 해 3월 23일, 태평양 탐사선인 챌린저 호의 선원들이 그동안 전세계 사람들이 궁금해하던 지구의 숨은 부분을 발견하면서 새로운 역사를 만들어냈다.

과학자들은 음향탐지기의 경보가 울리지 않는 상황에서 해심을 나타내는 기록계가 점차 높아지는 것을 숨죽이며 바라보고 있었다. 놀랍게도 수심은 8,184미터를 기록했다. 다시 수심을 쟀지만 마찬가지였다. 깊이는 정확했다. 가장 깊은 해구로 알려진 마리아나 해구에서 챌린저 딥(Challenge Deep)을 발견하는 순간이었다. 챌린저 딥이라는 이름은 이들이 탄 탐사선이 처음 발견했기 때문에 그 공로를 인정해 나중에 붙여진 것이다. 누군가가 또 세상에서 가장 깊은 이곳 해저에 오기까지는 85년의 세월이 걸렸다.

산의 높이와 바다의 깊이

현대 음향탐지기 덕에 챌린저 딥이 처음 음향으로 측정된 것보다 더 깊은 1만 994미터에 있다는 사실을 알 수 있었다. 에베레스트 산의 높이는 8,848미터다. 따라서 세계에서 가장 높은 에베레스트 산을 바다에서 가장 깊은 챌린저 딥에 떨어뜨린다면 시야에서 완전히 사라져버리는 것은 물론, 거기에 2,000미터 아래로 더 떨어질 것이다.

그야말로 무시무시한 깊이다. 물 위에서 지원을 받기에 너무 멀리 떨어져 있을 뿐 아니라, 파도, 보이지 않는 해류, 거대한 해저 절벽과도 싸워야 했다. 그러나 가장 큰 위험은 엄청난 수압이었다. 챌린저 딥 바닥에서의 수압은 1제곱센티미터당 1.25톤으로, 일반적인 수압의 1,000배에 해당하는 상당한 압력이다.

이전까지의 잠수함은 선체가 찌그러질 위험 때문에 그만큼 깊은 해저까지 잠수할 수 없었다. 그러던 중 1948년 스위스의 발명가이자 탐험가인 오귀스트 피카르가 전례 없는 깊이까지 내려갈 수 있는 잠수정을 개발하면서 상황은 반전됐다. 그는 열기구 부문에서 세계 최고 기록을 두 번이나 깬 적이 있었는데, 잠수정을 개발할 때 이 열기구 원칙을 적용했다.

그가 개발한 잠수정은 크기가 상당했다. 선원들을 위한 공간 때문이 아니라 8만 5,000리터의 휘발유 탱크 때문이었다. 휘발유는 물보다 밀도가 낮고 압축이 불가능해서, 수심이 깊은 곳에서도 부력을 유지한다. 그래서 탱크의 벽은 잠수함과는 달리 상대적으로 가벼운 구조로 설계할 수 있었고, 압력을 받지 않았다. 결과적으로 피카르가 만든 잠수정은 뒤집힌 수중 풍선과 비슷하게 작동했다. 철로 된 밸러스트(ballast, 바닥 부분에 무게를 실어주는 장치) 덕분에 잠수정은 하강할 수 있었다. 해저 바닥에 도착하면 잠수정은 밸러스트를 버리고, 휘발유로 다시 잠수정을 위로 뜨게 만들었다.

피카르는 아들 자크와 함께 수년 동안 작업해 설계를 완성했다. 1958년에 피카르 부자는 미 해군의 관계자들에게 세 번째로 개발한 잠수정인 트리에스테(Trieste)를 보여줬다. 해군 관계자들은 깊은 인상을 받아서 25만 달러에 사겠다고 제안했다. 자크는 네크톤(Nekton)이라는 암호명으로 불리는 신기록 달성을 위한 잠수 연구에 계속 참여하기로 합의했다.

피카르와 공동으로 잠수정을 운전할 조종사는 프로그램에 자원한 해군 장교 돈 월시(Don Walsh)였다. 월시는 테크톤 프로젝트의 목적이 해저 잠수라는 것을 알았지만, 얼마나 깊은지는 알지 못했다. 정확한 깊이를 듣고 그는 "뭐라고요? 왜 제가 자원하기 전에 말하지 않았죠?"라고 반문했다고 한다.

선원이 타고 있는 가압이 가능한 스피어(sphere)의 벽은 두께 12.7센티미터의 강철이었고, 탑재된 배터리로 구동되는 독립적인 산소 공급과 생명 유지 시스템이 장착돼 있었다. 월시는 선원들의 작업 공간이 집에 있는 냉장고와 비슷하며, 바닷속에서는 온도도 비슷하다고 말했다.

왼쪽
워싱턴 D.C.의 미 해군 박물관(National Museum of the United States Navy)에 있는 트리에스테.

오른쪽
1956년 4월 22일, 오귀스트 피카르가 트리에스테 잠수정 위에 서 있다.

심연 속으로

1960년 1월 23일, 트리에스테는 배에서 분리돼 심연으로 하강하기 시작했다. 잠수정이 60미터에서 90미터까지 하강했을 때 첫 번째 충격이 일어났다. 수온이 급변하면서 물의 밀도가 급격하게 높아진 지점이었다. 선원들은 심한 충격을 받고 선실 안에서 이리저리 튕겨 나갔다.

이후 하강은 다시 순조롭게 진행됐다. 다만 9,000미터 아래에서 잠수정 전체를 뒤흔드는 균열이 발생했다. 입구에 있던 플렉시클라스(Plexiglas) 창유리 하나에 선명한 균열이 생겼다. 목표 지점이 얼마 남지 않았지만, 창문이 계속 버텨줄지 알 수가 없었다. 금속 작업은 꼼꼼하게 완성됐는지, 스피어가 파열되면 엄청난 수압 때문에 선원들이 생존할 수 있는지도 알 수 없었다. 그나마 위안은 잠수정에 문제가 생긴다면 고통 없이 즉사할 것이라는 정도였다. 피카르와 월시는 균열 때문에 수압이 한계치를 기록한 상황은 아니어서 위험하지 않다고 판단했다. 두 사람은 하강을 계속하기로 했다.

하강을 시작하고 4시간 47분 후, 잠수정은 지구의 가장 깊은 해저인 약 12킬로미터 지점에 도착했다. 피카르와 월시는 바닥에 닿기 전 놀라운 바다 생물들을 관찰했다. 그중에는 30센티미터 길이의 넙치도 있었다. 하지만 잠수정이 해저에 닿았을 때 바닥이 규조연니(硅藻軟泥, 식물성 플랭크톤인 규조를 함유한 규질퇴적물)로 이뤄졌다는 사실을 알게 됐다. 잠수정이 착륙하면서 규조 연니가 뽀얗게 일어나 시야를 가려버렸다. 잠수정은 어쩔 수 없이 천천히 착륙했고, 20분 후 사진은 한 장도 찍지 못한 채 수면으로 돌아와야 했다. 일행은 밸러스트를 풀었고, 3시간 15분 만에 다시 수면으로 떠올랐다.

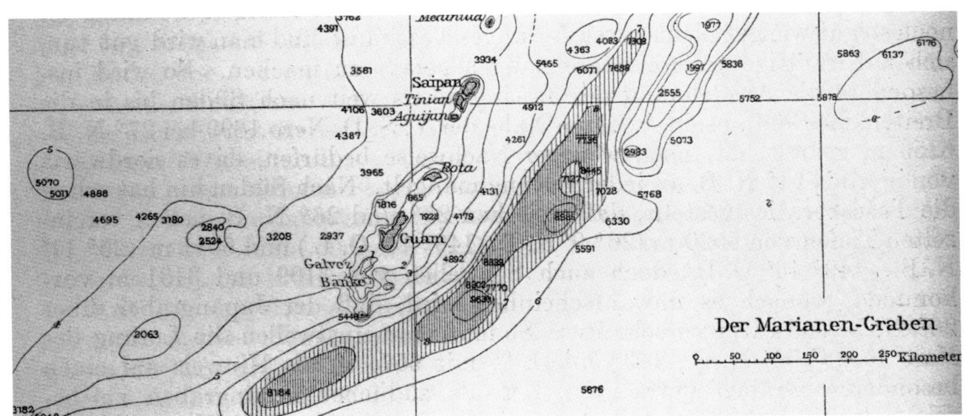

1907년의 독일 지도. 지난 세기 중반까지 마리아나 해구에 대해 알려진 정보가 거의 없었다는 것을 보여준다.

여전히 어려운 해저 탐험

탐험은 매우 성공적이었다. 월시는 2년 이내에 또 누군가가 해저로 내려갈 것이라고 생각했다. 하지만 다음 사람이 챌린저 딥으로 잠수한 것은 52년이나 후인 2012년이었다. 그 주인공은 영화감독 제임스 캐머런(James Cameron)이었다. 이처럼 지구상 가장 깊은 해저로의 탐사는 아직도 미진한 상황이다.

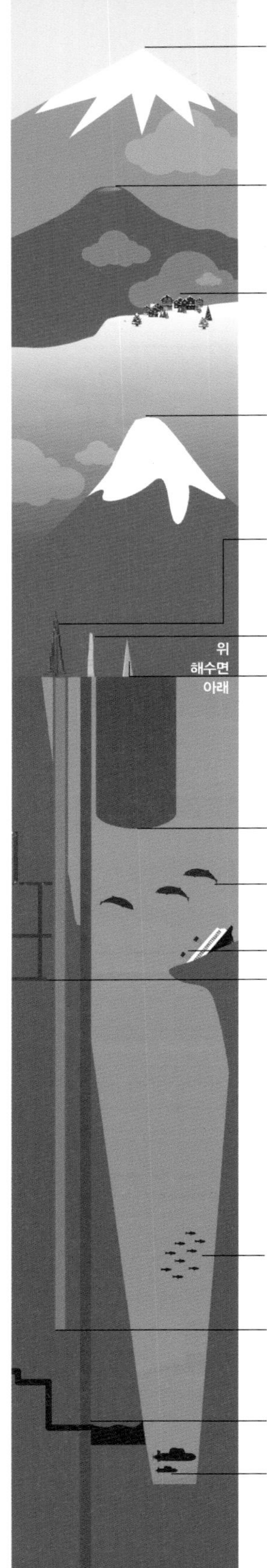

에베레스트 산(8,848미터)
세계 최고 높이

안데스 오호스 델 살라(6,873미터)
가장 높은 화산

페루 라린코난다(5,100미터)
인간이 거주할 수 있는 최고 높이

후지 산(3,776미터)

버즈 칼리파(828미터)
세계 최고 높이 건물(두바이)

상하이 타워(632미터)

런던 더 샤드(310미터)
유럽에서 가장 높은 건물

그랜드캐년(1,857미터)
가장 깊은 곳의 깊이

망치고래(3,000미터)
가장 깊이 잠수할 수 있는 포유류

타이타닉 호(3,750미터)

최저 깊이의 광산(3,900미터)

분홍꼼치(8,000미터)
가장 깊이 잠수할 수 있는 물고기

KTB 시추공(9,000미터)
과학 시추 프로젝트

최저 수평선(10.7킬로미터)
최저 유정

가장 깊이 잠수한 잠수함(10.9킬로미터)

콜라 시추공(12.3킬로미터)
인공으로 만든 최저 깊이의 구멍

왼쪽
마리아나 해구와 비교해 다양한 자연과 인공 물체의 특징, 상대적인 높이와 깊이를 보여주는 인포그래픽.

오른쪽 위
1958년 미 해군이 사들인 트리에스테.

오른쪽 아래
대형의 휘발유 밸러스트 탱크의 바닥에 고정된 구형(또는 사람의 눈처럼 생긴) 모양의 작은 관측실.

46 도박과 같은 시도

: 조지 앤슨 탐험대, 불행의 연속을 견디다

"탐험은 3년 9개월 만에 중요한 진실을 제시하면서 끝이 났다. 진실이란 바로 이것이다. '신중함, 용맹함, 인내심이 결합된 생각이 불운을 비껴갈 수는 없다. 하지만 시간이 흐르면 권력보다 우위가 되고, 결국 성공을 거두게 된다.'"

1751년, 세계 일주에서 남긴 조지 앤슨의 말

기간 1740년~1744년.

시도 태평양 연안에 있는 스페인 항구를 점령해 영국과 아메리카 대륙 간 무역을 개발하려고 했다.

난관 영국을 떠난 1,900명 중 살아서 돌아온 사람은 188명뿐이었다. 발진티푸스, 이질, 말라리아와 같은 병에 걸려 사망한 사람도 있고, 지구상에서 가장 사나운 바다를 지나면서 폭풍을 만나 사망한 사람도 있었다. 기강이 무너지면서 공개적으로 처형당하고, 먹을 것이 없어 죽은 사람도 많았다.

업적 앤슨은 임무로 얻은 전리품 덕분에 영국 최고의 부자 중 한 명이 됐다.

1739년에 영국은 스페인이 신대륙에서 얻어내는 재물을 부러워했다. 스페인은 페루와 멕시코에서 은을 얻고, 마닐라에서 호화스러운 물건을 받았으며, 카리브해에서는 설탕, 담배, 향신료를 받았다.

영국은 해상력은 있었지만 무역 협정은 거의 체결하지 못해 어떻게든 수를 내야 했다. 해군 준장인 조지 앤슨(George Anson)의 탐험에 참가했던 선원과 군인 1,900명에게는 불행한 일이었지만, 영국이 생각해낸 방법은 탐욕과 형편없는 계획으로 얼룩졌고, 결국에는 죽음, 살해, 재난으로 이어졌다.

앤슨의 임무는 대담하기 짝이 없었다. 그는 6척의 전함을 끌고 케이프 혼의 무시무시한 바다를 거쳐 남아메리카의 서쪽 해안으로 가려고 했다. 그래서 페루에서 카야오(Callao)를 손에 넣고(당시 카야오는 리마를 위한 항구였다), 가능하면 리마도 점령할 계획이었다. 그다음은 파나마를 점령해 재물을 빼앗고, 페루 사람들이 스페인 식민지 지배에 맞서 반란을 일으키게 하겠다는 계획이었다.

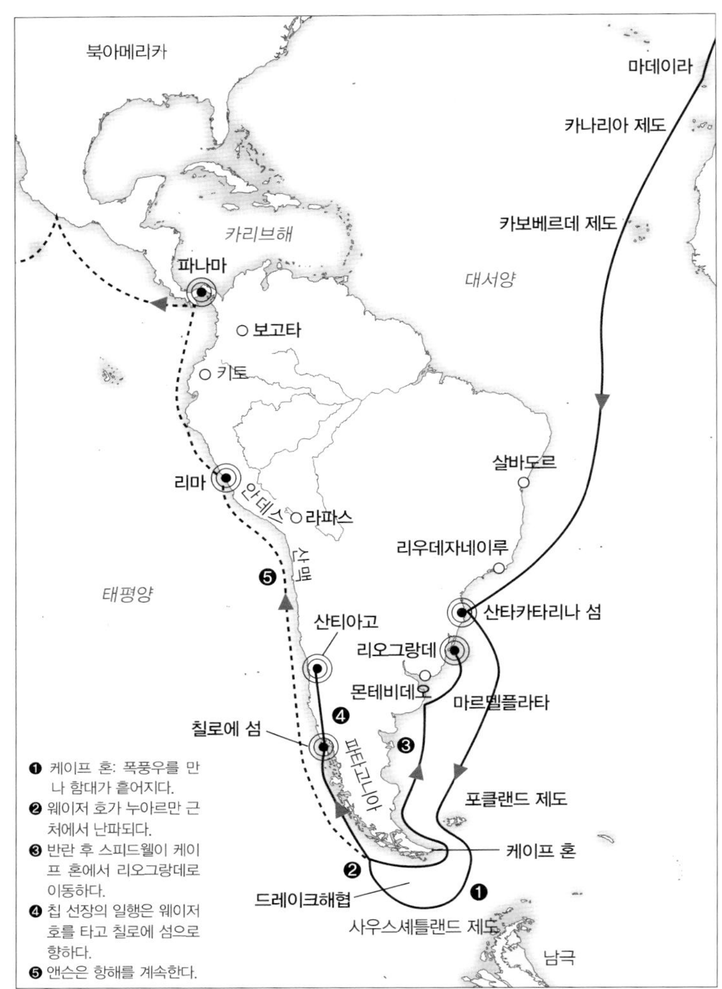

앤슨의 함대는 선원 400명의 센트리온(Centurion), 선원 300명의 글로스터(Gloucester)와 세번(Severn), 선원 250명의 펄(Pearl), 선원 120명의 웨이저(Wager), 선원 70명의 트라이얼(Tryal) 등 전함 6척을 가지고 있었고, 이외에도 애나(Anna)와 인더스트리(Industry)라는 이름의 배 2척은 보급품을 운반했다.

게다가 목표를 달성하기에 충분한 자원과 추가 병력 500명도 보유하고 있었다. 하지만 정규 병력으로는 충당할 수 없어 첼시 병원(Chelsea Hospital)에 있던 인력으로 보충해야 했는데, 이들 대부분은 너무 아프거나, 부상을 입었거나, 연로했다. 선택된 병사들은 항해에 대해서 자세히 듣자마자 도망쳐버렸고, 겨우 259명만이 승선했다. 그나마도 들것에 실려서 겨우 승선했다. 그 외에 총을 한 번도 쏴본 적 없는 해병대 신병도 있었다.

질병의 공격

1740년 9월 18일에 영국을 떠난 함대는 이동이 늦어지면서 10월 25일에야 마데이라에 도착했다. 해상으로 보급품을 수송하는 데 사흘이 걸렸고, 11월 20일에는 인더스트리 호가 왔던 길을 되돌아갔다.

배들은 초만원이었고, 덥고 습하기까지 한 비위생적인 환경으로 인해 발진티푸스가 창궐했다. 이질에 걸린 사람들 역시 많았다.

함대는 12월 21일에 브라질 해안 근처 산타카타리나 섬(Santa Catarina Island)에 도착했다. 앤슨은 병에 걸린 선원들을 해안으로 내려놓고, 나머지 선원들에게 배를 청소하라고 명령했다. 선원들은 갑판 내부를 깨끗이 문질러 씻은 다음, 불을 붙여 폐쇄했다. 연기로 쥐와 해충을 소독하기 위해서였다. 마지막으로 식초를 이용해서 배를 닦았다.

트라이얼 호의 돛대를 수리하는 데 거의 한 달이 걸리면서, 앤슨이 생각했던 것보다 더 오랜 시간을 지체해야 했다. 이 기간에 선원들은 임시 텐트에서 생활하면서 모기떼의 습격을 받았다. 말라리아로 사람들이 죽어나가기 시작하기까지는 그리 오랜 시간이 걸리지 않았다. 센트리온 호는 항구에 정박해 있는 동안 선원 28명을 잃었다. 1741년 1월 18일에 배가 떠날 때는 환자들이 다시 배에 올랐고, 사망자의 수는 80명에서 96명으로 늘어났다.

얼마 지나지 않은 1741년 3월 7일, 함대는 케이프 혼 주변에 도착했다. 그곳에는 격한 폭풍이 이들을 기다리고 있었다. 발진티푸스와 이질에 걸려 쇠약해진 선원들은 강풍과 거대한 파도뿐 아니라 괴혈병의 공포와도 싸워야 했다. 40년 전 보인 전투(Battle of the Boyne)에서 상처를 입었다가 회복된 어떤 선원은 이때 상처가 다시 벌어지고 뼈가 부러졌다. 케이프 혼에서 또는 그 이후에 수백 명의 선원이 질병으로 사망했다.

이 정도로 힘든 고통을 겪으면서 살아갈 가치는 없다.

_필립 사마레즈(Phillip Saumarez), 트라이얼 호의 선장

웨이저 호의 난파

함대는 케이프 혼을 지난 후 뿔뿔이 흩어졌다. 모든 배가 고초를 겪었지만, 그중에서도 웨이저 호에 오른 선원들은 가장 혹독한 시험대에 올랐다.

웨이저 호의 선장인 데이비드 칩(David Cheap)은 항해 내내 아팠고, 폭풍 때문에 누아르만(Cape Noir) 근처에서 함대가 흩어지게 됐을 때는 갑판 아래에 있었다. 그는 배를 더 넓은 만으로 이동시키는 실수를 저질렀는데, 그 바람에 북쪽으로 가는 항로가 막혀버렸다. 당시 제대로 일할 수 있는 선원은 단 12명이었다. 이들이 배의 방향을 돌리려고 애쓰던 중 갑자기 큰 파도가 배를 덮쳤다. 이로 인해 칩은 사다리에서 굴러떨어지면서 어깨가 탈구돼 결국 선장직에서 물러났다.

부관인 베인스(Baynes)는 지휘권을 행사하기는커녕 술을 마시기 시작했다. 배는 암초에 부딪혔고, 선원들이 술과 무기를 들 수 있게 되자 규율은 완전히 무너졌다.

원래 올랐던 선원과 군인 300명은 140명으로 줄었고, 배는 난파돼 해변에 머물러야 했다. 칩은 통제력을 유지하려고 애썼지만, 선원들은 배가 난파되고 상황이 끔찍한 이유가 칩 때문이라며 격분했다. 난파선에서 약간의 음식을 건져냈지만, 당시는 겨울이었고 바람과 비를 피할 곳도 없었다. 칩이 술 취한 선원에게 총을 쏘고 치료를 금하면서 상황은 더 악화됐다. 총을 맞은 선원은 2주 동안 고통을 겪다가 죽었다. 이 사건으로 그나마 남았던 지지자들도 그에게 등을 돌렸다.

계속 같은 상황이 지속된다면 모두 죽을 수밖에 없었다. 유일한 희망은 웨이저 호에 남아 있는 멀쩡한 구명정을 타고 다시 바다로 나가는 것이었다. 목수는 남은 사람이 모두 탈 수 있도록 그나마 큰 구명정의 길이를 늘이고 갑판을 추가했다.

하지만 어디로 가야 할지에 대해서는 의견이 서로 엇갈리면서 반란의 조짐이 일었다. 칩은 멕시코 해안에 있는 소코로 섬(Socorro Island)으로 가서 앤슨을 찾아야 한다고 고집했다. 사수인 존 벌클리(John Bulkeley)는 마젤란 해협을 향해 남쪽으로 640킬로미터를 항해한 다음, 북쪽의 브라질로 가는 것이 유일한 방법이라고 생각했다. 그는 남은 사람 중 절반을 설득해 합류시켰다. 칩은 술을 뇌물로 이용해 사람을 모으려고 했지만, 1741년 10월 9일에 배의 개조가 끝났을 때 벌클리가 살인 혐의로 그를 체포했다.

나흘 후, 개조된 배는 스피드웰(Speedwell)이라는 이름으로 베인스 부관의 지휘 하에 출항했다. 이 배에는 59명이 탑승했고, 나머지는 그보다 작은 배 한 척, 바지선 한 척, 가장 작은 다른 배 한 척에 나눠 탔다. 가장 작은 배에는 칩 선장, 부관 한 명, 의사 한 명이 탑승했다.

칩의 벌을 피하기 위해서 캠프를 탈출한 사람 10명 남짓은 섬에 남겨졌다. 그러나 곧 폭풍을 만나는 바람에 스피드웰보다 작은 배가 파도에 휩쓸리게 됐다. 바지선에 있는 사람들은 칩의 배에 올라탔다. 스피드웰에 탄 반란세력은 이 모습을 보며 홀로 떠나갔다.

반란자의 최후

스피드웰은 가장 큰 구명정이었지만, 반란자들에게는 오히려 독이 됐다. 육지에 상륙해 식량을 찾기에 너무 위험했다. 그래서 식량을 구하려면 위험을 무릅쓰고 얼음장 같은 물에 들어가 헤엄쳐 육지에 닿아야 했다. 이들은 방향, 조류, 날씨를 두고 설전을 벌였다. 대서양에 도달하는 데 한 달이 걸렸고, 이 과정에서 많은 사람이 죽었다.

1742년 1월 14일에 스피드웰은 프레시워터만(Freshwater Bay), 즉 오늘날 휴양 도시인 마르델플라타(Mar del Plata)로 진입했다. 일행 중 8명이 해안까지 헤엄쳐서 신선한 식수와 바다표범을 찾아냈다. 하지만 바다에서는 이들이 타고 왔던 배가 떠나고 있었다. 벌클리는 바람 때문이었다고 변명했지만, 실은 식량을 아끼려고 8명을 버린 것이었다.

1월 28일, 스피드웰은 드디어 리오그란데(Rio Grande)의 포르투갈 해역에 도착했다. 살아남은 사람은 고작 30명이었고, 몰골은 해골 같았다.

프레시워터만에 남겨진 8명은 한 달 동안 바다표범 고기를 먹으면서 버티다가, 북쪽으로 480킬로미터 떨어진 부에노스아이레스에 가기로 했다. 하지만 두 번이나 이동하는 데 실패했고, 일행 중 2명이 동료 2명을 살해한 뒤 총과 총알 그리고 다른 보급품을 가지고 달아났다. 나머지 4명은 원주민의 노예가 됐다.

(반대쪽) 위
케이프 혼의 거친 바다를 뚫고 싸우고 있는 센트리온 호.

아래
케이프 혼은 대서양과 태평양 사이에 있으며, 선원들의 무덤으로 유명하다.

선장 칩과 그의 일행

한편 칩 선장은 탈주자 19명을 지휘했다. 노를 저어서 해안으로 가려 했지만 폭우와 잔인한 칠레 해안에 있는 칠로에 섬. 칩 선장 일행은 이곳에서 스페인의 포로가 됐다.

바람, 거대한 파도 때문에 쉽지 않았다. 이로 인해 배 한 척이 실종되고, 선원 1명이 익사했다. 모두가 배에 탈 수는 없어서, 해병대 병사 4명은 스스로를 보호하기 위해 머스킷 총으로 무장하고 해안에 남았다. 이동 중 1명이 더 사망해서 인원은 총 13명으로 줄었다.

원주민 하나가 후불을 조건으로 칠로에 섬(Chiloe Island)까지 안내해주기로 동의했다. 이동 중에 3명이 추가로 사망하고, 6명의 선원은 배를 훔쳐서 달아났다. 남은 사람은 칩 선장, 장교 셋, 가이드인 원주민뿐이었다. 칩은 카누를 타는 대가로 유일한 소유물인 머스킷 총을 원주민에게 줬다.

일행이 칠로에 섬에 도착했지만 곧바로 스페인의 포로가 됐다. 칩 선장 일행은 수도인 산티아고로 옮겨져 가석방으로 풀려났다. 그들은 1744년 말까지 산티아고에 있었고, 그중 3명이 스페인으로 가는 프랑스 선박에 타게 됐다.

영국으로의 귀환

웨이저 호의 선원들이 각종 시련을 겪는 동안 앤슨은 태평양을 건넜고 수많은 배를 손에 넣으면서 여행을 계속했다. 어떤 배에는 131만 3,843개의 스페인 동전과 3만 5,682온스의 은이 담겨 있었다. 그리고 원래 함대에 선발된 1,900명 중 영국으로 돌아간 사람은 고작 188명이었다.

앤슨은 이후 유명인사가 됐고, 왕에게 초대됐다. 런던 거리에 일행이 퍼레이드를 벌일 때는 이들이 가져간 보물을 보려고 엄청난 인파가 모여들었다.

앤슨은 9만 1,000파운드의 3분의 1에 해당하는 상금(현 시가로 1억 3천만 파운드)과, 3년 9개월간 선장직을 수행한 대가로 719파운드(현 시가로 10만 파운드)를 받았다. 선원 한 명당 상금은 20년 치 월급에 해당하는 300파운드였다(현 시가로 4만 4,000파운드).

47 탐욕이 만들어낸 항해

: 호주에 간 최초의 유럽인, 아벨 타스만

"오후 4시였다. 남반구에서 처음으로 육지를 봤다. 땅이 아주 높았고, 유럽에는 알려지지 않은 땅이었다."

1642년 11월 24일, 지금의 태즈메이니아를 처음 목격했을 당시에 쓴 아벨 타스만의 일기

기간 1642년~1643년.

시도 아시아의 남쪽과 동쪽에 있는 호주와 다른 땅들을 탐사하고, 수익을 내고, 영토를 주장했다.

난관 뉴질랜드에서 마오리족과의 대립으로 인해 많은 선원이 사망했다. 끝이 없어 보이는 폭풍 때문에 오도 가도 못할 때도 잦았고, 배고픔과 갈증으로 여러 차례 고통을 겪었다.

업적 타스만은 탐험대와 함께 태즈메이니아(그는 이곳을 '반 디멘즈 랜드'라고 불렀다), 뉴질랜드, 피지 섬, 통가를 처음 여행한 유럽인이다.

네덜란드 동인도회사는 세계에서 가장 강력한 기업 중 하나였다. 1602년에 아시아에서 네덜란드의 국익을 도모하기 위해서 처음 만들어졌고, 17세기 동안 놀라운 힘과 영향력을 가진 조직으로 성장했다.

원래의 목적

동인도회사는 네덜란드 정부로부터 군대를 키우고, 돈을 찍어내고, 식민지를 건설할 수 있는 허가를 받았다. 자체적인 사법체계도 가지고 있어 회사 직원은 범죄자의 처형을 명령할 수도 있었다. 전국민의 식민지적 열망을 민간기업의 손에 맡긴 것은 매우 파격적인 정책이었으며, 세계적으로 영토를 확장하기 위한 고육책이었다.

동인도회사는 아시아 상품을 유럽으로 수입하거나 반대로 수출하는 기존의 관행을 넘어섰다. 동인도회사의 상인들은 아시아 내의 다양한 시장에 공급망을 구축했다. 일본에서 사업을 시작한 최초의 외국 무역상이기도 했다. 비단, 향신료, 구리와 금을 비롯해 다양한 상품이 아시아 대

륙 전체와 유럽을 넘나들었다. 돈은 저절로 굴러들어왔다.

외교를 통해 영역에 발판을 마련할 수 없는 곳에서는 더 강력한 조치를 취하는 것도 꺼리지 않았다. 1640년에 네덜란드 동인도회사 함대는 지금의 스리랑카에 있는 갈레(Galle) 항구를 점령하면서 포르투갈의 시나몬 무역 독점을 깼다. 1년 후, 그들은 전략적으로 중요한 항구인 말레이시아 반도의 말라카를 점령했다. 영토 확장에 대한 동인도회사의 갈증은 끝이 없어 보였다.

아시아에서 아메리카로 이어지는 항로

1642년에 동인도회사에서 승진을 거듭하던 네덜란드 선원 아벨 타스만(Abel Tasman)은 그레이트사우스랜드(Great South Land) 탐험의 지위를 맡게 됐다. 네덜란드 탐험가들은 이미 호주의 북쪽, 서쪽, 남쪽 해안의 많은 부분을 탐험했지만, 동쪽 해안에 대해서는 여전히 알려진 사실이 없었다. 타스만이 맡은 임무는 호주의 넓이를 알아내는 것이었고, 가능하다면 그레이트사우스랜드에서 남아메리카로 가는 길을 조사해야 했다.

타스만은 1642년 8월 14일 바타비아에서 출항했다. 그가 관장할 배는 힘스커크(Heemskirk)와

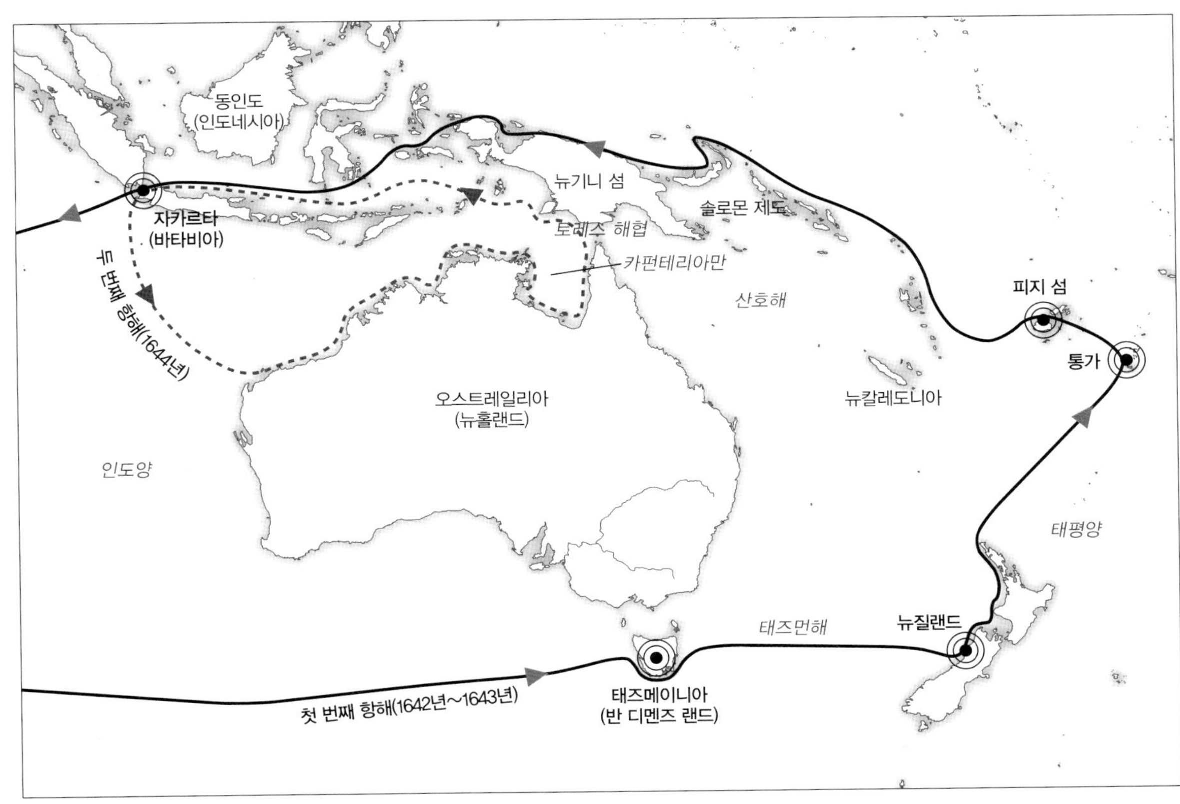

지한(Zee-Han)이라는 이름의 배 2척이었다. 원래 목적지는 남동쪽이었지만, 처음부터 남쪽과 서쪽을 지나 모리셔스 섬으로 향하는 항로를 계획했다. 모리셔스 섬을 선택한 데에는 두 가지의 전략적 이유가 있었다. 첫째, 인도양에 있는 모리셔스 섬은 식량과 목재가 풍부해서 향후 탐험을 위해 보급품을 비축하기 좋았다. 둘째, 섬의 위도 덕분에 강하게 불어오는 바닷바람을 이용해 동쪽으로 향하기 좋았다. 자카르타에서 모리셔스 섬까지의 5,500킬로미터를 성공적으로 항해한 타스만은 추가 식량을 확보한 후 본격적으로 탐험을 시작했다. 그는 남쪽과 동쪽으로 항로를 잡고 다시 인도양을 건넜다.

11월 24일, 일행은 기복이 심한 언덕과 울창한 숲으로 둘러싸인 광활한 만에 도착했다. 타스만은 자신의 발견을 바타비아 총독을 기리는 의미에서 그곳에 '반 디멘즈 랜드(Van Diemen's Land)'라는 이름을 붙였으며, 네덜란드의 영토라고 선언했다. 화려한 의식이나 행사는 없었다. 이후 타스만은 당시를 기억하면서 "기둥을 세우고, 모두가 이름이나 흔적을 남긴 다음, 깃발을 세웠다"고 적었다.

탐험은 타스만이 "지대가 높고 넓은 땅"을 발견할 때까지 동쪽으로 계속됐다. 그곳은 바로 뉴질랜드 사우스 섬(South Island)의 북쪽 해안이었다.

인간이 거주하는 유일한 흔적이라고는 멀리 하늘로 피어오르는 몇 가닥의 연기뿐이었던 반 디멘즈 랜드와 달리, 사우스 섬 해안은 활기가 넘쳤다. 네덜란드 선원들은 페어웰곶(Cape Farewell)에 닻을 내렸다. 그러고는 며칠 되지 않아 원주민인 마오리족들과 처음 접촉했다.

타스만은 자신의 일기장에 마오리족과의 첫 만남을 다음과 같이 묘사했다.

> *아침 일찍 원주민 13명이 탄 배 한 척이 우리 배에 접근했다. 돌을 던지면 맞을 만큼 가까운 곳이었다. 그들은 몇 번이나 소리를 질렀지만 우리로서는 도통 이해할 수 없는 말이었다. 인도에서 사용하는 말과는 완전히 달랐다. 원주민의 키는 눈으로 보기에 보통이었다. 거친 목소리에 굵직한 뼈대를 가지고 있었다. 피부색은 갈색이거나 노란색이었다. 머리는 일본 사람들처럼 뒤로 넘겨 질끈 묶었는데, 일본 사람들보다 머리카락이 더 길고 굵었다. 묶은 머리 주변은 두꺼운 흰 깃털로 장식했다. 우리는 화물에 들어 있던 하얀 리넨과 칼을 보여주면서 배에 올라오라고 했지만, 그들은 더 가까이 오지 않더니 다시 해안가로 돌아갔다.*

통역 속에서 길을 잃다

> 전사들이 몇 번인가 나발을 불었다. 우리는 그에 화답하라고 선원들에게 명령했다.
>
> _아벌 타스만, 마오리족 행동에 대한 오해

타스만이 골든만(Golden Bay)에 상륙했던 지점 근처에 만들어진 뉴질랜드 아벨 타스만 국립공원.

마오리족과 네덜란드 선원들의 다음 만남은 끔찍한 재앙으로 끝날 운명이었다. 마오리족 대표가 힘스커크 호에 접근했다. 네덜란드 선원은 말이 통하지 않는 상황에서 이들을 배로 초청한 것이었다. 그런데 갑자기 알 수 없는 이유로 마오리족 카누가 힘스커크 보급선과 심하게 충돌하더니, 그 뒤로 이어진 싸움에서 네덜란드 선원 3명이 마오리족이 휘두른 몽둥이와 노에 맞아 죽었다. 또 다른 한 명은 차라리 죽는 게 나을 정도로 큰 부상을 당했다.

타스만은 '저들과 우호적인 관계를 맺을 수 없고, 식수나 음식을 얻을 수도 없을 것'이라는 판단에 따라 자연스럽게 다음 행동을 개시했다. 그곳에 '살인자의 만(Murderers' Bay)'이라는 이름을 붙이고 떠나는 것이었다. 마오리족의 관점에서 타스만 탐험대와의 만남은 매우 불안했을 것이다. 그들은 백인이나, 큰 배를 본 적이 없었고, 머스킷 총이나 대포도 경험한 적이 없었다. 마오리족이 다시 백인을 만난 것은 120년 후 제임스 쿡 선장이 뉴질랜드에 도착했을 때였다.

타스만 일행은 폭풍우 때문에 멀리 가지 못하고 가까운 뒤르빌 섬(D'Urville Island) 해안에서 악천후를 피해야 했다. 탐험대는 계속 그곳에 머무르면서 크리스마스를 보냈고, 뉴질랜드 북섬(North Island) 해변을 떠돌았다. 나쁜 날씨가 끈질기게 이들을 괴롭혔다. 북섬의 최북단에서 탐험

왼쪽
영어로 된 최초의 호주, 태즈메이니아, 뉴질랜드 지도. 타스만의 그림을 바탕으로 만들어졌다.

오른쪽
탐험대원 이작 길즈맨(Isaack Gilsemans)이 마오리족과의 전투를 주제로 그린 그림인 〈살인자의 만〉.

대는 다시 상륙을 시도했지만, 해변에 곤봉과 창으로 무장한 남자들이 30명도 넘게 모여 있는 것을 보고 단념했다. 다음 날은 폭풍이 더욱 거세져서 상륙하지 못했다. 타스만과 부하들은 어쩔 수 없이 항해를 계속하기로 했다. 그들은 서쪽 태평양으로 항해했고, 통가(Tonga)와 피지 섬(Fiji Island)을 발견했다. 이후에도 항해를 계속해 1643년 6월에 바타비아로 돌아갔다.

재평가를 받다

네덜란드 동인도회사의 경영진은 타스만의 성과에 조금도 감동하지 않았다. 원래 탐험의 목적이던 남아메리카 항해의 가능성을 증명하긴 했지만 상륙에 성공하지는 못했기 때문이다. 고작 잠깐 상륙한 게 다였다. 게다가 귀중한 자원을 찾아내지도 못했다.

1년 후, 타스만은 뉴기니 섬(New Guinea)과 북부 호주 해안의 지도를 완성하기 위한 또 다른 탐험에 나섰다. 하지만 동인도회사는 같은 이유로 타스만의 성과가 비생산적이라고 평가했다. 새로운 무역로를 찾지 못했고, 타스만은 이번에도 육지에 상륙해 내륙을 탐험하지 못했다.

동인도회사는 좀 더 끈기 있는 탐험가에게 일을 맡기기로 하고, 타스만은 바타비아에 있는 관리직으로 배치했다. 이후 1659년 10월 10일에 타스만은 사망했다.

타스만의 업적은 살아있는 동안 전혀 인정받지 못했다. 탐험에서 얻은 상업적인 이익이 부족한 것도 한 요인이었다. 동인도회사가 경쟁을 피하려고 탐험에 대해서는 일체 함구한 것 역시 또 다른 이유였다. 그가 재평가를 받은 것은 쿡 선장을 비롯한 이후 세대가 공식적인 성과를 얻은 다음이었다. 타스만이 사망한 후 거의 200년이 지난 1854년에 반 디멘즈 랜드는 그를 기리기 위해 '태즈메이니아'로 이름을 바꿨다.

한편 동인도회사는 계속 쇠락했다. 영국과의 계속된 전쟁 때문에 동인도회사의 무역 능력이 심하게 훼손됐고, 결국 세계 최초의 다국적 기업이었던 이 회사는 1799년에 문을 닫았다.

북서항로를 찾다 48

: 동양으로 이어지는 항로를 찾은 존 프랭클린

"오후 8시에 수석 장교 10명이 '테러 호'와 '에레보스 호'의 선장 존 프랭클린의 지휘 하에 탑승했다. 양쪽 선원 모두 건강했고 건전한 정신을 가지고 있다. 아마 미리 임무를 마치려는지도 모르겠다."

1845년 7월 15일, 대넷 장군(Captain Dannet)이 목격한 프랭클린 경과 탐험대의 마지막 모습

기간 1845년~1848년.

시도 탐험이 정점에 달했던 시절에 북서항로를 통과하는 길을 찾으려고 했다.

난관 1846년 말에 배가 얼음에 갇혀버렸다. 생존한 선원들은 1848년에 배를 버렸지만, 아무도 살아남지 못했다.

업적 프랭클린 탐험대의 수색은 북극 탐험으로 이어졌고, 탐험이 실패한 원인에 관한 추측은 계속됐다.

존 프랭클린(John Franklin)은 당시로서는 첨단 기술을 갖춘 배 2척을 끌고 북서항로의 마지막 480킬로미터를 완성하기 위해 항해를 떠났다. 하지만 배는 얼음 속에 갇혀버렸고, 선원들은 배 안에서 또는 배에서 빠져나온 후 죽었다. 이후 북서항로 항해에 최초로 성공한 사람은 로알 아문센이었다.

동양으로 가는 지름길

16세기 후반, 북유럽 사람들은 스페인이나 포르투갈의 통제를 받지 않는 중국이나 향로 섬으로 가는 길을 찾고 있었다. 그들은 북아메리카 상단을 가로지르는 북서쪽 통로를 찾기를 희망했다. 이 바람을 이루기 위해 수없는 항해가 이뤄졌지만 성과는 딱히 없었다.

북극해 제도(Arctic Archipelago)를 처음으로 항해한 유럽인은 마틴 프로비셔(Martin Frobisher)였다. 그는 1576년 7월에 지금의 프로비셔만(Frobisher Bay)과 배핀 섬을 항해했고, 그곳의 이누이트족과 접촉했다. 프로비셔는 1577년과 1578년에도 이 지역을 탐험했다. 1585년에는 존 데이

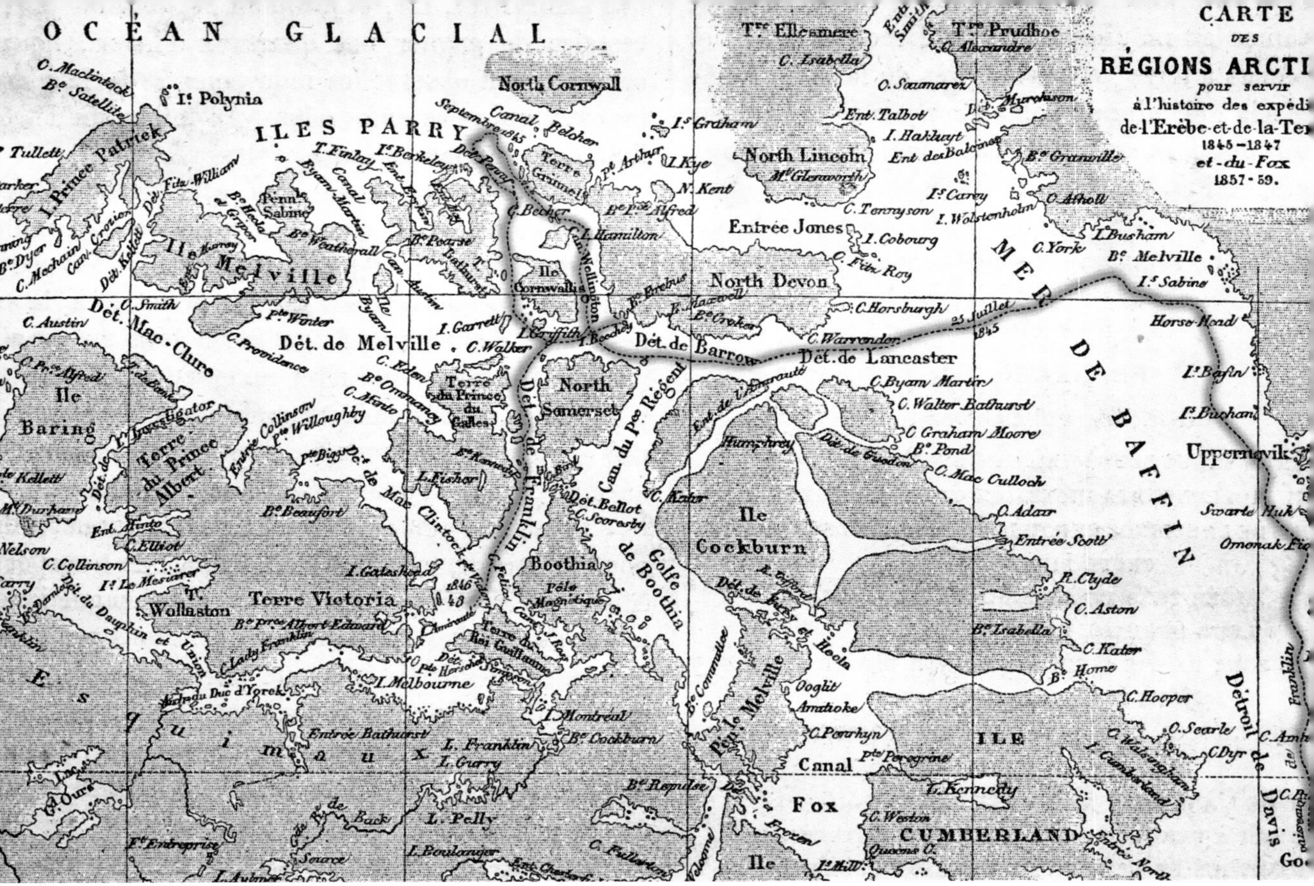

에레보스 호와 테러 호의 경로를 보여주는 프랑스 지도. 프랭클린 부인이 개인적으로 비용을 마련해 시작한 수색에서 1859년 탐험대의 운명을 알려주는 서면 증거가 발견됐다. 지도는 북극해 제도의 많은 섬들을 항해하는 것이 얼마나 복잡한지를 보여준다.

비스(John Davis)가 배핀 섬과 그의 이름을 따서 만들어진 '데이비스 해협(Davis Strait)'의 컴벌랜드(Cumberland)를 탐험했다.

1610년에 헨리 허드슨(Henry Hudson)은 지금의 허드슨만(Hudson Bay)에 들어갔고, 다른 선원들은 그곳에서 제임스만(James Bay)과 폭스 해협(Foxe Channel)으로 가는 서쪽 출구를 찾으려고 했다. 1616년에 로버트 바일롯(Robert Bylot)과 윌리엄 배핀(William Baffin)은 지금의 배핀 섬의 동부 해안을 항해했고, 배핀만(Baffin Bay)의 지도를 만들었다. 또 여기에 있는 출구 3개에 '토머스 스미스 출구(Sir Thomas Smith's Sound)', '앨더만 존스 출구(Alderman Jones Sound)', '제임스 랭카스터 경 출구(Sir James Lancaster's Sound)'라는 이름을 지어줬다. 이중 후자가 19세기에 북서항로의 입구가 됐다.

바일롯과 배핀 섬의 탐험 이후 유럽의 선박들이 북극해 제도를 탐험하기까지 걸린 시간은 200년이 넘는다. 나폴레옹 전쟁이 끝난 후 1815년에 영국 해군은 북서항로를 찾고 캐나다와 이어진 북극 해안의 지도를 그리기 위해 자원을 투입했다. 1818년에 존 로스(John Ross)는 랭카스터 출구를 탐험했고, 이듬해 에드워드 패리(Edward Parry)는 멜빌 섬(Melville Island)에서 겨울을 보냈다. 존 프랭클린은 1820년대에 육로로 북극 해안을 두 번 탐험했다. 로스는 1829년에 다시 탐험을 시작했는데, 이번에는 자신이 직접 탐험을 위한 자본을 제공했다. 하지만 얼음 속에 갇혀버렸고, 이 얼음에 주요 후원자인 펠릭스 부스(Felix Booth)의 이름을 따서 부시아만(Gulf of Boothia)이라는 이름을 붙였다. 당시 항해에서 로스의 조카인 제임스 클라크 로스(James Clark Ross)는 자북이 어느 쪽인지 발견했는데, 당시는 부시아만의 서쪽 해안에 있었다. 1845년, 프랭클린은 북서항로를 찾기 위한 탐험의 리더로 선택됐다.

생애 초기와 경력

프랭클린은 링컨셔(Lincolnshire) 스필스비(Spilsby)에서 1786년에 태어났다. 그의 가족은 상당한 대가족이었다. 그는 아버지의 바람을 저버리고 1800년에 영국 해군에 입대했다. 그는 매튜 플린더스(Matthew Flinders) 호가 1801년부터 1803년까지 호주를 순회할 때 배에 탄 선원이었다. 당시 모래 언덕에 6주간 갇히는 사고가 있었지만 다행히 살아남았다. 나머지 해군 경력은 나폴레옹 전쟁을 치르면서 보냈는데, 그다지 특별한 내용은 없었다. 하지만 1818년부터 북서항로를 찾기 위한 해군의 계획에 참여하게 됐고, 그해 그의 첫 항해가 시작됐다. 당시 북동쪽으로 파견됐지만 스피츠베르겐을 넘지 못했다.

다음 해, 그는 허드슨만(Hudson Bay)부터 캐나다 북극 해안까지의 구간을 육로로 이동하는 탐험대를 이끌게 됐다. 이 탐험은 보급품 문제가 계속되면서 여간 고역이 아니었다. 탐험대는 코퍼마인강(Coppermine River) 어귀에 있는 북극 해안에 도달했지만 해안은 탐험하지 못했다. 돌아오는 길에 일행 18명 중 11명이 기아와 분쟁으로 목숨을 잃었다. 탐험대 중 누군가가 다른 대원을 잡아먹는다고 서로 의심하면서 시작된 싸움은 결국 희생으로 이어졌다. 보급품의 부족으로 인해 프랭클린은 '살아남기 위해 장화를 먹은 사람'이라는 평판을 얻었다. 탐험의 성과는 대단치 않았지만, 임무에 대한 그의 설명은 좋은 반응을 얻었다. 1825년에는 탐험에 성공해서 캐나다 북극 해안의 중요한 지역을 지도로 그려냈고, 1827년에 런던으로 돌아와 영웅 대접을 받았다.

1837년부터 1843년까지는 반 디멘즈 랜드에서 부총독으로 일했다. 하지만 일부 기득권과 식민성은 상대적으로 진보적인 그의 정책을 고까워했고, 결국 그의 존재는 묻혔다. 프랭클린은 북서항로에 대한 열정을 다시 불태웠고, 다른 사람들과 함께 해군에 탐험을 위한 자본을 제공해달라고 설득했다. 그의 바람은 이뤄졌고, 지휘관으로 임명됐다. 당시 그의 나이는 59세였다.

항해를 떠날 준비를 하다

탐험대는 탐사선인 에레보스(Erebus)와 테러(Terror), 그리고 총 128명의 대원으로 구성됐다. 견고한 나무로 만든 탐사선은 북극 항해에서 이미 그 성능이 입증됐지만 이번 항해를 위해 특별

프랭클린의 대원들이 1848년에 배를 버리고 작은 배로 갈아탈 때의 모습을 그린 그림. 이들에게는 썰매가 없었다.

히 추가로 개조된 것이었다.

이번에는 강철로 뱃머리를 보호하고 용골을 더 길게 만들었으며, 얼음 속에서도 이동이 쉽도록 증기 엔진을 설치했다. 배의 내부에는 난방장치도 설치됐다. 배에는 3년 동안의 항해도 버틸 수 있는 보급품이 실렸는데, 직전에 발명된 최신 기술인 통조림 깡통이 8,000개도 넘게 실렸으며, 괴혈병을 막기 위해서 4,200리터의 레몬주스도 포함됐다.

장교들은 임무가 빨리 끝날 것이라고 생각했기 때문에 은 식기와 유리잔을 사용했다. 탐사선마다 큰 도서관도 설치됐다. 하지만 이토록 안전한 배를 벗어난 상황에 대해서는 미처 대비하지 못했다.

북극에서 잠들다

탐험대는 1845년 5월 19일 템스(Thames)를 떠났다. 7월 초, 일행은 그린란드 근처의 화이트피쉬 섬(Whitefish Island)에 도착해 마지막으로 보급품을 채웠고, 7월 중순에는 첫 번째 목표 지점인 랭카스터 해협으로 출항했다. 7월 말, 배핀 섬 근처에서 포경선 2대가 이들 일행을 마지막으로 목격했다.

탐험대는 비치 섬(Beechey Island)에서 겨울을 난 것으로 추정된다. 이곳에서 대원 3명이 사망했다(이들의 무덤은 1850년에 발견됐다). 1980년대가 돼서야 시신을 의학적으로 부검했는데, 3명 모두 결핵으로 사망한 것으로 확인됐다. 다른 사람들도 결핵으로 몸이 쇠약해졌을 가능성이 있다. 1846년 9월까지 2척의 배 모두 킹윌리엄 섬(King William Island)과 부시아 반도 서쪽 얼음에 갇혀서 움직이지 못하고 있었다. 불행히도 탐험대가 얼음을 뚫고 전진할 수 있는 시기는 짧은 여름밖에 없었다.

1847년에야 탐험대의 안전에 대한 우려가 제기되기 시작했다. 원래 3년을 계획으로 탐험이 예정돼 있었기 때문이다. 프랭클린의 아내는 수색을 요청했다. 1847년과 1859년 사이에 프랭클린 부인이 직접 경제적으로 자본을 제공한 경우를 포함해 총 서른 번이 넘는 수색이 진행됐다. 수색과 최근 이뤄진 연구를 통해 당시 탐험대에게 어떤 일이 일어났는지에 대한 설명을 내놓을 수 있게 됐다.

생존자가 남긴 일기에서

1846년, 겨울을 맞으면서 얼음에 갇혀버린 배는 1847년 내내 빠져나가지 못했다(프랭클린은 이 기간에 에레보스 호에서 사망했다). 1848년 4월, 얼음 속에서 또 겨울을 보낸 선원들은 배를 버린 채 떠났다. 킹윌리엄 섬의 돌무덤에 남겨진 이 글은 1859년에 발견됐다.

> 1846년 9월부터 배는 얼음에 갇혀 있었다. 1848년 4월 25일, 우리는 탐사선 테러와 에레보스를 버리기로 했다. F.R.M. 크로지어(F.R.M. Crozier) 대장의 명령을 받고 105명이 떠났다. 존 프랭클린은 1847년 6월 11일에 세상을 떠났다. 지금까지 장교 9명과 선원 15명이 목숨을 잃었다. 26일인 내일부터는 (캐나다 본토에 있는) 백스피시강(Back's Fish River)으로 간다.

배를 떠난 105명 중에서 생존자는 한 명도 없었다. 그들은 나무로 된 배 여러 척을 나눠 탔지만 쇠약해진 선원들에게 큰 무리였다. 이들이 출발한 곳에서 아주 조금 떨어진 지점에서 두 사

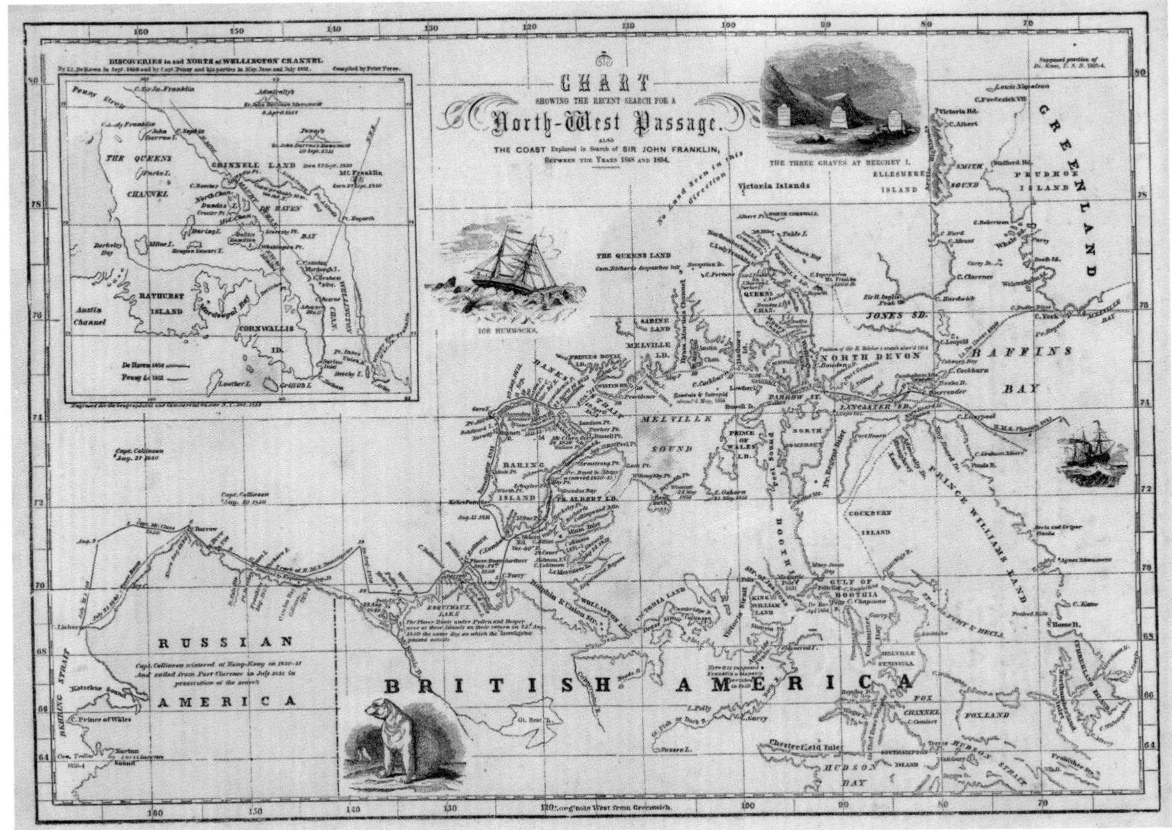

뉴욕에서 공개된 1856년 지도. 1848년부터 1854년까지 프랭클린을 찾기 위한 수색 경로를 보여준다.

람의 해골이 놓인 배가 발견됐고, 킹윌리엄 섬의 해안을 따라 또 다른 시신과 유품이 발견됐다. 이누이트족 중 연로한 이기아라주크(Iggiararjuk)는 당시 이 사건을 두고 "다시는 이들을 만나지 못했고, 어디로 갔는지는 아무도 모른다"고 회상했다.

1854년 허드슨베이 컴퍼니(Hudson's Bay Company)에서 일하는 존 래(John Rae)는 프랭클린의 이름이 새겨진 은 식기, 깨진 크로노미터, 은수저 등 유품을 이누이트족에게 구매할 수 있었다고 보고했다. 그는 또 이누이트족이 식인 풍습의 흔적을 보였다고 증언해 빅토리아의 영국인들에게 상당한 충격을 안겨줬고, 1859년에 수색은 중단됐다.

1980년대에 킹윌리엄 섬에서 시신을 부검한 결과 다량의 납 성분이 발견됐다. 통조림 음식에 의존했기 때문에 납 성분이 높은 것으로 추정됐다. 또 레몬주스가 상해버려서 괴혈병을 막을 수 없었을 것이라는 의견도 제시됐다. 2014년에 이누이트족의 증언을 실마리로 근처를 수색한 결과, 애들레이드(Adelaide)의 윌모트(Wilmot)와 크램튼만(Crampton Bay)에서 에레보스 호의 잔해가 발견됐다. 잔해를 과학적으로 조사한다면 이들의 마지막에 대한 단서를 더 많이 찾을 수 있을 것이다. 한편 테러 호는 아직도 발견되지 않았다.

북서항로의 발견

북서항로를 찾기 위한 탐험이 늘면서 이 지역에 관한 정보가 수집됐다. 1853년에 로버트 맥클루어(Robert McClure)는 일부 지역에서 썰매를 이용해 북서항로를 만들었다.

로알 아문센은 1903년부터 1906년까지 47톤짜리 나무배인 이외아(Gjøa)를 타고 최초로 북서항로 통과에 성공했다. 그의 항해의 규모와 실용성은 과학적인 프랭클린 탐험과는 극명한 대조를 이룬다. 1903년 8월, 아문센이 비치 섬에 도착했을 때 대원은 총 6명, 썰매 개는 16마리였다. 아문센은 킹윌리엄 섬 남동쪽에 있는 보호구역에서 1905년 여름까지 머물면서 이누이트족의 기술을 배우고 과학적인 연구를 진행했다. 1905년 8월에 그곳을 떠나 반대 방향에서 다가오는 포경선을 봤을 때 비로소 북서항로를 통과했다는 사실을 깨닫고 이렇게 말했다.

북서항로는 정복됐다. 내 어린 시절의 꿈을 이뤘다.

아문센은 1905년 8월 17일 북극해 제도를 통과했고, 1906년 8월에는 알래스카의 태평양 연안에 도착했다.

(반대쪽) 왼쪽 위
존 프랭클린.

오른쪽 위
북극 바다를 향해 중인 에레보스 호와 테러 호를 그린 19세기 말의 상상도.

왼쪽 아래
영국 정부가 탐험대의 수색이나 확인을 위해 걸었던 보상금 전단.

오른쪽 아래
킹윌리엄 섬의 돌무더기에 남겨진 메시지에는 프랭클린의 죽음과 에레보스 호와 테러 호의 마지막에 대해 기록돼 있다. 1859년에 이 메시지가 발견되면서 탐험대의 소식을 확인할 수 있었다.

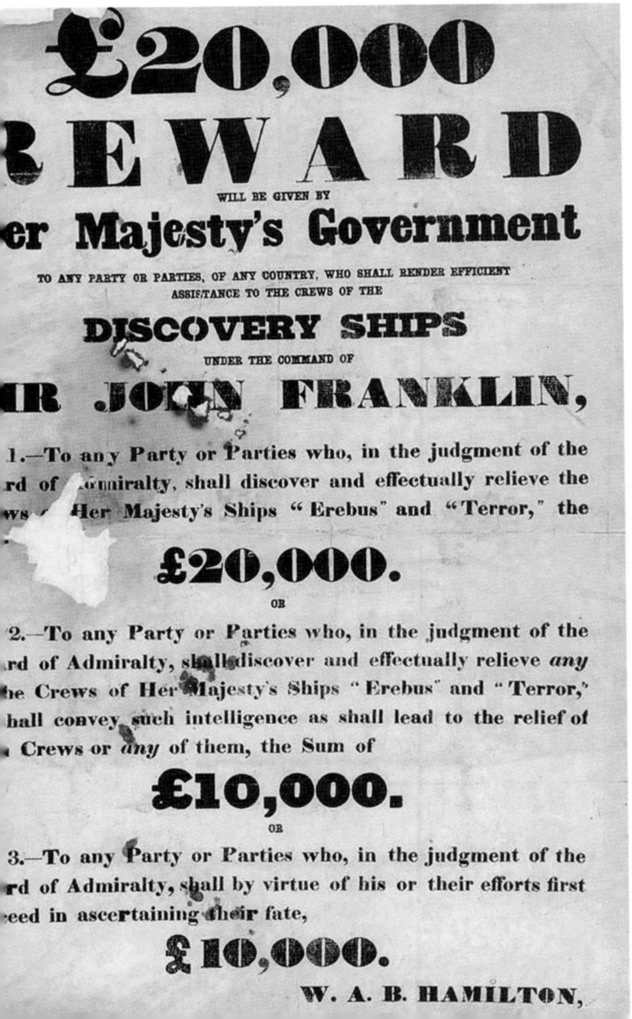

£20,000
REWARD

WILL BE GIVEN BY

er Majesty's Government

TO ANY PARTY OR PARTIES, OF ANY COUNTRY, WHO SHALL RENDER EFFICIENT ASSISTANCE TO THE CREWS OF THE

DISCOVERY SHIPS

UNDER THE COMMAND OF

IR JOHN FRANKLIN,

1.—To any Party or Parties who, in the judgment of the rd of Admiralty, shall discover and effectually relieve the ws of Her Majesty's Ships "Erebus" and "Terror," the

£20,000.

OR

2.—To any Party or Parties who, in the judgment of the rd of Admiralty, shall discover and effectually relieve *any* he Crews of Her Majesty's Ships "Erebus" and "Terror," hall convey such intelligence as shall lead to the relief of Crews or *any* of them, the Sum of

£10,000.

OR

3.—To any Party or Parties who, in the judgment of the rd of Admiralty, shall by virtue of his or their efforts first eed in ascertaining their fate,

£10,000.

W. A. B. HAMILTON,

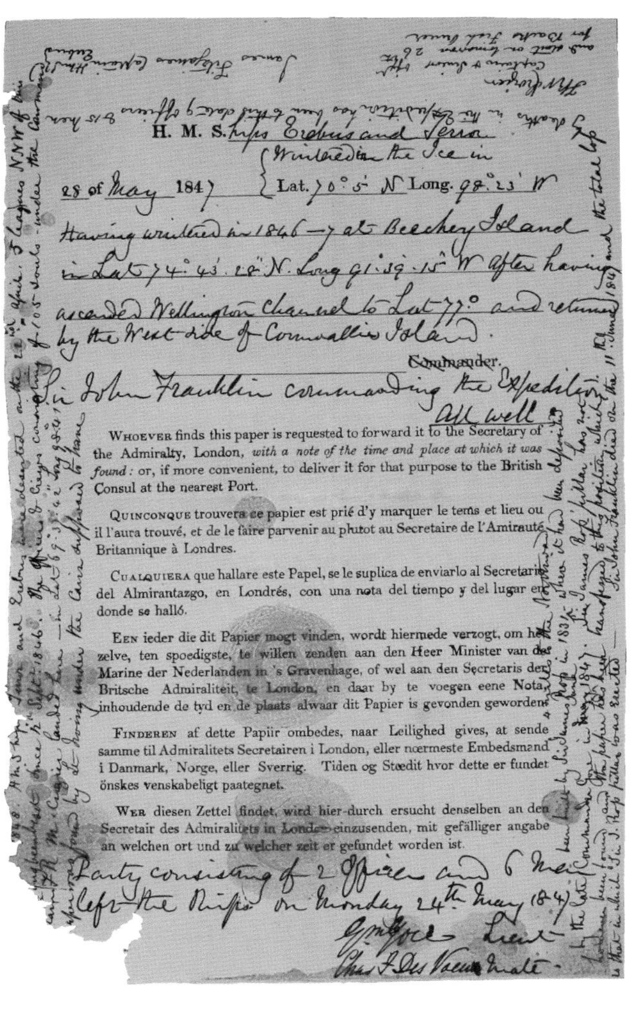

H. M. Ships Erebus and Terror
Wintered in the Ice in
28 of May 1847 Lat. 70°5' N Long. 98°23' W

Having wintered in 1846—7 at Beechey Island in Lat 74°43'28" N. Long 91°39'15" W After having ascended Wellington Channel to Lat 77° and returned by the West side of Cornwallis Island.

Commander.

Sir John Franklin commanding the Expedition.

All well

WHOEVER finds this paper is requested to forward it to the Secretary of the Admiralty, London, *with a note of the time and place at which it was found*: or, if more convenient, to deliver it for that purpose to the British Consul at the nearest Port.

QUINCONQUE trouvera ce papier est prié d'y marquer le tems et lieu ou il l'aura trouvé, et de le faire parvenir au plutot au Secretaire de l'Amirauté Britannique à Londres.

CUALQUIERA que hallare este Papel, se le suplica de enviarlo al Secretario del Almirantazgo, en Londrés, con una nota del tiempo y del lugar en donde se halló.

EEN ieder die dit Papier mogt vinden, wordt hiermede verzogt, om het zelve, ten spoedigste, te willen zenden aan den Heer Minister van der Marine der Nederlanden in 's Gravenhage, of wel aan den Secretaris der Britsche Admiraliteit, te London, en daar by te voegen eene Nota, inhoudende de tyd en de plaats alwaar dit Papier is gevonden geworden.

FINDEREN af dette Papiir ombedes, naar Leilighed gives, at sende samme til Admiralitets Secretairen i London, eller nærmeste Embedsmand i Danmark, Norge, eller Sverrig. Tiden og Stædit hvor dette er fundet önskes venskabeligt paategnet.

WER diesen Zettel findet, wird hier-durch ersucht denselben an den Secretair des Admiralitets in London einzusenden, mit gefälliger angabe an welchen ort und zu welcher zeit er gefundet worden ist.

Party consisting of 2 Officers and 6 Men left the Ships on Monday 24th May 1847.

Gm. Gore Lieut.

Chas. F. Des Voeux mate

49 불모의 사막, 룹알할리에서

: 윌프레드 세시저의 아라비아 여행

"황량하고 건조한 땅에서 부드러움과 온화함이라고는 찾을 수 없었다. 이 잔인한 땅은 온순한 기후에서는 결코 볼 수 없는 저주가 걸려 있었다."

윌프레드 세시저

기간 1946년~1949년.

시도 지구상에서 가장 큰 사막인 룹알할리를 통과했다.

난관 탈수증, 굶주림, 탈진으로 죽음의 위협을 느꼈다.

업적 세시저는 홀로 아랍을 여행했다. 그는 이제는 사라졌지만 수 세기 동안 계속돼 온 유목민의 삶을 공유한 최초이자 마지막 유럽인이었다.

영국인 하나가 모래 언덕에서 굶어 죽어가고 있었다. 베두인인 동료들은 사흘 전에 음식을 찾으러 떠났고, 그게 동료의 마지막 모습이었다. 남자는 안전한 문명 속으로 그를 데려다줄 수 있는 자동차와 트럭의 환각으로 고통받고 있었다. 이 절망적인 순간에 그는 다른 사람이라면 생각지도 않을 다짐을 했다.

"의자에 앉아서 편하게 음식을 먹고, 라디오를 듣고, 자동차를 타고 아랍을 여행하느니, 차라리 여기에서 굶어 죽겠어."

산만큼 높은 모래 언덕

룹알할리(Rub 'al Khali) 또는 엠프티 쿼터(Empty Quarter)는 프랑스, 벨기에, 네덜란드를 합친 것보다 더 큰 모래사막이다. 극지방을 빼면 지구상에 이곳보다 더 야만적이고 잔혹한 풍경은 없을 것이다. 사막의 더위는 타는 듯해서, 공기 온도가 평균 47도에 달하며, 최고 50도까지 상승할 때도 허다하다. 모래 온도는 그것보다 더 뜨거워서 80도까지 올라간다. 또한 1년 평균 강수량은 3

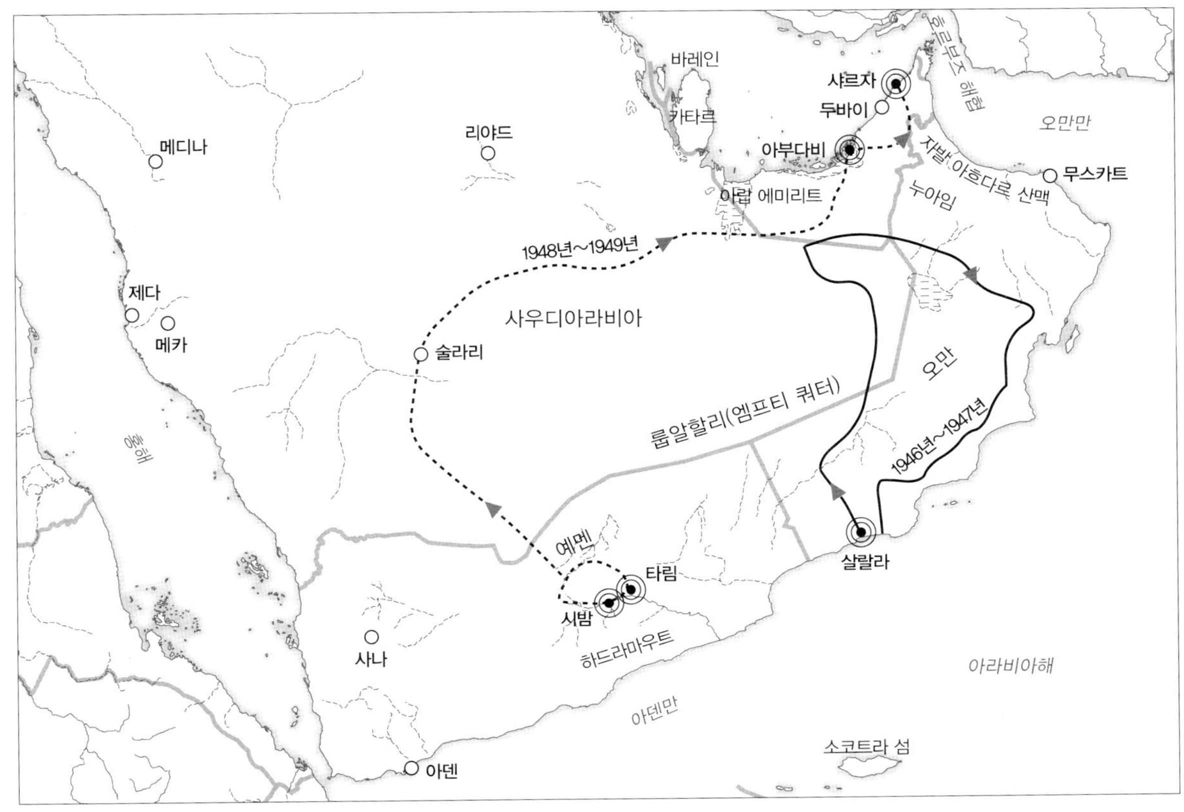

센티미터 미만이다. 일부 지역에서는 모래 언덕의 높이가 작은 산에 맞먹는 300미터이고, 160킬로미터까지 끝도 없이 이어질 때도 있다. 유사(流沙, 바람이나 물에 의해 아래로 흘러내리는 모래) 역시 치명적이어서 부주의한 여행자를 통째로 삼켜버리곤 한다.

룹알할리는 살기에 좋은 땅이 아닐 뿐더러 웬만하면 지나치는 것도 피해야 할 위험지대라 할 수 있다. 그런데도 여기서 수 세기 동안 살아남은 놀라운 인내심과 회복력을 가진 사람들이 있다. 누군가 이 순백의 공간을 건널 정도로 무모하다면, 외부인을 좀처럼 믿지 않는 베두인의 굳건한 신뢰와 지지가 필요하다. 다행히 모래 위에서 살아남은 그 영국인에게는 베두인 친구들이 있어 사막에서 굶어 죽지 않고 목숨을 건질 수 있었던 것이다.

모래의 바다를 탐험하다

그 위대한 주인공은 바로 윌프레드 세시저(Wilfred Thesiger)다. 그의 성장배경은 매우 놀라우며, 이후의 삶은 더욱 놀랍다. 아비시니아(Abyssinia, 지금의 에티오피아)에서 외교관 아버지의 아들로 태어난 세시저는 그곳의 황실 사람들과 관습을 두 눈으로 직접 보면서 자랐다. 아비시니아의 문

1970년경, 런던의 여행자 클럽(Travellers Club)에서 아프리카 여행 중 얻은 검을 들고 있는 세시저의 모습.

화는 고귀하고 위대하지만, 폭력적이며, 세시저는 그 야만적인 화려함을 사랑했다고 한다.

그는 자라서 영국으로 돌아가 이튼칼리지와 옥스퍼드대학을 다니며 상류층 교육을 받았다. 하지만 그의 마음은 언제나 다른 곳에 있었다고 한다. 세시저는 기회가 있을 때면 늘 여행을 떠났고, 무엇보다 혹독한 여행을 즐겼다. 그에게 목표를 달성하는 것은 고난의 정도와 직접적으로 비례했다. '인생이 힘들수록 더 훌륭한 사람이 된다'는 것이 그의 철학이었다. 세시저는 아이슬란드 바다의 고기잡이배에서 일하면서 잠을 자지 않고 버티는 법을 배웠고, 이스탄불(Istanbul)을 여행할 때는 가장 험한 길을 택했다.

대학을 졸업한 후에는 수단 정치국(Sudan Political Service)에 들어갔고, 다르푸르(Darfur)의 사막에서는 낙타 타는 법을 배웠다. 언젠가는 24시간 동안 185킬로미터를 달려서 패기를 증명한 적도 있다. 수드(Sudd) 습지에서 골칫거리인 사자들을 총으로 쏘아 맞히는 일에 고용된 적도 있었는데, 자그마치 70마리를 잡았다. 세시저는 또한 사막 부족에 대한 존경심을 가지고 있었고, 이런 존경심은 그의 삶을 정의했다. 제2차 대전 중에는 수단 방위군(Sudan Defence Force)과 함께 아비시니아의 해방을 위해 싸웠고, 용맹함을 인정받아 훈장도 받았다. 또한 영국 특수부대에서 복무한 바 있고, 북아프리카 서부사막(Western Desert)에서는 적을 급습하는 작전을 수행했다.

세계에서 가장 혹독한 자연환경

1945년에 전투가 끝나자, 세시저는 아라비아에서 또다시 자유로운 탐험을 재개하기로 결심했다. 오만의 술탄은 그에게 룹알할리에 들어가지 말라고 분명히 금지했으나 세시저는 탐험을 위한 변명거리로, 유엔의 지원을 받아 메뚜기의 산란 장소를 연구한다는 핑계를 댔다.

사막에 들어가기는 쉽지 않았다. 하지만 무엇보다 살아서 나가고 싶다면 지역 베두인의 신뢰를 얻어야 했다. 그 역시 결코 쉬운 일이 아니었다. 베두인은 외부인이 삶의 방식을 위협하는 기독교 이교도라고 생각했기 때문이다. 세시저는 이에 대해 "외부인이 존경을 받으려면, 가능한 멀리까지 걷고 오랫동안 탄 채로 이동해서 그들과 같은 인내심을 보여야 하며, 더위, 배고픔, 추위를 무심하게 견뎌야 한다"라고 기록했다. 세시저는 바로 이런 자질을 갖춘 사람이었고, 믿을 만한 베두인 친구를 얻었다.

사실 그의 탐험이 특별한 이유는 어떤 장소를 탐험하는 데서 그치지 않고, 삶의 모든 방식을 이해하려고 했기 때문이다. 그는 "베두인 친구들과의 우정이 없었다면 룹알할리 여정은 의미 없는 고행이었을 것이다"라고 설명했다. 세시저는 언제나 원주민처럼 걷거나 뭔가에 탔고, 작은 무리를 만들어 여행했다. 비록 베두인족은 자동차와 비행기는 매우 경멸했지만 사진에 대해서는 거부감이 없어, 세시저는 일생 동안 수천 장의 놀라운 이미지를 창조해냈다.

그가 속한 작은 그룹은 1946년 10월 오만의 도파르(Dhofar) 해안의 작은 마을인 살랄라(Salalah)에서 출발해, 215미터 높이의 우르크 알 샤이바(Uruq al Shaiba) 모래 언덕을 지나 북쪽의 다파라(Dhafara)와 리라(Lira)로 향했다. 세시저와 베두인 친구들은 낙타를 타고 4년 동안 세계에서 가장 가혹하고 낯선 환경을 가진 룹알할리의 1만 6,000킬로미터를 여행했다. 이 낯선 세계에서의 이동 거리는 낙타 등에 올라 있었던 시간으로 측정됐다. 일행은 며칠을 계속 굶고 물도 마시지 못하는 등 극심한 결핍 속에서 이동했다. 그나마 먹을 것이라고는 매일 해가 진 후에 1파인트의 물을 낙타 우유와 섞어서 마시는 것뿐이었다.

하지만 늘 마음속에 사막을 꿈꾸던 세시저는 사막에서 가장 행복해했다. 거기다 생각지 못한 성과도 있었다. 유럽인으로서는 처음으로 리와(Liwa) 오아시스와 움 알 사밈(Umm al Samim) 유사를 목격했다. 그는 오만의 산들을 포함한 룹알할리의 큰 부분에 대한 첫 번째 지도를 상세하게 만들었다. 1959년에는 자신의 여행을 깊이 있게 묘사한 저서《아라비아의 사막(Arabian Sands)》을 출간했다.

1964년에 처음 출판된《마쉬 아랍족(The Marsh Arabs)》의 표지. 세시저는 수년간 티그리스(Tigris) 유프라테스 습지에서 마쉬 아랍족과 함께 생활했다.

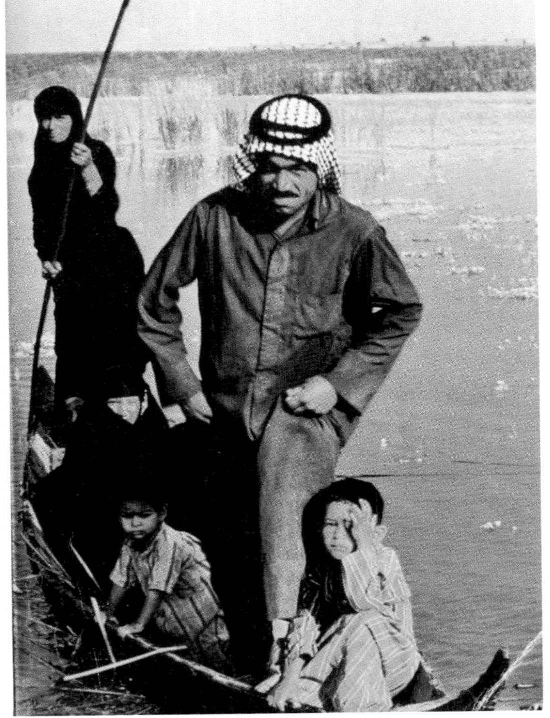

세시저는 또한 자신이 찾고 있는 삶의 방식이 사라져가고 있다는 것을 알게 됐다. 그는 "사막에서 자유로운 영혼들이 이후 세대에게 이어지지 못한다는 것을 알고 있다"고 애통해했다. 1948년, 세시저가 남쪽에서 룹알할리를 탐험하는 동안 북쪽에서는 전혀 다른 발견이 추진되고 있었다. 지질학자들이 모래사막 2,000미터 아래에서 이제껏 발견된 것 중 가장 큰 유전인 가와르(Ghawar) 유전을 찾아냈다. 자연이 만들어낸 놀라운 천연자원은 세시저가 존경했던 원주민들에게 인력, 기계, 근대화를 가져다줬다. 아이러니하게도 세시저가 만든 지도는 유전을 개발하는 침략자들에게 도움이 됐고, 그가 사랑했던 땅에 새로운 숨을 불어넣었다.

사랑했던 땅을 떠나며

1949년이 되자 룹알할리를 여행하는 기독교인 이교도에 관한 이야기가 사우디아라비아의 이븐 사우드(Ibn Saud) 왕의 귀에 들어갔다. 세시저는 석방됐지만, 여러 부족은 그의

머리에 현상금을 걸었다. 세시저는 목숨을 보전했지만(올바른 판단에 의해서라기보다는 운이 좋았기 때문이었다) 룹알할리를 다시는 여행할 수 없게 됐다. 페르시아만의 샤르자(Sharja)에 도착했을 때, 세시저는 베두인 친구에게 마지막 작별을 고했다. 그는 쓸쓸하게 친구의 낙타가 사막의 고요 속으로 멀어져가는 것을 바라봤다고 한다.

세시저는 평생 동안 여행을 계속했다. 1995년에 기사 작위를 받았으며, 이후 세대의 여행자들에게 많은 영감을 줬다. 라눌프 파인즈를 그 대표적인 예로 꼽을 수 있다. 세시저는 2003년에 93세의 나이로 세상을 떠났다.

(반대쪽)
오만의 룹알할리, 즉 엠프티 쿼터의 풍경.

50 시베리아를 통과해서

: 코르넬리우스 로스트의 시베리아 굴라크 탈출

"포렐(코르넬리우스 로스트)은 곧 탈출을 생각했다. 그가 학교에서 배운 러시아 지리는 우랄(Urals)이 전부였다."

조세프 M. 바우어(Joseph M. Bauer)의 《마지막 한걸음까지(As Far As My Feet Will Carry Me)》에서 발췌

기간 1949년~1952년.

시도 로스트는 소련의 가장 동쪽에 있는 굴라크에서 25년 복역을 선고받았다. 그는 1만 3,000킬로미터를 걸어 독일로 돌아왔다.

난관 굴라크 탈출 후 혹독한 시베리아의 야생에서 배고픔과 추위를 이겨내야 했으며, 언제 소견 당국에 잡힐지 모른다는 두려움에 떨었다.

업적 로스트의 놀라운 여정은 책, TV 드라마, 영화의 주제가 됐다.

세상에 좀처럼 믿기 힘든 탈출이 있다. 코르넬리우스 로스트(Cornelius Rost)는 정말로 소련의 강제노동수용소인 굴라크(Gulag)에서 탈출했고, 스탈린(Stalinist) 지배 하에 있는 러시아를 통과해 1만 3,000킬로미터를 이동했을까? 정말이라면, 왜 책에서는 이름을 클레멘스 포렐(Clemens Forell)이라고 바꿨을까? 그는 몇 년 동안이나 이에 대해 의심을 받았다.

로스트의 위대한 탈출은 사실이다. 그는 살아남아서 역사상 가장 강력하고 잔인한 독재 정권에 관한 이야기를 들려줬다. 로스트가 보복을 두려워하는 것은 당연했다.

독일의 전쟁포로

제2차 대전이 끝날 무렵, 패전 독일군 2만 명이 소련에 포로로 갇혀 있었다. 소련은 전사자 수백만 명에 대한 복수를 원했다. 로스트는 이 불운한 군인 중 하나였다. 1944년에 그는 소련에 잡혔고, 다른 전쟁 포로와 함께 1년 동안 감금됐다. 그리고 멀고 추운 시베리아의 납 광산에서 25년간의 중노동 선고를 받았다. 로스트는 1945년 10월에 러시아 모스크바 역에서 소를 싣는 기

차를 타고 베링 해협 옆 북극권 한계선의 이스트곶(East Cape)으로 이송되는 3,000명의 죄수 중 한 명이었다. 수용소로 이동하는 데만 1년이 걸렸다. 함께 떠났던 죄수 중 절반 이상이 탈진, 영양실조, 이질로 사망했다. 동사한 사람은 더 많았다.

목적지는 믿을 수 없을 정도로 멀리 떨어져 있었다. 너무 멀어서 소를 싣는 열차, 말이 끄는 썰매, 마지막으로 개썰매를 타고 1년 가까이 이동해야 했다. 함께 출발한 3,000명 중 겨우 1,236명이 살아남았다.

첫 번째 탈출 시도

죄수들은 동굴에 있는 전구가 하나밖에 없는 납 광산에서 살았다. 교도관들은 매일 12시간의 잔인한 노동을 강요했고, 죄수들은 빵, 감자, 물, 보리죽만 먹고 중노동을 견뎌야 했다.

운이 좋으면 일주일에 한 번, 한 시간 동안 태양을 볼 수 있었다. 고된 노동에 지쳐 죽지 않으면 납 중독으로 죽었다. 로스트가 받은 25년의 징역형은 명목상에 불과했다. 형기를 채우기 전에 죽을 게 분명했다.

참을 수 없는 고통이었다. 얼마 버티지 못하고 야위고 지쳐서 죽을 수밖에 없었다. 로스트는 비록 황량한 벌판이 주변에 수백 킬로미터까지 펼쳐져 있었지만, 탈출을 시도하다 죽는 편이 차라리 낫겠다는 결론을 내렸다.

로스트는 굴라크에 도착하자마자 탈출을 시도했다. 그가 실종된 후 교도관들은 동료 죄수들의 식량 배급을 중단했다. 11일 후에 로스트가 다시 잡혔을 때, 교도관들은 로스트에게 거의 기아 직전인 상태의 동료 죄수들 사이를 뛰어가게 했다. 이때 동료 죄수들이 로스트를 심하게 구타하는 바람에, 그는 목숨을 거의 잃을 뻔했다. 그리고 로스트가 두 번째 탈출을 시도할 때까지는 3년의 세월이 걸렸다.

수용소 의사 대신 탈출하다

수용소 의사 역시 독일군 전쟁포로였다. 그는 자신이 지위를 이용해 탈출 계획을 짰고, 지도, 음식, 돈, 옷, 스키 한 켤레, 놀랍게도 총까지 숨겨놓았다.

그런 그가 '암'이라는 청천벽력 같은 진단을 받게 됐다. 탈출에 성공할 가능성은 없었다. 의사는 자유를 얻었을 때, 독일에 있는 자신의 아내와 연락해달라는 요구와 함께 로스트에게 대신 탈출해달라고 부탁했다. 1949년 10월 30일, 의사는 로스트가 병원에서 빠져나가는 동안 교도관들의 주의를 분산시켰다. 다음 3년 동안 로스트는 독재 정권이 지배하는 더욱 잔인한 환경 속에서 살아남아야 했다.

추코트카(Chukotka)에 있는 이 버려진 교도소 건물들은 수용소 생활의 가혹한 현실을 보여준다.

추운 동쪽을 벗어나다

그의 계획은 간단했다. 가능한 한 빨리 서쪽으로 가는 것이었다. 자신을 추적할 것은 당연했다. 하지만 수용소에서 320킬로미터 떨어지면 추적을 포기할 것이라고 믿었다. 거기에서 남쪽에 있는 만주(滿州)로 갈 수도 있을 거라고 생각했다.

로스트는 매일 최소 32킬로미터를 이동한다는 혹독한 목표를 세웠다. 하지만 오히려 48킬로미터 넘게 이동할 때가 많았다. 시베리아의 거친 환경을 생각하면 대단한 일이었다. 얼음처럼 차가운 바람과 얼어붙은 지형 때문에 인내력이 한계에 달했지만, 동시에 다행인 점도 있었다. 그곳에는 사람이 거의 없어서 이동이 편했다.

그럼에도 불구하고 로스트는 사람과의 접촉을 피하려고 각별한 주의를 기울였다. 일부러 불을 사용하지 않고 다닌 탓에 그나마 가지고 있던 알량한 음식마저 얼어버려 먹지 못할 때가 잦았다. 한 달 후에 로스트는 순록을 치는 유목민 2명을 만났다. 이들이 자신을 죽이거나 신고할 것으로 생각했지만, 두 사람은 정부보다 도망자에게 더 정을 느꼈던 것 같다. 유목민들은 로스트를 거처로 초대하고 3개월 동안 돌봐줬다. 목동들과 함께 보낸 겨울은 그가 실용적인 기술을 배울 소중한 기회였다.

로스트는 수천 킬로미터를 걷고 난 다음, 사진 속 바이칼호(Lake Baikal)를 건너야 했다.

로스트는 시베리아 황무지에서 살아가는 법을 배웠다. 어떻게 물고기를 잡고 사냥하는지, 어떻게 임시 움막을 만드는지, 어떻게 이끼로 불을 피우는지를 배웠다. 또한 타인의 도움을 받는 게 얼마나 중요한지도 알게 됐다. 더불어 어설프게 도움을 요청하면 위험에 빠질 수도 있다는 사실도 알게 됐다.

금을 캐다

로스트는 또 다른 목동들과 두 달을 보냈다. 1950년 6월, 그는 3명의 도망자를 만났다. 겨울에는 사냥하고 여름에는 금을 캐서 생계를 유지하기 위해 감옥을 탈출한 러시아인들이었다. 로스트는 1년 동안 이 세 사람과 함께 지냈고, 표트르 야쿠보비치(Pyotr Jakubovitsch)라는 소련 이름을 사용했다. 이들은 6월부터 10월까지 하루에 12시간씩 금을 찾았다. 고역스러웠지만 가을이 되자 금이 상당히 모였다.

날이 짧아지자 일행은 썰매를 끌기 위해 순록 6마리를 훔쳤고, 겨울에 입을 모피를 찾기 위해 평원으로 향했다. 이런 상황에서 탐욕과 죽음에 빠지기는 쉬운 일일 것이다. 함께 금을 찾던 동료들은 곧 로스트의 세계를 산산이 조각냈다.

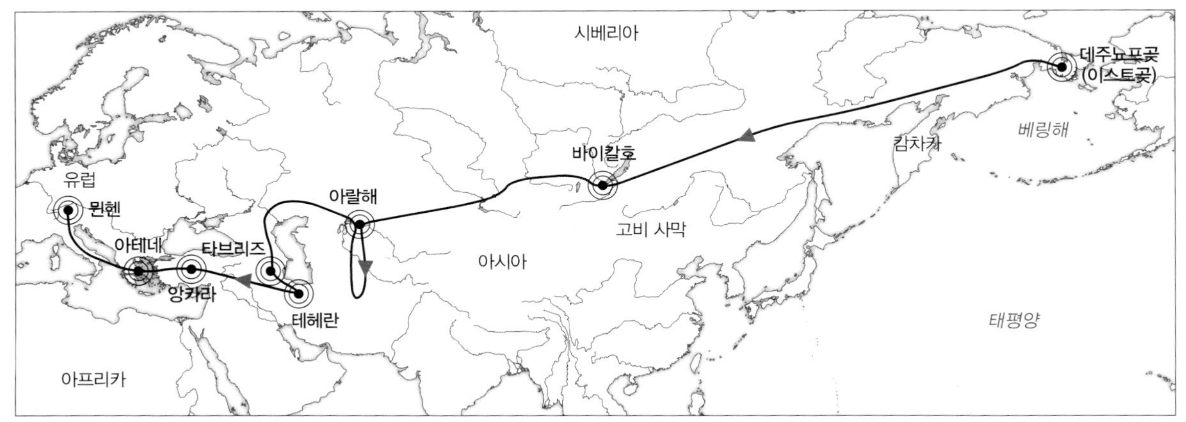

구사일생하다

로스트의 동료 그리고리(Grigori)는 금광에서 죄수로 일할 때 훔친 금덩어리를 가지고 있었다. 동료 사이에서 금덩어리를 차지하기 위한 싸움이 벌어졌고, 로스트와 그리고리만 살아남았다.

원래 성격이 괴팍했던 그리고리는 이 사건 후 완전히 편집증적으로 변했다. 닷새 후 그리고리는 로스트의 금을 빼앗고 절벽에서 밀어 죽게 놔두고 떠나가버렸다. 이번에도 지나가던 목동이 거의 죽을 뻔한 로스트를 구조해 보살펴줬다. 그들은 상처를 치료해주고, 재활을 도와줬다. 심지어 로스트가 떠날 때 허스키 한 마리를 내줬는데, 로스트는 이 개에게 '빌럼(Willem)'이라는 이름을 지어줬다.

1951년 여름이 됐다. 로스트가 탈출한 지 20개월이 지났지만, 고향은 여전히 멀었고 만주 국경도 1,280킬로미터나 떨어져 있었다. 사람이 많은 곳으로 이동하게 되면서, 그는 신분을 위장하려면 뭔가 그럴듯한 이야기를 만들어야 한다고 생각했다. 로스트는 노동수용소에서 8년 형기를 마치고 만주 근처의 도시인 치타(Chita)로 이주 명령을 받은 라트비아인이라고 거짓말을 했다. 어설픈 러시아어 실력과 몸의 상처를 의심받지 않기 위해서였다.

끝도 없는 의심

그의 이야기가 치타로 목재 화물을 운송하던 벌목꾼들에게도 전해졌다. 그들은 로스트에게 선적물을 지키는 일을 제안했고 여행 허가증도 줬다. 로스트는 치타에서 내리지 않고 종점인 울란우데(Ulan-Ude)까지 열차를 탔다. 여기까지도 운이 좋아서 술 취한 중국인 트럭 운전사가 그를 만주 국경까지 태워줬다.

그러나 그 이후로는 상황이 좋지 않게 흘러갔다. 국경은 삼엄한 경비로 통행이 불가능했다. 그를 의심하던 경비가 빌럼을 총으로 쏘아 죽였고, 로스트는 다시 도망쳐야 했다. 이후 몇 주 동안 위험천만한 순간을 몇 번이나 넘겨야 했다. 로스트는 낮 동안 숨어 있다가, 밤에는 몰래 기차에 숨어들어 음식을 훔치면서 연명했다.

소련을 벗어나려면 누군가의 도움이 절실했다. 그러던 중 1914년에 러시아에 의해 체포된 오스트리아인 아버지를 둔 벌목꾼을 만났다. 그는 로스트의 독일 억양을 단박에 알아차렸지만, 그를 당국에 넘기지 않고 2,400킬로미터 떨어진 이란 국경으로 갈 수 있도록 도와줬다.

잘못된 선택

1952년 초, 로스트는 아랄해 동쪽에 있는 노보카자린스크(Novo-Kazalinsk)에 도착했다. 여기에서는 잠깐 지하 조직의 일원으로 생활했다. 이 지하 조직은 카스피해를 북쪽으로 우회한 다음, 코카서스(Caucasus)를 통해 이란을 통과하는 방법으로 그를 소련에서 피신시켜주겠다고 약속했다. 하지만 로스트는 함정의 기미를 알아차리고 즉시 도망쳤고, 가장 짧은 길을 이용해서 이란으로 가기로 결심했다.

안타깝게도 그것은 잘못된 선택이었다. 5개월 동안 남쪽으로 이동했지만 별 소용이 없었다. 더군다나 로스트는 위험할 정도로 말라 있었고, 완전히 지쳐버렸다. 결국 그는 왔던 길을 되돌아가야 했다. 6월에는 노보카자린스크로 돌아왔고, 전에 배신했던 지하 조직을 믿기로 했다. 이후 로스트는 안전 가옥을 전전하면서 북서쪽으로 이동해 우랄스크(Uralsk)에 도착했고, 그다음 우르다(Urda)로 갔다. 11월에는 코카서스에 도착했다.

목표 지점에 가까워질수록 여행은 더 위험해졌다. 사람들로 붐비는 번화한 지역에서 도주 행각을 벌이자니 경찰에 잡힐 가능성이 훨씬 더 커졌다. 비록 굴라크에서 수천 킬로미터 떨어져 있었지만 여전히 스탈린이 지배하는 러시아 안에 있었기 때문에, 만약 붙잡힌다면 독일 스파이로 체포돼 굴라크로 보내질 게 뻔했다. 로스트는 동료들이 얼어붙은 강을 건너 이란 국경에 도착했다고 말했을 때도 결국에는 붙잡힐 것이라고 확신했다.

하지만 그 믿을 수 없는 이야기는 현실이 됐다. 로스트는 마침내 소련을 빠져나왔다.

마지막 희망

사흘 후, 로스트는 가까운 도시인 타브리즈에 도착했다. 그는 제 발로 경찰서로 걸어 들어가 자신의 이야기를 전했다. 이란 경찰은 놀랍게도 로스트를 소련 첩자로 판단하고 체포했다. 로스트는 곧 테헤란(Tehran)으로 끌려갔고, 몇 주 동안 매일 심문을 받았다. 그는 자신의 이야기를 고수했지만, 이란인들은 그가 첩자라고 확신했다.

로스트에게는 전쟁이 일어나기 전에 터키로 이사한 삼촌이 한 명 있었다. 그는 이란 경찰에 삼촌을 테헤란으로 불러 자신이 독일인이 맞는지 확인시켜달라고 간청했다. 이란 경찰은 이 말에 동의했고, 로스트의 삼촌은 일주일에 후에 그를 찾아왔다. 삼촌은 몇 년 동안 도피행각을 벌인 탓에 너무 야위고 지쳐버린 로스트를 단박에 알아보지 못했다.

하지만 희망은 아직 남아 있었다. 삼촌이 로스트의 어머니가 가지고 있던 사진첩을 들고 온 것이다. 로스트는 어머니의 사진 중 하나를 가리키면서, "사진 뒤에 어머니의 생일이 적혀 있을 것이다. 내가 어머니에게 사진을 선물하면서 적은 것이다"고 설명했다. 그 말에 이란 경찰은 얼른 사진을 꺼내 뒤집었다. 사진 뒤에는 로스트의 말처럼 '1939년 10월 18일'이라고 쓰여 있었다. 로스트는 마침내 석방됐고, 삼촌과 함께 앙카라(Ankara)로 날아갔다. 그리고서 아테네(Athens)와 로마(Rome)를 거쳐 뮌헨(Munich)으로 날아갔다.

1952년 12월 22일, 로스트는 탈출 3년 만에 1만 3,000킬로미터 떨어진 고향에 돌아왔다. 역사상 가장 놀라운 여정 중 하나였다.

(반대쪽)
로스트는 북극의 차가운 바람이 부는 황량한 시베리아의 악조건을 이겨내야 했다.

이미지 출처

본문에 나오는 순서대로 표기. 위에서 아래, 왼쪽에서 오른쪽 순.

*CC 2.0: Creative Commons Attribution License 2.0 Generic

01 Everett Historical, Shutterstock
01 Everett Historical, Shutterstock
01 David Woods, Shutterstock
01 NASA
01 *The Times*
01 NASA
01 NASA
01 Everett Historical, Shutterstock
01 Christian Kohler, Shutterstock
01 NASA
02 jo Crebbin, Shutterstock
02 J E Theriot / Justus Perthes Atlas of 1906, CC 2.0
02 NASA Visible Earth
02 Photos 12, Alamy Stock Photo
02 Archive Pics, Alamy Stock Photo
02 Herbert Ponting, CC 2.0
02 N/A, CC 2.0
02 Gordon Home
03 Everett Historical, Shutterstock
03 N/A
03 N/A, CC 2.0
03 RHG, Shutterstock
03 Longjourneys, Shutterstock
03 sunsinger, Shutterstock
03 R. T. Pritchett, CC 2.0;
04 Photo Researchers, Alamy Stock Photo
04 Oleg Golovnev, Shutterstock
04 CTK, Alamy Stock Photo
04 Alexander Legkiy, Shutterstock
04 Mechanik, Shutterstock
04 dimbar76, Shutterstock
05 North Wind Picture Archives, Alamy Stock Photo
05 D. Gordon E. Robertson, CC 2.0
05 Chris Gushue, CC 2.0
05 Eric Titcombe, CC 2.0
06 Sueddeutsche Zeitung Photo, Alamy Stock Photo
06 Nenyaki, CC 2.0
06 Archives New Zealand, CC 2.0
06 N/A, CC 2.0
06 Tero Hakala, Shutterstock
07 Vadim Petrakov, CC 2.0
07 Victoria Waterfall, Shutterstock
07 David Livingstone, Shutterstock
07 Gutenberg project, CC 2.0
07 National Library of Scotland
07 Stocksnapper, Shutterstock
08 Aleksandar Todorovic, Shutterstock
08 Sir Nathaniel Dance-Holland, CC 2.0
08 The Natural History Museum, Alamy Stock Photo
08 Thomas Lusth, Shutterstock
08 Johann Zoffany, CC 2.0
08 BMCL, Shutterstock
09 Images © Royal Geographic Society (with IBG) – with kind permission from the Hillary and Tenzing families, Text and mapping © *The Times*
09 Images © Royal Geographic Society (with IBG) – with kind permission from the Hillary and Tenzing families, Text and mapping © *The Times*
09 Images © Royal Geographic Society (with IBG) – with kind permission from the Hillary and Tenzing families, Text and mapping © *The Times*
09 Images © Royal Geographic Society (with IBG) – with kind permission from the Hillary and Tenzing families, Text and mapping © *The Times*
09 O'SHI, Shutterstock

09 Images © Royal Geographic Society (with IBG) – with kind permission from the Hillary and Tenzing families, Text and mapping © *The Times*

10 Library of Congress Prints and Photographs Division Washington

10 Library of Congress Prints and Photographs Division Washington

10 The Art Archive, Alamy Stock Photo

11 NASA

11 NASA

11 NASA

11 NASA

11 NASA

12 CC 2.0

12 BLMIdaho, CC 2.0

12 Bradford and Inskeep / Library of Congress Geography & Map division, CC 2.0

12 steve estvanik, Shutterstock

12 Leigh Anne Meeks, Shutterstock

13 Pictorial Press Ltd, Alamy Stock Photo

13 Anton Ivanov, Shutterstock

13 Frank Hurley (expedition photographer), CC 2.0

13 jo Crebbin, Shutterstock

14 N/A, CC 2.0

14 Pyramid Books

14 Christian Vinces, Shutterstock

15 Vancouver City Archives

15 I. Pilon, Shutterstock

15 Vancouver City Archives

15 Vancouver City Archives

15 N/A, CC 2.0

15 akphotoc, Shutterstock

16 WaterFrame, Alamy Stock Photo

16 Andrea Izzotti, Alamy Stock Photo

16 CC 2.0

16 CC 2.0

16 CC 2.0

17 Prasenjeet Gautam, Shutterstock

17 Dinodia Photos, Alamy Stock Photo

17 N/A

17 N/A

18 SDASM Archives, CC 2.0

18 *The Times*

18 Tekniska Museet, CC 2.0

18 Granger, NYC., Alamy Stock Photo

19 Everett Historical, Shutterstock

19 August Heinrich Petermann / The Library of Congress, CC 2.0

19 CC 2.0

19 CC 2.0

19 CC 2.0

19 CC 2.0

19 Quick Shot, Shutterstock

20 National Oceanic and Atmospheric Administration

20 jeremy sutton-hibbert, Alamy Stock Photo

21 Andrew, CC 2.0

21 Library Archives, University of Texas, Austin

21 Stanislav Fosenbauer, Shutterstock

21 CC 2.0

21 Janelle Lugge, Shutterstock

21 Janelle Lugge, Shutterstock

21 Amanda Slater, CC 2.0

22 Barry Lawrence Ruderman Antique Maps Inc.

22 Everett - Art, Shutterstock

22 Milosz Maslanka, Shutterstock

22 Abraham Cresques, Atlas Catalan, CC 2.0

23 Barry Lawrence Ruderman Antique Maps Inc.

23 CC 2.0

23 Granger, NYC., Alamy Stock Photo

24 Phillipe Kerdivez (both) and Marco van der Kraan SAS La Verna PSM

24 Phillipe Kerdivez (both) and Marco van der Kraan SAS La Verna PSM

24 N/A

24 Michel Douat / ARSIP / www.arsip.fr
25 CC 2.0
25 Alexander Petrenko, Shutterstock
25 N/A
25 Eduard Moldoveanu, Shutterstock
25 Croteau, Todd A. (creator) / Library of Congress Prints and Photographs, Washington D.C.
25 Colleen Powers, Shutterstock
26 Pambudi Yoga Perdana, Shutterstock
26 Joinmepic, Shutterstock
26 enciktat, Shutterstock
27 Mary Evans Picture Library, Alamy Stock Photo
27 Adam Asar, CC 2.0
27 SALTOnline, CC 2.0
27 Milonk, Shutterstock
28 Barry Lawrence Ruderman Antique Maps Inc.
28 sharptoyou, Shutterstock
28 javarman, Shutterstock
28 Barry Lawrence Ruderman Antique Maps Inc.
28 Barry Lawrence Ruderman Antique Maps Inc.
29 Udompeter, Shutterstock
29 N/A, CC 2.0
29 Udompeter, Shutterstock
30 David Young, Shutterstock
30 Franco Pecchio, CC 2.0
30 N/A
30 N/A
30 N/A
30 N/A
30 Daniel Etzold, Shutterstock
31 Solar Impulse
31 Solar Impulse
31 Solar Impulse
31 Solar Impulse
32 CC 2.0
32 Heritage Image Partnership Ltd, Alamy Stock Photo
32 nbnserge, Shutterstock
32 Dmitry Chulov, Shutterstock
32 Barry Lawrence Ruderman Antique Maps Inc.
33 Ecuadorpostales, Shutterstoc
33 CC 2.0
33 CC 2.0
33 CC 2.0
34 beboy, Shutterstock
34 Philip Bird LRPS CPAGB, Shutterstock
34 Grand Canyon Nat Park: Historic River Photos
34 Grand Canyon Nat Park: Historic River Photos
34 Grand Canyon Nat Park: Historic River Photos
34 prochasson frederic, Shutterstock
34 Library of Congress
35 Mary Evans Picture Library, Alamy Stock Photo
35 CC 2.0
35 CC 2.0
35 NASA Visible Earth
35 CC 2.0
35 CC 2.0
35 CC 2.0
35 CC 2.0
35 CC 2.0
36 N/A
36 Anna Kolosiuk, Shutterstock
36 AFP/Costa/Leenage
36 CC 2.0
36 CC 2.0
36 Kirill Umrikhin, Shutterstock
37 dpa picture alliance, Alamy Stock Photo
37 Stephan Ridgway, CC 2.0;
37 tom Kidd, Alamy Stock Photo
38 Oleg Znamenskiy, Shutterstock
38 Nickolay Vinokurov, Shutterstock
38 Felix Lipov, Shutterstock
39 Granger, NYC., Alamy Stock Photo
39 Sean Pavone, Shutterstock
39 Marzolino, Shutterstock

40 Peter Zheutlin
40 Peter Zheutlin
40 Peter Zheutlin
41 Kanisorn Pringthongfoo, Shutterstock
41 Renata Sedmakova, Shutterstock
41 Classic Image, Alamy Stock Photo
42 Neil Palmer, CIAT (near Manaus), CC 2.0
42 Pete Mcbride / National Geographic Creative, Alamy Stock Photo
43 Ira Block / National Geographic, Getty Images
43 Gail Johnson, Shutterstock
43 Richard A McMillin, Shutterstock
44 Boris Spremo, Getty Images
44 Bettmann, Getty Images
44 refreshment_66, CC 2.0
45 National Museum of the United States Navy, CC 2.0
45 INTERFOTO, Alamy Stock Photo
45 CC 2.0
45 CC 2.0
45 bottomleft, CC 2.0
45 Chiltern Thrust Bore Ltd
46 2d Alan King, Alamy Stock Photo
46 Byron Howes, CC 2.0
46 Matyas Rehak, Shutterstock
47 Nicram Sabod, Shutterstock
47 Barry Lawrence Ruderman Antique Maps Inc.
47 CC 2.0
48 Marzolino, Shutterstock
48 Granger, NYC., Alamy Stock Photo
48 Barry Lawrence Ruderman Antique Maps Inc.
48 Marzolino, Shutterstock
48 Marzolino, Shutterstock
48 CC 2.0
48 CC 2.0
49 Granger, NYC., Alamy Stock Photo
49 sjbooks, Alamy Stock Photo
49 Frantisek Staud, Shutterstock
50 ARCTIC IMAGES, Alamy Stock Photo
50 Stanislav Spirin, Shutterstock
50 Konstantin Shevtsov, Shutterstock

찾아보기

ㄱ

ㄴ

ㄷ

ㄹ

ㅅ

ㅇ

ㅈ

ㅍ

ㅎ

기타

세상을 바꾼 위대한 탐험 50

초판 1쇄 인쇄 2018년 8월 16일
초판 1쇄 발행 2018년 8월 30일

지은이 마크 스튜어드·앨런 그린우드
옮긴이 박준형
펴낸이 정용수

사업총괄 장충상 본부장 홍서진
편집주간 조민호 편집장 유승현
책임편집 진다영 편집 김은혜 이미순 조문채
디자인 김지혜
영업·마케팅 윤석오 이기환 정경민 우지영
제작 김동명
관리 윤지연

펴낸곳 ㈜예문아카이브
출판등록 2016년 8월 8일 제2016-000240호
주소 서울시 마포구 동교로18길 10 2층(서교동 465-4)
문의전화 02-2038-3372 주문전화 031-955-0550 팩스 031-955-0660
이메일 archive.rights@gmail.com 홈페이지 yeamoonsa.com
블로그 blog.naver.com/yeamoonsa3 페이스북 facebook.com/yeamoonsa

ISBN 979-11-87749-89-9 03900

㈜예문아카이브는 도서출판 예문사의 단행본 전문 출판 자회사입니다. 널리 이롭고 가치 있는 지식을 기록하겠습니다.

이 책의 국립중앙도서관 출판예정도서목록(CIP)는 서지정보유통지원시스템 홈페이지(seoji.nl.go.kr)와 국가자료공동목록시스템(nl.go.kr/kolisnet)에서 이용하실 수 있습니다(CIP제어번호 CIP2018022691).

*책값은 뒤표지에 있습니다. 잘못 만들어진 책은 구입하신 곳에서 바꿔드립니다.